先秦诸子语言哲学概观

崔应贤 著

儒家 法家 道家 墨家 阴阳家 名家 杂家 农家 小说家 纵横家 兵家

人民出版社

序一
——写给这个时代的古文化研究

应贤教授来电，嘱我为他的新著《先秦诸子语言哲学概观》写一篇序，我当即婉拒。首先，我不是语言学家，对古汉语所有的了解仅仅是大学本科阶段的接触。虽然把王力先生的教科书捋过几遍，但入门还没摸到路径，更不用说升堂入室。还有本身对语言的恐惧，至今“z、c、s”与“zh、ch、sh”不分，“阴阳上去”不着调，“平上去入”不沾边，更那堪先秦语言。大学期间考试最怵的是汉语言，一直是功课短板。其次，我也不懂古代哲学，尤其是所谓诸子所形成的先秦语言哲学。好像古代没有这种称呼，当下的研究当然是东西合璧。至于生拉硬拽，更不是我的优长。但是，应贤教授似乎是认准了一条路，要一直走到黑的，二话不说，把电子版推送给我。

我和应贤是大学同学，虽然当时他普通话没有我们大家说得好（略带地方口音），但语言学钻研肯下功夫，不仅当了课代表，而且在语法、语义、语用等方面研究卓有成效。大学毕业后，到了师范大学教授语言学，自然是得心应手，成果出了一大摞，专著写了好多本。这次发急，是因为还想再写两本书，可这一本一直未出来，所以，对我的懈怠大发雷霆。搞学问的人，这种勤谨、专一、猴急，这种执着、执拗、执意，还是应当理解、应当称道的。他们只顾前行，踏破千难万险，不达目的死不罢休。他不需要考虑别人的处境和感受，不必多虑温良恭俭让；否则，锐气就会受损伤，学问就要打折扣，成果就会不丰满。当然，这是应贤教授的思维逻辑，也是他成功的秘诀之一，不旁骛、不走神、不懈怠，一根筋、一门心思、一竿子到底。

打开这部大书，方感到作者研究方向的深入，研究成果的厚重，研究价值的博大。我并不苟同他在绪论中陈述的所有观点，甚至作为一个老编辑还可以提出几处需要商榷的地方。但是，你不能不承认这本书的研究方向与第十九届中央政治局第三十九次集体学习时所关注的问题不谋而合。中央政治局认为，我们党历来坚持辩证唯物主义的世界观和方法论，以此把握现象和本质、形式和内容、原因和结果、偶然和必然、可能和现实、内因和外因、共性和个性的关系，客观地认识世界和把握世界；用历史唯物主义的立场观点看待中华民族历史，继承和弘扬中华优秀传统文化，实证我国百万年的人类史、一万年的文化史、五千多年的文明史。这其中从裂石为痕、结绳记事，渐渐形成语言与文字，渐渐形成文化与文明。到先秦诸子时期，中华文明文化已经大放光彩，语言文字不仅仅是日常交流的工具，而且上升到理性境界，上升为抽象思维，上升成治国理政方策和谋略。语言的出现具有划时代的重要意义，让表达更充分，让交流更方便，而与文字相携而生的哲学思辨是人类史、文化史、文明史达到一个高峰的标识。诸子百家的语言哲学，反映社会生态的方方面面的成熟，在人与人沟通的层面之上，有了形而上，有了归纳类比隐喻，有了中国古老智慧、古老意蕴、古老哲理的集大成。

近代以来，西方现代哲学滥觞，渐渐成为现当代文化的主流。但是，我们永远不能忘记中华文化中国古老哲学的魅力，永远支撑人类社会意识范畴的价值。先秦诸子语言哲学的研究，把物质、精神和社会关系等因素融合，逐步还原文明从涓涓溪流到江河汇流的过程，是对我们在新时代增强文化自信、复兴中华民族的有力帮衬和促进。中华古代文化文明，中华优秀传统文化精华部分，中国古代语言哲学一定会在未来的世界进步中大放光彩。开展先秦诸子语言哲学的深入研究，对于我们坚持古为今用、推陈出新，建立中国特色、中国风格、中国气派的文明研究学科体系、学术体系、话语体系，为人类文明新形态实践提供了有力的理念支持和理论支撑。

语言是一切学科的建筑基础，哲学是一切学科的高屋建瓴，语言哲学作为反映中国思维、中国智慧的范本，是语言学和哲学有机结合的产物。二者陈陈相因、物我两忘，形成的前沿、交叉、融合，不断折射出新的理性光辉。先秦诸子百家，是中国古代文献中文史哲一体化的重要载体，是中国人文科学、自然科学各门类形成的重要阶段。应贤教授对语言哲学的分析，实质上是用当代眼光、当代科学、当代技术对古代文化的再判断、再分析、再归纳和再诠释。在这部书稿中，我们可以很容易与先秦诸子古朴的自然辩证法碰面，与古人归纳的人类社会发展规律、文明文化运行规律对话，甚至可以窥见古代人的法规意识、伦理观念、社会习俗的萌芽和幼苗。这些古朴的理念常常是最本真的认知，是对世界本质最初始的描述。虽时过境迁，人们的认知不断变化和进化，古人两千年前的认知和智慧却经久不灭，不断放射出理性光芒，永远让我们得借鉴、被启迪。我们看到，诸如“自然和谐、天人合一”的自然观，诸如“和而不同、求同存异”的人际观，诸如“兼容并蓄、并行不悖”的开放观，诸如“与时偕行、求变通久”的时代观，同样能在当今社会的治理和进步中成为显学。中国哲学的博大精深亘古不变，中国智慧的丰富含蕴无与伦比，中华文脉的渊源悠久绵长，仍然会对当今时代的社会理性、理智和理论产生巨大作用。从这一层面讲，先秦诸子语言哲学的研究功莫大焉。

与中华文化探源工程同步同向的古代语言哲学探源工程，其价值同样不可低估。先秦时期，诸子百家的百花齐放，不仅仅体现出万类霜天竞自由、相互依存共发展的繁荣景象，而且反映出后来有秦时代建立一统国家的大致趋向。只有充分自由讨论，才有可能形成兵戎相见、突破武力割据之后的大一统，出现大一统之后的思想共识、标准同认、规则恪守、步调一致。中国社会发展的不同时期，总是在广开言路、解放思想，形成新的认识飞跃之后，才会出现大发展、大繁荣。诸子百家的语言哲学可以是百花争艳、万象纷呈，但明显感到理性的召唤、认识的趋同、见解的靠拢、价值的等阶，以及包容兼容的开放取向。求大同存小异，人心思定，人心思进，不能不说正是诸子百家的活跃，诸子百家激发出来的哲学思维，为以后的大一统，为以后一统天下的儒家哲学开辟了通道，形成儒学对道、释、法、墨等哲学意蕴的接纳与融合，形成了支撑中国两千多年封建社会的文化根基。从这一方面看诸子语言哲学研究，其意义远远超越语言学范畴，超越哲学范畴，超越文化范畴。我们完全可以从应贤教授的研究中读出“讲仁爱、重民本、守诚信、崇正义、尚和合、求大同”的精神特质和发展形态，读出当今世界百年未有之大变局中，坚定文化自信、坚持理想信仰、坚守正义公理的底气、志气和骨气。读史明智，面对先秦诸子语言哲学的研究是如此艰辛的工程，作者多有体悟；但有如此厚重的价值，如此广深的意义，怕是作者本人也不曾想到的。学者常常是埋头探究竟、闷声著文章，不问功利和得失，但只要方向对头，对人类贡献的价值，对推动文化建设和发展的作用，对社会进步与提升的正效果、正能量，永远存在，永远无法估量。

作为一个编辑，我所能做的工作只能是在案头为书稿“作嫁衣裳”，而且编辑的职业操守和敏感，让我对所有书稿都充满警惕性，从来不敢掉以轻心。当我对本书绪论中的某些提法产生怀疑的同时，一位在护士岗位上工作的小同志，一个偶然的机会，竟然发现书稿引文中明显有疏漏，且不动声色为我们及时修补。我请他代录入计算机的是原书稿上引用的这么一段话：“百工为方以矩，为圆以规，直以绳，正以县。”录回来的稿子是这样的：“百工为方以矩，为圆以规，直以绳，衡以水，正以县。”竟然发现

“衡以水”给漏掉了这一重大疏忽。我就此向应贤教授提出，书稿还可能有错讹、疏漏的地方，建议他请学生们帮助再校检一遍。应贤教授不以为然，“红字都是我自己校的，所有引证都有出处（都参照了已有出版物），个别地方是几家都不一样的情况下择善而从”。

这下可冲击了我做编辑的底线——

马上不客气警告：“衡以水，掉不得！”

作者只好老实答：“是的”。同时发来一个抱拳的图标。

让大教授低一次头，还真不容易。

刘建生

2022 年 6 月 18 日于京西南琉璃河畔

序二

崔应贤教授长我一岁，序齿他为兄，我当年有幸与应贤兄一起成为被称作“七七级”的27万中国大学生中的一员，我们是就读于不同大学的同学。应贤兄的研究视野开阔，研究路数独特，学术成就斐然，在有“郑大小才子”之誉的语言学群体中是不可或缺的一个，自然引起我的关注。应贤兄可以说干什么什么就出彩，无论研究什么都能做出令人刮目相看的成绩。他早年大量的成果涉及汉语语法学、修辞学，之后又有不少成果研究汉语构词法和词义问题，这些成果有在中国社会科学出版社等著名出版社出版的专著，有在《中国语文》等名刊发表的专论，也有他所承担的国家社科基金项目和教育部、国家语委的研究项目。因此，当他把书稿寄给我，我看到书名为《先秦诸子语言哲学概观》（以下略作《概观》）时，知他在景近桑榆之年又开辟出一个全新的研究领域，内心只为他喝彩，一点儿也不感讶异。但当应贤兄电话上命我写序，我却一时为之语塞，感到口讷笔拙，因为他的才华和成就非我能望其项背。然好友的美意我不忍拂，便回应他：我先作为一个普通读者，拜读大作；若真有心得，再说。如今他的大作我已读毕，他此一开拓性成果着实令人兴奋不已；与此同时，我也的确感到自己有了一些学习心得。

从春秋末期到战国末期三百年左右的时间里，当时的思想界、文化界经长期积淀终于迎来了中国历史上从未有过的一个追求思想解放、招收门客立说的新时代，史称“百家争鸣”时期。这是中国历史上从未有过的一个思想自由的时代，比西方人津津乐道的文艺复兴要早近两千年。群星耀空，中国思想史、文化史上一个个如雷贯耳的名字次第出现于这个历史舞台上。百家争鸣的结果自然是著作山积的丰收局面，它为后人研究那个时代的思想史、文化史，甚至语言哲学史提供了可能。本书就是应贤兄在对先秦诸子的有关著作细心爬梳、认真整理、深入研究之后，对他们的语言哲学观得出深刻认识的一部重要著作。

本书分绪论、上编、下编、余论四部分。绪论主要介绍与先秦诸子同时代的西方哲人的思想和著述；上编五章，分别介绍孔子、孟子、老子、庄子、关尹子、列子、墨子、公孙龙、尹文、荀子、晏子、韩非子、吕不韦、尸佼等十几位先哲的语言哲学观；下编三章，分别介绍先秦诸子的理论指导下产生的语言实践活动以及有代表性的训诂著作；余论谈先秦"哲学"的认定和诸子著作的真伪问题。上下编是本书的主干部分，下编所探讨的先秦诸子的训诂实践活动及其有关著述，可暂不论，重头戏无疑在上编。先贤众多，史料汗牛充栋，本书只能就诸子贡献之荦荦大者概述一二，虽然简略，却能抓住要害，一语中的。如孔子话语的风格往往是简约而丰厚，很多看似平易的言辞里往往体现着哲理的内蕴；孔子的修辞标准，既讲"辞达而已矣"(《论语·卫灵公》)，又讲"言之无文，行而不远"(《左传·襄公二十五年》)。孟子的语言表述格调也一如他自己所主张的那样，"我善养吾浩然之气"，开创了中国传统文化中情感充沛、酣畅淋漓、勇于搏击、永不言败的志士仁人风格；孟子的许多表述，都能成为激励人们情怀的要义箴言，像"老吾老，以及人之老；幼吾幼，以及人之幼：天下可运于掌"(《梁惠王上》)。作为道家的老子，喜谈玄远的宇宙的产生、物的起源问题，《道德经》最明显的一种行文特征是：全篇都采用警句格言式的表述形式，像"信言不美，美言不信。善者不辩，辩者不善。知者不博，博者不知"。走笔至此，作者应贤兄似乎控制不住自己，纵深融入历史，他评述道：老子的章法上面也不得不佩服作者的运思，他将道的虚幻张扬描绘和社会精致格言提示穿插着进行，形成云中看龙，不失全神的效果；云蒸霞蔚之中更能衬托龙的峥嵘腾挪身姿，而龙的若隐若现，更能增加云的迷离翻涌气象。谈到庄子，应贤兄更神采飞扬地评述道，庄子应该是道家里边最逍遥不过的代表性人物了：为文光昌流丽，取象汪洋恣肆，庄子毫无疑问是“托物言事”的绝顶高手，可以说是他的最爱。一部《庄子》，里面演绎了多少个寓言故事？还真不容易认定，因为开篇《逍遥游》，简直可以说寓言中的叠床架屋，让人神情都随之时时处于一惊一乍之中：大的对象是大鹏高举，“其翼若垂天之云”，“抟扶摇而上者九万里”；小的是“决起而飞，抢榆枋而止，时则不至，而控于地而已”。镜头切换也特快：一会儿是“蜩与学鸠笑之曰”，一会儿是“今子有大树，患其无用，何不树之于无何有之乡，广莫之野，彷徨乎无为其侧，逍遥乎寝卧其下”。这样的形象塑造真可谓经天纬地，处处神灵；思维跳跃通达，不可想象似乎又都在情理之中。整部《庄子》，简直可以说是由一个一个的寓言故事堆叠出来的，十处九有，随便三言两语就是一个盎然有趣的画面甚至还有情节时间的进递。谈到墨子，应贤兄说墨子是很看重言语的宣传价值的。正因为如此，墨子将善言辞看作贤士们的重要品行能力，劝导主政者要尚贤纳士，以改变任人唯亲的现实状貌。特别难得的是，墨子还看到了语言的普遍工具特性，非常注意社会语言的规范问题。谈到先秦的语言哲学家，荀子是绕不过去的一个人物，重要性不言而喻。应贤兄说荀子的“正名”使他成为战国后期著名思想家，又是一位备受争议的人物。说他是先秦诸子学说之集大成者，当然是正面肯定性质的了；换句话来说，他又是充满矛盾的统一体。他重点讨论的语言上的系列问题：“名”的指称由来、与所指之间的关系、由此而形成的类别系统等，都是贯穿了这种观念的。具体说来，这方面的主要成就有：a. 名实组合时的任意性和社会承认后的规约性。他表述说：“名无固宜，约之以命，约定俗成谓之宜，异于约则谓之不宜。名无固实，约之以命实，约定俗成，谓之实名。”b. 要名实相副并易于分辨其同异。他指出：“然后随而命之：同则同之，异则异之。单足以喻则单，单不足以喻则兼；单与兼无所相避则共，虽共，不为害矣。”这实际上连命名的技术性问题，也就是构词法的内容给及早地认识到了。特别是里边注意的一个现象，时至今日仍能给人以教益，那就是要提高语言形式的分辨率。c. 建立严谨的概念分类系统。他这方面的分界是：“故万物虽众，有时而欲无举之，故谓之物；物也者，大共名也。推而共之，共则有共，至于无共然后止。有时而欲偏举之，故谓之鸟兽。然后随而命之：同则同之，异则异之。单足以喻则单，单不足以喻则兼；单与兼无所相避则共，虽共，不为害矣鸟兽也者，大别名也。推而别之，别则有别，至于无别然后止。”d. 制名的关键在于实决定名。他分辩道：“物有同状而异所者，有异状而同所者，可别也。状同而为异所者，虽可合，谓之二实。状变而实无别而为异者，谓之化。有化而无别，谓之一实。此事之所以稽实定数也，此制名之枢要也。”e. 注重分析论辩，强调逻辑的严密性。

应贤兄的述是“概”的性质，我的介绍更是简略的。但是仅仅通过上面的略述，先秦诸子你方唱罢我登场的异彩纷呈景象，他们循历史发展脉络由简约而繁博的语言哲学观，或许已经多多少少地展现出来了。

先秦诸子当然不是一个个孤立的存在，而是一个应运而生的时代群体。他们彼此共生，有同有异。从异的角度看，应贤兄注意比较了先秦诸子的不同点，比如他认为孟子与孔子是有差别的：孔子显然是温柔敦厚、博大中正；而孟子于胸怀于见识不免有一定的距离。再如庄子、老子和列子，应贤兄说从“跳出三界”这一角度看，庄子是真的，坚定鲜明；老子是形似而实非；列子兼有且诚朴。应贤兄通过分析先秦诸子所处的语言环境和他们的语言生活，充分揭示出他们各自的语言哲学观。当然，先秦诸子也有其同的一面。虽然先秦诸子的语言哲学观各有特点，但是在一些重要问题上却有着惊人的一致性，如他们都认识到语言与社会的互动性，认识到语言有重要的社会功用，认识到语言是人交际交流的重要手段，等等。

中国历史悠久，文献浩如烟海。但是十分遗憾，悠久历史中先贤们创造的思想、文化财富的载体，因时代久远难免文字漫漶，手抄时又易羼杂窜入、张冠李戴，再加之秦焚、楚炬等人为的破坏因素，文献中常出现错字、别字、断简、残篇现象，鲁鱼亥豕，实难尽数。应贤兄此书不仅选题极有价值和意义，而且匡谬正俗，纠正讹误，反复梳理，将一些残片连缀起来，使我们能看清或至少可以揣摩出当时的一些情状，使两三千年前先哲们的语言哲学的思想脉络比较清晰地呈现在我们面前，这实在是一件功德无量的事情。

不可否认的是，古人不是今人，对一些问题古人未必有今人才有的系统的认知，因此，研究古人的思想，要尽可能地还原古人的当初，不可以今律古。拿本书研究的语言哲学史观来说，就未必是每一位先秦时的先哲都有的，即便他是了不起的思想大家，我们也不能将没有的东西强加于他。应贤兄研究中非常注意实事求是的原则，如谈到老子的《道德经》时，他说该书很少直接谈语言的哲学观念，但又时时处处不离对语言的感悟；它浑然一体的表述风格，也是对该议题最实在的一种回答。

研究异代的问题，目的无非是在代际建立起理解的纽带；研究异地的问题，通常是要在不同的国家、民族、人的群落间加强沟通。推而广之，“人是万物之灵”这一命题没错，但这一命题或许更多的是人类自负的认识，多少有一点孤芳自赏的味道；其他生物难道就没有自己的生物密码？它们也许有着人类不知的，或它们不愿为人类所知的交际交流方式，有我们人类不能理解的属于人家自己的“语言”，自然也有基于它们那种“语言”的“哲学”。因此，所谓和谐社会，不仅仅要考虑人与人之间的相处之道，人类也要考虑与万物和谐共处的问题。既然是研究语言哲学，视域自然不应局限于先秦，不能局限于中国，甚至不该囿于人类本身。这是我读应贤兄大作的一点感悟，不敢称序，只能算是一个不像样的读书心得，就教于应贤教授和读者方家。

周 荐

2022 年 6 月 16 日记于

北京师范大学珠海校区木铎楼

目 录

绪 论

上编 理论理性论

下编 实践理性论

余 论

绪　论

人为万物之灵，人灵就灵在有语言，语言的核心是意义。语言哲学在中国。

0.1　人为万物之灵

人是高于其他所有事物的生命存在形式。

对此，东西方文化都看到了这一点。

比如亚里士多德曾论述说：植物有生命但无感情，动物有感情但无理性，人既有感情又有理性。人类站在所有存在物的制高点上，这应该是确切无疑的。事实上，在比亚里士多德更早些的时间，也就是他老师的老师——苏格拉底提出了一个著名的命题，即认识你自己！古希腊德尔斐神庙上镌刻的铭文也是同样的话。当然，这个“自己”是指人类自身来讲的。比苏格拉底更早的时间，古希腊的那些智者多是仰望天空，对客观存在的事物充满着认识的兴趣。在古希腊，所谓由本体向主体的转向，亦即体现了上述的这种侧重：将认识的重点由对客观事物的认识转变为对人自己的认识。

中国是东方文化的代表。它没有经历对客观事物进行认识这么一个阶段，便直接进入到了主体认识，人文认识。早于苏格拉底的时间，作为上古之书的《尚书》,《泰誓》中即自豪地宣称：“惟天地，万物父母；惟人，万物之灵。”群经之首的《易经》即开始了人类社会与自然器物两个方面的明确划分：“形而上者谓之道，形而下者谓之器。”《论语·学而》要求：“君子务本，本立而道生。”《论语·乡党》中告知：“厩焚。子退朝，曰：‘伤人乎？’不问马。”《道德经》于是就认定：“知人者智，自知者明。”这些记叙相当典型地体现了中国早期所奠定的主导性的认识思想，即以人为本。荀子于《王制》篇中表述了如同亚里士多德一样的观念：“水火有气而无生，草木有生而无知，禽兽有知而无义。人有气、有生、有知、亦且有义，故最为天下贵也。”《列子·天瑞》中也说：“天生万物，唯人为贵”。《列子·杨朱》里进而言道：“人肖天地之类，怀五常之性，有生之最灵者也。”《礼记·礼运》云：“故人者，其天地之德，阴阳之交，鬼神之会，五行之秀气也。”《孝经》云：“天地之性，人为贵。”

中国人的这种文化认识定位似乎还有科学的论证依据。

《黄帝内经》中的《素问·五常政大论》，将各种各样的动物进行大类划分，提出了五虫说：介虫、鳞虫、羽虫、毛虫、倮虫。《大戴礼记·曾子天圆》也有同样的内容：“毛虫毛而后生，羽虫羽而后生，毛羽之虫，阳气之所生也；介虫介而后生，鳞虫鳞而后生，介鳞之虫，阴气之所生也；唯人为倮匈而后生也，阴阳之精也。”“毛虫之精者曰麟，羽虫之精者曰凤，介虫之精者曰龟，鳞虫之精者曰龙，倮虫之精者曰圣人；龙非风不举，龟非火不兆，此皆阴阳之际也。兹四者，所以圣人役之也；是故，圣人为天地主，为山川主，为鬼神主，为宗庙主。”《大戴礼记·易本命》篇进而论述道：“有羽之虫三百六十，而凤凰为之长；有毛之虫三百六十，而麒麟为之长；有甲之虫三百六十，而神龟为之长；有鳞之虫三百六十，而蛟龙为之长；倮之虫三百六十，而圣人为之长。”北周庐辩注：“三百六十，乾坤之筴（筴：一作中央）；万一千五百二十，当万物之数也。”《礼记·月令》中具体分析说：春天，“其虫鳞”，按五行学说，苍龙属木行，主东方，故以鳞为春虫。夏天，“其虫羽”，夏属火，二十八宿中南方七星有鸟状，故以羽为夏虫。秋天，“其虫毛”，西方出金。冬天，“其神玄冥，其虫介”，玄冥为水神，居北方。“何为四灵？麟、凤、龟、龙谓之四灵。”“中央土，其日戊己，其帝黄帝，其神后土，其虫倮”。《礼记·礼运》进而论述说：“人情以为田，故人以为奥也。四灵以为畜，故饮食有由也。”人情为田地，人是我们主要关注的对象；养育四灵为家畜，饮食就有了来源。“人者，天地之心也，五行之端也，食味别声被色而生者也。”后人孙希旦注云：“人则倮虫之最灵者，圣人又人之最灵者。人秉中和之气，犹土之为冲气，故倮虫属于中央。”

孔子于此也有论述。他指出：“夫易之生，人、禽、兽、万物昆虫各有以生。或奇或偶，或飞或行，而莫知其情；惟达道德者，能原本之矣。”（《大戴礼记·易本命》）

甚至主张遗世独立逍遥游的庄子居然也于该话题做了生物学方面的讨论：“万物以形相生，故九窍者胎生，八窍者卵生。”（《庄子·知北游》）

即便是传统文化里的神话传说，也往往基于这种观念而进行演绎。如袁枚《新齐谐·狐生员劝人修仙》中的描绘记述：

> 赵大将军之子襄敏公总督保定，夜读书西楼，门户已闭，有自窗缝中侧身入者，形甚扁；至楼中，以手搓头及手足，渐次而圆，方巾朱履，向上长揖拱手曰：“生员狐仙也，居此百年，蒙诸大人俱许在此。公忽来读书，生员不敢抗天子之大臣，故来请示。公必欲在此读书，某宜迁让，须宽宽三日。如公见怜，容其卵息于此，则请扃锁如平时。”赵公大骇，笑曰：“尔狐矣，安得有生员？”曰：“群狐蒙太山娘娘考试，每岁一次。取其文理精通者为生员，劣者为野狐。生员可以修仙，野狐不许修仙。”因劝赵公曰：“公等贵人，可惜不学仙耳。如某等，学仙最难。先学人形，再学人语。学人语者，先学鸟语；学鸟语者，又必须尽学四海九州之鸟语；无所不能，然后能为人声，以成人形，其功已五百年矣。人学仙，较异类学仙少五百年功苦。若贵人、文人学仙，较凡人又省三百年功劳。大率学仙者，千年而成，此

定理也。”公喜其言，即于次日扃西楼让之。

这虽然有点荒诞不经，但于千百年来儒道佛所共同的理念来说，未尝不是一种形象化的解说。人，面向着大千世界，万事万物，清晰也罢，不清晰也罢，总是能够意识到自己处于各种生命存在形式的顶端，无疑充满张扬之气与自豪感的。拿前者说，许慎于《说文》中对“人”的解释是：“天地之性最贵者也。”扬雄《法言》言道：“通天地人，曰儒；通天地而不通人，曰伎。”后两家也都是赞同“人身难得”说法的。

现代人们通过各种各样的实验，也在进一步地证实着这种观点：越是高级动物，其自我的意识也越是鲜明强烈。

将一只鸡娃放到草地上，遍地是青草和草窝里的草籽儿，但它却不觅食，它只会叽叽叽叽地叫个不停，一个劲儿地找同伴儿。当人们将一面大的镜子放到它跟前，镜子里映出它的影像时，它不能意识到里边的鸡娃就是自己，而会当作自己的同类，于是就安静了下来，甚至还有点小兴奋，开始积极地寻觅啄食。同样情况，一只猩猩开始也不会意识到镜子里的影像就是自己，它会陡然警惧，要么跑开，要么变换各种挑战的姿态或可怕的面情来恐吓对方；时间长了，它会朦朦胧胧地意识到什么，慢慢走近镜子，试图接触对方；最后通过抠摸自己的脸或触及身上某个具体的部位，逐渐地知道镜子里边的那个影像就是自己：会借助镜子来梳理自己的毛发什么的。至于人与镜子的关系，大家都熟悉，无须赘言。不过我们也可以回忆一下一个人的变化过程：婴孩时期第一次照镜子的反应与成人之后对着镜子的梳洗打扮，心态显然不一样。这体现的就是自然人向社会人的转变。

央视《动物世界》的节目中，曾有对人和猩猩智商指数的测试，实验证明猩猩的短时记忆能力要好于人类。这项测试是这样的：在电脑屏幕上，1 到 10 的数字分别放在 10 个方框里边，呈随意放置状态，闪现 1 秒钟；然后再次出现不显数字的 10 个方框，让被测试的双方分别复述它们的排次序列。对此，世界级的记忆大师都做不到100%的正确；然而这对猩猩来讲，却不是难事。

动物们的单项功能、一时之技巧，人类可能自叹不如；然而人类的综合能力却又是它们不可能望其项背的。

还有更高科技含量的检测以说明人为“万物之灵”的认定。如通过DNA比对，动植物与人类相似度的高低，美国国家自然博物馆提供了如下数据：

人与香蕉的相似度：60%

人与鸡的相似度：75%

人与鼠的相似度：85%

人与猴子的相似度：93%

人与红毛猩猩的相似度：96.9%

人与大猩猩的相似度：98.4%

人与黑猩猩的相似度：98.8%

古今中外，不管是早期的综合认知还是现代的科学实验，人类对自己之所以为人，充满了豪壮之情、幸福之感；这是对造物主的由衷感念，也是对生命的崇高礼赞。这种认识本身就是一种大智慧，这种认识才使得我们有了之所以为人的根本。

《孔子家语·六本》载：

孔子游于泰山，见荣声期行乎郕之野，鹿裘带索，瑟瑟而歌。孔子问曰：“先生所以为乐者，何也？”期对曰：“吾乐甚多，而至者三。天生万物，唯人为贵，吾既得为人，是一乐也；男女之别，男尊女卑，故人以男为贵，吾既得为男，是二乐也；人生有不见日月，不免襁褓者，吾既以行年九十五矣，是三乐也。贫者士之常，死者人之终，处常得终，当何忧哉。”

荣声期之快意人生，第二乐肯定是烙印着历史文化的局限，无须责备；但其他两项，未尝不是一种积极乐观、值得肯定的生活态度，特别是他能将“生而为人”放在第一位，这本身就是一种高眼光、大胸怀。记述者故意将这种“乐莫乐兮”的境界去与他蓝缕破带、瑟瑟颤抖、穷困潦倒的外形相比照，其意就在于映衬：人之所以为人，就在于精神世界的博大，能超越物质需求的本能，内心充盈才是幸福的天堂。

然而，知其然是一回事，知其所以然又是一回事。陶醉于自己为人身，能够充分地享受其或“开门七件事”，或“俱怀逸兴壮思飞”，如果让你真正地说清楚：人之所以为人的本质属性，人猿相揖别的根本区别点，恐怕就不那么容易了！

如果容易，就不会有苏格拉底那样的提醒。

孔子也由衷地感慨道：“智莫难于知人。”（《孔子家语·弟子行》）

子贡也说：“贤人无妄，知贤则难，故君子曰：‘知莫难于知人’，此以难也。”（《大戴礼记·卫将军文子》）

吕不韦在《吕氏春秋》中也深有感触地议论说：

> 使治乱存亡若高山之与深溪，若白垩之与黑漆，则无所用智，虽愚犹可矣。且治乱存亡则不然，如可知，如可不知；如可见，如可不见。故智士贤者相与积心愁虑以求之，犹尚有管叔、蔡叔之事与东夷八国不听之谋。故治乱存亡，其始若秋毫。察其秋毫，则大物不过矣。（《察微》）

两千多年前的时间，无论是西方的古希腊还是东方的中国先秦，可以说双双燃起了人类文明的灿烂辉煌。真可谓“人居两地，情发一心”，他们在特定的时代同时关注到了应该认识自己的重大问题。其后的时间里，可以说有关于这一问题的回答，无论是理论上的还是实践上的，都与人类社会的进步与倒退、欢乐与痛苦直接相关联。

0.2 人灵就灵在有语言

0.2.1 人类与语言

人凭什么实现了人猿相揖别，于高级动物中脱颖而出，具有了改造世界的能力？

有关这方面，西方人早期谈论的并不多。留下深刻印象并被后继者多所复述的，就是亚里士多德关于“政治动物”“理性动物”的认定，如果进一步追问：什么是“政治”？什么是“理性”？漫长的历史时间里要么悬置，要么语焉不详。

倒是中国的思想家们在民族文化奠定的初期即对此做了比较多的思考，试图揭示这一重大变化的根本原因：

（1）今之孝者，是谓能养。至于犬马，皆能有养；不敬，何以别乎？（《论语·为政》）

（2）今人固与禽兽、麋鹿、蜚（飞）鸟、贞虫异者也。今之禽兽、麋鹿、蜚鸟、贞虫，因其羽毛以为衣裘，因其蹄蚤（爪）以为绔屦，因其水草以为饮食。故唯（虽）使雄不耕稼树艺，雌亦不纺绩织纴，衣食之财固已具矣。今人与此异者也，赖其力者生，不赖其力者不生。（《墨子·非乐上》）

（3）人之所以为人者，非特以二足而无毛也，以其有辨也。（《荀子·非相篇》）

（4）牛马四足，是谓天；落（络）马首，穿牛鼻，是谓人。（《庄子·秋水》）

（5）人者，恶死乐生者也。（《鹖冠子·博选》）

（6）有七尺之骸，手足之异，戴发含齿，倚而趣者，谓之人。（《列子·黄帝》）

（7）人之所以贵于禽兽者，智虑。（《列子·杨朱》）

（8）人而无义，唯食而已，是鸡狗也。强食靡角，胜者为制，是禽兽也。（《列子·说符》）

（9）人之所以异于禽兽者几希；庶民去之，君子存之。舜明于庶物，察于人伦，由仁义行，非行仁义也。（《孟子·离娄下》）

（10）人之所以为人者，言也。人而不能言，何以为人？（《穀梁传·僖公二十二年》）

（11）凡人之所以为人者，礼义也。（《礼记·冠义》）

（12）鹦鹉能言，不离飞鸟；猩猩能言，不离禽兽。今人而无礼，虽能言，不亦禽兽之心乎？夫唯禽兽无礼，故父子聚麀。是故圣人作，为礼以教人。使人以有礼，知自别于禽兽。（《礼记·曲礼上》）

（13）凡人之性，爪牙不足以自守卫，肌肤不足以扞寒暑，筋骨不足以从利辟害，勇敢不足以却猛禁悍，然且犹裁万物，制禽兽，服狡虫，寒暑燥湿弗能害，不唯先有其备，而以群聚邪。（《吕氏春秋·恃君》）

这么多的定义，粗略地划分一下，可以大致归为三类：其一仅以现象进行认定的有例（5）和例（6）。其二则是以礼义廉耻之心进行认定的有例（1）例（8）例（9）例（11）例（12），这一类认定很能反映儒家文化的特征。这一组里，唯有例（8）是从否定方面来讲的，果敢明确，可惜世人很少借此展开论述。其三则显得复杂一些，认识得相对比较深刻，都在于从某一特定方面试图揭示人区别于其他动物的特殊之处，从一定意义上也有助于反映人之所以为人的成因问题。如例（13），群聚的特点虽不具有排他性，一如现今人们引用相当多甚至具有权威性的一种表述：“人的本质不是单个人所固有的抽象物，在其现实性上，它是一切社会关系的总和。”[①] 它

① 《马克思恩格斯选集》第1卷，人民出版社1972年版，第56页。

确实在一定程度上反映了我们自身的专属特性，越是高度发达的社会，这种特点也就反映得越是明显。但又不能不说，这种定义似乎有点宽泛，内涵上可以落到实处的结构因素没能体现上来。或许它是一个必要条件，但不是充分条件。例（2）和例（4）可以放到一起来说，两者或许说的是同一回事却采取了不同的表述方式：前者可以说实足地反映了相当于近现代人的思想观念，即“劳动创造了人本身”[①]。但，“劳动”也是一个比较宽泛的概念，如果想要严谨地进行把握，即需要更进一步地解释它。其实后者就是一种解释：区别于其他高级动物的劳动就在于：它不仅仅屈从于生理的需求，就客观自然条件本身去进行满足，一如旧石器时代那样，靠采摘野果或狩猎来解决单纯的温饱；而是在改造客观对象的过程中以实现对自己更高层次的要求，即驯服其他动物以便利农耕或运输；这显然体现的是新石器时代的特征。这种劳动也不仅仅类似于其他动物那样的对已有物的稍作修整，而是在改变对象物的已有特性。对此，马克思用哲学语言表述得更为充分：“有意识的生命活动把人同动物的生命活动直接区别开来。”[②]他表述得更明白一些的是以下语句：“一句话，动物仅仅利用自然界，单纯地以自己的存在来使自然改变；而人则通过他所作出的改变来使自然界为自己的目的服务，来支配自然界。这便是人同动物的最后的本质区别，而造成这一区别的还是劳动。”[③]对比着看，庄子这里是文学的表现方式，将劳动化作具体的现象活动来给予显示。至于现时人们耳熟能详的定义：“能够制造和使用劳动工具的高级动物”，同样可以看作是这种思想又一角度的认定，将工具的制造和使用作为了劳动本身及其成果的标志，很能体现历史

---

① 《马克思恩格斯选集》第 3 卷，人民出版社 1972 年版，第 508 页。

② 《马克思恩格斯选集》第 1 卷，人民出版社 1972 年版，第 46 页。

③ 《马克思恩格斯选集》第 3 卷，人民出版社 1972 年版，第 517 页。

唯物主义的思想理念。至此，我们仍需要再行追问的是：劳动仍是一个比较抽象的概念，即便是化作了具体的标志，进一步追寻的是：它的原动力是什么？正像上述马克思主义所解释的那样，利用自然界是劳动，支配自然界也是劳动，差别在于低级形式和高级形式，是什么促使了劳动主体采取了后者的形式？我们想，例（3），恐怕就比较好地解答了这个问题：是借用语言这种工具的思辨能力反过来改变了劳动主体的能动性，也就是说，借助于语言，不断地促使劳动主体智力的增进；两者的优势互动，使得劳动形式不断地由低级向高级形式跃进和提升。所以，例（3）荀子的论述非常具有高远的见识眼光。例（10）则说得更明确直接：将人判断为语言的所有者，将语言看作是劳动最直接的标记，从而把人和其他的一切事物划分开来。即便是现今的人们，其见识也多难以达到这样的尺度。恩斯特·卡西尔的《人论》之所以具有相当的社会声望和影响力，就在于：它往远处讲针对的是亚里士多德"政治动物"的表述，近处讲则是不赞同"制造工具"的提法，具有现代新观念的，就是把人再次定义为"符号的动物"（animal symbolicum）。他论述说："人不再生活在一个单纯的物理宇宙之中，而是生活在一个符号宇宙之中。语言、神话、艺术和宗教则是这个符号宇宙的各部分，它们是织成符号之网的不同丝线，是人类经验的交织之网。人类在思想和经验之中取得的一切进步都使这符号之网更为精巧和牢固。人不再能直接地面对实在，他不可能仿佛是面对面地直观实在了。人的符号活动能力（symbolic activity）进展多少，物理实在似乎也就相应地退却多少。"可惜的是，卡西尔连一个基本的前提，即什么是"符号"似乎都给搞错了。一是他将工具及工具所反映的体裁、题材给放在了一个平面，逻辑上的悖谬差错也太明显了。谁人都应该明白：宗教不能说是符号。二是现代社会里，我们并非缺少对物理的依赖，而是随着科技程度的提高，人们与自然界的直接接触相对减少罢了。不能为强调自己的观点，就肆意地贬低另一个方面。我们恰巧看到的是：现代社会里边很多人文的理念不仅没有变得明确，似乎变得更加混乱；而自然科学却始终肩负着这个社会理性支撑的力量。不仅如此，卡西尔紧接着又将人定义为“文化的动物”，用占超过全书三分之二的篇幅大谈特谈这方面的现象问题。之所以如此，就在于卡西尔并不是一位真正的语言学家，对语言本质性的认识并不能做到准确和深入，因此，他的所谓核心理念并没有进行充分的论证，故也难以得到明确的肯定。

需要说明的是，上边我们之所以于这一部分内容列举了中国古代诸多思想家他们于“人”这一对象上所进行的种种表述，而于国外同一时期对此的看法意见只是简单提及，其原因在于：他们的文化使然。在这一问题上即表现出了与东方文化迥然不同的特征面貌：他们对人的关注稍晚，似乎也由此连带了对与人紧密相连的语言价值效用的忽视。古希腊还稍好一些，因为他们的早期多为神话传说，还未彻底宗教化，沦为上帝的羔羊；所以在思想家那里还是能够对语言属性做出比较客观的评价。比如柏拉图，他的著述之所以全都采用了对话体裁的形式，就在于他认为口语的表述能够更顺畅、自然、充分地表达心声，倒是着意讲究修辞的语言往往容易蒙蔽人的心智。故他对以高尔吉亚为代表的从事论辩教学与展示的人们保持着抵触与警惕。修辞学在西方传统文化中一向不受欢迎，跟柏拉图早期的这种定位以及他的学生亚里士多德的《修辞学》中确实演示了某些十足的诡辩不无关系。然而一旦犹太教、基督教兴起并风行开来之后，情况就大变：因为其主导精神就是“语言与上帝同在”。上帝创造了人类，并将语言赐予人类，语言从而被赋予了神奇的力量，“巴贝尔塔”的传说就是最好的证明。语言崇拜的结果，认为人们只要很好地认识其中的组合结构规则即可。而这些结构规则是人为规定性质的，特别是传教士们视语言表述的规范为最高目标。实际上导致的是语言与人的分离，语言的价值效能不再被看重。“认识你自己”，因为不重视对语言的认识而被阻隔。只是到了现代，随着宏观哲学的衰微，西方哲学界才开始了这方面的探求。如海德格尔的判断：语言是存在之家。人的本质与语言紧密相伴随；以语言为基础，并体现人的存在状态。伽达默尔也说："人是具有语言的存在。"[①]他的《真理与方法》第三部分言道："一切理解都是解释，而一切解释都发生在语言的媒介中。"[②]不能不说，西方在这重大问题的思考上是与东方拉开了距离的。

中国的神话传说里虽然也有女娲造人，《风俗通·佚文》曰："俗说天地开辟，未有人民。女娲抟黄土作人，剧务力不暇供，乃引绳于泥中，举以为人。故富贵者黄土人也，贫贱凡庸者，絙人也。"这一段描写很形象，就是说女娲造人，一开始还是精心捏制，后来有点儿赶不急了，干脆用粗绳子蘸泥浆来涮，于是就形成了贵庸两类人等。这似乎与西方的上帝造人传说类似，但不相同的是：首先这不是正统文化的表述，多于口头上流传，时间上也晚；再则与语言的创制无关。另一则明显的差异是，中国传统文化里倒是有鲜明的文字崇拜。《淮南子·本经训》云："昔者仓颉作书，而天雨粟，鬼夜哭。"这项记载的价值就在于：虽无理性上的充分论证强调，然则全凭意念直觉，即认为汉字的创制是文化建设上了不起的大事件，可以说是惊天地，泣鬼神。从相当的意义上讲，这种认定与其后历史唯物主义的观念是相吻合的，即文字的创造，标志着人类社会步入到了文明时期。文字虽然不是语言的要素，但对于汉语来讲，其实际的作用更显豁：由古代汉语发展到今天的现代汉语，语音系统呈现出的状貌是由繁到简；虽然词汇系统的复音化改变了部分的表意不够清晰准确的情状，但随着汉民族劳动经验的不断复杂丰富，其承载量仍是不堪重负；汉字本身表意，且它

① 殷鼎：《理解的命运》，生活·读书·新知三联书店 1988 年版，第 175 页。

② ［德］伽达默尔：《哲学解释学》，夏镇平、宋建平译，上海译文出版社 2004 年版，第 79 页。

的形体千变万化，同样能够起到分辨意义的作用。西方之所以不强调文字的历史价值与本体效能，是与它的表音性质直接相关，口语和书面语无须分离。正是不同文字的不同性质，使得汉字在相当程度上发挥着语言要素的效用。且数千年来，这种文字崇拜心理长久地存在于汉民族的文化之中：从私塾教学中的“敬惜字纸”教诲，到乡村借助“天皇皇，地皇皇，我家有个夜哭郎。过路君子念三遍，一觉睡到大天光”这样的条幅，到道家的扶乩、画符等，都体现了过去农耕生活的历史信息：人们试图从文字及其变体的念读解释中获得某种神奇的效应。至于汉字的书法艺术，应该说更是民族艺术美学中的奇葩。

也就是说，在先秦，中国的思想家们奠定的基调是以人为本，故能够作出像例（3）和例（10）那样的“人是语言动物”的深刻判断。与此有异曲同工之妙的，就是《论语·尧曰》中的表述：“不知命，无以为君子也。不知礼，无以立也。不知言，无以知人也。”人与言，须臾不可分离，且相互能够体现其本质属性的主体与工具就紧密地联系在了一起，从而纳入东方文化最为关注的视野之中。

0.2.2　语言的创制

语言究竟有着怎样的神奇效能，能够促使原始的类人猿走向人类？

要解答这样的问题，肯定首先得从原始语言的习得谈起。一如亚里士多德所言，好奇是人类与生俱来的一种特性。但这种特性其实在其他动物身上也可以看到：陌生世界的光怪陆离、多姿多彩，只要是具有意识的生命体面对这一切都会产生好奇心理的。人类的初始状态当然也不例外。这在近代的一些学问家那里也不乏这方面的猜想。如卢梭就试图解答这样的问题，认为两个儿童的相互交往，即会产生信息交流的需要，语言的产生即成为水到渠成的事儿。显然这是拿已有语言社会的事实进行推想，并没有回答人类开始发音并生成语言的物理基础及其心理根据等根本问题。这其中还包括在广有影响的苏联语言学家马尔所谓的有声语言之前，有一个长时期的手势语运用阶段的猜想；鲁迅所谓“吭唷吭唷”派的描写等等。恐怕最有影响的还要数历史唯物主义，也就是马克思主义对该问题的解说：“动物和它的生命活动是直接同一的。动物不把自己同自己的生命活动区分开来，它就是这种生命活动。人则使自己的生命活动本身变成自己的意志和意识的对象。他的生命活动是有意识的。这不是人与之直接融为一体的那种规定性。有意识的生命活动把人同动物的生命活动直接区分开来。正是由于这一点，人才是类存在物。或者说，正因为人是类存在物，他才是有意识的存在物，也就是说，他自己的生活对他是对象。仅仅由于这一点，他的活动才是自由的活动。”① 人的这种自我意识、分辨意识，既为认识主体又为认识对象的这种双重关系的清醒认识，为语言的产生提供了最为切实有效的意识保障。仍是承接着劳动创造人的理论前提，恩格斯进一步进递到对语言产生的推想：劳动使得语言的产生成为必要：“一句话，这些正在形成中的人，已经到了彼此间有些什么非说不可的地步了。”② 问题在于，类人猿在远古，亦属于猿类中的一支，为什么它们能够有这种协同劳动的迫切需要？对此现时的研究似乎还不足以做出令人满意的回答。

1998 年，剑桥大学遗传学家简·赫斯特等人通过对伦敦有语言缺陷家族的基因分析，发现病人家族的语言基因（FOXP2）出了问题。FOXP2 基因非常古老，它在其他动物身上同样存在。一些学者又以老鼠、猴子为实验对象，研究该基因在不同特种中是否有不同的表现，从一个侧面试图证明语言与人类的产生之间的关联。结果令人难以想象：人类会说话直接与该基因的变异有着直接的关系，或者说人类语言能力的获得得益于基因的

① 《马克思恩格斯选集》第 1 卷，人民出版社 1972 年版，第 46 页。

② 恩格斯：《劳动在从猿到人转变过程中的作用》，《马克思恩格斯全集》第 20 卷，人民出版社 1971 年版，第 512 页。

意外变异。[①]当然，最近的一项研究表明，上述的发现及其结论，或许是"一个错误的信号"。美国马萨诸塞州剑桥市哈佛大学与麻省理工学院布罗德研究所人口遗传学家 Elizabeth Atkinson 于 2018 年 8 月 2 日的《细胞》杂志上发表文章给出了这样的认定。还有学者也对 20 年前的那项研究进行再验证，开展了更广泛的基因级比对，也认为当初的发现在选择样本上有偏差。[②]目前对这一重大课题的研究，自然科学家们仍在持续进行着，更权威性的结论仍需更长期的坚实的探索发现也才有望获得。

足以让人们进一步思考的是：休谟作为一位哲学家、怀疑论者，全盘否定逻辑间的因果关系自然不足取，但将一巨大事件的成因归结为某单一条件所促成恐怕也是难以成立的。拿整个人类的演进史来说，自东非大裂谷第一个直立人露西 340 万年前始，再到智人，这是相当漫长的时间。值得记取的重大事件是：10 万年前，非洲智人首次踏足阿拉伯半岛，然而被尼安德特人阻击。5 万年前智人再次向亚欧大陆进发，这一次他们大获全胜，居然战败了无论是体格还是脑存量都超过他们的尼安德特人，甚至在以后的时间里还导致了后者的全部灭绝；从此智人们辗转流播到了世界各地。欧洲的"尼安德特人"是三万年前灭绝的人科物种，他们也学会了使用工具，有了抽象思维，并且利用自然界的原材料，能够制造复杂一点的实用的器具，但他们最终还是灭绝了。灭绝的原因是语言器官不发达，他们的喉结很小，只能发出比较简单的吼声，不能形成相对复杂的语言系统；他们不能将经验进行有效的交流和传递，也不能很好地相互协作捕猎，他们的捕猎方式和捕猎工具一直没有大的进步。直到有相对完备语言器官的"晚期智人"进入欧洲，他们使用更先进的工具，有更先进的生存方式，于是"尼

① 张文涛：《人类演化的三次智力觉醒》，《中国社会科学报》2017 年 9 月 12 日。

② 《新研究颠覆人类语言进化认知：科学家怀疑 FOXP2 基因的决定性作用》，《中国科学报》2018 年 8 月 6 日。

安德特人”被淘汰了。撰写《人类简史》的尤瓦尔·赫拉利认为，智人之所以在7万年前突然脱胎换骨，是因为他们的认知能力有了革命性的进展。认知革命为智人的生活带来了巨大的变化，关键的一点就在于语言的诞生。因为认知革命前，虽然人类直立行走后使得发音器官的形状发生了重大变化，即将气管与口腔变作了直角，对气流的阻碍增大，人类可以发出更复杂的音色变化。但是，如果没有更多事件的促使，仍不足以推动生理机能的重大变革。在自然状态下，早期人类的表亲黑猩猩族群通常是由20—50只的个体组成。突破了一定的上限，就将造成族群分裂，部分成员就会离开族群另组家园。同样，社会学研究指出，人类能维持的最大“自然”团体大约在150人。一旦突破了这个门槛，如果不采取相应的措施，就有可能造成自然团体的不稳定性，直至崩溃。而当时的智人要从东非这块区域走出去，走向他人的领地，其冲突规模绝不止于这样的种群数量。此时语言的价值效用就具有决定性的意义了！当然，更早一点儿的时间，火的发现，熟食的增多，使得人的下颚的咬合力减弱了，但其灵活性增强了。所有这一切，为当时东非智人语言的产生从生理机制完善到智力商数激增上都创造了必要的条件；相对的另一面，语言的概括提炼对人脑的促进是巨大的：两者互补促进，优势增益，加快了向现代人过渡的速率。

下面是人们对比其他动物而做出的数量统计：

	身体重量（千克）	脑量（克）
猕猴	4.25	66
大猩猩	126.5	506
黑猩猩	36.4	410
南方古猿阿法种	50.6	415
硕壮人	—	700—900
直立人	58.6	826
智人	44.0	1250

如上所述，源自东非的智人，它要协调团体的合作，大规模的一致行动，显然需要众多人们所共同认可的追求目标和精神力量。那么，归属感、认同感、荣誉感、崇高感等，显然是将个体的人团结起来的必要条件，而这一切，唯有语言的抽象性能、鼓动性能、明确性能才能做到。这在现代大生产化、全球一体化越发鲜明的趋势下表现得更为突出。

如果再进一步观察的话即可以发现：迄今为止，同种类的其他动物，像鸡、狗、猫等，不管是处在世界的何地，叫声基本是一致的。而人类的语言却多种多样：保守的说法仅1000多种，宽泛的说法有6000多种。问题的关键在于人们对于语言的划界标准不同造成的：有的执行的是功能标准，只要是不能够相互交际的，就是不同的语言；有的执行的是语言本体构成标准，基本词汇和语法构造是决定语言的本质性要素，由此确认语言之间的区分。若以前者认定的话，光印第安人的语言就达千种以上。在当今亚马孙河热带雨林中，有的部落仍保持着古老的习俗：嫁女儿一定要嫁到说不同语言的另一个部落去。不管他们意识到与否，这可能跟种族繁衍的差异优势有关。不管世界上这么多的语言发展成熟程度如何，但总的体现出这样的一种情势：人的语言潜质几乎是无限的，可以形成各色各样的内在有匹配规则的语音系统，同时有相对应的精细复杂的语义系统。之所以如此，就在于：发音生理机制的异常灵活，大脑思维能力的高度发达。而恰恰这两个方面却是其他动物所不具备的，只能遵从着单一的发音机能和低级的脑神经系统相关联，形成习惯性的刺激反应。

0.2.3 语言的特征

我们可以想象，早期人类的开口说话，那个时段的语言该是多么的幼稚粗糙。那时候的语言状貌无处寻得，但我们可以借用孩子们的语言习得过程作为参照；虽然他们的语言环境并不完全相同。我们可以借助德国生物学家海克尔（Haeckel）提出的“生物发生律”或“重演论”（biogenetic law or recapitulation theory）作为依据，该定律指出："个体发育的历史是系统发育历史的简单而迅速的重演"。有时候最简单的动作和发声里边即隐含着最不可思议的内容信息。比如孩子们用小手指着特定的物体并发出"嗯嗯嗯"的声音，我们作为成人即可明白，他是在讨要或者是关注特定的对象。即便是这样的一种表达行为，他已经是在超越其他所有高级动物的智能，即他已经开始了语言的表达。人类的语言或许就是这样开始的：虽然没有准确明晰的信息，但指称本身所体现的是对客体对象进行分隔，单个个体的意识在言语主体的脑子里已经开始朦胧地形成，理性的观念在初步地建立。卡西尔于《人论》中所引述的这样一段话值得关注：

可以肯定地证明，猿的语音学的全部音阶是完全"主观的"，它们只能表达情感，而绝对不能指示或描述任何对象。但是它们具有这么多人类语言中所共有的语音成分，以致不能把它们无法说出字音清晰的言语的原因归结为第二性的（舌—唇的）限制。它们面部和身体的各种姿势也像它们在声音上的表达一样，从不指示或"描述"对象。[①]

这位心理学家所做出的区分，也与亚里士多德的分析判断相吻合。

索绪尔也曾指出："哲学家和语言学家常一致承认，没有符号的帮助，我们就没法清楚地、坚实地区分两个观念，思想本身好像一团星云，其中没有必然划定的界限。预先确定的观念是没有的。在语言出现之前，一切都是模糊不清的。"[②]

事实说明，人类一旦掌握了语言这种表达工具，毫无疑问地走上了认知世界并有效利用世界的道路。动物之间虽然也能借助特定的声音进行交际，但它们往往是混沌整体的声音对应特定的意义内容，并执行特定的职

---

① ［德］苛伊勒：《黑猩猩的心理》，《心理学研究》1921 年第 1 期。

② ［瑞］索绪尔：《普通语言学教程》，高名凯译，商务印书馆 1980 年版，第 157 页。

能任务，如惊恐、平安、聚集、哀伤、欢悦等。一如它们不能用声响显示群体与个体、自己与其他一样，用来表达特定信息的声音，包括肢体语言，往往都是不可能进行最小单位的再切分与多样化重组的。如蜜蜂用类似8字的“舞蹈语言”来提示同类花蜜的方向，这种整体的飞行轨迹显然是没法分割的，分割之后也就失去了特定信息的价值意义。人类的语言不一样，即便是最初的相对混沌的形式，指向一个对象，我们或许不可能一下子明白言语主体具体的完整的需求意向，但最起码的，分解的意识却已展示出来了。我们虽然不知道伴随着指称的这个声音是词还是句子，但我们知道，这是语言能够得以形成的难能可贵的初始形态。后来繁富复杂的语言形式我们现时的人们似乎都再熟悉不过了，然则显而易见，也都是内隐的思维意识与外显的音符序列相互促进、不断递增丰富的结果。不管是语言的初级形式也好，还是现今相当成熟的语言系统也好，表现出的一个共同属性就是：它在人们的脑子里建立起了一个可以和客观世界相对应的观念系统，可以将客观对象的所有一切都内化为思想；不仅如此，这个观念系统还加进了认识主体自己的感受意识，两个方面的叠加，使得语言和思维显示出了无限的强大张力：我们还可以用语言解释语言，思想也可以思想思想本身。

语言的线性符号序列，是开发人类思维条理性的绝佳方式。索绪尔曾指出：语言是声音（能指）与意义（所指）的结合体，声音的一个极其重要的特征就是线条性，即“能指属听觉性质，只在时间上展开，而且具有借自时间的特征：（a）它体现一个长度；（b）这长度只能在一个向度上测定：它是一条线”[①]。众所周知，人们观察客观对象事物的时候，往往是综合性的、整体性的、感官性的，目光所视，多为立体多维状，且视觉、听觉、

① ［瑞］索绪尔：《普通语言学教程》，商务印书馆1980年版，第106页。

嗅觉、味觉、触觉往往一起来，甚至感觉之间还会发生交叉效应，如通感。即便是其中的一个方面也往往不是单一的，如眼睛所触，能够映现方位、色彩、形状、动静、质地等多种多样的感受，甚至还有下位层次更细微的。拿方位来说，即可再有远近、左右、上下等；以形状为例，即可再有大小、规则与否等。由于视觉光线的效果，使得这诸多方面融合在一个和谐生动的画面之中。如杜甫《绝句》的绘状："两个黄鹂鸣翠柳，一行白鹭上青天。窗含西岭千秋雪，门泊东吴万里船。"这是一幅生机盎然的初春景象，古人曾有，今人仍然能够看到。再如王维《江汉远眺》中的名句："水流天地外，山色有无中。"给人一种心中所有却说不出的感觉，但其景色何其真实！歌德《浮士德》中说"理论是灰色的，生活之树长青"也由此而来。黑格尔借助这个话头，热忱地歌颂整体的、具体的、生动的美学观念。然而人类一旦借助语言自认识个体始，就不再满足于这种笼统的原生态的自然生活观感，对客观对象便愈来愈坚定地进行抽取、剥离、分辨，同时也进行着类别归总，用逐渐清晰的声音符号来称指、代替，并生成较抽象的意象，由词和句的不明晰到明晰，符号的有规则性序列也就慢慢地展现出来了。

至此需要注意的是：语言所呈现的一维性的认识反映与人们感觉系统对客观世界的整体性的认知是不一致的，或曰，前者对后者是一种歪曲性的或者是扭曲性的展示。因为观察是多种感觉"一齐来"，可以于共时中获得；而后者通过内在生成机制的改造，必须变成历时的串珠状的链条来进行表现！"语言就像一块'型板'，迫使被陈述的事物按照自己的式样变成一种线性的序列。"这种线性的序列"不是世界的真实，而只是语言的真实"。[①] 生活中的人们运用语言犹如呼吸空气一样习焉不察，但一经索绪尔这种似

① ［美］鲁道夫·阿恩海姆：《视觉思维》，滕守尧译，光明日报出版社 1987 年版，第 365 页。

乎是不经意的提及，于是产生了极大的兴趣，大家仿佛有一种恍然大悟、醍醐灌顶的顿悟感。小说家们对此的敏锐反应应该说是最快的，于是就颇有些人想打破这种固有的束缚，让感觉的芬芳得以释放。例如：

> 郭麻子大爷让我吹笛，刘主任让暖唱歌。暖问：“唱什么？”刘主任说：“唱《看到你们格外亲》。”于是，就吹就唱。战士们一行行踏着桥过河，汽车一辆辆涉水过河。（小河里的水呀清悠悠，庄稼盖满了沟）车头激起雪白的浪花，车后留下黄色的浊流。（解放军进山来，帮助咱们闹秋收）大卡车过完后，两辆小吉普车也呆头呆脑下了河。一辆飞速过河，溅起五六米高的雪浪花；一辆一头钻进水里，嗡嗡怪叫着被淹死了，从河水中冒出一股青烟。（拉起了家常话，多少往事涌上心头）“糟糕！”一个首长说。另一个首长说：“他妈的笨蛋！让王猴子派人把车抬上去。”（吃的是一锅饭，点的是一灯油）很快的就有几十个解放军在河水中推那辆撒了气的吉普车，解放军都是穿着军装下了河，河水仅仅没膝，但他们都湿到胸口，湿后变深了颜色的军衣紧贴在身上，显出了肥的瘦的腿和臀。（你们是俺们的亲骨肉，你们是俺们的贴心人）那几个穿白大褂的人把那个水淋淋的司机抬上一辆涂着红十字的汽车。（党的恩情说不尽，见到你们总觉得格外亲）首长们转过身来，看样子准备过桥去。我提着笛子，暖张着口，怔怔地看着首长。一个戴着黑边眼镜的首长对着我们点点头，说：“唱得不错，吹得也不错。”郭麻子大爷说：“首长们辛苦了。孩子们胡吹瞎咧咧，别见笑。”（莫言《白狗秋千架》）

注意括号里边的文字。为什么要括住？实际上作家这儿似乎在做有益的尝试探索，让人们有一种看电影类似的效果：看着画面同时听着背景音的声响，两种信号同时接收。试图打破语言所固有的单向性思维模式，重归原初综合性的感知系统。

但事实上这是做不到的。《诗大序》云："诗者，志之所之也，在心为志，发言为诗。情动于中而形于言，言之不足故嗟叹之，嗟叹之不足故永歌之，永歌之不足，不知手之舞之足之蹈之也。"如果追寻艺术与艺术演进过程的话，似乎就是反其道而行之才对。因为我们知道，就是动物世界里边，水草丰茂之时有角瞪羚们会情不自禁地跳跃舞蹈，求偶发情之际也有鸟儿们各种各样的才艺美姿展示。同样道理，伴随着人类的产生来讲，显然也应该是先歌舞后语言。感性阶段的美感不管怎样地让人陶醉和留恋，但终究不能体现人的本质精神。孩童时代无论怎样的率萌可爱，人终究还是要长大的。与此同时，语言也在发展。卡西尔指出："语言最初并不表达思想或观念，而是表达情感和爱慕的。"[①] 维柯也说："最初的人民仿佛就是人类的儿童，还没有能力去形成事物的可理解的类概念（class concepts），就自然有必要去创造诗性人物性格，也就是想象的类概念（imaginative class concepts），其办法就制造出某些范例或理想的画像（ideal portraits），于是把同类中一切和这些范例相似的个别具体人物都归纳到这种范例上去。"开初时的形象思维毕竟不是思维的高级形式，它需要跃升到抽象阶段，才能真正把握住所有认识对象的本质。哲学语言是"凭思索和推理来造成的。哲学语句越升向共相就越接近真理；而诗性语言却是越掌握殊相（个别具体事物）就越确凿可凭"[②]。

"感觉表明实在；思想和词表明一般的东西。"[③] 成熟了的人类语言是理性的健康的语言。这种语言往往是一个庞大且精细的符号系统，形成了词和句子两级相对应，既稳定又灵活的话语装置。前者对我们偌大的客观世

① ［德］卡西尔：《人论》，甘阳译，上海译文出版社 2004 年版，第 34 页。

② ［意］维柯：《新科学》，朱光潜译，商务印书馆 1989 年版，第 122、120 页。

③ 列宁：《哲学笔记》，人民出版社 1974 年版，第 303 页。

界，也包括我们自身的情感意识等，都给予了抽象度不同的符号概括，如苹果—水果—食物—物品—名词，以适应不同场景的表达需要；如果还嫌不具体的话，我们还可以用句法的手段给予显示：烟台苹果—静宁苹果—红苹果——个苹果—苹果脸儿等。词汇系统其实就是在对世界诸事万物进行分类，不管是以韵文撰写的《笠翁对韵》，还是生物科学中的分类学，以及服务于人们语文学习或专业学习的各类词典，它们都体现了语言中指称规范了的那一面。而句子则重在表达，且它的组合能力简直是非凡的：因为符号的线形序列如果是无序排列的话，随着参与组合数字的自然递加，其答案将是一个倾向于无穷大的几何数列！好在我们的语言有规律，用索绪尔的话来说，与横坐标组合关系相对应的是纵坐标的聚合关系，于是反映在语句之中的，特定类的词语都有着相对应的位置分布。但问题是我们的词语的数量太大了，不同的参与组合也实在是一个天文数字。所以，只要不是引用或抄袭，我们从来就不用担心会有重复率的问题。由此我们即可以知道，人类用来进行交际的手段多种多样，如信号灯，也包括肢体动作；人们用来展示自己意图情感的方式也形形色色，歌曲、舞蹈、电影、雕塑、建筑、盆景等等，但无论怎样的传递手段，恐怕都不能与相应的语言作品相媲美。很多著名文学作品改编成电视连续剧之后，虽然加进了直观的艺术元素和现代科技的手段，但与原作相比却失去了厚重隽永的意味，由此可见一斑。更不要说高度抽象哲理化的文章了，那是其他任何表现方式都是不可能代替的。

0.3　语言的核心是意义

0.3.1　意义的价值

语言从自身看是符号系统，但它真正的价值功能却体现在表情达意上面。

语言作为人类最重要的交际工具，所负载的意义信息，其功能效用可谓大矣！人类社会自它产生及其所有进步无不与语言所承载的意义有关：生产经验需要总结，科技进步需要记录，所有的知识都需要它来表达；就连人们的日常生活、社会的正常运作，无一不需要它来进行维持。即便是个人的沉思默想，情感的吐露发泄，也都得仰仗它进行运思和展现。思想所及，语言也往往如影随形，时刻伴随，不分你我。同样地，语言所能达到的范围也即意味着人们精神意识的天地范围，或深或浅，或远或近，反映着你我他整个人生的修为、造化和境界。

历史的发展是需要契机的。众所周知，西方的文艺复兴带来了当时人们思想的彻底解放，人不再是上帝的羔羊，一跃而成为自己命运的主宰者。从内在的根子上说，它其实是古希腊唯物主义理性精神的回归。于是再一次地引发了人们对客观事物进行深入认识的极大兴趣与渴望，随着自然科学一系列的重大发现，工业革命蓬勃产生。用马克思、恩格斯的话来说，即“资产阶级在它的不到一百年的阶级统治中所创造的生产力，比过去一切时代创造的全部生产力还要多，还要大”(《共产党宣言》)。在他们生活的 19 世纪，紧承着已有的成就，又有了细胞学说、能量守恒与转化定律、进化论新的三大发现。这种突飞猛进、爆发性的社会进步，不能不引起人们的惊异及对其成因追寻的欲望。当时即有学者本着西方固有的思维方式，即穷根究竟，试想追溯科学建立的源头问题。他们注意到：新技术的广泛应用，来源于科学理论的系列创建。而科学理论的建立，则导源于自然科学的基础理论学科物理、化学及生物，而它们又都以数学学科作为自己的根基。当他们将眼光聚焦于数学系统之中的时候，却惊讶地发现，即便是这种高度抽象并形式化了的学科，仍需要大量的名词术语及基本概念来作为辉煌理论大厦构建的坚实柱石，所有的符号仍需要负载特定的意义内涵才能体现出真正的价值效用。由此不难得出的结论是：人类的语言，特别是它所蕴含的意义则为科学建造的终极源泉。正所谓“玉在山而草木润，渊生珠则崖不枯”，语言意义成了人类文明最宝贵的精神财富，是皇冠上璀璨的宝玉珍珠。但与此同时他们还发现，即便是像数学这样终极性的自然科学学科，它的一系列术语概念也往往缺乏内涵上的严格规定性，也就是说意义上难以明确界定。许多人于是试图弥补这种缺陷，如罗素就想用建立数学逻辑的办法来强化它。很多哲学家也都认识到了这一点，加之过去笼罩于宏观哲学上面的神圣感也渐渐失去了往日的魅力，20 世纪初，西方哲学出现了一个巨大的变化，就是由世界观哲学向具体哲学、分析哲学的转移，亦即语言学转向。1915 年，罗素在一次演讲中宣称：以前在哲学中讨论的认识论问题，大多只是语义的问题，它可以归结为语言学的问题。①

语言意义的自觉认识也开发了人类的思维能力，放飞了人们的思想。人类不但具有和其他高级动物一样的好奇心理，还具有有别于其他高级动物的奇异的幻想和猜想等思维能力。这主要表现在艺术的想象和营造之中，它可以“寂然凝虑，思接千载，悄焉动容，视通万里”（刘勰《文心雕龙·神思》），“精骛八极，心游万仞”（陆游《文赋》）。这在人类社会的早期阶段，恰如孩童时期一样，其想象力更显得博大雄浑，色彩纷呈。多个文明古国都有自己的神话传说，如古希腊的荷马史诗、古印度的《罗摩衍那》和《摩诃婆罗多》。中国的虽说不上是鸿篇巨制，然而追溯的时间却似乎更遥远，如《列子 · 汤问》中的描述：“然则天地亦物也。物有不足，故昔者女娲氏练五色石以补其阙；断鳌之足以立四极。”这一段不长且又很朴实的文字里却演绎了“女娲补天”的洪荒故事。再如《山海经·北山经》：“又北二百里，曰发鸠之山，其上多柘木。有鸟焉，其状如乌，文首、白喙、赤足，名曰

① ［英］罗素：《我们对于外部世界的知识》，伦敦出版社 1915 年版，第 1—4 页。

精卫，其鸣自詨。是炎帝之少女，名曰女娃。女娃游于东海，溺而不返，故为精卫。常衔西山之木石，以堙于东海。”《山海经·海外西经》：“刑天与帝至此争神，帝断其首，葬之常羊之山；乃以乳为目，以脐为口，操干戚以舞。”这两段记述显然非常神奇：要么是人化为精卫，矢志不渝以平雪自然灾害给自己造成的深重心理创伤，要么是失去了头颅也要让其他的器官代行其机能，自强不息，坚定以抗争。马克思在《〈政治经济学批判〉导言》中指出：“任何神话都是用想象和借助想象以征服自然力，支配自然力，把自然力加以形象化。”它虽然失去现实的真实，然而从中获得的是情绪的满足和精神的享受。

与此相对的则是另一条思维路线，那就是相对抽象的思辨语言、理论语言。这种语言的特征就是长于说理，以高强度的逻辑力量以透现其理性的遒劲。我们来看具体的例子：

> 古之学者必有师。师者，所以传道受业解惑也。人非生而知之者，孰能无惑？惑而不从师，其为惑也，终不解矣。生乎吾前，其闻道也固先乎吾，吾从而师之；生乎吾后，其闻道也亦先乎吾，吾从而师之。吾师道也，夫庸知其年之先后生吾乎？是故无贵无贱，无长无少，道之所存，师之所存也。（韩愈《师说》）
>
> 敌人在我们这个大国中占地甚广，但他们的国家是小国，兵力不足，在占领区留了很多空虚的地方，因此抗日游击战争就主要地不是在内线配合正规军的战役作战，而是在外线单独作战；并且由于中国的进步，就是说有共产党领导的坚强的军队和广大的人民群众存在，因此抗日游击战争就不是小规模的，而是大规模的；于是战略防御和战略进攻等等一全套的东西都发生了。（毛泽东《抗日游击战争的战略问题》）

由两例可以看到两种不同的论说结构与方式：前者是演绎。结论在前，接下来是具体的解说：从师即是从道，闻道有先后，先知道者即为师。后者是归纳。论述的中心点在后，即抗日游击战也有战略防御和战略进攻问题。为什么呢？其一是国家大小问题；其二是现时国情问题，两者集中在一起，便形成了必然的战略思考。特别是后者体现了现代汉语理性思维的范例性构架：多层复句，层次繁多，结构承接严密，关联词语明晰准确地显现，将其中不同的组合关系反映得清楚豁亮。

0.3.2　意义的悖论

语言是人类最伟大的创造，然而人们又往往迷失于语言之中。

意义认识很困难

意义就是我们所能够意识的精神世界，它塑造了我们的全部灵魂；然而当我们真正正面认识它的时候，它又表现得空蒙缥缈，似有若无，一如《诗经·秦风·蒹葭》所描绘的：

> 蒹葭苍苍，白露为霜。所谓伊人，在水一方。
>
> 溯洄从之，道阻且长。溯游从之，宛在水中央。
>
> 蒹葭萋萋，白露未晞。所谓伊人，在水之湄。
>
> 溯洄从之，道阻且跻。溯游从之，宛在水中坻。
>
> 蒹葭采采，白露未已。所谓伊人，在水之涘。
>
> 溯洄从之，道阻且右。溯游从之，宛在水中沚。

她是那样的美好，她让心动的人儿一往情深；然而她又是那样的飘忽不定，让人们可望似乎又不可即，心醉不已却又奈何不得。

为什么会是这样？

这就是问题关键之所在：究其实，意义只是我们头脑中的一种意识存在。它看不见摸不着，不像客观事物那样有着明确的时空定位，让人觉得踏实。虽然如此，现实中的语言信息传递，人们还是可以获得比较准确的意义内容的。即便是科技领域，如今科技的发展，真正让人类实现了“可上九天揽月，可下五洋捉鳖”的自由状态。数码传输的同时，语言仍旧没有失去其价值效用，反倒加快了它的交际频次，人们凭借着它可以获得更多的新知。我们借助语言建立起了所有学科中系列性的概念术语，并用原有词语的意义给它们一个一个地解释确认，并通过不断检验、纠错、更新，使其内涵愈来愈趋向于严谨和周密，从而使得不同的学科理论体系既相互独立又可以相互融合，进一步地将自然科学、工业技术推向成熟。在起初的这个过程中，大家似乎认为这一切都是水到渠成的事儿，语文和专业之间似乎没有什么扞格龃龉。就是我们平日的学习工作，一个孩童从牙牙学语到中学语文的学习，也都是想着怎样将语言学好，意思表达清楚。社会的运作机制也在通过各种方式以保障群体语言尽可能都是规范准确的语言：语言形式是社会通用性的，最易于人们接受；相应地，它所表达的内容及意义也恰如其分、鲜明周详。人人都遵循操作，驾轻就熟的结果，让人们似乎觉得言意之间自然匹配，相得益彰。正像刘勰《文心雕龙·原道》篇中所言：“道沿圣以垂文，圣因文而明道，旁通而无滞，日用而不匮。”“道”（思想主张）和“文”（书面语）相辅相成，彼此彰显。然而，当人们真正关注思想语言本身的时候，情况就大不一样了。如同我们借助特定工具从事某项具体的事务工作，完成任务成了唯一目标；当我们再返过头来审视工具本身的时候，此时的工具就会让人们感觉到它并不像想象的那么简单。“常识在它自己的日常活动范围内虽然是极可尊敬的东西，但它一旦进入广阔的研究领域，就会遭到最惊人的变故。”[①] 我们用词造句表达意义反映思想，到了一定阶段似乎可以达到“行云流水”般的顺畅，用词语的意义解释其他词语的意义似乎也没感觉到怎样的难堪，然而当我们来考察元语言

---

① 恩格斯：《反杜林论》，见《马克思恩格斯选集》第 3 卷，人民出版社 1972 年版，第 61 页。

词语意义的时候，却会意识到：一些看起来很简单的事情，其特征属性并不简单。

不仅仅我们汉语是如此，其实全世界的语言学界都是如此。迄今为止，可以说还没有一条有关意义的定义，甚至是词义的定义能够被人们所普遍认可或接受。

《现代汉语词典》给“词义”下的定义是：“词的语音形式所表达的意义。”老实说，这样的定义有些不得已而为之的意味。这是因为，它是词典，不能不对它所认定的词项做出解释，再则就是这样的释义属于分解法定义，仅仅是将复合词中的语素转换为词，让其表义更清晰罢了，并没将其具体的内在涵蕴解释到位，也就是说，没有给出新信息。再看它对“意义”的释义：“语言文字或其他信号所表示的内容。”其中的“内容”相对于“意义”来讲属于同义反复。这样的释义方法也不是不可以的，如果是以今释古或者是以通语释方言，训诂学里是允许的，可以被肯定；如果不是，其价值含量就不大了。

之所以如此，就在于意义本身确实不容易描述。所以早期的语言学家们往往表现出对意义有意无意地回避或几分畏惧。如索绪尔指出：“我们是给事物下定义，而不是给词下定义。……对词下任何定义都是徒劳的。”[①] 布龙菲尔德就紧承着这种观念表述道：“意义是用我们这门学科的术语确定不了的。”“为了给每一个语言形式的意义下一个科学准确的定义，我们对于说话人的世界里每一件事物都必须有科学的精确的知识。”因此，“语言的描写工作在于对语音形式作出比较严格的分析，同时假定这些语言形式具有稳固的和可以确定的意义”。“我们没有一种准确的方法来给像‘爱’或‘恨’这样一些词下定义，这样一些词涉及好些还没有

① ［瑞］索绪尔：《普通语言学教程》，商务印书馆 1980 年版，第 36 页。

准确地加以分类的环境——而这些难以确定意义的词在词汇里占了绝大多数。”“语言研究必须从语音形式开始而不是从意义开始。”[①]由此我们可以看到由20世纪初所开始的结构主义语言学，既出于科学研究的谨严，须有所排除，另一方面，也确实对意义的认识描写表现出了难以掩饰的消极悲观情绪。

这种情况在美国描写语言学的先后演进中而有所改观，甚至这种变化还可以表现在同一个人身上。被人称为“一匹黑马”的乔姆斯基对待语义的态度就是一个典型的例子，当然，他的转变也反映了该学科并非在困难面前就停止了自己的探索步伐，而是坚韧以前行，执着以奋进。早在1957年他的“转换生成语法”问世之时，他还将“这孩子可能吓着真诚”这样的句子看作合乎语法。到了1962年，他再度出版《句法理论的若干问题》一书时，则就摒弃了先前的完全排斥意义的做法，所建立的“次范畴化”理论，介入了“语义选择限制”的规则，即因为动词“吓”，前边的主语N其语义特征可以描写为［±生命］；但其后边的宾语N，其语义特征只能是［+生命］，而不能是［-生命］。故重新将上述句子判断为不合语法的句子。我国现时语法学研究于此也有突出的表现，并有“语义语法范畴”理论的提出。[②]而今中外语言学界于语义的研究已形成热潮，词汇语义学、框架语义学、孟塔古语义学等新的理论不断涌现。可以相信，很好地继承前人有关研究的历史经验，有关意义的研究将会有理想的进展。

列宁的有关表述非常有助于人们于此问题上的坚定信念：“人完全可以

---

① ［英］布龙菲尔德：《语言论》，袁家骅、赵世开、甘世福译，商务印书馆2008年版，第166、192、197页。

② 胡明扬：《再论语法形式与语法意义》，《中国语文》1992年第5期。

认识这个世界和这些规律，但是永远不能够彻底认识它们。”[①]

不同的努力方向

很多时候出现的问题不在于语言本身而在于语言之外的认识。我们先来看两首诗：

（1）化学家所谓自然的化验，

不过是自我嘲弄，而不知其所以然。

各部分很清楚地摆在他面前，

可惜的，就是没有精神的系联。

（见歌德著《浮士德》第一部，书斋）[②]

（2）为何物理学受人器重，

而抒情诗人不被重视？

原因不在于枯燥的猜度，

而是表明一种世界性的规律。

可见，我们尚未揭示出

那种应该揭示的东西。

这是由于我们笔下的抒情诗句

还并不那么雄浑有力……

（米·贝京《艺术与科学——问题·悖论·探索》）[③]

两例所揭示的观念应该是相对相反的：例（1）集中反映了歌德、黑格尔他们的观点，认为自然科学界对一切事物现象所进行的研究是割离性质

---

① 列宁：《唯物主义和经验批判主义》，《列宁选集》第 2 卷，人民出版社 1974 年版，第 191 页。

② ［德］黑格尔：《小逻辑》，贺麟译，商务印书馆 2012 年版，第 113—114 页。

③ ［苏］米·贝京：《艺术与科学——问题·悖论·探索》，任光宣译，文化艺术出版社 1987 年版，第 5 页。

的，结果形成的是科学的碎片，失去了整体的形象的变化的全部内涵。不仅如此，连行为主体对客观对象所投注的心绪情感也都要计算进去。为了满足文学艺术情感的丰沛圆润灵动，而不惜对自然科学投之以鄙夷的眼光。例（2）以同样的角度，但反映出的却是另外一种情状：自然科学、物理学在当时受到了重视，而文学艺术、诗歌却受到了冷落。不过诗人鲍里斯·斯鲁茨基后边还是迷糊了：揭示得是否深刻，能否表明“世界性的规律”，并不在于笔下的抒情诗句是否“雄浑有力”。

这涉及一个古老并持久的话题：文学与科学之间的相互争论与抵御。实际上也体现为意义可能认识与否的两种力量，两种不同的认识观念。

如上所述，语言学的意义研究倾向于科学，它始终追求的是唯一的可操作性的结论。于此，爱因斯坦给予了决绝的强调。他指出：“相信世界在本质上是有秩序的和可以认识的这一信念，是一切科学工作的基础。”① 他还表述说：如果他被迫放弃对确定性的追求，他“宁愿做一个补鞋匠，或甚至做赌场里的雇员，而不愿意做一个物理学家。”② 这种有秩序的有确定性的追求，就是严谨逻辑性的追求，真理性的追求。反映在语言意义上边，就体现为科技语体上面。英国著名的科学史家惠威尔《归纳科学史》即曾论及该问题，他言道：“日常语言的不确定的质朴的意思不可能像科学研究所要求的那样严格确切地表达事物，并把它们逐级地概括上升。只有牢靠的科学固定语机制才能做到这一点。”

与此相对的则是文学艺术的美学情绪张扬。众所周知，文学是语言的艺术。恰恰是从事文学艺术创作追求的人们异乎寻常地表现出对语言的抗

① ［美］阿尔伯特·爱因斯坦：《爱因斯坦文集》第1卷，许良英等编译，商务印书馆1976年版，第284页。

② ［比］伊利亚·普利高津：《确定性的终结》，湛敏译，上海科技教育出版社1998年版，第150页。

拒与反感。诗人纳德松愤激言道："世界上没有比语言的痛苦更强烈的痛苦了。"[①] 詹姆逊诅咒：语言是牢房。[②] 连大文学家歌德都慨叹："那试图用文字来表达艺术境界的做法，看起来好像是桩蠢事。"[③] 这些以语言作为认识自己、展示自己、体现自己为最大效能的人们，居然对语言是这样的深恶痛绝，真的恨不得将它打烂了、揉碎了，然后再弃置于永远看不见的角落中去。为什么会这样？因为语言不能随心所欲！不能将自己所思所感所梦所想，甚至是瞬间的灵感、无由的狂躁、醉心的浪漫、撕碎自己之后的潇洒、疲倦后需要的抚慰，等等，都能够自由地、痛快淋漓地表达。然而我们的文学家们、艺术家们，不把这一切看作是自己追寻的没有缘由，却将这一切都归咎于语言的差错，是语言意义的不清晰造成的混乱。这颇相似于孩童被石头一类的东西绊倒，大人们为了转移他们的注意力，要装出一副认真的样子责骂敲打石头，好像都是它的过错一样。不过这也不怨我们的艺术家矫情，如果我们的人生走的都是科学之路的单行道，而没有像无标题音乐那样的高雅艺术，我们的生活该是多么的单调！意义就是我们的一切，既得有理性的阳刚，同样还得有情感的柔性，这样才能放飞我们的思想，让它飞得更高更远。

然而有必要提醒的是：理性追求真理，感性追求自我。前者体现为意义的明确单一；后者体现为意义的多样丰富。然而两者并非平起平坐的关系。无论从整个人类演进的历程还是个人成长的进程看，所行进的路线往

---

① 高尔基：《谈谈我怎样学习写作》，《外国作家创作经验谈》下册，武汉大学中文系资料室编，万隆旧书店 1979 年版，第 1109 页。

② ［美］弗雷德里克 · 詹姆逊：《语言的牢笼》，钱佼汝、朱刚译，人民大学出版社 2018 年版。

③ ［德］歌德：《歌德的格言和感想录》，程代熙、张惠民译，中国社会科学出版社 1982 年版，第 90 页。

往是由感性到理性，即便是从事文学艺术的人们，仍然需要以理性作为自己的坚守。完全让感性支配，跟着感觉走，或者任由情绪的因素占据上风，个人也好，人类社会也好，是找不到灵魂的栖息之所的。

0.4 语言哲学在中国

上面我们已经提及，20 世纪初，西方哲学来了一个巨大的改变，即由宏观的世界观哲学转变为具体的语言哲学。老实说，这一变化似乎不仅仅是哲学一家，人文学科的很多学人都将语言看作了自己关注的重心，哲学界的转向只是更为明显甚至是根本性的罢了。

什么样的原因促动了这种巨大的转变?

除了科学学的追根究源探索之外，还有哲学自身的原因。内因是变化的根据，甚至这条原因还是根本性的、决定性的。

首先我们要关注的就是 20 世纪以来人们一直在讨论的一个重大问题：中国传统文化有没有哲学? 这在 20 世纪五四运动前后，西学东渐，先进的中国人参照着由西方翻译过来的许多著述，特别是对应着“philosophy”一词，颇争论了一番。直至今日，该课题的讨论仍未结束。就当时的人们来讲，专门做过这方面研究并名望颇著的专家，如冯友兰、牟宗三、胡适等人，都有不同的解说。我们不想于此过多讨论，只是想表达的是：所谓哲学，其实就是认识论，着眼于人对世界，包括对自己的认识。如果大家在这方面达成共识的话，问题相对就好办多了：西方也好东方也好，都有哲学传统。不过西方多着眼的是物，从人的角度看世界；东方一以贯之关注的是人，注重人的自身修为，怎样建立起一个和谐社会。由此也就决定了双方不同的研讨重心：西方多讨论对物认识过程中的方法问题；东方则多讨论与人紧密相伴随的语言问题。只是到了现代，双方似乎来了一个文化大交融：西方一改传统的东西，大幅度地转向东方讨论已久的语言话题；

东方也在向西方学习，注重了对认识方法的研讨，但短时间内的消化、改变肯定是不可能达到理想的程度的。

接下来，有必要讨论一下为什么西方会放弃他们传统的世界观哲学而改从具体哲学、语言哲学。简单来说是他们科学追寻的结果。事实上他们也认识到，他们传统的宏观哲学，所谓方法论哲学并没有解决什么具体的问题，实现其对实际认识的指导。愈到后来，则与自然科学、社会科学、思维科学探究中概括抽取其普遍意义的方法规律的初衷愈是相背离，变成了少数精英人士自我欣赏、思想神游的狭小天地。相反，他们传统哲学中所蕴含的良好的思维方法、论证方法，虽然有众多的哲学史著作问世，然而并没有得到理想的总结并得到世人的重视。从这种意义上说，导致传统哲学败落的，正是传统哲学研究自身。

古希腊是西方文明的摇篮。毕德哥拉斯说："万物都是数。"尽管很简单，但带有厚重的哲学含量，可以看作是一种世界观的核心理念，即所有的事物都是可以量化的，都是可以认识并形成公理化的形式规则供人们掌控的。赫拉克里特"人不能两次踏进同一条河流"的表述，德谟克里特的原子论主张，可以看作辩证和唯物两种观念的同时萌发。亚里士多德的《形而上学》，可以看作是西方哲学系统化的著作。但这部看起来似乎很庄重严肃的体系化的东西，事实上还没有他的《工具论》更有影响，关键是后者大量的内容在充分论证着"演绎法"的规则，它对于思辨分析有着重要的参考价值。两部著作都对"属加种差"定义法有较好的描写。西方史叙述里边，往往将中世纪称作黑暗时期，这主要是针对政教合一对人的控制戕害来讲的，从思想学术的层面上讲该时期也并非一无是处。比如托马斯·阿奎那关于上帝存在的五项证明，显然就比奥古斯丁的心学道路来得坚实，深层次里边体现的是古希腊文化理性精神在传承：所有的认定必须有论证，有根据。尽管推导上面有问题，但其初衷是合情合理的。依据着同样的思想方式，康德提出了四个“二律背反”，作为后来人不但没有后出转精，甚至连其初衷都是让人不可接受的。接踵而来的是黑格尔，他还调侃说：“康德所用的名词，如‘自我意识的先验统一’，看起来好像很严重，就好像那后边藏匿着有什么巨大的怪物似的，但其实，意义却异常简单。”[①] 然而他自己何尝不是如此？“绝对理念”“绝对精神”在他所谓辩证法的家园里怎能落脚？他既认为文化殿堂有了哲学才有着精神上的崇高，然而其内心的倾诉却又是这样的：1825 年 4 月 24 日，黑格尔写信给歌德：“我返观我全部思想进展的历程，到处都和您的观点有着密切的联系。……我内心中反对抽象的倾向，因受您的教导而愈趋坚强，并且在您光辉的形象照耀下，渐导入正轨。”如果说康德还坚持概念是论证的基础的话，他则是决绝地否定知性阶段的抽象概括的。老实说，当时已是现代科技初露光芒，工业革命的列车即将呼啸前进。那些引领、助推其时代进步的哲学理念，像笛卡尔、培根、索绪尔他们的著作，不但不张扬，从一定意义上讲倒显得卑微和寒酸；倒是这些逆其潮流的哲学思想却大行其道，其著作也往往都是高头讲章式的，有着高傲冷峻的面孔。不能不说是咄咄怪事！他们的思想如此，其行文也是如此。下边的文字是很有代表性的：

> 绝对者的本质或内在本质只能被设想为绝对的、纯粹无疵的同一性——因为绝对者只是绝对的，在绝对者这一概念里所设想到的据说是必然地、永远地是同一的东西，亦即必然地、永远地是绝对的东西。假如绝对者的理念是一个普遍的概念……那并无碍于在这里面遇见差异，尽管它具有绝对的统一性，因为不同的事物在概念里总是同一的，正如正方形、多角形和圆形都同是图形。（谢林《新思辨物理学杂志》）

这是典型的所谓“概念的游戏”的活注脚：没有任何有价值的信息内

① ［德］黑格尔：《小逻辑》，商务印书馆 2012 年版，第 122 页。

容展示，有的只是概念术语的堆砌、折绕。所以，这样自认为有着崇高感的学科其衰落自然也是早晚的事情。

其实，只要是哲学研究，就不可能不涉及语言问题。这只要看看自古希腊开始的历史进程即可以知道。亚里士多德的哲学著作有创建性的认识即得益于对语言的分析，然则许多的不足要么是由于没有进行语言分析，要么就是分析得不清楚而造成的。如他提出的重要概念“共相”，他表述说：“‘共相’一词在我的意思是指具有可以用于述说许多个主体的这样一种性质的东西，‘个体’一词在我的意思是指不能这样加以述说的东西。”罗素对此分析道：如果熟悉语言自身的特点，共相论应该说是十分简单的。比如专有名词肯定就是个体的，而普通名词则往往适应许多不同的事例，“共相的问题就是要探讨这些字的意义”。“亚里士多德自己的学说却很不清楚，正是这种缺乏明确性，便使得中世纪唯名论者与唯识论者的争论成为可能。”[①] 还有像“范畴”“本质”等，罗素坦称：他在亚里士多德的著作里边都很难看得明白。然而在洛克的《人类理解论》里边，则有比较理想的表述，且能得到对有关语言的利弊特质、实际的功能效用、组合及关系等一系列问题的解答。如其对“本质”的解释：“事物底内在组织（这在实体方面往往是不能被人认识的），就是可感性质所依托的，因此，它就可以称为本质。”再比如有关词语的释义，他言道：“所谓定义只是用别的一些文字来解释一个文字，使人了解那个文字底意义或其所表示的观念，可是语言并非按照论理学底规则创造出的，因此，每一个名词底意义并不能都精确明白地为其他两个名词所表示。”[②] 像这样的表述，朴实明白，易于理解。相反，还是

① ［英］罗素：《西方哲学史》，何兆武、李约瑟译，商务印书馆 2013 年版，第206—207 页。

② ［英］洛克：《人类理解论（下）》，关文运译，商务印书馆 1983 年版，第 191 页。

那些备受推崇的哲学大师们，恰恰语言问题解释不好，自己生造的辞藻不知是为了吸引人的眼球还是故意地强调自己观念的别异，颇有些骇人。像康德的“物自体”就是如此。还有黑格尔，他自己还声称“回归柏拉图”，其实他的辩证法跟柏拉图的根本不是一回事。柏拉图是主张将诗人从城邦中放逐出去的，而黑格尔却是对诗、对诗人情有独钟；柏拉图的辩证法倡导的是既分析又综合的方法，《斐德罗篇》中说：“我所笃爱的就是这两种法则，这种分析和综合，为的是会说话和会思想。不仅如此，若是我遇见一个人，他能如其本然地看出一和多，我就要追随他，‘追随他的后尘像追随一个神’。凡是有这种本领的人们，我都一直把他们叫作‘辩证术家’。”当然，两者之中，他更多的是侧重分析。他言道：“凡深知怎样去界定和怎样去分划的人就该视为神。”[①]且这种分析“是顺其自然的关节，把全体剖析成各个部分，却不要像笨拙的宰割夫一样，把任何部分弄破”。而黑格尔的辩证法则强调的是合，看他的具体论述：

> 在知觉里，我们具有一个多样性的具体的内容，对于它的种种规定，我们必须一层一层地加以分析，有如剥葱一般。这种分解过程的主旨，即在于分解并拆散那些集在一起的规定，除了我们主观的分解活动外，不增加任何成分。但分析乃是从知觉的直接性进展到思想的过程，只要把这被分析的对象所包含的联合在一起的一些规定分辨明白了，这些规定便具有普遍性的形式了，但经验主义在分析对象时，便陷于错觉：
>
> 它自以为它是让对象呈现其本来面目，不增减改变任何成分，但事实上，却将对象具体的内容转变成为抽象的了。这样一来，那有生命的内容便成为僵死的了，因为只有具体的、整个的才是有生命的。

① 柏拉图：《文艺对话集》，朱光潜译，人民文学出版社 1963 年版，第 153 页。

不用说，要想把握对象，分别作用总是不可少的，而且精神自身本来就是一种分别作用。但分别仅是认识过程的一个方面，主要事情在于使分解开了的各分子复归于联合。①

这一段话就很能表现他这样的一种思想：形而上学的分析方法、抽象概括的方法，即知性阶段的认识是不可靠的。于是乎，即便是不得已提及一下子，就赶快又回归到他的综合联系上，生怕具体性的东西给丢掉了，跑掉了。正因为如此，他连真理的属性都来了一个重新认定，即真理是具体的、无限的、自由的。

所以说，柏拉图、黑格尔都是辩证法的大师，但显然他们是两条道上跑的车。前者在语言论述上面没有什么漏洞，且是文采飞扬；加之朱光潜先生的翻译，更是珠联璧合，读之让人荡气回肠。黑格尔的表述语言恐怕就不敢恭维了。不仅如此，黑格尔偏偏还多借自语言材料来论证自己的观点，但能够让人肯定的地方不多。为什么？因为具体分析的时候连他自己都不辩证了！比如他分析说，词语都有抽象概括的特征，所以，我们当然能吃樱桃和李子却不能吃水果。为什么？黑格尔想说的是："水果"要比"樱桃""李子"抽象。他进一步分辩道："语言实质上只表达普遍的东西，但人们所想的却是特殊的东西。"因此，他得出的结论是："不能用语言来表达人们所想的东西。"② 然而他不明白的是：孤零零地看单个的词确实如此，具体的句子里边通过组合搭配完全可以使抽象的"水果"确指起来，更不要说还有特定语境的参与。

如果说先前的哲学触及语言，除了洛克的著作有系统的论述外，基本上都是将它看作是哲学观点的论据来看待的，难得当作独立的研究对象，

① ［德］黑格尔：《小逻辑》，贺麟译，商务印书馆 1981 年版，第 179 页。

② 列宁：《哲学笔记》，人民出版社 1974 年版，第 306 页。

更难见到将语言看作是哲学的根本问题。自觉开展这项研究的，首推德国的弗雷格（1848—1925）。他1878年出版的《概念文字》一书，开创了逻辑语言研究的新模式。1892年相继发表的《论概念和对象》《论意义和指称》，1895年发表《对意义的所指的解释》，为语言哲学的诞生奠定了基础。其后罗素、维特根斯坦、卡尔纳普等紧随其后，很快即形成风靡欧美的一股强大的哲学思潮。从事哲学研究的人们很快地感受到了这种趋势的席卷。伽达默尔说："有一条道路可以证明这种符合，哲学正越益清楚地朝向这种道路——这就是语言的道路。"[①] 怀特海同样认为："全部现代哲学都是围绕着如何根据主词和谓词、实体和性质、殊相和共相而描述世界的困难为转移的。"[②]

但需要注意的是，语言哲学所呈现的情状可以说是典型的"其兴也勃，其衰也忽"。对于相当一些从事该研究的人们来说，其目标明确，其信心也满满。这可以卡尔纳普所主张的一种信念为代表："我倾向于认为，即使在理论语言的更广阔框架内，也可能在那些具有认识意义的词语和语句与那些没有认识意义的词语和语句之间，作出清楚的区分。"[③] 英美的分析哲学代表性著作可以奥格登、理查兹合著并于1923年出版的《意义的意义》为标志。欧陆的思辨哲学也有比较突出的成就，海德格尔的《通向语言的道路》《诗·语言·思》，伽达默尔《科学时代的理性》等，也能体现其实绩。但是，这种总体的转型共识性不够，且这些从事研究的哲学家们除了像罗素

① ［德］伽达默尔：《哲学解释学》，夏镇平、宋建平译，上海译文出版社2004年版，第77页。

② ［英］阿尔弗雷德·诺思·怀特海：《过程与实在》，杨富斌译，中国城市出版社2003年版，第89页。

③ ［德］卡尔纳普：《卡尔纳普思想自述》，陈晓山、涂敏译，上海译文出版社1985年版，第131页。

这样的少数具有语言学本体学养的学者外，大都缺乏语言特质认识的基本功夫。最为典型的，该哲学思潮所关注的核心问题就是语言的意义，除了偶尔涉及句法上的真值与否判断鉴别外，大都还是局限于词语意义的认识上，尽管提出了像指称论、观念论、含义论、摹状论、语境论、关系论等种种的理论，能够形成聚焦点的话题就是词语本身的意义从哪儿来。有的只是硬性认定，说有词必然有意义。有的则反其道而行之，认为词的意义只能在具体的语句里才能获得，甚至有人决绝地认定说："词没有一般的意义，我们每次都赋予同一个词以新的意义。"[①]形成截然对立的两种观点主张，且互不相让。其实这种现象简直像历史对于人类文化开的一个大玩笑：因为早在公元前500年前，古印度的语言学家们即曾就词语本身有没有意义展开过讨论，认为词语有意义的，被称作"词项派"；认为词语在语句里边才有意义的，被称作"语句派"。时至今日，似乎人们又回到了原点，仍在持续着这一古老又新异的话题，但结果仍为僵持。且语言哲学的领军人物们的思想主张、追求方向往往大相径庭：罗素与维特根斯坦是如此，甚至就是维特根斯坦本人，也形成了前期后期大的变化。让人觉得特别怪异的是，维氏居然将思想观点的展示一改传统的系统论证，呈现出的面貌却是语录断言形式。除了像"游戏规则""家族相似性"等吉光片羽式亮点给人以启示，真正能够作为人们论证依据的内容又有多少呢？特别是他的名言："对于不可说的东西我们必须保持沉默。"[②]作为他语言哲学建立的奠基之作的断后语，最终性的结论，让多少人沉醉于其中而不能自拔。不过这样的表述，不免让人们有一种似曾相识的感觉。那就是中国古

① ［波］福斯勒尔：《语言哲学文集·论语言学的心理学的语言形式》，引自《语言学译丛》1958年第1期波波夫《词义和概念》一文。

② ［奥］维特根斯坦：《逻辑哲学论》，贺绍甲译，商务印书馆2013年版，第105页。

代曾经有过的表述：

结庐在人境，而无车马喧。
问君何能尔？心远地自偏。
采菊东篱下，悠然见南山。
山气日夕佳，飞鸟相与还。
此中有真意，欲辨已忘言。
（陶渊明《饮酒》）

此中悠远隽永的意境，清朗蕴藉的意味，却是维氏怎么都表达不出来的。即便是再写《哲学研究》，其影响似乎还不如前期作品。

所以，新世纪以来，语言哲学已呈式微的迹象，实属必然。

与上述简略梳理相反，中国传统的历史文化以人为本，语言的运用与意义的释读必然会成为人们关注的重心，语言哲学可以说是一份最为厚重的历史文化遗产：先秦时期，也就是民族文化的奠定时期，诸子百家们在语言的功能价值效用方面给予了高度的关注，且都有独到的见解认识。国外语言哲学所涉及的话题范围无一没有讨论，甚至是他人所没有涉猎的，也多有建树，像“名与实”“言与意”“雅与方”“言与行”“言与道”“法语之言与巽与之言”等，都是有关于语言哲学建立的重大支柱性话题，而我们先秦的士人们于此也有系统且扎实的论述；甚至连今天符号学理论才有所提及有所构建的，像“指称论”，中国先秦已有单独的篇章给予专门的阐发；解决言意之间的矛盾性，当时的人们即已寻找到很好的解决办法，那就是“立象以尽意”。晚了 2000 多年的黑格尔竟然还将它看作是美学追求的一条根本原理而连篇累牍地予以论述。嗣后历代以降，不同时期的先贤学者无不继承这一课题进行深入的理论探究，或从事具体的语言意义的训诂认识。他们共同一致的努力，构成了中国传统文化颇为壮观的一种历史景象：像整体的“穀梁”和“公羊”之争，“我注六经”和“六经注我”之争，“经学”

和“理学”之争等，这些不同主张之间的讨论，往往纵跨整个的历史进程。甚至一个朝代、一个时期里，不同学者之间，像汉代的“今文”和“古文”之争，魏晋的“言意之辩”，南宋的“鹅湖之会”等，无一不牵涉语言哲学上的不同视点、有关于语言认识和解读上的不同视界问题。甚至这种哲学理念与文化还普遍地流布到特定的领域与具体的世俗生活之中，特别值得提及的就是中国化了的禅宗，佛教进入中国后分化为八宗，后来唯有它独领风骚，之所以如此，与中国独特的语言哲学理念有关：语言内化，以心传心。禅宗领袖们以他们的卓越实践在体验、考察、实证着语言言意之间的效用，可以说他们是语言哲学唯我所有的真正践行家。综上所述，如果说进行文化比较的话，语言哲学才真正能够彰显我们传统文化的特色。

语言哲学在中国。

接下来的问题是：这一笔丰厚的遗产需要很好地总结和继承。本书就试图做一点这方面的工作。

上编　理论理性论

中国先秦时期的文化定位与古希腊最易形成鲜明的对照：时间上一致，也都没有特定的宗教对其实施决定性的影响；周王朝实行的封建制在后期已经不可能对其诸侯国实现真正的统治，后者之间争力以强、战争频仍的同时，则是宗主地位、国家形象、文化优势等多个方面的竞争。正是在这种情况下，士阶层得到了各诸侯国执政者的充分重视：自由频繁地出使他国；稷下学宫成了学者们思想可以自由宣扬的大讲堂；谋士们的主张可以成为左右军国大事的策略。这是古老大国非常难得的一种百家争鸣、学说纷呈的辉煌时代。古希腊与此情况也大致相同，各城邦国之间既有战争，也有更多的文化交往。公民的社会制度使得论辩和演讲成为赢得人心的主要手段，高尔吉亚作为修辞学的高手，既有理论又有实践，深受民众欢迎；柏拉图所创立的学校也成为传播新知识的圣地。且两地的知识分子还具有共同的献身精神：东方迄今流传着“孔席不暖”“墨突不黔”的佳话；西方则是智者们光头赤脚一袭长袍裹身却醉心于仰望星空的探索。

但又不能不看到，两地思想家们在进行各自思索的时候，所关注的侧重点却有着差异。老子的《道德经》开篇即言道：“道可道，非常道；名可名，非常名。”并将此语言观与哲学上的存在与否观念紧密地联系在了一起：“无名，天地始；有名，万物母。”“无名”，指的是天地生成前的状态。清赵翼《廿二史札记》卷八：“清谈起于魏正始中。何晏、王弼祖述《老》《庄》，谓天地万物皆以无为本。”王弼注：“凡有皆始于无，故未形无名之时，则为万物之始。"《说文》还将这简体的"无"解作"通与'元'者，虚无道也。"段注："谓虚无之道，上通元气寂寞也。"中国古人喜欢追寻的是初始远景，玄远宏阔，《道德经》即以此开端。后来的人们逐渐地试想将那最初的混沌状态具体化，于是用元气来进行认定，再后来的道家甚至将它拆分成两种，未开之前之气为"炁"，开天辟地之后为"气"。古希腊也同样做了这样的追寻。不过他们往往将它落实在具体的事物上面，如"哲学史第一人"泰勒斯最先将水看作是万物之源。阿那克西曼德认为有一种元质，永恒且无限，可以构成一切事物。毕达哥拉斯则认为"万物皆数"，数为万物本源。由他们的铺垫，其后就产生了德谟克里特的原子论学说，即看重物质本体内部的组成，将最小的单位看作本原。

这种终极性的认识对象选择，很明显的，会对其不同文化价值取向，特别是对其认识方法具有相当程度的决定作用。上编里边，我们将就我国先秦诸子百家于语言哲学上的观念主张进行梳理汇总，看看他们各自为后来的人们提供了怎样的可供借鉴讨论的话题。

首先要说明的是，诸子百家比较明确的区分主要表现在政治理念、职业身份的差异上，正因为如此，原来本为一家的，道不同不相为谋，而后便分立开来。如墨家和法家同源于儒家，如前者与儒家的不同太大了，很快便分庭抗礼，甚至成为与之并立的显学；而后者则是逐渐过渡，先由荀子的王道再到韩非子的霸道。但基于学术理念，或许这种区分就不一定成立，如有关语言的功能认定上边，名家倒与墨家比较接近甚至一致。就是同为一家一派，各自的观点也不尽相同。那么，我们有关内容的分立是以其丰厚鲜明度来进行的。

第一章 孔孟儒家语言学说

1.1 孔子的语言观

孔子（公元前551—前479），中国儒家文化的创立者。

孔子在政治伦理、语言哲学与教育理念上都有出色的建树。在同时代的思想家里，唯有孔子在这三个方面都有系统的阐述并躬行实践。莫里斯《开放的自我》一书中指出："符号研究兴趣的最高时期是在普遍进行社会变革的时期这一点是有启发的，如孔子时期，或希腊衰落时期……在这些时期，人们所借以生活在一起的符号开始丧失它们的明晰性和说服力，而适合于改变了的社会的新符号还没有产生。人们之间的交往不再是轻易的联系，因为新出现的意义同旧的意义相抵触。语言归于无效，文化象征成了问题，因为这些都不复能够认为是当然的东西。当符号不再好好为人服务的时候，人们就有意识地注意起符号来。"[①] 孔子作为一位敏锐的思想家和社会活动家、教育家，他对语言在当时所表现出的巨大社会价值给予了高度的关注，并以他独特的思想方式，对语言使用及取向提出了系列的认识主张。

1.1.1 必乎正名

孔子的语言学思想与他的政治理念是完全相协一致的，也是与他的言语行为相协一致的。他的最高层次的理想目标就是"克己复礼"。孔子虽然作为殷商的后裔，但还是看重并遵从历史发展选择的，即"吾从周"。因为

① ［美］莫里斯：《开放的自我》，定扬译，徐怀启校，上海人民出版社2010年版，第41页。

"周监于二代，郁郁乎文哉"（《论语·八佾》），气象博大，文化灿烂。它具体体现在社会的政治制度上：齐景公问政于孔子，孔子明确回答说，就是"君君、臣臣、父父、子子"（《论语·颜渊》）。他认为，这种尊卑贵贱的等级制度可以有效地保障社会秩序的稳定；倡导君亲、臣忠；父慈、子孝，可以不断地提高不同位置上的人们道德良知上的修为。

于此，孔子采取了两个方面的应对策略：

一是相对来说有点儿消极，就是"知其不可而为之"，尽力挽救。这多表现在具体的形式上。还是《八佾》中的记载："子贡欲去告朔之饩羊。子曰：'赐也！尔爱其羊，我爱其礼。'"意思是：鲁国国君自文公始已经不遵循告朔需要亲自到神庙告祭的礼仪程序，只是让人杀一只羊应付一下了事。子贡见状，建议干脆将杀羊这种形式也免除了。这也遭到孔子的反对，说：子贡你爱的是羊本身的价值，而我却从杀羊这种仪式看到了礼的含义；即便是保留一点残存的东西也比彻底废弃掉要好！能说这样的话，我们揣测，孔子心目中肯定是颇有几分悲壮感的。再如《论语·雍也》中的记载："子曰：'觚不觚，觚哉！觚哉！'"即孔子看着当时用来祭祀所用的器具"觚"已不再是原有的庄严与厚重，已简陋得不成其形，于是不由得气愤道：觚不觚，这还是觚吗？这还是觚吗！

一是积极的，努力争取，甚至还有着扎实的措施，那就是在指称名分上进行认定。这里侧重的是实体。《论语·子路》记载得很清楚：

> 子路曰："卫君待子而为政，子将奚先？"子曰："必也正名乎！……名不正，则言不顺；言不顺，则事不成；事不成，则礼乐不兴；礼乐不兴，则刑罚不中；刑罚不中，则民无所错手足。故君子名之必可言也，言之必可行也。君子于其言，无所苟而已矣。"

在孔子看来，正名，成了厘清人们认识，处理好社会事务的最根本的出发点。这里的"名"，不仅仅是语言上的称谓，而是名实相符，体现为真正的名分权责。也就是他所强调的“不在其位，不谋其政”（《论语·宪问》）。也就是说，这里的“名”，是与礼乐刑罚的实际执行功能直接相联系的。《左传·成公二年》中记述了孔子对具体事件的议论，能够进一步明确他的这种观念指向：

新筑人仲叔于奚救孙桓子，桓子是以免。既，卫人赏之以邑，辞。请曲县、繁缨以朝，许之。仲尼闻之曰：“惜也，不如多与之邑。唯器与名，不可以假人，君之所司也。名以出信，信以守器，器以藏礼，礼以行义，义以生利，利以平民，政之大节也。若以假人，与人政也。政亡，则国家从之，弗可止也已。”

在孔子看来，名号与体现其权力的器物比消费性质的实际利益价值要大得多，它和政治权位直接相联系，其功能关系到国家存亡兴衰，所以，这不能随便封赏。这看起来似乎只是个名义层面上的东西，但政治制度靠的就是实际的权力标志进行运作，这是不能混乱的；一旦乱用，整个的社会秩序也就全都破败了。这种认识判断也是和孔子历来所主张的道器观、义利观是一致的。

正因为如此，孔子将“正名”这种言语行为看作是执政的重大举措。他不但利用一切机会积极地劝导统治者把握好它的具体实施，他自己也在积极地利用能够跨越时空的文字评判来做这方面的工作。在鲁国史书的基础上，他重新编纂《春秋》，站在一个至高点上，“行天子之事”：褒贬臧否，扶弱抑强，以礼为则，尊正攘夷。从相当的意义上讲，该著所执行的最根本的使命，就是孔子心目之中的“正名”。如《宣公十五年》载：“王札子杀如伯、毛伯。”《穀梁传》注解道：

“王札子”者，当上之辞也。杀召伯、毛伯不言“其”，何也？两下相杀也。两下相杀不志乎《春秋》，此其志，何也？矫王命以杀之，非忿怒相杀也，故曰：以王命杀也。以王命杀则何志焉？为天下主者，天也，继天者，君也，君之所存者，命也。为人臣而侵其君之命而用之，是不臣也；为人臣而失其命，是不君也。君不君，臣不臣，此天下所以倾也。

就是说，对于两下相杀，《春秋》通常不记载。这里为什么记录了下来？而且被杀的两个人前边不带上“其”（他的）字？因为王札子只是周朝执掌国政的一个大臣，他是假托国君的名义，也就是矫诏而杀了召伯和毛伯。这就是典型的犯上作乱，君不君，臣不臣，所以要写入历史[①]。

1.1.2　言行统一

言语与行为，可以看作整体的两个方面：没有言语思想支配的行为肯定是盲目的；不能显示出行为效果的言语只能是臆语、梦话或废话。

言语与行为，还可以在不同的对象上面显示为不同的效果，这个对象

① 有关“正名”，古今学者多有讨论：有的将“名”仅仅局限于语言本体。如郑玄对《论语·子路》的注释：“正名，谓正书字也。古者曰名，今谓之字。”今人李耽认为：“不止‘正’字的形、声、义三者正，而且还要‘正’语法和修辞。”（李耽《孔子“正名”解》，见《先秦形名之学考察》，湖南大学出版社 1998 年版，第 19 页）有的则认为“正名”即正“政”。朱熹《四书章句集注》：“是时出公不父而祢祖，名实紊乱矣，故孔子以正名为先。”（朱熹《四书章句集注》，上海书店 1987 年版，第 93、94 页）胡适、冯友兰等都认可该观点。有的则认为孔子的“正名”思想体现了中国逻辑学的先声，主要在于阐述名与实之间的关系。这主要体现在从事逻辑学研究的成果中，如温公颐《先秦逻辑史》（上海人民出版社 1983 年版）、孙中原《中国逻辑史（先秦）》（中国人民大学出版社 1987 年版）等。而笔者认为，先前的有关研究，不同的认识主体往往多侧重于自己的专业视域，所共有的认识基础，即形式和实质两个方面兼顾却多被人们所忽略。“名”“实”之分，正宜体现在“礼”上面。当时的人们已能够将这两个方面区分开来。除了我们所分析的孔子的不同认定与态度外，再如：“公如晋，自郊劳至于赠贿，无失礼。晋侯谓女叔齐曰：‘鲁侯不亦善于礼乎？’对曰：‘是仪也，不可谓礼。礼，所以守其国，行其政令，无失其民者也。今政令在家，不能取也……而屑屑焉习仪以亟。言善于礼，不亦远乎？’君子谓叔侯于是乎知礼。”（《左传·昭公五年》）这里所谓的“仪”，即为形式上的。正因为如此，晋侯与女叔齐在理解上有分歧。

既可以是社会的、民族的，又可以是个人的。两者之间也肯定是“一对多”的关系：语言与社会存在着共变关系，语言的使用状况往往反映着社会制度的质量，从相当的意义上说，社会语言是社会情态的镜像或“晴雨表”。孔子在当时即对这种特征有所认识并给予了及时的反映，他说：“天下有道，则行有枝叶；天下无道，则辞有枝叶。”（《礼记·表记》）社会健康，人们更注重实际的效果；社会出现了问题，语言上要么是华而不实，要么是混乱不堪。他认为，语言与社会紧密相连，“乱之所生也，则言语以为阶”（《周易·系辞上》），甚至是“鼓天下之动者存乎辞”，会直接影响社会的动荡起伏、发展变化。他还具体举例证道：“晋为伯，郑入陈，非言辞不为功。”（《左传·襄公二十五年》）语言虽然是社会的，但语言的具体使用，实际的体现者却是个人。特别是对于孔子所推崇的理想中的君子来说，由于他们对社会起着引领和示范作用，那么语言使用的质量要求就显得尤为重要。他指出：“言行，君子之枢机。枢机之发，荣辱之主也。言行，君子之所以动天地也，可不慎乎？”（《周易·系辞上》）

在语言的社会功能问题上，孔子所作所为体现了这样的思想观念：

首先，他认为，要有大一统的民族文化意识。

语言是国家民族文化的核心要素。社会的群体认同，语言也是第一位的。特别是在人类社会的早期阶段，国家形式的出现，显然也是以语言的统一为标志。当一个国家的地域范围足够广大，然而人们之间的交往受到客观条件限制，如生产力相对低下，山水阻隔等，特别是受到人为因素影响的情况下，如统治权力下移，政治力量间有意识地影响交往，以突出自己的文化特色等，群体或民族语言也就有可能逐渐地产生差异甚至分化，造成区域性的方言特征。而有的方言则随着历史地位的持久延续，政治权力不可替代的巨大的影响等，就有可能在多种方言中脱颖而出，成为这种语言中的典型代表形式而通行于全国各地。人们习惯性地将这种方言叫作通语。孔子有大胸怀，立足于整个国家看问题，在对语言的运用上，他同样表现得异常鲜明。他虽然祖属殷商，但却看重周王朝取而代之的历史发展价值。他生在山东，主要的生活经历也都是在山东，平日里也说鲁国地方话，然《论语·述而》载：

子所雅言，《诗》《书》，执礼，皆雅言也。

也就是说，孔子在从事教学和进行社会事务实施礼节的时候，使用的都是正言。显然，这是他对周王朝政治中心观念与国家正统文化观念的自觉维护。在中华文化创始与奠定之时，孔子能够从民族共同语的使用上做起，这应该说是非常了不起的。

再看下面的这样一段话：

法语之言，能无从乎？改之为贵。巽与之言，能无说乎？绎之为贵。说而不绎，从而不改，吾未如之何也已矣。(《论语·子罕》)

“法语之言”，指的是严密准确的语言，“巽与之言”指的是委婉有文采的语言。虽然当时社会的文明程度还未达到明确的国家民族意识，没有从国家政权的层面上提出民族共同语，所谓“雅言”，也只是共同的趋向性认知。然而对孔子来说却已经有了这种意识，即大家都需遵守的语言规则。至于后者，则表现为语言的具体应用以及应用之中的出色发挥。在当时的情况下，孔子能够将两种语言形式厘析开来，应该说是很了不起的，也只有像他一样具有国家情怀的哲人才可能有这样认识。

与此同时，孔子还认为，自然语言文字有这么重要的社会价值作用，那么就必须审慎地对待语言的应用；特别是事关重大的册典书契一类的文字，就更是要多加斟酌，反复修改。他举出具体事例说：“为命，裨谌草创之，世叔讨论之，行人子羽修饰之，东里子产润色之。”(《论语·宪问》)该范例告诉人们：美文华章需要付出艰苦的劳动，甚至需要集多人的心血智慧，只有不断地进行推敲锤炼，才有可能达到理想的状态。

再则，就要重视个人言语上的修养。

他认为，语言的道德品质修养，必须纳入到社会的秩序规范中来。对此，孔子依照着自己的理想标准，提出了多个的具体要求，主要有：一是“礼”。比如：“非礼勿视，非礼勿听，非礼勿言，非礼勿动。”（《论语·颜渊》）一是“善”。比如：“君子居其室，出其言善，则千里之外应之，况其迩者乎？居其室，出其言不善，则千里之外违之，况其迩者乎？”（《周易·系辞上》）一是“信”。比如：“人而无信，不知其可也。”（《论语·为政》）一是“诚”。比如：“君子进德修业。忠信，所以进德也；修辞立其诚，所以居业也。”（《周易·乾》）一是“德”。比如：“道听而途说，德之弃也。”（《论语·阳货》）

他还具体讲到了运用语言要看对象，要看时机等许多具体的标准：

> 子曰：“可以言而不与之言，失人；不可与言而与之言，失言。知者不失人，亦不失言。”（《论语·卫灵公》）

> 待于君子有三愆：言未及之而言谓之躁，言及之而不言谓之隐，未见颜色而言谓之瞽。（《论语·季氏》）

这些讲究的是与人交流要把握住时点分寸，这既是一种语言修养，也体现了人与人之间起码的尊重礼貌。然而这种言语之美作为具体的方式，是建立在平等基础上的。如上说到的诸侯国战争中拼杀正酣之时人们还尊重礼仪规范，遵守所约定的规则等，这种所谓的君子绅士风度，应该说是中国历史上难得的一种风尚。

他对运用语言的实际能力与具体操作也关注甚多。比如他肯定《周易》中的说法“有圣人之道四焉”，其中之一就是“以言者尚其辞”。在他的种种表述中，体现了两个方面的认识观念：一是语言主体要重视各个方面的学习涵养，见识广博，表达起来才能做到知识丰厚，游刃有余。现实当中，言和行很难达成一致，呈现出的情况往往是“言易行难”。孔子表述说：

“文，莫吾犹人也。躬行君子，则吾未之有得。”（《论语·述而》）就是说，知识表达，我和通常人差不多，要说达到了君子的身体力行，却还不成。尽管如此，仍需要多积累，多学习，“不学诗，无以言”（《论语·季氏》）。再一是深入认识语言的自身特征及表达特点，做到心底洞明，才能真正了解其中奥妙意趣；锤炼语言也才能做化平庸为神奇。

于人的品貌言语修养上，孔子也曾借助对具体人物的评价，给出了相当典型的分辨，很能给人以教益：

子曰：“不有祝鮀之佞，而有宋朝之美，难乎免于今之世矣。”（《论语·雍也》）

翻译成白话是这样的：孔子说，如果没有像祝鮀那样的才学，能言善辩，而仅仅拥有像宋朝那样的美男子形象，是很难适应于当今之世的。祝鮀，仅为专门从事祭祀的官员。据《左传·定公四年》记载，公元前506年3月，周王卿士刘文公在召陵会盟诸侯，谋划统一进攻楚国。安排程序时，开始拟将蔡国安排在卫国前面歃血。祝鮀私下找到周王室的大夫苌弘问其原因，苌弘回答说建国之初，蔡叔是康叔的哥哥，长幼有序，这样的安排合乎情理。祝鮀于是追溯历史，从周文、武的治国理念、分封赏赐级别到晋文公会集诸侯藏于周朝府库位序记录，并列举历史上的多个大事件多不遵从以年龄为序的标准，最后肯定苌弘一向弘扬道统，而此次排序或于重德精神有悖，如此等等，纵横捭阖，说得苌弘心服口服，随即便改动了原本的设计。仅此一事足见祝鮀口才了得！

1.1.3 言意困境

言意问题，既是语言本身，又是语言与社会、与人们认识都有关系的一个中心问题、重大问题。对此，具有卓越见识的孔子不可能是注意不到的。不过他对这样的一个问题似乎表现得有些矛盾。看他不同时地所表述的两段话：

书不尽言，言不尽意。(《周易·系辞上》)

言以足志，文以足言。(《左传·襄公二十五年》)

孔子话语的风格往往是简约而丰厚，很多看似平易的言辞里往往体现着哲理的内蕴。就最简单的“言不尽意”四个字来说，即可以说代表了人类对于自己最伟大创造物特性的最深沉思索，从而也揭示了人类社会迄今为止也没有得到解答却又是最有价值含量的一个重大话题。与此同时，结合着下一句的表达来说，似乎又否定了先前的判断，两者之间明显是矛盾的，即到底是“言不尽意”还是“言以足志”？

不仅如此，这种矛盾性甚至还涉及对语言运用的肯定或否定上。如他一贯提醒人们要慎言、寡言、约言，甚至不言，他讲：“刚毅、木讷，近仁。”(《论语·子路》) 并且他表述自己：“予欲无言。”当子贡很急切地追问说：“子如不言，则小子何述焉？”是啊，老师都不说话了，弟子们该怎样继承和表述其思想呢？孔子当即回答说：“天何言哉？四时行焉，百物生焉，天何言哉？”(《论语·阳货》) 此时的孔子不免有点情绪激动，用上天的四时运行、泽被万物而无点滴声响来作答。然而他于比较沉静之时又表达说：“有德者必有言，有言者不必有德；仁者必有勇，勇者不必有仁。”(《论语·子路》)“不言，谁知其志？”(《左传·襄公二十五年》)

再如有关修辞的标准，他既讲“辞达而已矣”(《论语·卫灵公》)，同时他又讲“言之无文，行而不远”(《左传·襄公二十五年》)。

甚至就一个词来说，也有对立的使用。就“巧”字来讲，“情欲信，辞欲巧”(《礼记·表记》)。当然这是正面肯定性的，然而他却于别处多次对此进行贬抑，如《论语·学而》云：“巧言令色，鲜矣仁！”《论语·公冶长》中云：“巧言、令色，足恭，左丘明耻之，丘亦耻之。”《论语·卫灵公》中云：“巧言乱德，小不忍则乱大谋。”

再如“佞”。上述的“不有祝鮀之佞，而有宋朝之美，难乎免于今之世矣。”其中的“佞”肯定是褒字眼儿，正面的，指有辩才。但《论语·先进》中载：“子路使子羔为费宰。子曰：‘贼夫人之子。’子路曰：‘有民人焉，有社稷焉。何必读书，然后为学？’子曰：‘是故恶夫佞者。’”《论语·季氏》中载：“孔子曰：‘益者三友，损者三友。友直，友谅，友多闻，益矣。友便辟，友善柔，友便佞，损矣。’”其中的“佞”则是贬损性质，指恣意诡辩。有时候却是持中性色彩。如《论语·宪问》中载：“微生亩谓孔子曰：‘丘何为是栖栖者与？无乃为佞乎？’孔子曰：‘非敢为佞也，疾固也。’”

这给人们的正确理解带来了很大的困难，自然，认识判断上或许也会有偌大的差别，甚至产生截然相反的认识评价。如在论述有关修辞的标准时，郑子瑜的《中国修辞学史稿》就认为：“孔子的修辞学说模糊不清楚”。而易蒲、李金苓的《汉语修辞学史纲》却认为：“辞达说与辞巧说并不矛盾，都是孔子的修辞准则。”

就是他所推举的重大的政治思想理念，也总是反映着这种特点。比如说“仁”，这一概念在孔子所认定的伦理意识中，除了“礼”就是它了，应该排到第二重要的位置。他认为：“民之于仁也，甚于水火。”（《论语·卫灵公》）“君子笃于亲，则民兴于仁。”（《论语·泰伯》）但他又判断说：“仁之难成久矣！人人失其所好；故仁者之过易辞也。”“君子之所谓仁者其难乎！”（《礼记·表记》）再比如我们接下来要说的孔老夫子的思想方法论“中庸”，他主张的当然非常肯定，然而他又决绝地否定说：“天下国家可均也，爵禄可辞也，白刃可蹈也，中庸不可能也。”（《中庸》）

对此，我们有必要讨论并给予辨析。就《论语》中的记载看，还是比较客观地将孔子作为一个真实的人进行了反映的，有些细节还真是做到了栩栩如生，没有人为神化之嫌。再与其他典籍中的记载相对照，可以看到，他的言论在有没有外在因素介入，带不带个人情感的情况下，能否反映他的一贯思想，其真实性并不一样。如对“佞”的使用，就很能体现他情绪上的不同色彩。总的来讲，对特定话题这种看似对立的不同表述，实际上是非常符合孔子的思维认识方法的，甚至可以说已经成为习惯性的认识特点，那就是中庸的思想方式，具体可以分解为五个方面的特征：“扣其两端”“允执厥中”“过犹不及”“和而不同”“与时中”。用现代的话来讲就是：抓好两头、不偏不倚、把握分寸、同中有异、与时俱进。著名思想家达到一定境界时，自然会形成独特的思想方法。就像人们所知道的苏格拉底方法一样：提问、诱导，让人们跟着他的思路走。孔子于此似乎就更显得出色。时不时的简短话语里边便体现出精湛深邃的思想火花。比如他所坚持的：“毋意，毋必，毋固，毋我。”不妄加揣测，不说过头话，不固执己见，不出于私心，最终实现的目的是什么？儒家的理想境界是“礼之用，和为贵”（《论语·学而》）。这个“和”特别重要，不光要看到事物两个方面的矛盾对立，还要看到它们之间的一致性、互补性、依存性。实际上孔子是非常看重这种认识理念的，比如他说：“吾有知乎哉，无知也，有鄙夫问于我，空空如也，我叩其两端而竭焉。”（《论语·子罕》）这句话的前半端和苏格拉底真是有一比，后者的名言是：我知道我无知。孔子这里说的简直是如出一辙：我有知吗？我无知。后边才是他要表述的重点：其实有时候鄙夫的问话都可以把我难住了；然而我总是能够从中找寻到解脱难题的方法，那就是把握住两头，不走极端，从整体出发来认识问题。他的表述通常都表现出了这种特色：周详适度，圆笼委婉。如《论语·子路》中的记述：

> 定公问：“一言而可以兴邦，有诸？”孔子对曰：“言不可以若是其几也。人之言曰‘为君难，为臣不易’，如知为君之难也，不几乎一言而兴邦乎？”曰：“一言而丧邦，有诸？”孔子对曰：“言不可以若是其几也。人之言曰‘予无乐为君，唯其言而莫予违也’，如其善而莫之违也，不亦善乎？如不善而莫之违也，不几乎一言而丧邦乎？”

“言不可以若是其几也”，很能体现孔子说话时的语气和风格，否定也不那么直接，而是拐着弯说：话似乎不可以这样说吧？类似这样意思的表达还是有的：如“兴邦”之说，人能知道“当君主难，做臣子的也不容易”，君臣齐努力，不就近乎“一言而可以兴邦”的含义了吗？这确确实实反映了孔子的思路和口吻。

至此，我们便可以理解，在言和意之间关系的问题上，孔子为什么能够说出上述那么多明显对立的表述了：它们是可以共存的，既矛盾又统一。至于说它们各自的条件是什么，具体的表现怎样，孔子并没有详加论证，他也不可能详加论证。但于有关该课题的论述还是有的，甚至有些还是内涵非常丰富且具有重大意义的，足以启发后世人们给予反复的讨论。

首先我们可以看到，他于此所注意到的意义的复杂性问题。

语言负载信息。如何解读这种信息，对于语言接受者来说，却是一个不小的难题；因为这里边牵涉这样的两个方面：语言形式本身所反映的内容意义和参照语言主体情况后所反映的内容意义。但就解读的目的来讲，也有两个：一个是识言，一个是识人。孔子的语言观是社会语言学性质的，因此他的语言解析便带有很强的目的性。多是由言来识人。如在《论语·先进》中他说：“论笃是与，君子者乎？色庄者乎？”人们总是推崇、赞许言语诚实。然而我们怎么能知道长于言谈的人们到底是真君子呢，还是只在表面上显得庄重严肃的伪君子呢？正是有鉴于社会人际当中存在着很多言行不一的欺诈现象，孔子很有感慨地表述道：“始吾于人也，听其言而信其行；今吾于人也，听其言而观其行。”（《论语·公冶长》）当然，我们也可以说这里也包含有由人反观其言的因素。但十分难得的是，孔子在言与人两者的关系上，还表现出了雍容豁达、开放性的一面。这主要表现在他的这样的表述上：“君子不以言举人，不以人废言。”（《论语·卫灵公》）在他看来，人和言是可以相对独立开来进行分别认识的。由此我们也可以做出这样的理解：言作为文化现象，应该承认它的自身价值，可以不因介入主体的因素而受到影响。

再则他认为，言和意之间由于种种因素的影响往往出现不匹配、不甚匹配的现象。

保障语言有一个很好的表达的重要基础，就是要和一定的内容紧密相联系、相统一。孔子在这一点上也有简练且深刻的表述。比如他指出："言有物而行有格也，是以生则不可夺志，死则不可夺名。"（《礼记・缁衣》）在中国语言文化的历史发展中，说话行文要"言之有物"，是无数志士仁人一贯坚持的良好学风和文风，一直是作为主流思想而成为民族文化中的一个闪光点。孔子于此率先提出，并将它提升到关乎人的尊严名节上来认识，确实难能可贵，值得尊崇。

不仅如此，他甚至还认为，要做到语言的纯洁健康，体现美质，话语内容也需要保持纯正。这种思想由他的垂范可以看出，如《论语・述而》载："子不语怪、力、乱、神。"同时还要积极慎重地应用语言，他指出："群居终日，言不及义，好行小慧，难矣哉！"（《论语・卫灵公》）文如其人，文义相随，切不可将语言当作情绪发泄的工具手段，随意挥洒，汗漫乱使，没有意向，没有效用的语言是可鄙视的。

进而他认为，对于真正传递有效信息的语言来说，言语主体的使用要尽可能地达到言意之间的吻合统一。他曾辨析道："质胜文则野，文胜质则史。文质彬彬，然后君子。"（《论语・雍也》）语言形式和语言内容意义，两者之间哪一个过了都不和谐，只有达到完全匹配，才能达到言语之美，穆穆皇皇的气象。

1.1.4　立象尽意

这是化解言意之间的矛盾性，普遍认可且经孔子给予理论总结以明确化了的带有鲜明民族特色的表意方法。故有必要将它单独提出并加阐释。

宽泛地说，所谓意义，体现为主客观的统一，但这种认定并不能解决意义的具体解析与表现问题。语言在相当多的情况下，似乎都不能充分展示其思想意图，言和意之间不能达到理想状态。如果具体分析的话又可分为三种情况：一是认识问题。我们对客观对象的认知并没能达到理想的状态。二是我们的思想处于一种混沌的状态，还没来得及认真地梳理。三是语言本身确实存在着局限性，一些感知性的东西难以充分地展示。第一种情况多属于人类不同社会阶段的认识层次问题，于语言意义的反映稍远；第二、第三则与我们现在所说的问题联系直接且重要。也就是说，言意之间可以说是既匹配又不完全匹配，既理想又不完全理想。主客观两个方面都存在着矛盾性。正是这种“不完全匹配”“不完全理想”的存在，使得言意两者之间的纠葛就显得异常突出和显豁。《周易·系辞上》的作者接着孔子“言不尽意”的表述进一步追问道：“然则圣人之意，其不可见乎？”对此，孔子提出了一条影响至深的语言表意手段与方法，那就是“圣人立象以尽意，设卦以尽情伪，系辞焉以尽其言，变而通之以尽其利，鼓之舞之以尽神”。这段话看起来很简易，然而信息量非常厚重，它在相当程度上是在体悟、揭示汉民族认知事务表达情感之哲学思维方式。《周易·系辞》中所阐发的思想可以说宏阔博大，其题旨才是真正的“究天人之际，通古今之变”，那么很自然，立意高远、大气磅礴是它的必然气象。其文可以说就是人类社会最早阐述语言哲学理念的系统篇章。它托古言事，对语言文字初始形式产生的追溯描绘，实则就是在表述“立象尽意”的根据与缘由。这一段话是值得人们体会玩味的：

> 古者包牺氏之王天下也，仰则观象于天，俯则观法于地，观鸟兽之文，与地之宜，近取诸身，远取诸物，于是始作八卦，以通神明之德，以类万物之情。

“象”就成为言与意之间关联的必要形式与手段，而且与人们的思维联想能力密切相切近，其精髓就是形象化的类比观念。孔子在启发学生思考方面也将这种方法运用得纯熟自然。看《论语·学而》中的记述：

子贡曰："贫而无谄，富而无骄，何如？"子曰："可也，未若贫而乐，富而好者也。"子贡曰："《诗》云：'如切如磋，如琢如磨。'其斯之谓与？"子曰："赐也，始可与言《诗》已矣，告诸往而知来者。"

《论语·八佾》也载：

子夏问曰："'巧笑倩兮，美目盼兮，素以为绚兮。'何谓也？"子曰："绘事后素。"曰："礼后乎？"子曰："起予者商也！始可与言《诗》已矣。"

两段文字记录的都是孔子与他的弟子有关《诗经》语句意义理解的对话。《诗经》里的语句分别展示的是青年男女的漂亮美好，如玉如云，光彩绚烂。前者出自《卫风·淇奥》，描写帅哥一枚，面貌气质如同美玉打磨出来的一般；后者出自《卫风·硕人》，主要反映女子面容的神采与妆色，像花朵一样白里透红，鲜艳夺目。然而这师徒两人都由这相貌妆容联想到了做事要勤苦精细和礼为道德之本的深意。象的效用，可以说于此得到了最显豁的解析。这种大跨度的两种不同境况沟通就形成了中国思想家们最富有特色的一种思维联络方式：一个是形象的画面，一个是抽象的义理；由前者的铺垫从而可以显得浅显、朴素和明朗，由后者的深邃从而显得格外有神韵。两者整合到一起的结果就是所谓的意象，此时的形义之间则是浑然一体，很难将这两者剥离开来。

事实上，孔子在当时也能意识到形义之间既区分又彼此融合的关系的。《论语·阳货》记述他的话说："礼云礼云，玉帛云乎哉？乐云乐云，钟鼓云乎哉？""玉帛"作为礼器，"钟鼓"作为乐器，它们与礼乐是怎样的关系？他在这里虽然着重强调的是事件工具不等同于事件功能。但又有谁能将器物与其特定的标记作用区分开来呢？

孔子对《周易》的表意方法情有独钟，他自己的思维方式又何尝不是同样情况？在孔子的心目中有两个典型象征物：一个是"水"，一个是"玉"，特别值得人们品味其意蕴：

孔子观于东流之水。子贡问曰："君子所见大水必观焉，何也？"孔子对曰："以其不息，且遍与诸生而不为也，夫水似乎德；其流也，则卑下倨邑必循其理，此似义；浩浩乎无屈尽之期，此似道；流行赴百仞之嵠而不惧，此似勇；至量必平之，此似法；盛而不求概，此似正；绰约微达，此似察；发源必东，此似志；以出以入，万物就以化絜，此似善化也。水之德有若此，是故君子见必观焉。"（《孔子家语·三恕》）

子贡问于孔子曰："敢问君子贵玉而贱珉，何也？为玉之寡而珉多欤？"孔子曰："非为玉之寡故贵之，珉之多故贱之。夫昔者君子比德于玉，温润而泽，仁也；缜密以栗，智也；廉而不刿，义也；垂之如坠，礼也；叩之，其声清越而长，其终则诎然，乐矣；瑕不掩瑜，瑜不掩瑕，忠也；孚尹旁达，信也；气如白虹，天也；精神见于山川，地也；珪璋特达，德也；天下莫不贵者，道也。《诗》云：'言念君子，温其如玉。'故君子贵之也。"（《孔子家语·问玉》）

孔老夫子是逢大水必观，不但有"九比"之喻，且还有《论语·子罕》篇的感慨："逝者如斯夫！不舍昼夜。"这种感慨曾在后人的心中一直引发着强烈的共鸣。但它究竟要表达怎样的思想情怀，却不容易言说，似乎一言说则其意味就趋于淡薄。还有《论语·雍也》中的表述："知者乐水，仁者乐山。知者动，仁者静。知者乐，仁者寿。"如果说这也是比喻的话，真是高妙的比喻，只能意会而不能语达。

再比如赏乐，似乎只能够意会神通而难以言传。然而孔子能够达到该境界：

子语鲁大师乐，曰："乐其可知也。始作，翕如也；从之，纯如也，皦如也，绎如也，以成。"（《论语·八佾》）

尽管我们现在可能用比较明确的文字将这段话的意思表达出来：孔子说："音乐，大概可以描述出来的吧？刚开始的时候，那状态，一般都得有点拘勒；放开了，就纯正了、清晰了、悠扬了。"但又不能不说，所有的翻译都是一个近似值。其实这种对译并不是完全准确的：像"～如"，都是状态词，是描绘性的；而其相对应的"拘勒""纯正""清晰""悠扬"等却往往是性质词，是判断性的。由此不难说，孔子非常富有想象力，其形象思维能力特别强。"立象以尽意"，真的是深契他心！

其师如此，其徒也是有样学样，也学得特别到家，且传神：

> 子之燕居，申申如也，夭夭如也。(《论语·述而》)
>
> 颜渊喟然叹曰："仰之弥高，钻之弥坚，瞻之在前，忽焉在后！夫子循循然善诱人，博我以文，约我以礼。欲罢不能，既竭吾才，如有所立卓尔。虽欲从之，末由也已。"(《论语·子罕》)

两例一是记述一是评价，然采取的手法都是绘状，特别是后者，像"仰之弥高，钻之弥坚，瞻之在前，忽焉在后"，颇有几分朦胧，故也有了神奇的表现力。

但又不能不指出的是："象"仅仅作为一种表意的方法手段，无疑是有价值的，特别是艺术的境界，其形象的鲜明性，可以开阔人们的想象力；而这种想象力的丰富，可以进一步给予思想以翅膀，让人们思维活跃，生命形式更富有光彩。相对应地，如果将它看作是解决两者矛盾的唯一手段方法，就不一定妥当了。如他对"千载一问"的回答，显然不是对问题焦点的正面解析。再如《国语·鲁语下》载：

> 吴伐越，堕会稽，获骨焉，节专车。吴子使来好聘，且问之仲尼，曰："无以吾命。"宾发币于大夫，及仲尼，仲尼爵之。既彻俎而宴，客执骨而问曰："敢问骨何为大？"仲尼曰："丘闻之：昔禹致群神于会稽之山，防风氏后至，禹杀而戮之，其骨节专车。此为大矣。"客

曰："敢问谁守为神？"仲尼曰："山川之灵，足以纪纲天下者，其守为神；社稷之守者，为公侯。皆属于王者。"客曰："防风何守也？"仲尼曰："汪芒氏之君也，守封、嵎之山者也，为漆姓。在虞、夏、商为汪芒氏，于周为长狄，今为大人。"客曰："人长之极几何？"仲尼曰："僬侥氏长三尺，短之至也。长者不过十之，数之极也。"

这段记载是说：吴国征伐越国，摧毁了越国的国都会稽，并且获得了一节骨头，但这块骨头很大，大到用车子装载还盛得很满。吴国国君派使者到鲁国通好，让他顺便也问问骨头的事情。当时孔子是名满全国的大贤人、学问家，想着他应该能够解释这骨头的来历。可是孔子仍是凭着历史传说泛泛解释，即便是用他的"长者不过十之"，显然是和"骨节专车"配合不拢的。从其描述看，可以说当时的人们即已发掘出了恐龙化石。可是固有的意识观念使得孔子只对文化有兴趣，而对奇异的自然发现没有认识的喜好。对此，现时的人们有遗憾之慨应该是正常的吧。

1.2　孟子的语言观

孟子的生卒时间并不很确切，较普遍地被认作约公元前372年—公元前289年。

孟子在儒家学派的地位很高，愈到后来愈被人们所尊崇，几乎达到了与孔子平起平坐的位置。"孔孟之道"，足以称代整体儒家学说，似乎为咄咄怪事。究其所由，大概不外乎这么一些因素：首先是孟子能够顺应时事之发展，将孔子终身为之奋斗的理想目标"礼"转变为对个人"仁义"修养的追求。如他在《离娄下》中说："人之所以异于禽兽者几希，庶民去之，君子存之。舜明于庶物，察于人伦。由仁义行，非行仁义也。"就是说，人和禽兽不相同的地方并不很多，即便如此，一般的百姓还总是想将这很少的差异点都去掉，君子却在保留它。舜明于物的分辨，体察人的伦理道德，依照着仁义行事，而不是把仁义仅仅当作工具。他还说：“仁，人之安宅也。义，人之正路也。旷安宅而弗居，舍正路而不由，哀哉！”（《离娄上》）孔子当世之时礼崩乐坏，他的努力已经染上非常悲壮的色彩，因为是知其不可而为之。当我们将目光转向孟子的时候就会发现，他与弟子们共同撰著的《孟子》，7篇凡34685字，虽于孔子的思想多有继承，如“礼”和“仁”仍作为最重要的观念给予了强调，但前者随着周王朝的彻底破败，诸侯的战火硝烟已经将其弥漫，再想挽救已属不能；所以孟子明智地将后者升格，努力的方向变作：唤回人们的良知，使人们倾心向善。比如他辨析说：“仁义忠信，乐善不倦，此天爵也。公卿大夫，此人爵也。”（《告子上》）在他看来，“天爵”者，象征着崇高的精神境界；“人爵”者，仅仅是世俗的现实利益罢了。他即便是提到“礼”，有关尊卑贵贱等级制度的内容已很少见，比较多地转向了人与人之间应有的良好礼仪态度。最明显的，“礼貌”一词就是由《孟子》一书最先使用的。在他看来，即便有礼的形式，如果没有真正的仁厚之心、平等观念，完全可以置之不理，不予应答。《孟子·尽心上》载：“公都子曰：‘滕更之在门也，若在所礼。而不答，何也？’孟子曰：‘挟贵而问，挟贤而问，挟长而问，挟有勋劳而问，挟故而问，皆所不答也。滕更有二焉。’”甚至他还认为：礼之实，在仁义；礼是为仁服务的。君主应该实施的是仁政。由此我们可知，孟子具有的民本思想有根基。虽然它与民主意识有性质上的差别，但客观上于民众的实际利益有增益。对于士人们来讲，他所主张的性善论，不可否认地带有主观上劝诱仁爱之心发扬光大的初衷愿望。尽管孔子认为：“克己复礼为仁。”（《论语·颜渊》）然而他的主导思想倾向，似乎“克己为仁复礼”更能体现其真正的意图。孟子总体的理念用“君子独善其身，人法其仁”来概括，似乎能更准确地揭示其学说的核心主张。再则就是颇能揣摩、理解孔子的主导意旨、心灵脉动。比如《春秋》是孔子的专著，他自己也很看重其中所寄寓的思想情怀，《孟子·滕文公下》说他有这样的表述：“知我者其惟《春秋》乎！罪我者其惟《春秋》乎！”孔子是否真的说过这样的话，难以验证；但推测其心迹，应该说是合乎口吻的。孟子是第一个对《春秋》作出崇高评价的人，认为这是“天子之事也”。《离娄下》指出：“王者之迹熄而《诗》亡，《诗》亡然后《春秋》作。晋之《乘》，楚之《梼杌》，鲁之《春秋》，一也：其事则齐桓、晋文，其文则史。孔子曰：‘其义则丘窃取之矣。’”这一段话比较清楚的含义是：在当时已有的史书不外乎三种；其内容也大都差不多，不外乎齐桓晋文；其行文，稍有差别的，要么是质胜文，要么是文胜质（“质胜文则野，文胜质则史。文质彬彬，然后君子。”《论语·雍也》）；而《春秋》特殊的地方在于，借助孔子自己的话说，深明大义（以褒贬臧否历史）。话是不是孔子说的不重要，得其精神倒是真的。孟子于此有发掘与推助之功。司马迁接着该话题进而更明确地论述说：“推此类以绳当世。贬损之义，后有王者举而开之。《春秋》之义行，则天下乱臣贼子惧焉。”（《史记·孔子世家》）可以说正是孟子和司马迁两人的共同努力，将孔子推上了素王的地位。此外，孟子的语言表述格调也一如他自己所主张的那样，“我善养吾浩然之气”，开创了中国传统文化中情感充沛、酣畅淋漓、勇于搏击、永不言败的志士仁人风格。他的许多表述都能成为激励人们生活的要义箴言，如：

> 老吾老，以及人之老；幼吾幼，以及人之幼：天下可运于掌。（《梁惠王上》）。
>
> 乐民之乐者，民亦乐其乐；忧民之忧者，民亦忧其忧。（《梁惠王下》）
>
> 得道者多助，失道者寡助。（《公孙丑下》）
>
> 劳心者治人，劳力者治于人。（《滕文公上》）
>
> 富贵不能淫，贫贱不能移，威武不能屈，此之谓大丈夫。（《滕文公下》）
>
> 天将降大任于是人也，必先苦其心志，劳其筋骨，饿其体肤，空

乏其身，行拂乱其所为，所以动心忍性，曾益其所不能。(《告子下》)

民为贵，社稷次之，君为轻。(《尽心下》)

不过，如果认真辨析的话可以发现，他与其宗师孔子还是有差别的：孔子显然是温柔敦厚、博大中正，故当得了鼻祖。孟子于胸怀于见识不免有一定的距离，最明显的，就是他好骂人，于其他学派，尤其如此。如属于农家的许行自楚来到孟子的老家滕国，一边授徒一边自耕自养。孟子的学生陈相暂时弃儒学而相从。这即招致了孟子有关社会分工不同的一番议论，即便如此，他似乎觉得还不足以充分表露其思想情怀，进一步指责说："今也南蛮鴃舌之人，非先王之道，子倍子之师而学之，亦异于曾子矣。"(《滕文公上》)这也是现今人们所知道的成语"南蛮鴃舌"的最早出处。其中所蕴含的对方言土语讥讽贬抑的色彩是不言而喻的。与这里所讨论的话题紧密相一致，孟子还表述道："圣王不作，诸侯放恣，处士横议，杨朱、墨翟之言盈天下，天下之言，不归杨则归墨。杨氏为我，是无君也。墨氏兼爱，是无父也。无父无君，是禽兽也。"(《滕文公下》)这里边所使用的言辞则更过。他自己也知道这样激烈的言辞会有不好的效果："言人之不善，当如后患何！"(《离娄下》)但又记述辩解道："公都子曰：'外人皆称夫子好辩，敢问何也？'孟子曰：'予岂好辩哉？予不得已也……我亦欲正人心，息邪说，距诐行，放淫辞，以承三圣者，岂好辩哉？予不得已也。能言距杨墨者，圣人之徒也。'"(《滕文公下》)然好辩却不以理胜，多断辞，甚至不计礼仪地出口损人，显然也是违背他自己提倡的仁义精神的。

如果真正说到语言哲学本体的话题，孟子于此的学说主张显然没有孔子的系统全面，但很有特色。其主导特征就在于他直接继承了曾子于孔子那里学到的已有的心学传统，并将之发扬扩充，并形成更为鲜明的一切从主体观念出发的言意关系理念。这样的三个方面显然是值得注意的。

1.2.1　尽心知性

孔子学说即非常注重自身心灵的感受修养、推己及人。曾子他在解释孔子“吾道一以贯之”时说：“夫子之道，忠恕而已矣。”（《论语·里仁》）但什么是“忠恕”？这段话之后并没有得到解释。其他地方，“恕”有解，如：“其恕乎！己所不欲，勿施于人。”（《论语·卫灵公》）“忠”无解，但与这里相对应的同样表述性语句里边却出现的是“仁”：“夫仁者，己欲立而立人，己欲达而达人。”（《论语·雍也》）如果姑且将此时的“仁”理解成“忠”的话，可以明显看到，两者均为价值取舍的内心判断：前者倾向于消极，即自己认为不好的，就不强加他人；后者倾向于积极，即自己认为是好的，所追求的，就要尽力给予别人或促成别人成功。与这里所表述的内容直接相关，就是《论语·公冶长》的记载：“子贡曰：‘我不欲人之加诸我也，吾亦欲无加诸人。’子曰：‘赐也，非尔所及也。’”孔子之所以说子贡达不到，就在于其中所描绘的两种状态是我与他人双方的，不是单一言语主体自己就可以实现的，不可能一厢情愿。你可以保证自己怎么样，但保不定他人对你怎么样。正是在此基础上，曾子提出了著名的“吾日三省吾身”，时时检点自己的得失对错，不断地使自己臻于完善。孟子于此又进了一步。在《公孙丑上》中他做了这样的推证性表述：首先的命题是“不动心”。辅助君主成就一番霸业，出将入相，这样的壮举对于士人来讲应该说是很有吸引力的，但孟子表态：不动心，并且言道这不难做到，告子比他更早就有了这样的主张。然后就北宫黝、孟施舍、子夏、曾子他们的无所畏惧，亦即勇气特征进行比较，得出的结论是：理直才能气壮，一往无前。接下来才进入了正题：告子和自己都是“不动心”，两者的差别在哪儿？前者主张的是：言语上有所不明，就不必再寻求心灵内在的道理；心灵内在的道理有所不明，也就不必再追求神气境界。孟子认为，后边的话语是可以肯定的；前边的话语却不能成立。这是为什么呢？这是因为“心志”和“气度”之间，前者是主帅，可以掌控和羁勒后者。当然，后者也可以反作用于前者。当被问到自己有何长项时，孟子这样回答：我懂得各种各样的言语表达，我也善于培养我的浩然之气。待被问到什么是“浩然之气”时，孟子回答说：这不是一下子就能表述清楚的。但可以知道的是，它至大至刚，我们感觉到它可以充盈天地之间；它作为一种气质、气概、气度，一定要和内心的义与道相配合；没有，它就会萎缩。告子不曾懂得义，因为他把义当作了心灵外在的东西。

告子什么时候将“义”看作了心灵外在的东西？看《告子上》的记述：

告子曰：“食、色，性也。仁，内也，非外也。义，外也，非内也。”孟子曰：“何以谓仁内义外也？”曰：“彼长而我长之，非有长于我也。犹彼白而我白之，从其白于外也，故谓之外也。”曰：“异于白马之白也，无以异于白人之白也。不识长马之长也，无以异于长人之长与？且谓长者义乎？长之者义乎？”曰：“吾弟则爱之，秦人之弟则不爱也，是以我为悦者也，故谓之内。长楚人之长，亦长吾之长，是以长为悦者也，故谓之外也。”曰：“耆秦人之炙，无以异于耆吾炙。夫物则亦有然者也，然则耆炙亦有外与？”

孟子自称不得已而长于辩，与告子的辩显然成为他长于辩最出彩的展示了。

我们来看有关两人懂不懂义有针对的辩驳。告子的主要观点是：仁内义外。孟子则认为两者都属于心灵内在的价值判断。在这一轮的辩驳当中，似乎没有输赢，问题关键在于，两人所依据的标准似乎并不统一：告子是将“亲情”和“礼让”作了区分，故有内外之别；孟子却觉得均为内心的一种感受，故都具有主观上属性。

孟季子问公都子曰：“何以谓义内也？”曰：“行吾敬，故谓之内也。”“乡人长于伯兄一岁，则谁敬？”曰：“敬兄。”“酌则谁先？”曰：

“先酌乡人。”“所敬在此，所长在彼，果在外非由内也。”公都子不能答，以告孟子。孟子曰：“敬叔父乎？敬弟乎？彼将曰：‘敬叔父。’曰：‘弟为尸则谁敬？’彼将曰：‘敬弟。’子曰：‘恶在其敬叔父也？’彼将曰：‘在位故也。’子亦曰：‘在位故也。庸敬在兄，斯须之敬在乡人’。”季子闻之，曰：“敬叔父则敬，敬弟则敬，果在外，非由内也。”公都曰：“冬日则饮汤，夏日则饮水，然则饮食亦在外也？”

这一段话语的相互诘难辩驳，虽然使用的主要材料对象变了，但和上面对话的情况一样，之所以达不成一致，争论的双方仍非基于一个标准：亲疏关系与社交礼仪是不是一码事？客观地讲，如果将“义”看作是社会的，当然是外在的，即所谓的“大义灭亲”（《左传·隐公四年》），“舍生取义”（《孟子·告子上》）。然而孟子很多时候却是将“义”和“仁”搅和在了一起，即坚持了孔子所主张的“杀身以成仁”。孔孟之道有时对“孝”“仁”“义”三者的区分比较清晰，有些时候又有些模糊。上边一段相互间的驳诘，如果仔细分析的话就可以看出，人们所持观念都有概念内涵侧重不断转换的问题，就是同一个人也是如此。如季子起先表述的意思是：内心真正亲敬的是兄长，然而礼仪上对的是乡里，所以义是外在的。孟子教公都的第二次反驳所举事例不够精当，预设也有问题：同属血缘亲情，通常都是敬叔父；弟一旦在丧礼上做了尸的角色，即充当了逝者生前身份来接受祭祀并享受祭品，大家此时还都要敬他。即两者之间存在着常规与临时的区别。但孟子没有注意到的是：不管是叔父还是尸，同属亲情。按告子、季子的观念，同属仁的范畴；应该说跟义没关系。从一定的意义上讲，孟子此时倒是进一步论证了告子的主张是对的。

可能是缺乏整体意识，孟子这位非常注意论辩的思想家在具体论证中往往出现这样的问题：就其一时特别是用语的力度来讲，确实非常遒劲，具有打动人心的力量；若是将他于不同篇章中的陈述放到一起，其悖论就凸显了出来。比如他的性善观点，很有影响力。还是紧承着上边的争论，他的理据是：“恻隐之心，人皆有之。羞恶之心，人皆有之。恭敬之心，人皆有之。是非之心，人皆有之。恻隐之心，仁也。羞恶之心，义也。恭敬之心，礼也。是非之心，智也。仁、义、礼、智，非由外铄我也，我固有之也，弗思耳矣。”但其他地方的表述却很容易与之形成对立，如在《万章上》中他又这样说：“天下之士悦之，人之所欲也，而不足以解忧。好色，人之所欲，妻帝之二女，而不足以解忧；富，人之所欲，富有天下，而不足以解忧；贵，人之所欲，贵为天子，而不足以解忧。人悦之、好色、富、贵，无足以解忧者，惟顺于父母可以解忧。”也正好是四项，“所欲”比起“有之”，似乎更能体现其天性本色，足以否定单一的判断。

孟子的主导思想理念就是“仁”，作为具有统领性的核心概念，其根本的属性就是诸事只往心上求，“心之官则思，思则得之，不思则不得也”（《告子上》）。“行有不得者，皆反求诸己，其身正而天下归之。”（《离娄上》）“尽其心者知其性也，知其性则知天矣。”（《尽心上》）“古之人所以大过人者，无他焉，善推其所为而已矣。”（《梁惠王上》）意义本身即具有主观与客观两个方面，侧重或强调其中的一个方面，对错问题实难判定；引发思考倒是有价值的。

1.2.2 以意逆志

从最宽泛的范围上讲，意义即表现为人们的思想心志。这也是孟子所主张并侧重的。思想意识既可以表现为非常具体的对词语的理解，还可以表现为社会或个人的主导性思潮或思想境界。对于后者，孟子认为，若是处于学习阶段，外部的环境肯定是会产生重要的影响作用的。《滕文公下》中孟子就此辨析说：“有楚大夫于此，欲其子之齐语也，则使齐人傅诸？使楚人傅诸？”曰：“使齐人傅之。”曰：“一齐人傅之，众楚人咻之，虽日挞而求其齐也，不可得矣。引而置之庄岳之间数年，虽日挞而求其楚，亦不可得矣。”在语言学习这个问题上，孟子所举例证是很容易被人们接受的，是典型的环境决定论。“孟母三迁”的故事先秦时期没有记载，直到西汉末年刘向的《列女传·母仪传》才被提及，其真实性当然可以质疑。但之所以有这样的故事编撰，恐怕也与孟子强调环境的重要不无关系。需要注意的是：学习阶段是如此，作为成人、士人独立地处理事务，孟子可是赞同另一种景象，正像我们前边所引，他是非常推崇个人的主导精神，即做有担当的大丈夫，涵养浩然之气，有一种遗世独立的心胸情怀。在他看来，要做到这些，起码要在以下这些方面下功夫。

a. 志于道义

《尽心上》中他表述说：“孔子登东山而小鲁，登泰山而小天下，故观于海者难为水，游于圣人之门者难为言。观水有术，必观其澜。日月有明，容光必照焉。流水之为物也，不盈科不行。君子之志于道也，不成章不达。”这一点他完全继承了孔子的思想：抓大放小，重本轻末。“古之人，得志，泽加于民；不得志，修身见于世。穷则独善其身，达则兼善天下。”“行之而不著焉，习矣而不察焉，终身由之而不知其道者，众也。”

b. 清心寡欲

《尽心下》中他表述说：“养心莫善于寡欲。其为人也寡欲，虽有不存焉者，寡矣。其为人也多欲，虽有存焉者，寡矣。”无欲则安，无欲则强。“说大人则藐之，勿视其巍巍然。堂高数仞，榱题数尺，我得志弗为也。食前方丈，侍妾数百人，我得志弗为也。般乐饮酒，驱骋田猎，后车千乘，我得志弗为也。在彼者皆我所不为也，在我者皆古之制也，吾何畏彼哉！”

c. 以我为主

这一方面孟子表现得特别充分。在先秦众多思想家中，像孟子这样热情洋溢、奔放进取、自信坚定、性格鲜明的还不多见。在人世间与客观事物、自己与所面临的对象世界的关系上面，孟子坚持以自我为主，率真直露、坦荡潇洒；相应地，对那些面似忠厚、虚与委蛇、内藏玄机、八面讨好的人本能地讨厌和反对。对于乡愿，孔子即明确地表示出了不满，斥之为“德之贼”。孟子对这些人特征行为的描摹更为具体，认为他们是“阉然媚于世”，“同乎流俗，合乎污世。居之似忠信，行之似廉洁”，貌似谨慎，言语伪善，很能混淆视听，乱德迷性，赢得人心。故对他们斥责和揭露是不可少的。

与这种凌厉风格相一致，孟子在认识上面即体现出了最为强烈的主体性精神志趣，那就是“万物皆备于我矣。反身而诚，乐莫大焉。强恕而行，求仁莫近焉”（《尽心上》）。这种表述类似宣言，体现出一种难得的自我主导意识。开辟鸿蒙、天行万物，唯有人的出现，才有了这世界上最不可思议的观念形态，它不但将自己与其他的所有的事物剥离开来，而且自豪地宣称，其他的万千客体都能够且应该被我所认识，被我所掌控和利用。不管自有生民以来各色各样的人们怎样地看待自己与客观事物之间的关系，也无须人们以怎样的标准对此施以怎样的价值判断，不能不说，这是人作为万物之灵的真正觉醒，它对于激励人们的进取意志是有积极意义的。正是以此为纲，孟子于语言社会各种各样的关系提出了诸多富有创建的学说理念。比如：

尽信《书》则不如无《书》。吾于《武成》，取二三策而已矣。仁人无敌于天下，以至仁伐至不仁，而何其血之流杵也？（《尽心下》）

这里所言的《书》，即《尚书》；我们仍然可以将它扩充为所有成册的文字著作。所谓《尚书》，上古之书之谓也，也是儒家所推崇的经典著述。它经过孔子整理得以流传后世。也有人将它称为“中国自有史以来的第一部信史”[1]。即便如此，孟子也没有盲目崇信，而是断然指出：全信还不如不

① 金景芳：《〈尚书·虞夏书〉新解·序》，辽宁古籍出版社 1996 年版。

看，因为不实会误导，会产生极大的负面效应。这一判断其实也直接涉及言意之辩的内容：书面语言形式与所表达的意义之间有一个是否反映真实的问题。即便是书写不便的上古时代，两者也不是完全吻合的，文不副实也时有发生，即便是经典，即便宗师编定的，也不盲从。这在一定意义上说就是对孔子所倡导的“学思结合”主张的另一种新解释：发挥学习者的主导地位，只有经过了自己的思考、过滤、筛选、鉴别，所获得的信息才最有效用，思维能力也才能得以提升。实际上这里也提出了“言意之辩”的另一个问题：除了言语本身的语言形式与意义之间的关系外，还有一个读者心目中的认识，甚至是更重要的信息意义。因为此时文本已经确定，真正的价值则由认识主体这里得到实现。不过，孟子这里怀疑重大历史事件的真实性，所举事例似乎并不恰当。牧野大战作为决定改朝换代的大决战，即便像记载中的那样，殷军前锋将士的临阵倒戈，攻击后续队伍，其战争壮烈程度也不会仅仅如同他所推测的那样，“以至仁伐至不仁”，不流血或者少流血就可以顺利完成的。《诗经·大雅·大明》称：“殷商之旅，其会如林。”“牧野洋洋，檀车煌煌，驷騵彭彭。维师尚父，时维鹰扬。凉彼武王，肆伐大商，会朝清明。”足以感受该战规模之宏大，人数之众多。《逸周书·克殷解》则简略描绘了战争场面之激烈：“王既誓，以虎贲、戎车驰商师，商师大崩。”《逸周书·世俘解》则具体记述说：“馘磨亿有十万七千七百七十有九，俘人三亿万有二百三十。”馘，为断首后割耳；亿，十万；十万,七万之误。由此数字可以想象其惨烈，在冷兵器的早期阶段，会显得更为血腥。所以，自信担当与科学追寻两者只有很好地结合起来，才能真正地言之凿凿，言意之间才能达到真正的贴近。

故说《诗》者，不以文害辞，不以辞害志；以意逆志，是为得之。(《万章上》)

这一段话所表达的，可以说在于进一步强化上述观点，也可以说是上述观点的具体化，即所谓的以己推人，“以意逆志”。有关《诗经》的解读，一个基本的前提是：不同的读者可以有不同的认识理解。再一是具体的阅读理解过程：由字词到语句，由语句到总的思想；但其言辞所表达的意义很难讲是一个简单的加合关系。这也需要阅读主体以心会心，结合自己的心感身受，来尽可能真实地还原诗作主体在其中所寄寓的情思心绪。其中还有的一层蕴涵是：阅读本身不等于写作主体的一方描述说教，而应该是双方的，即阅读者完全可以积极地参与，对于文本的言意有一个重新解释的过程。

1.2.3 知人论世

于言辞的解读上面，孟子还有为后世多所关注的另一种观念，看具体的表述：

> 一乡之善士，斯友一乡之善士；一国之善士，斯友一国之善士；天下之善士，斯友天下之善士。以友天下之善士为未足，又尚论古之人。颂其诗，读其书，不知其人，可乎？是以论其世也，尚友也。(《万章下》)

这里的表达比起“以意逆志”的观念又进了一层，即今天人们所概括的“知人论世”读书法。非常难得的是，孟子这里的表述所寄托的是“以文会友”的思想，且这种思想是打破了时空局限的，虽然是穿越，但心灵上的沟通和共鸣应该是人们之间最好的交流与共识。不过值得提醒的是，文本自身的意义与参照了言语主体因素后的意义是否等同？要不要将它们区别开来？是否两者兼得可能获得更多的信息量，体现意义层次上的丰富性？对此，孔子尽管也有着认识上的递进，如：“始吾于人也，听其言而信其行；今吾于人也，听其言而观其行。”(《论语·公冶长》) 孟子的“知人论世”，也就是文本意义的理解既要结合言语主体的思想还要考虑言说的具体环境，显然是在此基础上的进一步提升。但与此同时，孔子还有另外的一种主张，即不因人废言，也不因言废人；上述两个方面的意义是可以进行切割、分开认识的。显然，孔子的思想观念似乎更豁达开放。

> 梓匠轮舆能与人规矩，不能使人巧。（《尽心下》）

孟子重视言意之间方法上的效用。《告子上》中即告诉人们说：“大匠诲人，必以规矩。学者亦必以规矩。”这里就又进了一层，即在规则的基础上强调知常达变。之前孔子即比较多地强调要注重变化，甚至还感叹说：“知几其神乎？”（《周易·系辞下》）变化初有征兆之时即有感知把握，大概也只有神才能达到的吧？“信”，他强调得比较多，甚至还认为：“人而无信，不知其可也。”（《论语·为政》）但特定的情况下他也对此提出疑义：“言必信，行必果，硁硁然小人哉！”（《论语·子路》）意思是：一味地坚持原有主张而不知变通，这样的固执恐怕就是小人才有。话是这么说，真正的具体操作其实并不容易，因为迅急做出的判断很难做到尽善尽美。即便孔子也是如此，有一次他的学生宰我问他：一个仁人掉到井里去了，君子是应该救他呀还是不救？他就有几分急了，说你为什么要设置这么个骗局难为人呢？我就是跑掉也不会让自己陷入难堪境地的！孟子对于他的这种变通观念很是赞同，即“仲尼不为已甚者”。并加以发挥说：“大人者，言不必信，行不必果，惟义所在。”（《离娄下》）类似宰我那样的预设，他也进行了应答：士人淳于髡肯定儒家的主张问他：“男女授受不亲，礼与？”孟子说：“礼也。”再问：“嫂溺，则援之以手乎？”孟子回答说：“嫂溺不援，是豺狼也。男女授受不亲，礼也。嫂溺援之以手者，权也。”对比着来讲，孟子比他的宗师回答得更清晰，处理得也更为得当，言语运用得更到位。

第二章 老庄道家语言学说

2.1 《道德经》的语言观

人们通常将道家分作黄老派、关尹派和庄列派。这主要是从他们各自不同的社会态度来做的区分：比如前者看似主张“绝圣弃智”，老死不相往来，实际上内里却是像酝酿着一团烈火一样，积聚着昂扬积极的向上精神。为什么会是这样？这主要是一个角度问题。如果我们参照着它的第一解释篇《文子》[①]，或许就会明白许多。甚至《道德经》的作者还会责怪计然[②]：为什么要把话说得那么明白，甚至将其核心主旨都说了出来！下面的一段话很值得玩味：

> 先王之法非所作也，所因也；其禁诛非所为也，所守也，故能因即大，作即细；能守即固，为即败。……夫道，“有无相生也，难易相成也。”是以圣人执道虚静、微妙以成其德。故有道即有德，有德即有功，有功即有名，有名即复归于道，功名长久，终身无咎。王公有功

---

① 班固《汉书·艺文志》唐颜师古注，称其作者：“老子弟子，与孔子并时，而称周平王问，似依托者也。”后世对其是否伪作，多有争议。就其《文子》的文字来讲，绝对不会是初期文字的模样，很明显的，就是驳杂。如它的《精诚》篇，倾向于甚至抄袭儒家的东西似乎都是有的。该篇的主格调就是强调儒家的仁义道德，老子是不会强调这个的。甚至将《孟子》里的话直接移用为自己的，如“夫忧民之忧者，民亦忧其忧，乐民之乐者，民亦乐其乐，故忧以天下，乐以天下，然而不王者，未之有也”。《上德》篇中的“玉在山而草木润，珠生渊而岸不枯”，也与荀子《劝学》中的文句同。这里概不讨论。只选取内容有价值意义者：它紧承《道德经》进行的阐释。

② 北魏李暹注《文子》，以为文子姓辛，号计然，即《史记》所称范蠡之师。

名，孤寡无功名，故曰："圣人自谓孤寡。"归其根本，功成而不有，故有功以为利，无名以为用。(《文子·道原》)

这一段话很能说明《道德经》之所以坚持主张绝圣弃智、守雌示弱的主导精神是怎样的了，实际上它就是站到圣人的角度认识问题、处理事务的哲学理念与方法策略。史迁深明其旨，故曰："太史公曰：老子所贵道，虚无，因应变化于无为，故著书辞称微妙难识。庄子散道德，放论，要亦归之自然。申子卑卑，施之于名实。韩子引绳墨，切事情，明是非，其极惨礉少恩。皆原于道德之意，而老子深远矣。"(《史记·老子韩非列传》)班固也说："道家者流盖出于史官，历记成败存亡祸福古今之道，然后知秉要执本，清虚以自守。卑弱以自持，此君人南面之术也。"(《汉书·艺文志》)也就是该经有意无意所表达的："将欲歙之，必固张之；将欲弱之，必固强之；将欲废之，必固兴之；将欲取之，必固与之。是谓微明。柔弱胜刚强。鱼不可脱于渊，国之利器不可示人"。它甚至将他们为什么要"称孤道寡"的隐衷都给讲出来了：装愚守拙，勿需名利，却有着最为切实的功能效用。如果《道德经》还是泛泛言说的话，《文子》陈说的对象可就是明朗化了。不管是周平王假托还是其他的什么王，为他们着想，为他们愚弄黔首倒是真的。还有具体的方法，那就是无形为本、为始，无形胜有形。正因为如此，《道德经》开头就有了很好的定位："道可道，非常道；名可名，非常名。"里边包含着两个方面的意蕴：

一个是宏观方法论意义上的。世上万千事物现象，表象形形色色，且变动不拘，然而内在里边似乎反映着一种统一的甚至还起着支配作用的东西。越是谈得玄思宏阔，越会让人们觉得其见识的高大深远：

有物混成，先天地生。寂兮寥兮，独立而不改，周行而不殆，可以为天下母。

道之为物，惟恍惟惚。惚兮恍兮，其中有象；恍兮惚兮，其中有物。窈兮冥兮，其中有精；其精甚真，其中有信。

大白若辱，大方无隅，大器晚成，大音希声，大象无形，道隐无名。

大直若屈，大巧若拙，大辩若讷。

而这样的议题很有意思，同样和古希腊有一比：中国道家喜欢谈玄远的宇宙的产生，物的起源问题。而古希腊文化早期多所提及的是米利都学派，其中首先值得提及的人物是泰勒斯，他和东方的思想家们一样喜欢沉浸哲学的思考，但他往往不是玄想，而是联系实际。同样的话题，他眼睛所关注的是头顶绚烂的夜空，而心底想的是万物皆源于水。传说他晚上走路时还仰望天空，没注意脚下，结果掉进水坑里了。人们慌忙将他救了上来，他醒来后的第一句是说：你们知道不？今晚星星很多，明天或将有大雨降临。而中国先秦的道家似乎更像今天意义上的哲学家，更多是心灵上的玄思；然而其议题又喜欢触及宏观世界的物理产生与存在方式，说它是理论物理，却又纯粹是意识上的一种构拟、描画、渲染、推想。于是乎显得玄览幽深，并在一定程度上合乎人们的感觉体悟：一如潜龙，不见首尾，但能感觉它的存在；能够感觉其存在，但又始终看不见。让你觉得神秘莫测，由眩晕而崇尚，它的初衷也就达到了。司马迁演义孔子适周问礼于老子后慨叹道："鸟，吾知其能飞；鱼，吾知其能游；兽，吾知其能走。走者可以为罔，游者可以为纶，飞者可以为矰。至于龙吾不能知，其乘风云而上天。吾今日见老子，其犹龙耶！"（《史记·老子韩非列传》）则进一步地增加了这种神奇感，使得人们更为追思和崇拜。《道德经》似乎就是按着这种意图来塑造的："迎之不见其首，随之不见其后。"

一个是与此紧密相联系的语言本体上的。《道德经》的作者[①]非常懂得

① 有关该著的作者也有颇多争议。尽管现时人们都认可为老子所作，但就老子的存在就是一个未解之谜。连时间上相对比较近的司马迁也不能肯定他的存在："或曰：老莱子亦楚人也，著书十五篇，言道家之用，与孔子同时云。""或曰儋即老子，或曰非也，世莫知其然否。"（《史记·老子韩非列传》）

借用语言词语的不确实性，愈不确实便愈能体现它的不可琢磨，隐含着的力量便愈为神秘。语言的功能指向本来是使认识对象具有可确定的性质，将内在的意识转化为外在的形式上的可认定性。特定的名，最基本的指称，要实现的就是这一目标。然而《道德经》的作者不是这样，似乎是反其道而行之，似乎连这都难以实现：

视之不见，名曰夷；听之不闻，名曰希；博之不得，名曰微。此三者不可致诘，故混而为一。其上不皦，其下不昧，绳绳兮不可名，复归于无物。是谓无状之状，无物之象，是谓惚恍。

吾不知其名，强字之曰道，强为之名曰大。大曰逝，逝曰远，远曰反。故道大，天大，地大，人亦大。域中有四大，而人居其一焉。

《道德经》有一个绝活：语言上的刺激功夫。孔子所谓的“正名”当然侧重的是政治名分上的名实相符。即便是通常的民众，也未尝不想语言简单明了，否则也就失去了这一工具的根本功效。然而《道德经》却是反其道而行之：充分地扩张这种言意之间的不确定性，其反复表达折绕似乎已是极限：无名；强为之名；名可名，非常名；多言数穷；以言下之。它似乎已经超越了人们能够用语言所指称的范围，就更不要说对它进行全面详尽的描述了。利用上述多种方式以强调其玄妙，而且还需要进一步强化。

实在不得已，还要告诉你说：一旦确认了名，似乎一切就应该趋于停止：

始制有名，名亦既有，夫亦将知止，知止可以不殆。

之所以如此，就在于矛盾对立的普遍存在。

这倒是言语主体乐于言说的，并极尽铺排，且还呈现为两种情况，一是共时的两两对立，相辅相成：

故有无相生，难易相成，长短相形，高下相倾，音声相和，前后相随。

再一是运动中的向对方转化：

反者道之动，弱者道之用。天下万物生于有，有生于无。

祸兮福之所倚，福兮祸之所伏。

对立的两个方面、两种状态，或者将一个方面推至极致从而表现出相反的情状，都会给人以鲜明的深刻的感受。这倒是《道德经》语言取胜的法宝：

众人熙熙，如享太牢，如春登台。我独泊兮，其未兆；沌沌兮，如婴儿之未孩；累累兮，若无所归。众人皆有余，而我独若遗。我愚人之心也哉！俗人昭昭，我独昏昏。俗人察察，我独闷闷。澹兮其若海，飂兮若无止。众人皆有以，而我独顽且鄙。我独异于人，而贵食母。

不过，将这种对立极端化，虽给人以醒目的刺激，但其共存的合理性不可避免会大打折扣。综观五千言的《道德经》，如果说前边部分还比较沉稳静气的话，后边的言语似乎有点愈来愈处于激奋的状态：

知者不言，言者不知。

信言不美，美言不信。善者不辩，辩者不善。知者不博，博者不知。

还有最明显的一种行文特征是：全篇都采用了警句格言式的表述形式。这倒是可以理解的，一如它所肯定的那样："多言数穷，不如守中。"如果真的像《文子》那样展开来详细地甚至是稍有推论性地表述，或许会将自己置于一个比较尴尬的境地：一讲道理，似乎就有点低下了身份；多为认定性的判断句，客观上就会让自己居于一个制高点上，会体现出一种决绝的不容置疑的姿态气势。

另外章法上面也不得不佩服作者的运思：他将道的虚幻张扬描绘和社会精致格言提示穿插着进行，形成云中看龙，不失全神的效果：云蒸霞蔚之中更能衬托出龙的峥嵘腾挪身姿；而龙的若隐若现，更能增加云的迷离翻涌气象。

所以，《道德经》很少直接谈语言的哲学观念，但时时处处不离对语言的感悟；它浑然一体的表述风格，也是对该议题最实在的一种回答。

有必要做一点辨析的是：所谓黄老之学，主要就是《老子》的学说，至于前边的黄帝，主要是道家为了显示自己学说久远而挂上的名号而已，一如时间稍晚出现的医学著作《黄帝内经》，名字只是假托。而传说中老子的弟子文子，从现时看到的文字来讲，应是后人所辑所改之作。虽然《老子》成文亦为同一时期，但表述风格似乎有有意为之之嫌；且言辞驳杂，显然与道家的一贯主张不符。如：

> 老子（文子）曰：言者，所以通己于人也；闻者，所以通人于己也。既闇且聋，人道不通。（《符言》）
>
> 老子（文子）曰：得万人之兵，不如闻一言之当；得隋侯之珠，不如得事之所由；得和氏之璧，不如得事之所适。（同上）

这与《道德经》一上来就直接否定语言的效用完全是两种态度。

> 事或可言而不可行者，或可行而不可言者；或易为而难成者，或难成而易败者。所谓可行而不可言者，取舍也；可言而不可行者，诈伪也；易为而难成者，事也；难成而易败者，名也。此四者，圣人之所留心也，明者之所独见也。（同上）

这里表达的言与行之间的关系非常重要。在那个时期有这样清晰的思路，颇为难得。

由此我们可以说，“文子”并不是道家实际存在的人物，《道原》里的那一段话也不是真切地在为《道德经》作注，似乎是在将其真正内蕴揭示出来而后快。至于它里边的有些话语，像“夫道不可闻，闻而非也；道不可见，见而非也；道不可言，言而非也”（《微明》），则纯粹是为遮掩其面目而添加的，且添加的印迹也过于明显。唐玄宗于天宝元年诏封文子为通玄真人,《文子》一书为《通玄真经》,实有点糊弄世人之嫌。

2.2 《关尹子》的语言观

有关《关尹子》的作者,最早的记述是西汉刘向的《神仙传》:“关令尹喜者,周大夫也。善内学,常服精华,隐德修行,时人莫知。老子西游,喜先见其炁,知有真人当过,物色而遮之,果得老子。老子亦知其奇,为著书授之。后与老子俱游流沙,化胡,服苣胜实,莫知其所终。尹喜亦自著书九篇,号曰《关尹子》。”“老子化胡”虽属后来道家演义,但佛教经典里边确有关尹面见释迦牟尼并宣讲道义的记载。但难以解释的是,尹喜及其著作在相当长的历史时间内并没有被人们所看重,如《旧唐书·玄宗纪下》:“(天宝元年)庄子号为南华真人,文子号为通玄真人,列子号为冲虚真人,庚桑子号为洞虚真人。其四子所著书改为真经。”其晋封之前还刚刚发生了有关尹喜的事件:“陈王府参军田同秀上言:‘玄元皇帝降见于丹凤门之通衢,告赐灵符在尹喜之故宅。’上遣使就函谷故关尹喜台西发得之,乃置玄元庙于大宁坊。”道家的楼观派即奉尹喜为始祖,且兴起为唐,但官家并未及早认可,亦属咄咄怪事。但今天看来,《关尹子》一书在道家前所述三派中,甚至是先秦诸子里非常具有思想的一部著作。鲜明的特色就是沉稳理性,卓有见识;语言表述朴实明确,可以说是那个时期难得一见的好文字。

2.2.1 依道尽神

《关尹子》不像《文子》紧跟在《道德经》后面,无多创意。它是完全有着自己独立思想的著作。很明显的一点就是,玄学境界的渲染描绘并不是它侧重的内容,甚至还带有不得已而为之的意味:它所占取的比例分量很少,主要体现在前边内容;一旦说到了,也要说得相对明白。看它开头的表述:

关尹子曰：非有道不可言，不可言即道；非有道不可思，不可思即道。天物怒流，人事错错然，若若乎回也，戛戛乎斗也，勿勿乎似而非也。而争之，而介之，而呪之，而啧之，而去之，而要之。言之如吹影，思之如镂尘。圣智造迷，鬼神不识。惟不可为，不可致，不可测，不可分，故曰天曰命曰神曰玄，合曰道。(《一宇》)

这一段话好的地方就在于：既肯定了道的存在，又强调了问题的难度：它体现在万事万物之中，纷纭迷离，如影似尘，似有若无，难测难分，圣智鬼神都拿它没有办法，将这个贯通一切、左右生机却又言辞无可措置描述的东西姑且综合称之为“道”。虽然它也和《道德经》意旨是一样的，但直陈的方式方法不同：不光有认定还有解释，不至于使人们于文字游戏中陷入迷惘困顿之中。虽然它是否定式的表述，但其“惟不可为，不可致，不可测，不可分”的铺排，让人们可以看到言语主体所主张、所溯求的，有可能给人以信心和希望。

类似这一话题的其他表述也大都体现出了这种特点，再如：

道无作，以道应世者，是事非道。道无方，以道寓物者，是物非道。圣人竟不能出道以示人。(《三极》)

这一辨析深层次蕴含的道理可不简单：具体和抽象间的关系似乎都呼之欲出了一样！

即使来个比喻，也恰如其分、入情入理：

吾道如处暗。夫处明者不见暗中一物，而处暗者能见明中区事。(同上)

一灼之火能烧万物，物亡而火何存；一息之道能冥万物，物亡而道何在。(同上)

虽然它没有就“道”的属性本质说出个所以然来，但具体的描述却深中其根基：

若以言行学识求道，互相展转，无有得时。知言如泉鸣，知行如禽飞，知学如撷影，知识如计梦，一息不存，道将来契。(《一宇》)

不知吾道无言无行，而即有言有行者求道，忽遇异物，横执为道，殊不知舍源求流，无时得源，舍本就末，无时得本。(同上)

这里就说得非常到位了:“道”不能拘泥于言。于言中求道，无异于缘木求鱼，胶柱鼓瑟，舍源求流，舍本逐末。

由“道”的追求再说到“名”与“实”的关系，务实，真切:

是以善吾道者，即一物中，知天尽神，致命造元。学之，徇异名，析同实。得之，契同实，忘异名。(同上)

这段论述里包含着两层意思:一是“道”既蕴含于一切事物之中并通贯之，相应地，任何单一的事物也含有“道”的普遍性原理。这种思想观念即便是放在今天也不失为一种非常有意义的价值论断:有机的单一个体往往包含着整体事物全息性的价值意义。这种认识，应该说在先秦，甚至迄今，是多少人难得具有的。再则，语言是工具，人们看到的景象往往是异名而同实。人们识读语言，辨别繁杂的形式，包括异形而同指，得到实际的意义，倒是那些语言形式很多都是不必要的了。古汉语的简略，我们也不必将更多更复杂的内容填补进去进行解说，硬译更忠实于原文字，但不能不说，偌大的空间里足够我们从正面做丰富的理解。

2.2.2 贫贱同识

语言是对人的认识的最直接的体现者。在该问题上，尹喜也有独到的见解。首先他认为，客观决定主观，包括人类创制的语言也是这样，必须遵守大家共同认定的规则。至于自己能够做到的，只能是因势利导，坚守中信:

物我交，心生;两木摩，火生。(《五鉴》)

心感物，不生心生情，物交心，不生物生识。物尚非真，何况于识；识尚非真，何况于情。而彼妄人，于至无中，执以为有；于至变中，执以为常。一情认之，积为万情；万情认之，积为万物。物来无穷，我心有际，故我之良心受制于情，我之本情受制于物。可使之去，可使之来；而彼去来，初不在我。造化役之，固无休息。殊不知天地虽大，能役有形，而不能役无形；阴阳虽妙，能役有气，而不能役无气。心之所之，则气从之，气之所之，则形应之。犹如太虚于至无中变成一炁，于一炁中变成万物。而彼一炁不名太虚。我之一心，能变为气，能变为形，而我之心无气无形。知夫我之一心无气无形，则天地阴阳不能役之。(《一宇》)

上边的第二段，简直是认识论的系统论述。感觉生情，理性生识。通常事物映现在我们眼前的也并非全部真实的情状，那么由此建立起来的认识也就很难保证其准确。理性认识尚且如此，何况情感！事物万千并变化无常，而人们的认识则有限。尽管如此，人们的认识并非完全被动。当然，最后的表述便有了几分道家的意味了。

人的认识观念在主客观互动过程中也起着非常重要的作用。

有时者气，彼非气者，未尝有昼夜。有方者形，彼非形者，未尝有南北。何谓非气？气之所自生者如摇箑得风。彼未摇时，非风之气；彼已摇时，即名为气。何谓非形？形之所自生者，如钻木得火。彼未钻时，非火之形；彼已钻时，即名为形。(《双柱》)

所谓事物的特征，如时间、方位等，其本身说不上有无的问题，往往都由时空大格局赋予其根本属性，并付诸人们的认识。随着新事物、新现象的产生，人们便随之进行认识，并授之以名。

内想大火，久之觉热，内想大水，久之觉寒。(同上)

客观决定主观，同时主观也往往产生反作用。即所谓的“心静自然凉”。

行虽至卓，不离高下；言虽至公，不离是非。能虽至神，不离巧

拙；貌虽至殊，不离妍丑。(《三极》)

所有的认识，虽然每一种特征状态都会引至极致，达到高妙处，但都有一个基本的价值判断作保障。

如果承认价值判断的前提，那么很自然，圣人和众人也就没有高低贵贱之区分：

> 圣人之于众人，饮食衣服同也，屋宇舟车同也，富贵贫贱同也。众人每同圣人，圣人每同众人。彼仰其高侈其大者，其然乎，其不然乎？（同上）

自古迄今，特别是在周王朝尊卑贵贱制度及其观念依然浓重的情况下，《关尹子》能够提出这样的思想主张，无异于空谷足音。该段文字后的追问，很能引发沉思：众人对圣人的仰其高大，是真相还是非真相？特别难得的是，它还是从认识事物方式过程的角度推演出来的，其见识眼光非时人所能比！

接下来它比较了有关圣人与众人言行方面的诸多差异。如：

> 圣人以有言有为有思者，所以同乎人；未尝言未尝为未尝思者，所以异乎人。(同上)

圣人能够掌控自己，众人却是跟着感觉走，由着性子来。

> 蝍蛆食蛇，蛇食蛙，蛙食蝍蛆，互相食也。圣人之言亦然，言有无之弊，又言非有非无之弊，又言去非有非无之弊。言之如引锯然，惟善圣者不留一言。(同上)

> 利害心愈明，则亲不睦；贤愚心愈明，则友不交；是非心愈明，则事不成，好丑心愈明，则物不契。是以圣人浑之。(同上)

自然界种种事物行为往往都是相互制衡的，没有哪一个能处于绝对的地位。圣人的表述即遵循了这个道理，不绝对地判断，因此很少有漏洞。

> 均一物也，众人惑其名，见物不见道；贤人析其理，见道不见

物；圣人合其天，不见道不见物。一道皆道，不执之即道，执之即物。(《八筹》)

面对客观世界，不同的人等采用的角度明显不同：众人往往是连语言的指称都搞不清楚，于是只能就事论事。贤人就不一样了，眼界开阔，能够针对具体的情况进行分析概括，于是就能够从中抽象出普遍性的道理。但问题是，偏执的结果，他们又往往执着于道理上的抽象，割裂了与具体的联系。圣人于此则是处理得非常得当，不固守特定的一个方面：在道理上显得游刃有余，对待具体事物一点也不马虎。

2.2.3　言为心声

言为心声。对此，《关尹子》强调得很多。比如：

人之善琴者，有悲心，则声凄凄然；有思心，则声迟迟然；有怨心，则声回回然；有慕心，则声裴裴然。所以悲思怨慕者，非手非竹非丝非桐。得之心，符之手；得之手，符之物。人之有道者，莫不中道。(《三极》)

人的喜怒哀乐，出乎心而形于外，发乎情达于物，真正打动听众的，非关物形，而在于由衷与否。真正有道之人，他的具体表述也能切合道理。言意之间何尝不是如此：意正则言顺，才能真正实现文质彬彬。

流者舟也，所以流之者是水非舟；运者车也，所以运之者是牛非车；思者心也，所以思之者是意非心。(《五鉴》)

对对象的认识不能只看现象，得抓根本。意识的流动，不可能感受心的活动，语言的运行，我们能想象到的是意义是否准确。

是非好丑，成败盈虚，造物者运矣，皆因私识执之而有，于是以无遣之犹存，以非有非无遣之犹存，无曰莫莫尔无曰浑浑尔犹存。譬犹昔游再到，记忆宛然，此不可忘不可遣。善去识者，变识为智。变识为智之说，汝知之乎？曰想：如思鬼心慄，思盗心怖。曰识：如认黍为稷，识玉为石者，浮游罔象，无所底止。譬睹奇物，生奇物想，生奇物识。此想此识，根不在我。譬如今日，今日而已，至于来日，想识殊未可卜，及至来日，纷纷想识，皆缘有生。(《五鉴》)

这里进一步强调了上一步所陈说的道理，即要注意不要固执已有知识成见，重在化知识为能力。很多错误的认识，多为心魔所致，不能毅然决然地放弃。

譬如犀牛望月，月形入角，特因识生，始有月形。而彼真月，初不在角，胸中之天地万物亦然。知此说者，外不见物，内不见情。(同上)

什么是能力？这里就举出了一个例子。犀牛望月，这时我们脑海里会浮现出一个画面：月牙儿和牛角可以形成相似的图形。将两者联系在一起的，就是我们的意识。对于月牙儿这种客观存在来说，可不是为了对比牛角。人们心目当中贮存了万千事物现象，就其特征而发生联系，就是我们的思维能力在起作用。而此时，客观所指趋于消弭，也感受不到情绪。

落实到具体的语言层面上，《关尹子》也有诸多精到的表述。

知言无我，故守之以信。(《三极》)

语言是社会之工具。个人对语言的影响其实是很有限的，故坚持诚实即可。

大言不能言，大智不能思。(《六匕》)

昔之论道者，或曰凝寂，或曰邃深，或曰澄澈，或曰空同，或曰晦冥，慎勿遇此而生怖退。天下至理，竟非言意。苟知非言非意在彼微言妙意之上，乃契吾说。(《九药》)

《关尹子》认为，言语表述话题不能太大，大而无当或者眼下解决不了的问题，最好不言、不想。过去人们论道，用到的都是如“凝寂”“邃深”一类的词。这些词并非能真正反映语言的实在意义；落到实处，让人容易把握，才是他心中所追求的。由此不难看出，尹喜并非喜欢谈玄论道的那些话题与描摹状态那类词，对《道德经》故弄玄虚的表述他有自己的看法。甚至他还认为，那些人将话说得那么朦胧神秘，听者怎么可能昭昭？不是我聋，我瞎，我喑哑，而是他们使我变成了这个样子！“道”本来是道家的核心理念，然而对于这位被奉为“文始真人”①来说，不免有些尴尬；但他有着难得的追求理念，故对其批评也是尖锐深刻。

当然，《关尹子》毕竟属于道家著述，也有一些言辞确实反映了道家的观点术数。如《七釜》一章，可以说全为道家学说。如“人之力，有可以夺天地造化者，如冬起雷，夏造冰”。这一点可以看作正面地对人改造自然力量的歌颂。但在那个时期科技的意识还是比较贫乏的，这种设想便不免偏了。果然，接下来的是：“死尸能行，枯木能华，豆中摄鬼，杯中钓鱼，画门可开，土鬼可语，皆纯炁所为，故能化万物。今之情情不停，亦炁所为。”这典型地在展示谶纬学装神弄鬼的把戏，很容易看穿；且有一象征性的器具，即炁。但又不能不说的是：在先秦诸多的思想家里，像尹喜这样具有清晰明白且深刻精妙思想的士人还是不多见。而它的《关尹子》这样充满睿智、多有创建观念的著述也颇为难得。不为后世的人们所重视，不能不说是一种遗憾。

2.3 《列子》的语言观

现时人们往往争执《列子》《庄子》谁抄的谁。很有意思的是，《庄子·逍遥游》里边有列子的记述，说他“御风而行，泠然善也，旬有五日而后返”。还辟有专章《列御寇》。《列子》里边却无庄子的记载。诡谲的是，《列子》中的《仲尼第四》却又有公孙龙的记载，甚至还有“乌号之弓”的

① 元顺帝至元三年（1337），加封文始尹真人，无上太初博文文始真君。道教派别之一“楼观道”奉为祖师。

说法，这显然都是晚出的。列子名御寇，为郑国圃田人，大约生于公元前450—前375年，属于战国早期。而庄子大约生于公元前369—前286年，应该是战国中期。至于公孙龙就更晚，为公元前320—前250年，是战国的中后期。《战国策·韩策》有载：“史疾为韩使楚，楚王问曰：‘客何方所循？’曰：‘治列子圉寇之言。’曰：‘何贵？’曰：‘贵正。’”《尔雅·释诂》邢昺《疏》引《尸子·广泽篇》及《吕氏春秋·不二》：“子列子贵虚。”[①]等等，说明实有其人。《列子》一书所表述的寓言故事、神话传说，如“愚公移山”，是其他书所没有的；再如像“女娲补天”“夸父追日”“共工怒触不周之山”等，也描述得简略，后来诸书增补的痕迹则比较明显。至于出现公孙龙那样的内容，显然是后人妄加所致。这些都于《庄子》里无载。如果再认真对照的话，可以看到《庄子》于《列子》之中获得灵感的印迹却是比较明显的。如：

> 终北之北有溟海者，天池也，有鱼焉。其广数千里，其长称焉，其名为鲲。有鸟焉，其名为鹏，翼若垂天之云，其体称焉。(《汤问》)

《庄子》的《逍遥游》，一上来也是类似的一段文字，并注明：“南冥者，天池也。《齐谐》者，志怪者也。”庄子所云《齐谐》一书已不可考。倒是《列子·汤问》里的其他说法多能引发人们的联想。如“汤又问曰：‘四海之外奚有？’革曰：‘有齐州也。’”再如上述文字后列子继续说道：“世岂知有此物哉？大禹行而见之，伯益知而名之，夷坚闻而志之。”前边的其他文字：“荆之南有冥灵者，以五百岁为春，五百岁为秋。上古有大椿者，以八千岁为春，八千岁为秋。朽壤之上有菌芝者，生于朝，死于晦。”而这些，在《逍遥游》里边有些省略了，有些做了调整，表达了完整的“小知不及大知，小年不及大年”观念，进而引出“夫列子御风而行，泠然善也。旬有五日而

---

① 《列子·天瑞》却自认为“虚者无贵”。

后反”的事例。即便如此，庄子认为“犹有所待”，最高的境界应该是“乘天地之正，而御六气之辩，以游无穷”：至人无己，神人无功，圣人无名。如果说这些材料在《列子》里还仅仅是罗列的话，到《庄子》则是将这些材料应用在表达明确的思想上了。其先后关系应该是不言而喻的。

就其道家观念与其语言思想看，列子也确确实实与社会的贴近更多，用庄子的话来说，就是“犹有所待”。

2.3.1　看重语言

关于语言的效用，《列子》中描述得很明确：

> 黄帝与炎帝战于阪泉之野，帅熊、罴、狼、豹、貙、虎为前驱，雕、鹖、鹰、鸢为旗帜，此以力使禽兽者也。尧使夔典乐，击石拊石，百兽率舞；箫韶九成，凤皇来仪：此以声致禽兽者也。然则禽兽之心，奚为异人？形音与人异，而不知接之之道焉。圣人无所不知，无所不通，故得引而使之焉。
>
> 宋有狙公者，爱狙；养之成群，能解狙之意；狙亦得公之心。损其家口，充狙之欲。俄而匮焉，将限其食。恐众狙之不驯于己也，先诳之曰：“与若芧，朝三而暮四，足乎？”众狙皆起而怒。俄而曰：“与若芧，朝四而暮三，足乎？”众狙皆伏而喜。物之以能鄙相笼，皆犹此也。圣人以智笼群愚，亦犹狙公之以智笼众狙也。名实不亏，使其喜怒哉！（《黄帝》）

这两段话体现出的一种鲜明思想就是：语言是利器。虽然有些表达不一定准确，但其认识却足以警醒世人。列子还具体解释说：东方介氏国人解六畜之语，故获利甚多；然而神圣之人更会使用它，且对语言的掌控能力又在人民之上，故可驱使众多生灵。“狙公赋芧”这一典故于《列子》《庄子》两书之中都曾使用，前者所寄寓的价值似乎更大，认为其意义在于“圣人以智笼群愚”；而后者仅仅停留在名实之辩的层次即告结束。

《列子》这里表达的思想是深刻的：语言是人类最重要的交流工具，然而多数人对其认识却很单纯，拂开语言的表层，其意义的真正效用并非人人知道。我们虽然不能说语言即思想，但我们可以说语言即人生。有些人站在了语言的顶端于是有了超拔的力量，可以驾驭语言以左右他人之头脑；有些人却时时处在语言的五里云雾之中，听从他人的话语而懵懂前行。达到这种认识深度的，诸子之中难得见到。

《列子》见识深刻的还不仅如此。再如：

> 仲尼闲居，子贡入侍，而有忧色。子贡不敢问，出告颜回。颜回援琴而歌。孔子闻之，果召回入，问曰："若奚独乐？"回曰："夫子奚独忧？"孔子曰："先言尔志。"曰："吾昔闻之夫子曰：'乐天知命故不忧'，回所以乐也。"孔子愀然有间曰："有是言哉？汝之意失矣。此吾昔日之言尔，请以今言为正也。汝徒知乐天知命之无忧，未知乐天知命有忧之大也。今告若其实：修一身，任穷达，知去来之非我，亡变乱于心虑，尔之所谓乐天知命之无忧也。曩吾修《诗》《书》，正礼乐，将以治天下，遗来世；非但修一身，治鲁国而已。而鲁之君臣日失其序，仁义益衰，情性益薄。此道不行一国与当年，其如天下与来世矣？吾始知《诗》《书》礼乐无救于治乱，而未知所以革之之方。此乐天知命者之所忧。虽然，吾得之矣。夫乐而知者，非古人之所谓乐知也。无乐无知，是真乐真知；故无所不乐，无所不知，无所不忧，无所不为。《诗》《书》礼乐，何弃之有？革之何为？"颜回北面拜手曰："回亦得之矣。"出告子贡。子贡茫然自失，归家淫思七日，不寝不食，以至骨立。颜回重往喻之，乃反丘门，弦歌诵书，终身不辍。(《仲尼》)

这一段所表达的肯定是张冠李戴，是列子将自己的观念安到了孔子的头上。清代孙衍星的《孔子集语》居然也将此收录，可见这种性质的集录多么不易！不是说任谁打着孔子的旗号说上一句话或写出一段文字都可以断定反映孔子的真实思想。“乐天知命故不忧”，语出《易经·系辞上》。孔子一贯的生活态度都是韧性以持，乐观通达，“知其不可而为之”，始终没有放弃自己的理想。而这里的表述，特别是最后的取值：“无乐无知，是真乐真知”，是典型的道家观念。但就这一段话语所表达的思想状貌讲，即便反映了列子的认识，也应该看到，其价值意义也是值得肯定的，即对典范性语言作品的态度如何认识，这里列子提出了一个重要观点是：它们“无救于治乱”，它们实对良性社会秩序的建构没有决定性的作用。这种大胆的怀疑态度颇惊世骇俗。这既是对正统儒家学说的一种颠覆，也是对道家远离世俗核心理念的一种否定。

能够清楚道家多借孔子之言之行以张自己学说思想的事例可以说还有很多。还是《仲尼》篇，其中还记载：

> 孔子动容有间，曰：“西方之人有圣者焉，不治而不乱，不言而自信，不化而自行，荡荡乎民无能名焉。丘疑其为圣。弗知真为圣欤？真不圣欤？”

这似乎就是后来传统儒道释合流之滥觞。甚至这在《孔子家语·观周》中都有类似的反映：“孔子观周，遂入太祖后稷之庙，庙堂右阶之前，有金人焉，三缄其口，而铭其背曰：‘古之慎言人也，戒之哉！无多言，多言多败；无多事，多事多患……’”[①] 如前所述，儒家，特别是孔子，对语言采取了一种比较矛盾的态度，重视又觉得它不好把握，故比较谨慎。上述言辞显然是缀加到孔子头上的，因为类似这种“不治而不乱”（其实就是“无为

① 盛弘之《荆州记》曰：樊城西北有鄾城，西百余里有鼓城，鼓，伯绥之国，城门有石人焉，刊其腹云：“摩兜鞬，摩兜鞬，慎莫言。”疑此亦周太庙金人缄口铭背之流也。(《艺文类聚第六十三》) 再加之《关尹子》中言，莫非孔子真有此经历？

而治”的又一种说法)、“不言而自信”(同样是“大音稀声”的翻版)。《孔子家语》那样的记述，让人感觉到道家也介入得似乎比较多了。孔子见老子本来就不见于正史，而这里说得有鼻子有眼儿。不过，说金人铭其背(即所谓的“座右铭”)的“无多言”，却是两家都赞同的。

2.3.2 得意无言

正面的记述则比较鲜明地体现了道家的语言思想与态度：

> 子列子既师壶丘子林，友伯昏瞀人，乃居南郭。从之处者，日数而不及。虽然，子列子亦微焉，朝朝相与辩，无不闻。而与南郭子连墙二十年，不上谒请；相遇于道，目若不相见者。门之徒役以为子列子与南郭子有敌不疑。有自楚来者，问子列子曰：“先生与南郭子奚敌?”子列子曰：“南郭子貌充心虚，耳无闻，目无见，口无言，心无知，形无惕。往将奚为?虽然，试与汝偕往。”阅弟子四十人同行。见南郭子，果若欺魄焉，而不可与接。顾视子列子，形神不相偶，而不可与群。南郭子俄而指子列子之弟子末行者与言，衎衎然若专直而在雄者。子列子之徒骇之。反舍，咸有疑色。子列子曰：“得意者无言，进知者亦无言。用无言为言亦言，无知为知亦知。无言与不言，无知与不知，亦言亦知。亦无所不言，亦无所不知；亦无所言，亦无所知。如斯而已。汝奚妄骇哉?”(《仲尼》)

列子与南郭子可以说是“心照不宣”，之间的交流是“得意者无言”。可以说是在《道德经》的基础上又进了一层。

> 子列子学也，三年之后，心不敢念是非，口不敢言利害，始得老商一眄而已。五年之后，心更念是非，口更言利害，老商始一解颜而笑。七年之后，从心之所念，更无是非；从口之所言，更无利害。夫子始一引吾并席而坐。九年之后，横心之所念，横口之所言，亦不知我之是非利害与，亦不知彼之是非利害与，外内进矣。而后眼如耳，

耳如鼻，鼻如口，口无不同。心凝形释，骨肉都融；不觉形之所倚，足之所履，心之所念，言之所藏。如斯而已。则理无所隐矣。(《仲尼》)

这一段可以说进入到了道家真正的玄念思维了。如果说老子的这种思维是云山雾罩、玄虚判断的话，列子的却是贴近实际的价值判断思维，同时为庄子更明确的“此亦一是非，彼亦一是非”做了铺垫。

2.3.3　名实无辩

杨朱游于鲁，舍于孟氏。孟氏问曰：“人而已矣，奚以名为？”曰：“以名者为富。”“既富矣，奚不已焉？”曰：“为贵”。“既贵矣，奚不已焉？”曰：“为死。”“既死矣，奚为焉？”曰：“为子孙。”“名奚益于子孙？”曰：“名乃苦其身，燋其心。乘其名者，泽及宗族，利兼乡党；况子孙乎？”“凡为名者必廉，廉斯贫；为名者必让，让斯贱。”曰：“管仲之相齐也，君淫亦淫，君奢亦奢。志合言从，道行国霸。死之后，管氏而已。田氏之相齐也，君盈则己降，君敛则己施，民皆归之，因有齐国；子孙享之，至今不绝。”“若实名贫，伪名富！”曰：“实无名，名无实。名者，伪而已矣。昔者尧、舜伪以天下让许由、善卷，而不失天下，享祚百年。伯夷、叔齐实以孤竹君让而终亡其国，饿死于首阳之山。实、伪之辩，如此其省也。”(《杨朱》)

列子是比较务实的。他的名实之辩也是建立在对现实的观察之上得出的“名不副实”，从而认为两者不相匹配。从这种意义上说，列子对社会的这种不公现象是有所批判的，也是有正确的是非观的。如：

子列子学于壶丘子林。壶丘子林曰：“子知持后，则可言持身矣。”列子曰：“愿闻持后。”曰：“顾若影，则知之。”列子顾而观影：形枉则影曲，形直则影正。然则枉直随形而不在影，屈申任物而不在我。此之谓持后而处先。关尹谓子列子曰：“言美则响美，言恶则响恶；身长则影长，身短则影短。名也者，响也；身也者，影也。故曰：慎尔言，将有和之；慎尔行，将有随之。是故圣人见出以知入，观往以知来，此其所以先知之理也。度在身，稽在人。人爱我，我必爱之；人恶我，我必恶之。汤武爱天下，故王；桀纣恶天下，故亡，此所稽也。稽度皆明而不道也，譬之出不由门，行不从径也。以是求利，不亦难乎？尝观之神农、有炎之德，稽之虞、夏、商、周之书，度诸法士贤人之言，所以存亡废兴而非由此道者，未之有也。”(《说符》)

这一段话信息量很大。虽仍是借助历史人物他们的身世得失说起，但重在说明两层意思：一是纵向的，瞻前顾后才能确立自己如何持身，即需要参照。二是横向的，持身重于影正歪，即在名实之间的关系上，实起着决定作用。实美则言美，身正则影直。

东方有人焉，曰爰旌目，将有适也，而饿于道。狐父之盗曰丘，见而下壶餐以哺之。爰旌目三哺而后能视，曰：“子何为者也？”曰：“我狐父之人丘也。”爰旌目曰：“嘻！汝非盗耶？胡为而食我？吾义不食子之食也。”两手据地而欧之，不出，喀喀然，遂伏而死。狐父之人则盗矣，而食非盗也。以人之盗因谓食为盗而不敢食，是失名实者也。(同上)

本段文字里主人公局于名实之论而害己，腐儒也。

2.3.4 重视方法

列子学射中矣，请于关尹子。尹子曰：“子知子之所以中者乎？”对曰：“弗知也。”关尹子曰：“未可。”退而习之。三年，又以报关尹子。尹子曰：“子知子之所以中乎？”列子曰：“知之矣。”关尹子曰：“可矣；守而勿失也。非独射也，为国与身亦皆如之。故圣人不察存亡而察其所以然。”(同上)

列子不简单的地方还在于，明确提出了“知其然，还要知其所以然”，有了推究其成因的方法意识。但什么是“所以然”？列子接下来还做了进一步探讨，他说：“色盛者骄，力盛者奋，未可以语道也。故不班白语道，失，而况行之乎？”他认为，即需要大量的时间积累，进行身体力察，才有可能对道有所感悟。他这里所肯定的，也就是人类一而再再而三地所强调的经验。是的，经验是人类生活与生产中最值得依赖的感知和体味，列子把它放在历久弥坚的过程，且还需要摒弃情绪和蛮力。但究竟应该怎样求取认识世界正确的途径和方式？越是到具体处，便越是艰难了。列子再往下的探讨则就不免折绕了。还是这一章中，列子便举出了“多歧亡羊”的典故，告诉人们的是：现象复杂但根本不能乱：“学非本不同，非本不一。”应该说这个判断还是对的：通往真理的道路不可能有多条；过度的干扰还会直接导致结果的失败。但他自己也未必能做出正确的选择，如还是这一节的内容，他举例说：

> 宋人有为其君以玉为楮叶者，三年而成。锋杀茎柯，毫芒繁泽，乱之楮叶中而不可别也。此人遂以巧食宋国。子列子闻之，曰：“使天地之生物，三年而成一叶，则物之有叶者寡矣。故圣人恃道化而不恃智巧。”

“道化”是什么？这里列子将艺术和实用混为一谈，认为智巧没有什么真正的价值效用。这无形之中放弃了对真善美的追求，没有厘析，就没有科学。

其实，列子于该问题所表现出的困窘，也是人类世界所面临的难题。语言本身就是最好的范例：它表达世界的方式亦即体现了对世界重新再现的方式，然而这种方式却没有呈现具体的操作途径，人们受困于它，往往挣扎于其中而难以轻松驾驭。

很有意思的是：道家诸代表性人物及其话语，在表述上，老子与关尹子形式上一样，但观点主张似乎大不相同；关尹子与列子形式上很不一样，但思想观念却比较接近。

2.4 庄子的语言观

庄子应该说是道家里边最逍遥不过的代表性人物了：为文光昌流丽，取象汪洋恣肆，他继承了列子善于想象并营造形象的一面，但更为完整丰满，达到了纵横捭阖、收放自如的境地。然而从“跳出三界”这一角度看，庄子是真的坚定鲜明；老子是形似而实非；列子兼有且诚朴。当然，整个《庄子》似乎也不是由一个人完成的，愈到后来，浪漫的气息递减。

与列子相比，身世虽然差不多，但思想的深度有所不及，厌世愤激的因素却大大逾越，故于文学的表现却成了积极的动力。从这种意义上讲，他的作为对于鼓涨人们的情绪可谓魅力无限，极致化的结果足以为文化苑地树一高标。

导致他愤世嫉俗的原因，在于他对社会环境的彻底失望。“窃钩者诛，窃国者为诸侯；诸侯之门而仁义存焉。”这种“窃”成为常态之后，简直是什么都窃：“为之斗斛以量之，则并与斗斛而窃之；为之权衡以称之，则并与权衡而窃之；为之符玺以信之，则并与符玺而窃之；为之仁义以矫之，则并与仁义而窃之。”最具体的事例：“田成子一旦杀齐君而盗其国，所盗者岂独其国邪？并与其圣知之法而盗之。”（《胠箧》）这种社会风气甚至弥漫于各个阶层，“一受其成形，不亡以待尽，与物相刃相靡，其行尽如驰，而莫之能止，不亦悲乎？终身役役，而不见其成功，苶然疲役，而不知其所归，可不哀邪！”大家似乎都在“与接为构，日以心斗”，有的“行名失己”，有的“亡身不真”“人之生也，固若是芒乎？其我独芒而人亦有不芒者乎？”（《齐物论》）意识到这一步，庄子接下来就是看破红尘、诅咒人生，他将人世比之为赘疣，为疔疮，为痈疽，而死就是一种解脱，“大觉”，就是“决疣溃痈”。

正因为他的这种认识基点，从而决定了他对社会一系列事物问题的分析判断。

2.4.1　混同是非

> 彼出于是，是亦因彼。彼是，方生之说也。虽然，方生方死，方死方生；方可方不可，方不可方可；因是因非，因非因是。是以圣人不由，而照之于天，亦因是也。是亦彼也，彼亦是也。彼亦一是非，此亦一是非，果且有彼是乎哉？果且无彼是乎哉？彼是莫得其偶，谓之道枢。枢始得其环中，以应无穷。是亦一无穷，非亦一无穷也。故曰：莫若以明。(《齐物论》)

庄子之所以将否定是非作为自己学说的出发点，主要是基于这样的基本认识："人卒未有不兴名就利者。"(《盗跖》) 这虽然是借他人之口说出来的，但我们看到在该篇里，无足也好，满苟得也好，还是盗跖也好，都是赞同这种基本认定的。看盗跖与孔子的对话：前者讲得意气昂扬，俨然真理的化身一般；相反，后者倒是"茫然无见，色若死灰"。毫无疑问，庄子非常赞赏这种否定性的判断。满苟得的话："无耻者富，多信者显。夫名利之大者，几在无耻而信。故观之名，计之利，而信真是也。若弃名利，反之于心，则夫士之为行，抱其天乎！"可以说也是庄子的判定。仍是这一篇中，庄子还追寻了造成这一切的原因，当然，是借知和之口说出来的："平为福，有余为害者，物莫不然，而财其甚者也。"而这种认识境界，会让我们有一种似曾相识的感觉，因为这是在世界近代思想家们的学说里边才能有类似的反响。由此我们看到庄子思考的深刻性。但与此同时激发我们不得不思辨的是：自己的过错无须让物质的东西来承担；如果解铃还须系铃人的话，也不能由于认识上的纷繁而彻底否定认识本身的价值。庄子这样凌虚蹈空的人物恰恰就是走的这么一条道路。看上述一段话中的核心认定："彼亦一是非，此亦一是非"。其实这反映了人们认知世界的怀疑主义的理念。这种认识主张也与庄子在思想意识中对所谓"道"的过分依赖也有直

接的关系："是非之彰也，道之所以亏也。"(《齐物论》)

今且有言于此，不知其与是类乎？其与是不类乎？类与不类，相与为类，则与彼无以异矣。虽然，请尝言之。有始也者，有未始有始也者，有未始有夫未始有始也者。有有也者，有无也者，有未始有无也者，有未始有夫未始有无也者。俄而有无矣，而未知有无之果孰有孰无也。今我则已有谓矣，而未知吾所谓之其果有谓乎，其果无谓乎？天下莫大于秋豪之末，而大山为小；莫寿于殇子，而彭祖为夭。天地与我并生，而万物与我为一。(《齐物论》)

由这一段可以看到庄子认识问题的思维方式，即由相对主义走向绝对。开头一段，讲的是类，本来话题很好，可是它混淆了属种之间的差异界限，将不同层次上的类关系和到了一起：属上它们肯定是同类，然而到了种的层次，即体现了性质上的根本区别。庄子为了强调其统一性，还未待种层次上的问题说清楚，便直接上升到了属层次上以强调其共同性。接下来，就拿出了大而无当、迄今尚未可知的终极领域话题来展示其绕口令式的表述：拿时间来说，有开始，与此相对的应该是没有开始的有开始，接下来是没有开始的有没有开始的有开始。拿存在来说，有有，相对的是有无；那么，有未曾开始的有无，也有未曾开始的有未曾开始的有无。再回到时间的话题，有和无是倏忽之间的事情，在瞬息万变中我们都来不及判断是有还是无。就眼下来说我已有表述，但说了什么没说什么搞得清楚吗？所有的东西都是相对的，看你怎么认识。将所有的差别都消解掉，将所有的是非观念都弃之不用，与此相对，将所有的东西都混同为一，将自己和万物都看成一回事，这就是"道"的境界。

以指喻指之非指，不若以非指喻指之非指也。以马喻马之非马，不若以非马喻马之非马也。天地一指也，万物一马也。可乎可，不可乎不可。道行之而成，物谓之而然。恶乎然？然于然，恶乎不然？不然于不然。物固有所然，物固有所可。无物不然，无物不可。故为是举莛与楹，厉与西施，恢恑谲怪，道通为一。其分也，成也；其成也，毁也。凡物无成与毁，复通为一。唯达者知通为一，为是不用，而寓诸庸。庸也者，用也；用也者，通也；通也者，得也。适得而几矣，因是已。已而不知其然，谓之道。(《齐物论》)

这里的“指”表达的是观念，“马”说的是符号。自然大家都是各称己是，各有各的判断标准，很难达到统一。那么好，取消是非观念，取消指称分辨，天地一笼统，万物为一物，可也罢，不可也罢，都是道行自然，自然而然。那么，很自然，梁与柱，厉病之人与西施，宽宏还是诡谲，从道法自然上讲都是一样的，没有差别；顺其自然而不知其然，就是得，就是最好的道的境界。

劳神明为一，而不知其同也，谓之“朝三”。何谓“朝三?”狙公赋芧，曰：“朝三而暮四。”众狙皆怒。曰：“然则朝四而暮三。”众狙皆悦。名实未亏而喜怒为用，亦因是也。是以圣人和之以是非，而休乎天钧，是之谓两行。

对比列子，即可以看到两人的境界高下：列子由此看到了狙公对众狙的愚弄；而庄子却是站在众狙的角度让人们忘掉“朝三暮四”还是“朝四暮三”的差别，由怒转喜就好。圣人要做的就是混同是非并且不要判别标准。两厢情愿，何乐而不为?

2.4.2　天人合一

在庄子看来，招致社会一切不公现象的，都来源于人们认识上的差错：

夫小惑易方，大惑易性。何以知其然邪？自虞氏招仁义以挠天下也，天下莫不奔命于仁义。是非以仁义易其性与？故尝试论之：自三代以下者，天下莫不以物易其性矣！小人则以身殉利；士则以身殉名；大夫则以身殉家；圣人则以身殉天下。故此数子者，事业不同，名声

> 异号，其于伤性以身为殉，一也。臧与谷二人，相与牧羊而俱亡其羊。问臧奚事，则挟策读书；问谷奚事，则博塞以游。二人者，事业不同，其于亡羊均也。伯夷死名于首阳之下，盗跖死利于东陵之上。二人者，所死不同，其于残生伤性均也。奚必伯夷之是，而盗跖之非乎？天下尽殉也：彼其所殉仁义也，则俗谓之君子；其所殉货财也，则俗谓之小人。其殉一也，则有君子焉，有小人焉。若其残生损性，则盗跖亦伯夷已，又恶取君子小人于其间哉！（《骈拇》）

庄子将人类社会的一切有益的劳作和不好的行为混同化，做了统一的否定性判断，即要么为名要么为利。特别是这一段论述中所举事例：不管是读书还是游戏，反正结果是一样的，羊都跑掉了，所以都不对。

正是基于这种认识，庄子否定人类社会的一切进步措施：

> 且夫待钩绳规矩而正者，是削其性者也；待绳约胶漆而固者，是侵其德者也；屈折礼乐，呴俞仁义，以慰天下之心者，此失其常然也。天下有常然。常然者，曲者不以钩，直者不以绳，圆者不以规，方者不以矩，附离不以胶漆，约束不以纆索。故天下诱然皆生而不知其所以生，同焉皆得而不知其所以得。故古今不二，不可亏也。则仁义又奚连连如胶漆纆索而游乎道德之间为哉，使天下惑也！（同上）

在庄子看来，不仅人类的一切认识都是不对的，连作为劳动方式进步的尺度工具都是没有必要的，失其常然，失去天性。

> 子贡南游于楚，反于晋，过汉阴，见一丈人方将为圃畦，凿隧而入井，抱瓮而出灌，搰搰然用力甚多而见功寡。子贡曰："有械于此，一日浸百畦，用力甚寡而见功多，夫子不欲乎？"……为圃者忿然作色而笑曰："吾闻之吾师，有机械者必有机事，有机事者必有机心。机心存于胸中，则纯白不备；纯白不备，则神生不定；神生不定者，道之所不载也。吾非不知，羞而不为也。"（《天地》）

不难看到，庄子批判社会不合理现象是坚决的和彻底的，然而他的结论却是错误的，最终导致的是反对社会的发展进步。

为了张扬自己的这一套观念，他举骈拇为例，说拇指和食指长在一块儿或者是手指多出了一个小指，这也是“不失其性命之情”：

合者不为骈，而枝者不为跂；长者不为有余，短者不为不足。是故凫胫虽短，续之则忧；鹤胫虽长，断之则悲。故性长非所断，性短非所续，无所去忧也。意仁义其非人情乎！彼仁人何其多忧也？（《骈拇》）

骈也好，跂也好，都是自然天性的一部分，肯定承认。

所以，《马蹄》篇即认为，人类一切劳作，对客观世界的一切改造都是不应该的，都悖逆了自然之道。还是《骈拇》篇，庄子接下来判断说：

骈于辩者，累瓦结绳，窜句游心于坚白同异之间，而敝跬誉无用之言，非乎？而杨墨是已。故此皆多骈旁枝之道，非天下之至正也。

庄子毕竟还是要有是非判断的，他并不能完全地做到“跳出三界外，不在五行中”，彻底地进入庄周与蝴蝶彼此不分的境界。对骈跂的认识这时候他又回归到了正常的思维状态，即它们仍属于多余累赘的东西。肯定了这一点，他才有了对墨家名家关于语言问题研究否定的依据。他否认辩的必要，而他自己也恰恰在辩上显露出了困窘。

在此基础上，他描绘出了一幅人重回自然、与兽类群居的理想图像：

当是时也，山无蹊隧，泽无舟梁；万物群生，连属其乡；禽兽成群，草木遂长。是故禽兽可系羁而游，乌鹊之巢可攀援而窥。夫至德之世，同与禽兽居，族与万物并。（《马蹄》）

这种境况中人的精神状态应该是怎样的呢？庄子当然也不会放弃对此的向往与憧憬：

堕尔形体，吐尔聪明，伦与物忘；大同乎涬溟，解心释神，莫然无魂。万物云云，各复其根，各复其根而不知；浑浑沌沌，终身不离；若彼知之，乃是离之。无问其名，无窥其情，物固自生。(《在宥》)

所有这一切，所体现出的哲理思想，就是他在《齐物论》中响亮呼唤的：

天地与我并生，而万物与我为一。

2.4.3 得意忘言

自然庄子否认人类社会的一切智慧和文化劳动建造，对于塑造这一切之根基的语言，毫不客气的，也自然是要否定的。而这，也是和他的整体观念是一致的，并且也做了一定的推证。首先，他借用孔子的话说："凡人心险于山川，难于知天；天犹有春秋冬夏旦暮之期，人者厚貌深情。"(《列御寇》）如上，他是比较早地认定人性恶的。这里他进一步强调：自然景观是什么就是什么，如同四季和早晚一样，很明显地表现了出来；而人不一样，"厚貌深情"，它会将其真实的情感意图给隐藏起来。再则，就是语言文字形式本身容易搅乱人们的思想，改变原始的质朴：

心与心识，知而不足以定天下，然后附之以文，益之以博。文灭质，博溺心，然后民始惑乱，无以反其性情而复其初。(《缮性》)

人们"谀人也，合譬饰辞。""知其愚者，非大愚也；知其惑者，非大惑也。大惑者，终身不解；大愚者，终身不灵。三人行而一人惑所适者，犹可致也，惑者少也；二人惑则劳而不至，惑者胜也。而今也以天下惑，予虽有祈向，不可得也，不亦悲乎！（《天地》）这里他重点批评的其他学派的主张。儒墨是这样："道隐于小成，言隐于荣华，故有儒墨之是非，以是其所非而非其所是。"(《齐物论》)"今世，殊死者相枕也，桁杨者相推也，刑戮者相望也，而儒墨乃始离跂攘臂乎桎梏之间。噫，甚矣哉，其无愧而不知耻也甚矣！"(《在宥》）对名家他同样如此，他批评惠施："非所明而明之，故以坚白之昧终。"(《齐物论》）因此，具体到对语言的态度，他主要采取两个方面的评价标准：

一是紧承着老子《道德经》中的观念，即对“言”进行直接否定。如：

知者不言，言者不知，故圣人行不言之教。(《缮性》)

世之所贵道者，书也。书不过语，语有贵也。语之所贵者，意也，意有所随。意之所随者，不可以言传也，而世因贵言传书。世虽贵之，我犹不足贵也，为其贵非其贵也。故视而可见者，形与色也；听而可闻者，名与声也。悲夫！世人以形色名声为足以得彼之情。夫形色名声，固不足以得彼之情，则知者不言，言者不知，而世岂识之哉！(《天道》)

后一段的表述倒是非常让人警怵的：让当时的思想家一而再再则三强调的“道”，包括庄子本人反复论证并肯定的“道”，遇着“言”的时候，情况居然大变，反倒是后者更不容易。不过这种思想对庄子来说倒是一贯的：知人难于知天，知人难就在难于知言，即不言。显然，这种认定包含悖论的两个方面：言，是最能反映人知性的一种能力展示，但与此同时，言又是最不容易认识与掌控的对象。

一是就语言本体言意之间关系所做出的独特判断。

在他看来，“言”是可以作两分的，有形（实）有名，且形主名宾。《天道》指出：

书曰：“有形有名。”形名者，古人有之，而非所以先也。古之语大道者，五变而形名可举，九变而赏罚可言也。骤而语形名，不知其本也；骤而语赏罚，不知其始也。倒道而言，迕道而说者，人之所治也，安能治人！骤而语形名赏罚，此有知治之具，非知治之道。可用于天下，不足以用天下。此之谓辩士，一曲之人也。礼法数度，形名比详，古人有之。此下之所以事上，非上之所以畜下也。

正是基于这种基本的判断，他响亮地宣称：

可以言论者，物之粗也；可以意致者，物之精也。(《秋水》)

也就是在两者关系上面，应该是“以意摄形”。甚至是：

荃者所以在鱼，得鱼而忘荃；蹄者所以在兔，得兔而忘蹄；言者所以在意，得意而忘言。吾安得夫忘言之人而与之言哉！”(《杂篇·外物》)

庄子于此还有典故的说明：

桓公读书于堂上，轮扁斫轮于堂下，释椎凿而上，问桓公曰：“敢问：公之所读者，何言邪？”公曰：“圣人之言也。”曰：“圣人在乎？”公曰：“已死矣。”曰：“然则君之所读者，古人之糟粕已夫！”桓公曰：“寡人读书，轮人安得议乎！有说则可，无说则死！”轮扁曰：“臣也以臣之事观之。斫轮，徐则甘而不固，疾则苦而不入，不徐不疾，得之于手而应于心，口不能言，有数存焉于其间。臣不能以喻臣之子，臣之子亦不能受之于臣，是以行年七十而老斫轮。古之人与其不可传也，死矣，然则君之所读者，古人之糟粕已夫！”(《天道》)

庄子所描写的情节，颇能将人们置入一个心感身受的具体环境之中。是的，很多时候我们确实会处在心感身受的具体体验之中，可以做到得心应手，却口不能言。但又不能不说，庄子过于强调了意义的不确定，拼命张扬其神秘性，甚至对语言直接采取了否定态度，但是对于认识其复杂性仍具有正面的积极的价值。

2.4.4 探索立范

事情就是这样的诡谲奇异：庄子不管是走极端地否定语言的价值也好，还是相对比较冷静地认为神摄去形也好，他的语言表达却呈现为另一种状貌，即光昌流丽、汪洋恣肆、纵横捭阖、异彩纷呈，达到了艺术锤炼的绝佳范例。他的话题是对社会、人生意义价值的深层思索，然而他的表现形式却是形象的美、跳动的美，语言好像有了灵性一样自己在说话。故人们评价庄子的著述是“哲学的文学化，文学的哲学化”。我们简直难以想象：

这样的内容形式，庄子是怎样将它们匹配起来的，且匹配得这么好！不是鬼斧神工，实难达到如此的境界，这也正是《庄子》在以后的时间多为人们所沉醉魅力之所在。

庄子及其后学好像也非常理解人们的这种追捧，同样也坦诚地讲到了自己语言写作上的经验与方法：

> 庄周闻其风而悦之。以谬悠之说，荒唐之言，无端崖之辞，时恣纵而不傥，不以觭见之也。以天下为沉浊，不可与庄语，以卮言为曼衍，以重言为真，以寓言为广。独与天地精神往来，而不敖倪于万物，不谴是非，以与世俗处。其书虽瑰玮而连犿无伤也。其辞虽参差而諔诡可观。彼其充实不可以已，上与造物者游，而下与外死生无终始者为友。其于本也，弘大而辟，深闳而肆；其于宗也，可谓稠适而上遂矣。虽然，其应于化而解于物也，其理不竭，其来不蜕，芒乎昧乎，未之尽者。(《天下》)

庄子这里说的三种表达方式还是切中其特征的。

“寓言”重在形象性的表现。没有人无端地排斥生动鲜明的形象所自然引发的心理情感上的美好享受的。人们与生俱来的各种感受能力，汇总起来就是形象的感受体味最为自然、适宜和长久：人们对客观世界的认识，起点为感觉，不管其后人在发展进化的路上做出怎样的努力和创造，思维上面进行怎样的剥离和抽象，最终还是要落实到精神愉悦或痛苦的体会上。形象是与生命的律动紧密联系在一起的，故人类世界的这种展示方式也是永远不会失去价值的，且愈是将其特质表现得饱满和无限，便愈是具有永恒的魅力。

有必要指出的是，作为形象塑造方面的大家，庄子因为在其中赋予了厚重的思想意义，即便是秕糠尘埃那样的微物，因为多具有了标志符号的价值，所以其形象就不再单纯，甚至通常的移物、畸人都似乎一改人们意识中所贮存的观念，从而有了艺术上的全新阐释。庄子笔下，很多人都是“兀者”，似乎这些受刑残疾，都成了徽章一样。特别是有些人，愈是变形得厉害，在与德行高妙的对比当中由于反差太大而愈是具有强烈的象征意义，即所谓的“丑得多么美”啊！如《人世间》中的人物：“支离疏者，颐隐于脐，肩高于顶，会撮指天，五管在上，两髀为胁。”用现在的话来说，是怎样的状态啊？肢体完全变形：脊曲头缩，脊管已经高过头顶；头因缩而面始终朝下，于是发髻指天；肚背翻转，两髀也与胁骨为齐。但就是这样的人，庄子认为：“夫支离其形者，犹足以养其身，终其天年，又况支离其德者乎！”形体毕竟是身外之物，忘却形体，进一步忘却名利纷扰，其精神境界会显得脱俗绝尘，超拔高妙。

重言，即重在借重古人的言语与行为，以强化论证的力量。如：

> 黄帝游乎赤水之北，登乎昆仑之丘而南望，还归，遗其玄珠。使知索之而不得，使离朱索之而不得，使吃诟索之而不得也。乃使象罔，象罔得之。黄帝曰：“异哉！象罔乃可以得之乎？”（《天地》）

愈往历史深处传言的古圣贤或近代的名人宗师上靠，借助他们的言行作为自己言论的有力支撑，显然是一种好方法。

卮言，体现为一种散漫张扬的言语表现方法。这种方法可以说是不拘一格，随意挥洒。如庄子起名字，对特定对象的指称，很多时候都是顺手拈来，且名字本身即具有象征性，成为表情达意的组成部分：

> 古之至人，假道于仁，托宿于义，以游逍遥之虚，食于苟简之田，立于不贷之圃。逍遥，无为也；苟简，易养也；不贷，无出也。古者谓是采真之游。（《天运》）

> 云将东游，过扶摇之枝而适遭鸿蒙。（《在宥》）

还是用词，有些地方则体现为辞藻之渲染：

> 人生天地之间，若白驹之过隙，忽然而已。注然勃然，莫不出焉；

油然漻然，莫不入焉。已化而生，又化而死。生物哀之，人类悲之。解其天弢，堕其天帙。纷乎宛乎，魂魄将往，乃身从之。乃大归乎！（《知北游》）

有些时候则表现为句法结构的铺排：

山林之畏隹，大木百围之窍穴，似鼻，似口，似耳，似枅，似圈，似臼，似洼者，似污者。激者、謞者、叱者、吸者、叫者、譹者、宎者、咬者，前者唱于而随者唱喁，泠风则小和，飘风则大和，厉风济则众窍为虚。而独不见之调调之刁刁乎？（《齐物论》）

总览《庄子》，可以让我们感慨系之：悖论性的现象统一于一身，最易于引发人们关注并讨论。它对社会的批判在那个时间段在诸多思想家里边可以说是最尖锐最彻底的，然而它想对这种不合理社会秩序改造的蓝图却又是最保守和最不切合实际的。它对语言采取了消极的甚至是否定的态度主张，然而于语言张力的出色发挥来说，却是同时代的其他任何人所不能望其项背的。而所有这一切，也是与庄子作为一位哲学家本应最重视方法的，然他恰与人类历史上诸多哲学家们一样，在方法上面显示出的方法漏洞也最明显。举一个简单的例子：

庄子与惠子游于濠梁之上。庄子曰："儵鱼出游从容，是鱼之乐也。"惠子曰："子非鱼，安知鱼之乐？"庄子曰："子非我，安知我不知鱼之乐？"惠子曰："我非子，固不知子矣；子固非鱼也，子之不知鱼之乐，全矣！"庄子曰："请循其本。子曰'汝安知鱼乐'云者，既已知吾知之而问我。我知之濠上也。"（《秋水》）

这是人们所熟知的一则典故。争执之中庄子的言语，从艺术角度讲是机巧，从逻辑上讲却是有意地偷换概念，以诡辩来取胜。之所以如此，就在于两者本为不同的思维方式和目的追求，试图调和两者之间的矛盾性，无异于缘木求鱼。庄子不是没有进行过这方面的思考，但他关注比较多的，往往看作是认识角度的问题。如《秋水》篇中他表述说:“自细视大者不尽,自大视细者不明。”“以道观之,物无贵贱;以物观之,自贵而相贱;以俗观之,贵贱不在己。”《德充符》里也说:“自其异者视之,肝胆楚越也;自其同者视之,万物皆一也。”这种相对主义绝对化,就往往容易迷失方向和价值评判标准;加之形象思维方式多与美感和情绪化的意念相关联,极端的选取自然不可避免。如“万物与我为一”,显然仅为“自其同者视之”这一个方面而忽视了另一个方面。

一旦这种思维方式建立之后,对具体现象的判定也就概莫如此:

> 夫精粗者,期于有形者也。无形者,数之所不能分也;不可围者,数之所不能穷也。可以言论者,物之粗也;可以意致者,物之精也。言之所不能论,意之所不能察致者,不期精粗焉。(《秋水》)

这可以看作决断论比较典型的表现方式。

第三章　墨家名家语言学说

诸子百家里面，按通常的认识，墨家与名家区分还是比较明显的：前者多为下层工匠，后者多为稷下学宫中的士人；前者多由对社会的批判而进入逻辑学的建造，后者虽不将自己与社会相剥离，但其关注点往往多为纯粹的语言哲学范畴。然从学理的角度来说，他们讨论的话题都属于语言本体，故有共同的话题。“相里勤之弟子，五侯之徒，南方之墨者苦获、已齿、邓陵子之属，俱诵《墨经》，而倍谲不同，相谓别墨；以坚白同异之辩相訾，以觭偶不仵之辞相应。以巨子为圣人，皆愿为之尸，冀得为其后世，至今不决。”（《庄子·天下》）其后趋同当然也有其必然性；特别是它们后来所招致的命运也都不怎么好：一个流落为游侠，一个连后继者都难以追寻。一旦皇权与儒家合流成为制度，它们的结局如此，也在情理之中。但作为文化，其意义却始终是有价值的。

3.1　墨子的语言观

先秦时期能够与儒家并驾齐驱的当属墨家，它们同属显学。在关注范围对象上面，两家也有着惊人的相似之处：在政治伦理观念、教学理念和语言观三个方面都做了比较一致的关注，差异仅仅在于表述的多少上；甚至两家的争执也表现为最直接的对抗。然而它们在随后的历史进程中却有着悬殊的待遇命运，主导方面是哪一个更适宜于强势的选择，文化层次上也肯定有哪一个更能赢得民众的问题，包括对于语言的认识与表达的效果等因素。

墨子于语言上的见识主要体现在这样的一些方面上。

3.1.1 洞悉功能

攻击墨家最厉害、使用言辞甚至达致谩骂地步的孟子也承认："墨子兼爱，摩顶放踵利天下，为之。"（《孟子·尽心上》）庄子也称述墨家："自苦以腓无胈胫无毛相进"，甚至感叹说："墨子真天下之好也，将求之不得也，虽枯槁不舍也。才士也夫！"（《庄子·天下》）正因为墨家有强烈的献身社会、阻止战争、尊贤尚同等意识，在对语言的功能认识方面，也就比较多地强调利用语言为现实服务上。如墨子指出："今天下之君子之为文学、出言谈也，非将勤劳其惟舌，而利其唇呡也，中实将欲其国家邑里万民刑政者也。"（《非命下》）而且发言用语还得有针对性。"凡入国，必择务而从事焉。国家昏乱，则语之尚贤、尚同；国家贫，则语之节用、节葬；国家憙音湛湎，则语非乐、非命；国家淫僻无礼，则语之尊天、事鬼；国家务夺侵凌，则语之兼爱、非攻。"（《鲁问》）在此基础上，墨子还提出了言语运用上的一个基本原则："凡言凡动，利于天鬼百姓者为之；凡言凡动，害于天鬼百姓者舍之；凡言凡动，合于三代圣王尧舜禹汤文武者为之；凡言凡动，合于三代暴王桀纣幽厉者舍之。"（《贵义》）

墨子是很看重言语的宣传价值的。如《鲁问》中载："吴虑谓子墨子曰：'义耳义耳，焉用言之哉？'子墨子曰：'籍设而天下不知耕，教人耕，与不教人耕而独耕者，其功孰多？'吴虑曰：'教人耕者其功多。'……子墨子曰：天下匹夫徒步之士少知义，而教天下以义者功亦多，何故弗言也？"再比如他指出："仁义钧。行说人者，其功善亦多，何故不行说人也！"（《公孟》）这样的思想他曾多处表述，也就是说，他十分注重借助语言所进行的社会教化作用。

正因为如此，他将善言辞看作贤士们的重要品行能力，劝导主政者要尚贤纳士，以改变任人唯亲的现实状貌。他指出："况又有贤良之士厚乎德行，辩乎言谈，博乎道术者乎！此固国家之珍，而社稷之佐也，亦必且富之、贵之、敬之、誉之，然后国之良士，亦将可得而众也。"（《尚贤上》）

特别难得的是，墨子还看到了语言的普遍工具特性。比如他在反驳公孟子的"君子必古言服，然后仁"观点时说："昔者，商王纣、卿士费仲，为天下之暴人，箕子、微子为天下之圣人，此同言而或仁不仁也。周公旦为天下之圣人，管叔为天下之暴人，此同服或仁或不仁。然则不在古服与古言矣。且子法周而未法夏也，子之古非古也。"(《公孟》)这段话里有两层意思值得注意：一是有人认为，墨子从夏，孔子从周。其实墨子并非胶柱鼓瑟，强调复古。二是认为语言形式本身与所表达的内容思想并没有直接的关系。

与此同时，他还非常注意社会语言的规范问题，指出："然则明辨此之说，将奈何哉？子墨子言曰：必立仪。言而毋仪，譬犹运钧之上而立朝夕者也，是非利害之辨，不可得而明知也。故言必有三表。何谓三表？子墨子言曰：有本之者，有原之者，有用之者。于何本之？上本之于古者圣王之事。于何原之？下原察百姓耳目之实。于何用之？废以为刑政，观其中国家百姓人民之利。此所谓言有三表也。"(《非命上》)这就是多被后人所称道的"三表"法。不过在这一问题上，因为墨子过于重视语言表达的内容及其对社会的实际功效，于语言本身的美质往往谈得就比较少了。特别像这样的表述："故子墨子之有天之意也，上将以度天下之王公大人为刑政也，下将以量天下之万民为文学、出言谈也。……观其言谈，顺天之意，谓之善言谈，反天之意，谓之不善言谈。"(《天志中》)就将内容的东西直接代替了"善言谈"的全部，显然是有失偏颇的。从这种意义上说，荀子认定"墨子蔽于用而不知文"[①]，虽然走至了极端，但也并非空穴来风。

---

① 其实这种评价，是墨子在语言文质关系上主张"先质而后文"的一个贬义翻版，当然，也跟墨子的表述强调推证，特别是后期的《墨经》多从语言本体的角度下定义，也跟强调逻辑的严整性有关。韩愈《读墨子》里再度进行肯定，作为否定墨子的一个因素。不得不说，墨家学说在历史文化中命运多舛，与这种来自士阶层的负面褒贬不无关系。

3.1.2 强化修养

在墨子看来，虽然语言本身无所谓好坏，但使用语言的人，即言语主体有关语言的应用却能表现出道德或能力上的差别。所以说个人的语言修养便不能不讲究。

比如他在《尚同》一文中说："是以先王之书《术令》之道曰：'惟口出好兴戎'，则此言善用口者出好，不善用口者以为谗贼寇戎。则此岂口不善哉？用口则不善也，故遂以为谗贼寇戎。"人们要营造一个健康良好的社会，首先得从自己的语言生活、语言观念上面处处严格要求自己。"谮慝之言，无入之耳；批扞之声，无出之口；杀伤人之孩，无存之心，虽有诋讦之民，无所依矣。"（《修身》）且从内心到行为都要能做到纯正谨慎。"藏于心者无以竭爱，动于身者无以竭恭，出于口者无以竭训。"（同上）

他认为，语言能力上面是能够体现出天资差别来的，社会所要求的或人们要努力做到的，就是人尽其才，物尽其用。譬如治徒娱、县子硕问墨子："为义孰为大务？"他回答道："譬若筑墙然，能筑者筑，能实壤者实壤，能欣者欣，然后墙成也。为义犹是也：能谈辩者谈辩，能说书者说书，能从事者从事，然后义事成也。"（《耕柱》）

然则墨子在思想主张里边，是认天志不认天命的。这一点与儒家出发点不一样，但所称许的精神却惊人的相同。如后者赞同"天行健，君子以自强不息"。同样，墨子也昂扬地宣称："君子力事日强，愿欲日逾，设壮日盛。"（《修身》）由此出发，他认为语言能力的提高后天学习也是必要的。人们要"去若不善言，学乡长之善言。……学国君之善言。……学天子之善言"。

在言与行的关系上面，他和儒家的认识也是比较一致的，即两者之间要和谐统一。于此他对儒家思想既有继承，有些甚至直接转述的是儒家观点，如"言必信，行必果"。也有自己的有意强调，即"慎言知行"（《非命

中》)。他指出:“使言行之合犹合符节也,无言而不行也。”(《兼爱下》)同时有针对性地提出了这么几个方面的具体要求:

要言行健康。“手足口鼻耳,从事于义,必为圣人。”(《贵义》)

要言而有信。“志不强者智不达,言不信者行不果。”(《修身》)

要言行统一。“务言而缓行,虽辩必不听。”(《修身》)

要言能付诸行动。“言足以迁行者,常之;不足以迁行者,勿常。不足以迁行而常之,是荡口也。”(《贵义》)

此外,墨子对言语运用也有诸多论述。这里也一并列述于下:

要言语精当。“慧者心辩而不繁说,多力而不伐功,此以名誉扬天下,言无务为多而务为智,无务为文而务为察。”(《修身》)

要注重时地。如他回答子禽的提问“多言有益乎?”说:“虾蟆蛙蝇,日夜而鸣,舌干檘,然而不听。今鹤鸡时夜而鸣,天下振动。多言何益?唯其言之时也。”(《墨子佚文》)

言语要明确。“言明而易知也,行明而易从也。”(《非儒下》)

言语要文雅。如子夏之徒问墨子:“君子有斗乎?”墨子的回答是:“君子无斗。”当子夏之徒进一步发问道:“狗豨犹有斗,恶有士而无斗矣?”墨子则表现出了强烈的愤慨,说:“伤矣哉!言则称于汤文,行则譬于狗豨,伤矣哉!”(《耕柱》)

要以积极的用世态度来使用言语。针对儒者的表述:“君子若钟,击之则鸣,弗击不鸣。”墨子反驳说:“夫仁人事上竭忠,事亲得孝,务善则美,有过则谏,此为人臣之道也。今击之则鸣,弗击不鸣,隐知豫力,恬漠待问而后对,虽有君亲之大利,弗问不言,若将有大寇乱,盗贼将作,若机辟将发也。他人不知,己独知之,虽其君亲皆在,不问不言,是夫大乱之贼也!”(《非儒下》)

在质实和文采的关系上面,要以前者为本。墨子曾表述道:“食必常

饱，然后求美；衣必常暖，然后求丽；居必常安，然后求乐。为可长，行可久，先质而后文，此圣人之务。”（《墨子佚文》）

3.1.3 开掘理性

在世界文明古国的发端时期，伴随着民族文化精神的初创，对语言的关注是一个较普遍性的现象，而且总是与哲学问题搅揉在一起的。也就是说，人们在建立对客观世界和人类社会总体认识观念的时候，同时也开始了对自己分析工具特征性质的认识。但认识的方式呈现什么状态，切入点是什么样子的，体现了不同的认识世界、反映世界以及解释世界的哲学思维方法，其结果也会大不相同。语言里面出哲学，说的就是这个道理。

关于这一点，东西方展示出了巨大的差异。在古希腊苏格拉底、柏拉图时代，哲学实现了由客观主义的本体论向认识论的转变。毕德哥拉斯的数学描写，德谟克里特的原子论，亚里士多德的形式逻辑，比较突出地反映了这种转变的实绩。而语言的探索上面，正像最后者表述的一个观点那样：归纳法和一般定义，是科学认识的起点。而他本人也通过对语言本体的研究，建立起传统语法学中的初步词类系统；而他专门的语言学著作《修辞学》侧重点也放在了论辩术上。用现在的话来说，当时人们将认识的视点侧重在了语言的“能指”上面。而中华文明奠定时期主导的语言思想却不是这样。以老子为始点的观念却看重的是“所指”，即“名可名，非常名；道可道，非常道”。庄子更将此认识表述得淋漓尽致，主张的是“得意忘言，得鱼忘筌”，最好是废言，“坐忘”。儒家则于语言上面表现出一种相对矛盾的态度，既肯定又似乎畏惧，借助于《周易》的阐释，从而选择了一种左右其民族思维方式的途径，那就是“立象以尽意”。人们对语言的关注，甚至是否定，也大都将其对象放置于社会功能角度进行认识。事情往往就是如此，过度地看重其实际效能，很自然地，就很难顾及对其对象本体内部结构的认识。形而上的理论构建不足，形而下的结构描写肯定会受到忽视，严谨的哲学思维方式培植必然会处在一个缓慢过程中。

在重综合、重视人的直觉感悟圆润笼统把握世界的主流思潮中，可以说唯有墨、名两家是异军突起，别有新立。墨子出身“贱人”，对现实的批判也如同庄子一样尖锐和深刻，他认为：“今王公大人其所富，其所贵，皆王公大人骨肉之亲，无故富贵、面目美好者也。”（《尚贤下》）“今天下为政者，其所以寡人之道多，其使民劳，其籍敛厚，民财不足，冻饿死者不可胜数也。”（《节用上》）“兼国覆军，贼虐万民”。（《非攻下》）然而他之所以没能形成像庄子一样的过激观念，恐怕还在于他理性观念比较强，具有和同时期古希腊智者们相类似的思维模式，即较严谨的逻辑观念，因此在他那里产生非同于其他诸子的平等兼爱、选贤任能观念，便比较容易理解了。如果说孟子只有民本意识的话，墨子则体现的是民主思想。他倡导的是：“故当是时，以德就列，以官服事，以劳殿赏，量功而分禄。故官无常贵而民无终贱，有能则举之，无能则下之。举公义，辟私怨，此若言之谓也。”（《尚贤上》）“今天下无大小国，皆天之邑也。人无幼长贵贱，皆天之臣也。”（《法仪》）公平的主张是这样的彻底，那么，墨家在数千年的封建社会里边遭到冷落和鞭笞，自然也是情理中的事儿。再则是墨子本人也有高超的工匠技艺。《韩非子·外储说左上》《淮南子·齐俗训》等都载其事，且多以鲁班、墨子相称。这一点却是中国同时代的其他思想家所没有的。实用技术所涵蕴的条分缕析、严密推证功夫，在勤于思考、善于归纳的人们那里，极易形成自然科学的方法理念；特别对于墨子这样的思想家来说更是这样。如果说《墨子》一书中的《备梯》《备突》《备穴》诸篇为其专业著述的话，那么，其中的大小取、经说部分实属更高层次上的语言哲学内容了。墨子的语言哲学突出地表现在这样的一些思想主张上：

a. 朴素的唯物主义观念

中国传统文化是以人为中心的伦理文化。这种文化好的地方就在于目标明确，有利于充分发挥人的主导精神。如《列子·汤问》中的典故“愚公移山”，对人不惧艰难困苦的无畏意志可以说是极尽张扬，即便是历史发展到了今天，仍未失去其价值效用。不过很有意思的是：正面肯定的人物，名为“愚公”；作为反面形象出现的，相当于现在项目论证的专家，却被称作“智叟”。这真是中国智慧！这名实之间到底是一种怎样的关系，还是言语主体自己也说不清其中的原委根由？但有一点是清楚的：将目的当作一切，放弃其工具的追求和途径，也往往达不到良好的初衷。在众多士人都选择了就人说人，执着于道德教化的鼓噪声中，墨子却比较多地选择了遵从规则的认识路线。我们虽然不能说墨子这种主张学说是清楚的完全的唯物主义的思想观念，但可以明确：他的这种认识确实是与其他多家不同的。

首先我们来看他与道家的“道法自然”是不是一样。老子的《道德经》中似乎也是这样的一个终极命题：“人法地，地法天，天法道，道法自然”。庄子的似乎更彻底，试想摆脱“人为物役”的羁绊，干脆将自己也彻底的“物化”。但他们共同的追求是“绝圣弃智”，回归原始的生活状态中，尽管前者是假的，后者是真的。所以说，他们的观点主张纯粹是一种生活的目标和状态，并非遵循自然发展的规律，有利于人类社会更好地生存和发展。儒家也有一个“天”的向往和凭依心态，故孔子时不时地要拿来充实一下其表达。如：“获罪于天，无所祷也。”（《八佾》）“天生德于予。”（《述而》）然而需要注意的，孔子意识观念中的与现时人们心目中的“天”其实并没有两样，纯粹是出于对大自然的畏惧心理而赋予了一个人格化了的想象对象。其实中国人并不怎么信服这么一个臆想的对象的，更早的时候便有这样的说法：“天作孽，犹可违；自作孽，不可逭。”（《尚书·太甲》）儒家文化中也并没有将它做完全的神化，最多也仅仅塑造了一个不鲜明的全能力量而已，崇敬却并不信服。墨子心目中的“天”，客观地讲，跟孔子人格化了“天”没有根本的差别，但比儒家观念上更为鲜明突出。这是因为当时唯有墨家一家明确坚持有神论。像《天志》《明鬼》等篇章，都在于强调：天是有意志的，可以体现明确的爱憎赏罚。《法仪》中云：

法不仁，不可以为法。故父母、学、君三者，莫可以为治法。

然则奚以为治法而可？故曰：莫若法天。天之行广而无私，其施厚而不德，其明久而不衰，故圣王法之。

为什么墨子否定了那么多人们通常认为是学习的榜样和具体内容？老实说，墨子的否定是很能发人深省的。经验多、成功人士、已有的知识等，都可以敬重，但并不能完全反映正确的认识途径与方法。唯物主义不是认识的目标与追求的方向，而是正确的认识手段与认识策略。客观事物对象内部体现着物质世界组织结构规则，基本单位的性质及其组合时的层次、顺序、关系等，往往都演示着规律性的东西。这种客观性的东西又会反过来强化人的思维方式的严整、有序和有机关联，当思维主体用它再来反观人类社会自身的时候，也会让其懂得自己这个群体良好关系的组建也应该遵循其有效的规则，而不会让其主观情绪化的东西时时影响着自己的认知机制，使他们始终难以找到认识自己的理想家园。当然，墨子在那个时间里不可能意识到这样的一个反复过程，但有一点是明确的，即法天，就是让人类社会、让这个世界的建构、运作，有可以遵循的方法规则。这种意识，实际上也就体现了唯物主义的精髓。比如他论证说：

天下从事者，不可以无法仪。无法仪而其事能成者，无有也。虽至士之为将相者，皆有法。虽至百工从事者，亦皆有法。百工为方以矩，为圆以规，直以绳，正以县。无巧工不巧工，皆以此五者为法。巧者能中之，不巧者虽不能中，放依以从事，犹逾己。故百工从事，皆有法所度。今大者治天下，其次治大国，而无法所度，此不若百工辩也。(《法仪》)

从这种意义上说，墨子这种认识主张是非常了不起的。时光流转了两千多年，看看我们现在的许多人们仍没有建立起“规则意识”这个所有认识的基本起点，于是对形形色色的事物现象无从解说，故纷扰不断，甚至彷徨于“是生存还是灭亡”的门口仍不明就里，不愈加证明墨子的见识具有可贵的价值吗！

b.“类”观念的建立

规则的建立需要依照对象自身的特性。客观世界呈现于人们面前的是一个包罗万象的三维立体时空天地，看起来似乎很和谐，充满生机，这也是一些思想家、哲学家们所醉心的美的景致和辩证法所徜徉的乐园。然而原生态可以作为人类早期童贞稚气的一种美好回忆，但不可能成为阻止社会发展、阻止人类愈加走向成熟的理由。理性精神始终是人类永不停息、坚定走向未来道路上的主旋律。而这种精神的实际可见成果就是科学的进步，而科学建立的思维基础就是类观念的建立与明晰。科学，通俗的解说就是分科之学，条分缕析、分门别类，使得眼中的对象世界在观念意识中有一个重新的建构，并可以用语言符号序列给予形式明晰的展示。个体的指称与类的建立，显然都得以对对象特征的深入认识与把握为前提。而这种意识，在墨子的学说里有清楚的体现。当他将这种思路投射到语言认识上面的时候，其认识方式也自然是一贯的和统一的，即表现为精确地明辨，清晰地分析，以追求事因和类属的条理性为手段，以自觉探寻可验证性的结论为目的。墨子有两段话便体现了这种精神：

> 夫辩者，将以明是非之分，审治乱之纪，明同异之处，察名实之理，处利害，决嫌疑焉。摹略万物之然，论求群言之比，以名举实，以辞抒意，以说出故。以类取，以类予，有诸己不非诸人，无诸己不求诸人。”(《小取》)

> （夫辞）以故生，以理长，以类行也者。立辞而不明于其所生，忘（妄）也。今人非道无所行，唯有强股肱而不明于道，其困也，可立而

待也。夫辞以类行者也，立辞而不明于其类，则必困矣。(《大取》)

这后一段话里的“(夫辞)以故生，以理长，以类行也者”，便集中体现了与现代科学理念相近的思想。其中的核心便是分析性的思维方式。这显然与老子那种整体模糊性的机械辩证法的思维方式迥然不同。分析思维的精髓就是人为世界立法，体现出人对自然世界积极的自觉的介入态度和客观上所具有的主动改造精神。它是将混沌一体的自然世界进行人为的条理化，划类的同时即需要对不同事物现象的性质进行认识，需要抽象和归纳。

有人曾统计，单纯《墨经》中提到的“类”竟达40次；可以说既有例证又有理论总结。比如《经说下》以精当的例证反问说：“木与夜孰长？智与粟孰多？爵、亲、行、贾，四者孰贵？麋与霍孰高？麋与霍孰霍？蚓与瑟孰瑟？”意思是什么呢？就是说比较的事物现象间必须属于同一范畴，这样才能使得这种事件行为成立。比如很多东西都可以论长短，可是将木头和夜晚放到一起比较就不行了，因为它们一个论的是两端距离的远近，一个论的是持续时间的长久与否。在有关类的系统上面，该派学说建立了“达、类、私”三级体系。《经说上》：“名，物，达也；有实必待文多也。命之马，类也；若实也者，必以是名也。命之臧，私也；是名也，止于是实也。”相对应地，也就是普遍概念、兼类概念以及专名概念三个不同的层次。

不能不指出，墨子的理论学说也有不尽完善处。主要表现在他没有为理想中的社会制度找寻到比较坚实的理论基础，致使尊贤兼爱缺乏合理的现实根据，那么尊天事鬼又显得玄虚甚至荒唐。事情的关键在于他在自然科学的探索方面还没有形成一个终极性的世界观，即对构成物质世界的本原问题没能做出合理的解释。同时代的古希腊人相对来说就做得比较好，那就是原子论，认识到组成事物的最小微粒，便有了一个解释一切现象问题的基本定位，即需要重视每一个个体的存在价值，它是构成事物现象的根本基础和实在单元。这种观念本应和分析性的思维方式密切关联，且它们之间有机联系还存在着一定的必然性，连稍晚于他的惠施都提出了“一尺之棰，日取其半，万世不竭”的设想（当然，这种机械性的绝对性的划分，和原子主义的观念并不等同），两者仅差一步之遥，然而就是这么一点儿的差距，致使他的整个学说缺少了作为解释所有问题的一个核心理念。

我们不能苛求古人。在那个时候，让孤军奋战的墨子来完成这种认识武器的宏伟创制，是不切合实际的。在血与火的弥漫中，在士人们要么维护旧秩序要么避世退隐的众调中，墨子卓尔不群，以全新的思路来解释我们所面对的这个既熟悉又陌生的世界，是多么的难能可贵。在我们这个漫长厚重的文化中，没能充分肯定墨子，只能说是历史的悲哀，现时更能激发我们对这位哲人的崇敬之情。

c. 语言根基的决定效用

在两千多年的汉民族历史文化中，唯独墨子在语言本体的研究上是最早下了功夫并做出了成绩的。然而由于墨家学说有悖于封建的集权制度与理念，墨子的称谓所指往往和所谓的异端紧密地联系在了一起，其命运也便可想而知了。《艺文志》所载《墨子》是七十一篇，而现在能看到的只有五十三篇。治该家学说的可以说是寥若晨星，清代朴学才蔚然成一气象。即便如此，现在的文本因为遥远的时代无人考订，虽经近世多家注释，仍有许多文字难以确论，被普遍地认定为诸子当中最难通读的著作。所以，我们这里对它语言哲学的梳理也很难做到全面准确，但愿能总结概貌，反映特点，引发他人更为精细的研究。

首先我们注意到，墨子能比较深刻地揭示出语言意义的复杂性，甚至他还认为：正是理解不一样，词语意义的相异性造成了人们之间的对立。《尚同中》开宗明义：

> 子墨子曰：方今之时，复古之民始生，未有正长之时，盖其语曰：天下之人异义。是以一人一义，十人十义，百人百义。其人数兹众，

其所谓义者亦兹众。是以人是其义，而非人之义，故交相非也。

并且随时间的推移还会产生纵向上的多种理解：

尧之义也，生于今而处于古，而异时，说在所义。(《经下》)

“意义”是我们人类社会认识世界和反映世界的特有的信息，亦为语言这种特殊工具的核心内容。《尚同中》篇里边墨子还进而分辩道：“是以先王之书《术令》之道曰：‘惟口出好兴戎。’则此言善用口者出好，不善用口者以为谗贼寇戎。则此岂口不善哉？用口则不善也，故遂以为谗贼寇戎。”嘴巴容易惹祸，挑起事端，甚至还可能导致战争，然则这不是话语形式本身，而是话语所表达的意义不善的问题。在《修身》篇里，虽然墨子也和明于世故的其他老人一样，老到地诚恳地告诫人们：“言无务为多而务为智，无务为文而务为察。”《经说下》中认定：“论诽，诽之可不可，以理之可诽，虽多诽，其诽是也；其理不可非，虽少诽，非也。今也谓多诽者不可，是犹以长论短。”也就是说，诽多诽少是不重要的，重要的是诽之对错。

再则就是，在指称问题上墨子做了相当多的具体分析。他认为，可以明确称指的，交际双方也容易达成共识。有些不容易称指的，则就犯难了：有理解的问题，有认识的问题。如：

智是之世之有盗也，尽爱是世。智是室之有盗也，不尽是室也。智其一人之盗也，不尽是二人。虽其一人之盗，苟不智其所在，尽恶其弱也？(《大取》)

我们爱这人世间，尽管知道这世间并不尽善尽美，最明显的是有盗贼。就像一个具体的地方有盗贼，但我们不能将这种现象扩大开来，说到处是盗贼一样。如果是特称判断变成全称判断，毫无疑问是不正确的。显然，墨子在这儿所辨析的，应该属于语言逻辑学里边的重要命题，即个体与整体之间的关系问题。机械唯物主义认为整体为个体的简单相加。而亚里士多德认为整体大于部分之和[①]，并把它作为自己系统理论的出发点，甚至认为全部的系统论就是要有效地解释这个命题。后者之所以有如此的认识，关键是给认识对象赋予了生命意识。墨子这里却纯粹是从逻辑的认定上做出了这样的分辨：具有属性特征的整体并不意味着每个个体也都必须具有和整体同样的量质内涵；我们既不能以一般否定具体，也不能由具体否定一般。在汉民族文化的早期奠定时期，即可以达到这样的认识水准，没有深邃的思考显然是不可能的。

墨子还进而讨论了言语表达上的严格操作规程问题，以克服意义上的见仁见智、莫衷一是的情况。在这上面，他虽没有像亚里士多德那样概括出“属＋种差”的表达式，但有关论述仍是非常有见地的。例如：

> 子墨子曰：“问于儒者：‘何故为乐？’”曰：“乐以为乐也。”子墨子曰：“子未我应也。今我问曰：‘何故为室？’曰：‘冬避寒焉，夏避暑焉，室以为男女之别也。’则子告我为室之故矣。今我问曰：‘何故为乐？’曰：‘乐以为乐也。’是犹曰：‘何故为室？’曰：‘室以为室也。’”（《公孟》）

其实墨子这里提出的是要注意避免同义反复对特定词语进行意义的

---

① 亚里士多德的整体论在他的生物学中表现得更直接。在他看来，“形式是有动力和目的的。它是有机体的灵魂。肉体是器械或工具，工具要为人所用，必然有使用者，即灵魂。灵魂推动肉体，确定其结构。它是生命的元质（活力论）。因为人有精神，所以有手。肉体和灵魂构成一个不可分割的统一体，但是，灵魂是起统率和指导作用的元质，那就是说，整体先于部分而存在，有目的然后才有目的的实现；没有整体，我们就不能理解部分”（梯利：《西方哲学史》，葛力译，商务印书馆 2001 年版，第 91 页）。“对我们来说明白易知的，起初是一些未经分解的整体事物。而元素和本原，是在从这些整体事物里把它们分析出来以后才为人们所认识的。因此，我们应从具体的整体事物进到它的构成要素，因为感觉所易知的是整体事物。”（亚里士多德：《物理学》，张竹明译，商务印书馆 2009 年版，第 184 页）

解释。

还有墨子还提出了对意义相近词语进行精细辨析的命题：

> 辟也者，举也（他）物而以明之也。侔也者，比辞而俱行也。援也者，曰："子然，我奚独不可以然也？"推也者，以其所不取之同于其所取者，予之也；是犹谓也者同也，吾岂谓也者异也。(《小取》)

3.2 公孙龙的语言观

名家是先秦诸子百家里边最注重名实之论、多着眼语言明辩的一个学派。

先秦无"名家"称谓，"名家"称谓首见于司马迁《太史公自序》："名家使人俭而善失真；然其正名实，不可不察也"，"名家苛察缴绕，使人不得反其意，专决于名而失人情，故曰'使人俭而善失真'。若夫控名责实，参伍不失，此不可不察也"。从一定的意义上说，名家应该说是中国语言哲学的正宗，因为他们所关注的，往往是语言辨析的本身，相当于纯然的学术研究。在那样的一个时代，居然还有相当的一些人物，寄情于此，似乎不免使人讶然。不过，这也难怪，那个时候能够产生类似庄子这样的超越三界、遗世独立的，再跨越一点儿，想躲到象牙塔内进行一点纯语言学的玄想，也不是不可想象的。要么说庄子怎么可能有惠子那样的好朋友呢！当然，名家这一学派里并非有共同的纲领，亦并非有墨家那样传说中的组织，所以具体到个人，情况也多种多样。

它比较早期的代表性人物是邓析（约公元前545—前501），时间上距子产稍晚。《吕氏春秋·审应览·离谓》载："子产治郑，邓析务难之，与民之有狱者约：大狱一衣，小狱襦袴。民之献衣襦袴而学讼者，不可胜数。以非为是，以是为非，是非无度，而可与不可日变。所欲胜因胜，所欲罪因罪。郑国大乱，民口欢哗。子产患之，于是杀邓析而戮之，民心乃服，是非乃定，法律乃行。”该记载于史应该是有出入的，最明显的就是子产去世为公元前 522 年。《左传·定公九年》云：“郑驷歂杀邓析，而用其《竹刑》。”这样时间才对得上。同样，其中所言“以非为是，以是为非，是非无度”，恐怕也不那么妥帖。因为我们现在能够看到的邓析所留下来的文字，即两篇，倒觉得清明疏朗，并非折绕浮华之言辞。我们看前者中的表述：

辩说，非所听也；虚言者，非所应也；无益之辞，非所举也。故谈者，别殊类、使不相害；序异端、使不相乱。谕志通意，非务相乖也。若饰词以相乱，匿词以相移，非古之辩也。(《无厚》)

所谓大辩者，别天地之行，具天下之物，选善退恶，时措其宜，而功立德至矣。小辩则不然，别言异道，以言相射，以行相伐，使民不知其要。无他故焉，知浅故也。君子并物而错之，兼涂而用之，五味未尝而辩于口，五行在身而布于人。故无方之道不从，面从之义不行，治乱之法不用。惔然宽裕，荡然简易，略而无失，精详入纤微也。(同上)

不难看出，邓析于语言上的主张看法，颇与墨家接近，还是很有些循理之静气的。特别其中强调于大辩小辩之中要坚持其良好之精神状态，既要“惔然宽裕，荡然简易”，又要“略而无失，精详入纤微”，颇为难得。

名家真正成名，应该是稷下学宫时期。而稷下学宫的发端又可以追溯到子夏在魏文侯全力支持下所创办的西河之学。“孔门十哲”里，子夏虽以文学见长，但他却颇具与时俱进的见识眼光，对儒家学说的传播既忠实又灵活：与处于东边曾参所主持的侧重心悟体察的洙泗之学不同，此时子夏的思想学说已经包含有法家治政的因素，既能适合当权者的强国理念，能与所在地以公孙衍、庞涓等为代表的鬼谷子文化相中和；与此同时，西河讲学主要通过他的学生，齐人公羊高、鲁人穀梁赤、魏人段干木以及子贡的弟子田子方等人来实现，这样又能保障孔学主导思想理念的良好传承。

因此西河之学也就成了战国时期各诸侯国中最早的正统文化传教中心，客观上也给不同学派之间直接的碰撞交流提供了条件基础。如吴起先学曾子而不顺，西来后拜子夏为师则深契于心，但不免与专注于文字考释的公羊学、穀梁学相冲突，那么结合自己的军事实践于《左传》中来传递自己的思想应该是言之成理的。相类似地，禽滑厘先后就学于子夏和墨子，西河之学与稷下学宫都留下了他的身影。正像人们所熟知的：政治文化的兴衰，往往和最高统治者的存亡紧密相联系。随着魏文侯的去世，西河之学也就随之衰亡，文化中心从而也转移到另一位勃兴的政治家田氏齐桓公所扶持的稷下学宫。该学宫可说是中国历史上由国家正式操办的真正的第一所高等学府和研究院：它汇集了当时中国众多的知名学者，既可以从事独立的学说创建，又可对其数量达至千百之多的士人进行讲学。虽然主导的学术思想是黄老之学，但又不局限于此，如三次担任学宫祭酒（学宫之长）的荀子既为儒家之殿军，又为法家之学开辟一崭新天地。它提供了中国历史上不可多得、蔚为壮观的汇纳百川、百家争鸣的文化自由天地。在其兴盛时期，曾容纳了当时“诸子百家”中的几乎各个学派，如道、儒、法、名、兵、农、阴阳、纵横诸家，著名的学者如孟轲、淳于髡、邹衍、田骈、慎到、申不害、接子、季真、环渊、彭蒙、尹文、田巴、儿说、鲁仲连、驺奭、荀况等，他们的学术著作也有方便的条件传抄，如《宋子》《田子》《蜗子》《捷子》等，可惜多已亡佚；其他的，如《管子》《晏子春秋》《司马法》《周礼》等书的编撰，得益于稷下之士当时的辛勤劳作，能够流传至今颇不容易。《史记·孟子荀卿列传》称：“慎到著十二论，环渊著上下篇，而田骈、接子皆有所论焉。”这些著作有的是对先前口述的记录，有的是修缮，有的是增补，当然，还有更多的是对自己学说主张的阐发，不少人善于把学术和时政结合起来，以体现其价值功能。该学宫前后持续达一百四十余年，不能不说是先秦文化浓墨重彩的一笔，对中华文化的发展起到了有力的助推作用。

特别需要指出的是，名家的代表性人物肯定是公孙龙；但作为一家，具体情况也参差不齐。如果按年代的先后，尹文要早于公孙龙，但前者的思想主张似乎更接近于后期的法家或杂家，故我们在内容的安排上即做了一定的调整。

公孙龙（公元前320—前250），史上记载同样不够详细，只知道他字子秉，战国末年赵国人，曾做过平原君的门客。其代表著作《公孙龙子》，西汉还保留有14篇，北宋时遗失了8篇，现在我们能够看到的只有6篇：《迹府》《白马论》《指物论》《能变论》《坚白论》《名实论》，其思想也只能从这残留的篇章中看出。

总结其著述，有两个方面的议题最值得关注。

3.2.1 注重辨类

这一议题，除《指物论》，由其他5篇来共同承担。

第一篇《迹府》和《白马论》说的是同一个问题。我们先看前者的有关表述：

> 龙与孔穿会赵平原君家。穿曰："素闻先生高谊，愿为弟子久，但不取先生以白马为非马耳！请去此术，则穿请为弟子。"
>
> 龙曰："先生之言悖。龙之所以为名者，乃以白马之论尔！今使龙去之，则无以教焉。且欲师之者，以智与学不如也。今使龙去之，此先教而后师之也；先教而后师之者，悖。且白马非马，乃仲尼之所取。龙闻楚王张繁弱之弓，载忘归之矢，以射蛟兕于云梦之圃，而丧其弓。左右请求之。王曰：'止。楚人遗弓，楚人得之，又何求乎？'仲尼闻之曰：'楚王仁义而未遂也。亦曰：人亡弓，人得之而已，何必楚？'若此，仲尼异'楚人'于所谓'人'。夫是仲尼异'楚人'于所谓'人'，而非龙异'白马'于所谓'马'，悖。先生修儒术而非仲尼之所取，欲

学而使龙去所教，则虽百龙固不能当前矣。”孔穿无以应焉。

单纯从这一段的表述看，“白马非马”的判断是成立的。但与此同时，似乎又让人有着某种认知缺失上的怅然感，理念上没能得到满足时的茫然感。如果我们稍加分辨的话即可知，该论题既有词汇上的指称问题，同时也有句法中主词宾词是否等同的论证与判断问题。看似很小，却涉及逻辑成立与否的整体认识系统。我们说过，指称是语言的开端，但绝不等同于语言。它只能属于人们认知的初级阶段，仅仅是将特定的事物对象与其他的割裂开来，一如孩童时期的称指是一样的，有所分辨，但意义并不明确。指称达到命名直至达到术语化、概念化的阶段，才能说进入到了理性认识的层次。这要通过两个方面的指标得以体现：一是对其内在的特征本质有所认识和反映，二是在类范畴的归属上严谨且鲜明。由前边我们对墨子语言哲学思想的分析可知，在先秦的士人里，唯有他初步进入了这种思维认识的境界。相比之下，比他晚出的公孙龙却难以达到相应的认识水平。如果细心识读上述文字的话，可以看到他具有这方面的朦胧意识，其推证却限制在类比参照这样的思维模式上：自然“异‘楚人’于所谓‘人’”，那么“异‘白马’于所谓‘马’”又有什么不对的呢？对是对，可惜就不能提升到具有普遍性意义的词语在外延范围上具有包容与被包容的关系上来认识，概括能力不免有些薄弱了，如果他对墨子“达、类、私”三级层次稍稍有所领悟的话，也不至于在绝好的结论呼之欲出的时候却没有下文了。不免让人顿生功亏一篑之慨。

这种认识上的缺憾，在他的《白马论》中表现得更是充分。请注意该论里这样的一段对话：

曰：以有白马为有马，谓有白马为有黄马，可乎？

曰：未可。

曰：以有马为异有黄马，是异黄马于马也；异黄马于马，是以黄马为非马。

这里用的是典型的障眼法，偷换概念：前提是“谓有白马为有黄马，可乎？”接下来呼应的是“以有马为异有黄马”，“白”字有意给漏掉了。于是再倒过来就成了“黄马为非马”，自然“白马非马”。由于思想意识上的糊涂，只好改为语言层面上的折绕。如果能建立起范畴上的上下位观念的话，何至于需要这么多口舌？同样，如果能够辨析清楚汉语里边表示事物现象间的“不等同”用“异”而不用“非”，论证上的谨严也会得到加强吧。

就讨论对象的一致性上讲，《白马论》与《坚白论》最为接近。然后者不执拗于文辞表面的东西，比较好地探讨了事物及其所附属性质特征的关系问题，逻辑上的严密性显然远远逾越前者。这样的几个方面给人以深刻的印象：

a. 区分了指称与属性。如它开篇所做的分辨：

坚、白、石，三，可乎?

曰：不可。

曰：二，可乎?

曰：可。

虽然后边文字上面的辨析不那么丰富清晰，然而意识上的明确是非常值得充分肯定的。看它后边的解释：“石，一也；坚白，二也，而在于石。故有知焉，有不知焉；有见焉，有不见焉。”注意这里的“二”与上“二”的不同：其实他是将“坚”“白”“石”三者做了两类的划分：前两者为一，后者为一。特别是紧接着追加的“而在于石”，更值得赞赏，就在于和他《白马论》中将“白马”和“马”放在一个平面上的认识不同。可以想象，如果他于《白马论》中也持这样认识看法的话，其论证就会呈另一种面貌了。同样道理，如果他进而能够坚持《迹府》中的认识，其见识就会上升到更高的层次。

b. 坚持了唯物主义的认识态度。看其中的表述：

循石，非彼无石；非石，无所取乎白石。不相离者，固乎然，其无已。

石其无有，恶取坚白乎？

石，作为事物，得有其空间的位置。同样道理，没有石，没有物质存在的基础，所谓白，所谓坚，也就失去了存在的基础。

石之白，石之坚，见与不见，二与三，若广修而相盈也，其非举乎？

物白焉，不定其所白；物坚焉，不定其所坚。不定者兼，恶乎其石也？

事物与其属性是相互依存的关系，它们相互满足才能显得丰富而充盈，才能成为统一体。当然，对于特定的事物来讲，有的属性容易体察，而有的属性则不容易被发现。还要看到的是，属性于事物，有些似乎是必需的，有些就不一定，所以得有所分辨。

c. 注重认识的重要性及方法的多样性。如：

目不能坚，手不能白。

得其白，得其坚，见与不见离。不见离，一一不相盈，故离。离也者，藏也。

白，以目、以火见；而火不见，则火与目不见而神见。神不见，而见离。

坚以手，而手以捶；是捶与手知而不知，而神与不知。神乎，是之谓离焉。

对客观事物的认识，得益于人的认识意识；而认识能力，又凭借的是不同的感觉器官与感知能力。公孙龙在此又涉及认识论的内容，比如他已经注意到：“坚”这种属性特征的获得来源于触觉，“白”颜色的获得源于视觉。它们对于“石”来讲，客观上浑然一体；然而于人的认识来讲，有的显豁有的隐晦。正因为如此，人们于它们的认识则需要借助于自己的各种感觉器官，加之工具才能将它们认识得比较清楚到位。比如“白”，既得用眼睛还得借助于光线；比如“坚”，用手，更多时候还得借助工具才能知道其硬度；最终还得凭借着我们的意识才能将其特征确定下来。客观地讲，在认识论的描述上，公孙龙毕竟是通过文章形式进行反映的，故比墨子要更清晰一些。

3.2.2 详论指称

有关这方面的观点论述，主要体现在《指物论》中。然而恰恰是这么一不长的篇章，却成为古汉语中最难破解、读懂的“天书”,《世说新语·文学》篇中就说它：“非但能言人不可得，正索解人也不可得。”这里将该篇文字粘贴上来，大家可以先增添一点感性认识：

> 物莫非指，而指非指。
>
> 天下无指，物无可以谓物。非指者，天下无物，可谓指乎？
>
> 指也者，天下之所无也。物也者，天下之所有也。以天下之所有，为天下之所无，未可。
>
> 天下无指，而物不可谓指也。不可谓指者，非指也。非指者，物莫非指也。
>
> 天下无指，而物不可谓指者，非有非指也。非有非指者，物莫非指也。物莫非指者，而指非指也。
>
> 天下无指者，生于物之各有名，不为指也。不为指而谓之指，是兼不为指。以有不为指之无不为指，未可。
>
> 且指者，天下之所兼。天下无指者，物不可谓无指也。不可谓无指者，非有非指也。非有非指者，物莫非指。指非非指也，指与物非指也。

使天下无物指，谁径谓非指？天下无物，谁径谓指？天下有指，无物指，谁径谓非指？径谓无物非指？

且夫指固自为非指，奚待于物，而乃与为指？

老实说，古往今来，有许多人想触碰一下这根难啃的骨头，将其文意疏通。但不能不说，没有一家的解读能够让我们颇有心会、有释然之感。特别是里面的两种倾向让人颇不以为然：古人的以文言释文言，有些让人怀疑他自己是否理清楚了。如陈澧的《公孙龙子注》，于该篇中多处都是两解。恐怕正确的理解不可能会有这多种答案的。今人的白话翻译，自然会让人有一种亲近感，不过有的解读似乎又超前了，居然让公孙龙都用上了“能指”“所指”，如果索绪尔先生地下有知，一定会愤愤不平的。

毋庸讳言，该篇的难以解读客观原因在于文言。文言中的最甚者就是单音节词占取绝对的多数。鲁迅的杂文《“此生或彼生”》在反驳他人文言“明了”“省力”观点时说：“此生或彼生”“至少还可以有两种解释：一，这一个秀才或是那一个秀才（生员）；二，这一世或是未来的别一世。”并进而指出：“文言比起白话来，有时的确字数少，然而那意义也比较的含胡。我们看文言文，往往不但不能增益我们的智识，并且须仗我们已有的智识，给它注解，补足。待到翻成精密的白话之后，这才算是懂得了。如果一径就用白话，即使多写了几个字，但对于读者，‘其省力为何如’？”①

其实不用后人驳斥，就是先秦时期的人们也有这方面的认识和体会。《吕氏春秋·察传》载：“凡闻言必熟论，其于人必验之以理。鲁哀公问于孔子曰：“乐正夔一足，信乎？”孔子曰：“昔者舜欲以乐传教于天下，乃令重黎举夔于草莽之中而进之，舜以为乐正。夔于是正六律，和五声，以通

① 《“此生或彼生”》最初发表于1934年6月30日《中华日报·动向》，后收录1936年6月出版的《花边文学》。

八风，而天下大服。重黎又欲益求人，舜曰：‘夫乐，天地之精也，得失之节也，故唯圣人为能和。乐之本也，夔能和之，以平天下。若夔者一而足矣。’故曰夔一足，非一足也。”之所以会出现这样理解上的差错，和文言词语的单音节而又多义性有关。

《指称论》讨论的特定话题，其中的关键词“指”恰恰即具有这种典型性，加之表述极简略，又没有具体的事例给予解说，如果不加分辨地给予念读的话，全篇简直如同绕口令一般！理解上面的难度自然可以想象。

老实说，我们也没有好的办法得到理想的识读途径。只想到的是：任何时期的思想家都不可能超越先前及其同时代所能提供的智力资源，穿越只是文学的一种梦境。解决的方式只能采取：一是到那个时间为止有关“指”的各种意义理解；再一是《墨经》中相关话题的讨论。前者相当于具体应用中的意义，后者相当于当时的词典释义。

前者作一下归纳，可以看到这样的一些义项：①（用手指）指示对象。如“蝃蝀在东，莫之敢指。女子有行，远父母兄弟”（《诗·蝃蝀》）。②词语表意。如“卦有小大，辞有险易，辞也者，各指其所之”（《易·系辞上》）。③“指划、显示”。如“殷之即丧，指乃功；不无戮于尔邦”（《书·西伯戡黎》）。

后者也作一下归纳，除却与上述义项相同的，还可以看到这样的一些义项：④“手指”。如“若数指，指五而五一”（《经说下》）。⑤指称。如“春（蠢）也，其执固不可指也”（同上）。

在此基础上，还要看到公孙龙的《指物论》是专门论述语言特征性的著作，所以在意义的选取上，其中的关键词“指”可以用“指称”概言之；但就其整体来讲，显然涉及了客体、主体和本体三项因素，尽管相对应地也显示了意义、形式和功能三个方面，但第一项仍是它要强调的重点。为了方便理解，这里用白话将其串讲下来：

物都能够被指称，但指称与对象并不等同。

没有指称，物便不可以说是物。没有指称，天下和没有物差不多，也就说不上有意义了吧？

意义，不存在；物却是实际的存在。说有是为了没有，这种说法不妥。

没有指称，物就不能被命名。不能被命名，也就没了意义。没了意义，物也就说不上能被指称。

没有指称，物就不能说能被命名，不存在没有意义的指称。不存在没有意义的指称，其缘由就是对物的普遍指称。物都能够被指称，但意义与指称并不等同。

这天下还有些东西似乎不容易指称，但它们是由各种各样事物名称连带产生出来的，它就不是为了指称而存在的。不是为了指称却有指称，就在于物大都能够被指称。将不容易指称的事物与具体可以指称的事物等同起来，同样不妥当。

指称，在广博的社会里边可以看到它意义的兼有性：有的是没有具体的指称对象，然而其他众生众物却都有指称。但它并不是什么都没有不能被指称，因为它不是没有指称的意义。因为它有指称的意义，我们仍可以说物没有不被指称的。此时的指称尽管仍是指称，只是它的意义和可以明确指称的有差异。

假使天下没有对物意义的认识，谁还来讨论指称对与不对的问题？假使天下没有物，谁还会说有没有指称呢？天下有指称却没有意义，谁还来讨论对错？还来讨论没有什么事物不可以指称？

意义和指称不一样，还是需要和指示的事物合在一起，才能建立起有关指称的完整关系吧？

由此我们可以知道《指物论》是怎样的一篇文章：它是一篇纯粹的语言哲学意义上的论文，而且全篇完全是通过抽象论辩来实现的。不能不说，公孙龙的其他篇章也大都是同样意义上的论文，即中心议题就是“名实”之论，甚至有直接以该题命名的，论述风格也和该篇最为接近。但老实说，论辩的丰富性与详尽度与该篇相比，显然差距不小。其他的，多以对话的形式显示；现今从事训诂研究的人们解释这一篇，认为也有对话的印迹，其实这是一种错觉，因为不管从其篇幅还是内容语义的进递来讲，都不存在质疑询问的另一方，即便是有所诘难，也是属于自问自答性质。所以它的自证性、论辩性、推导性等，应该说已经是相当成熟了。排除具体的内容不说，单纯就行文属性上讲，应该属于先秦时期不可多见的纯思辨性文章、理论性文章。如果我们对比以古希腊为代表的西方同时期著述的话，即可以发现，理性在这两个文明国度里都是不缺少的，只是侧重点不同，是否普遍，并成为自觉的一种思维方式：古希腊比较多地将眼光放在了对客观对象的关注，对客观事物对象内部组织结构的关注。即便是其后苏格拉底极力促成了向主体认识论的转变，但从后继者的研究看，柏拉图明确了分析和综合的认识方法，亚里士多德则进而抽象概括出了演绎法三段论的推证形式，始终不变的是逻辑思维在其中贯穿，严密的论证为其主要的表现形式。当然，它们也有不甚理想的地方，那就是形式本身终究管辖不住思想主导意识的肆意。如亚里士多德，他的《修辞学》就极力赞同违背逻辑的或然性证明：

> 契约对我们有利，就夸大它们的可靠性和有效性……契约对对方有利，就贬低它们的可靠性和有效性。契约的可靠性视签字者和保管者的人品而定。契约一经被承认是订立了的，只要对我们有利，我们就夸大它的有效性，说契约就是法律，是私人之间的法律；说契约虽然不能使法律生效，法律却能使合法的契约生效。一般来说，法律也是一种契约，所以谁不遵守契约或破坏契约，谁就破坏法律……契约对我们不利而对对方有利，我们就说，如果认为我们可以不遵守误定

的法律而必须遵守契约，这就未免太奇怪了。还可以说，契约可能是受逼迫而订立的。还须考察契约是否违反成文法或普通法，是否违反后来的或从前的契约。[①]

而中国先秦时期的思想家则将自己关注的目标首先放在了“人”身上，即所谓的“以人为本”。儒家主张的是道德教化，社会秩序的和谐；道家主张的是回归自然，以“天人合一”来寻求心灵世界的安适。相比之下，墨家和名家，却显得比较另类，在政治环境不断恶化，诸侯割据、战争频仍的背景下，一个是真正的知其不可而为之，试图以所谓的“兼爱”“非攻”正面劝导制止这种已不可阻挡的兼并大势，一个却显得似乎比道家还要超凡脱俗，似乎真正地要躲在象牙塔里边做学问。但他们共同一致的倾向是：自然关注的目标是人，不期而然地就得关注与人们的社会生活须臾不可分离、最能展示人们意识观念的伴随物语言。如果说人的真正本质隐藏在他的内心无法见识的话，那么，就去识别他的话语吧！因为话语就是他的心声。即便是不说话也是说话的一部分。只要有言语行为，即成为读懂他的最可靠的依据。最明显的事实就是我们现在说到的东西方古代文化，一侧重客体一侧重主体。话题不一样，即可看到不同的文化定位。更具体一点，有的容易判断，如庄子对“桔槔”这种便利性工具的否定，即意味着对先进生产力的否定。有的则不容易判断。比如《齐物论》中描写：“昔者庄周梦为胡蝶，栩栩然胡蝶也。自喻适志与！不知周也。俄然觉，则蘧蘧然周也。不知周之梦为胡蝶与，胡蝶之梦为周与？周与胡蝶，则必有分矣。此之谓物化。”这种思维意象的营造真格是如梦如幻，如醉如痴，做文学分析的人们是非常向往这种境界的，然而正像从事人类学研究的人们所指出的那

① 亚里士多德：《诗学、修辞学》，《罗念生全集》第一卷，上海人民出版社 2002 年版，第 201 页。

样，其实这种思维并不像我们想象的那样高妙神奇。在早期文化的创建时期，原始民族都有一种共同的思维特征形式，那就是列维－布留尔在《原始思维》中所概括的人与物之间“互渗性”的普遍规律。“波罗罗人硬要人相信他们现在就已经是真正的金钢鹦哥了，就像蝴蝶的毛虫声称自己是蝴蝶一样。……一切图腾形式的社会都容许这样一些包含着图腾集团的成员个体与其图腾之间的同一的集体表象。”[①] 庄子那如诗如幻般的意境，很大程度上是旧石器时代采摘狩猎生活及思维方式的孑遗。不管它的文学梦境有多美妙，一如《红楼梦》中“槛外人”的妙玉也自称“畸人”，似乎外观的畸形变异与心灵的高蹈圣洁反差愈大，愈能彰显其意境的空蒙神奇一样。它终究不过是一种慰藉、一种意象罢了，不可能体现人的本质精神和终极性的心灵家园。

也就是说，不管怎样的文化，发轫时期都不可能达到理想的状态，问题在于，它于人类的历史长河中体现出了怎样积极的价值力量。中国先秦文化最有特色的地方就在于语言哲学意识的觉醒与明确。这不管是以儒家为代表的功能取向还是以名家为代表的本体取向，甚至也包括以道家为代表的否定取向，大家不约而同地针对这样一个话题进行讨论辩争，客观上形成了人类历史上绝无仅有的自觉地对语言进行哲学认知的文化现象。而其具体的代表性作品，就是公孙龙的《指物》篇。综览全篇，其见识上边有两个方面的建树是值得人们重视的：一个是就其名实关系，初步勾画出了人作为认识主体通过语言的指称反映事物表达意义这样一个相对完整过程参与因素及关系的图示。这要比西方近代才初步涉及并迄今仍在完善进行中的“语义三角、四角”认识要早很多。如1892年德国分析哲学及数理逻辑学家弗雷格发表论文《论意义和所指》，将符号、意义、所指三个要素用

---

① K. vonden Steinen, *Unter den Naturvolkern Zentralbrasiliens*, pp.305—306.

三角形形象地联系了起来，直观地显示了三者之间的关系。持三分观点的还有皮尔斯、奥格登和理查兹等学者，在此基础上还有进一步发挥的莫里斯。事实上，最早初步具有这种意识的，就要算是公孙龙于《指物》中所陈述的观念。如上所述，非常折绕的言辞里他还是分出了符号、意义和对象物三项的对立与联系，尽管之间界限的分辨还不是那么清楚明确。但我们觉得并非他思想上有什么含混，而是反映了他看到指—称—名不断地进递认识过程，而不像现时的人们那样，仅仅是简单地用一个“所指”或者“能指”贴上标签就可以得胜回朝了。如果我们理解不错的话，公孙龙的观念里，如果说也有一个语义三角的话，应该是事物—名称—意义，三者之间都是通过认识主体来实现的。公孙龙在此基础上，还进一步讨论了不存在事物仍有指称命名的问题。他认为，存在物的指称在前，且是大量的，由此才在观念里类推出那些想象之物，并将它们当作臆想中的存在物来对待。这也是近代以来有关建立和论述“语义三角”的理论所没有涉及的。不能不说公孙龙的见识具有相当的超前性。在那个时间里能够达到这样的见识，无异于空谷足音。

除了该话题外，公孙龙《指物论》的论证语言也达到了同样的档次。洛克说：文字的用法有两种，一是通俗的（civil），二是哲学的（philosophical）。前者用在日常社会生活中，表示各种思想和观念，主题是日常生活；后者用来传达事物的精确观念，并且用普遍命题来表示确定而分明的真理，以使人在追求真理时，有所依着，有所满足。[①] 哲学理念的形成是人类社会达到高度发达阶段才能体现在思维方式上，没有高度的抽象，没有凝练的概括，是不可能形成纯正意识状态下的这种观念运行机制的。所以，《指物

① John Locke, *Imperfection of Words, An Essay Concerning Human Understanding, Dover Publications*, Inc. New York, 2：104–105.

论》这样的篇章之所以能够呈现在先秦这样的时期，既说明了自春秋以来诸子百家反复讨论的积淀，也体现了公孙龙个人的思辨能力，当然也反映了中华民族在那个时期已经达到的思维高度。所以，它不仅仅是一个篇章的问题，也说明了思想意识的能力层次问题。

3.3 尹文的语言观

尹文（约公元前360—前280），尊称尹文子。《庄子·天下》将尹文和宋钘归为一家，但到底属于哪个学派，没有明确。班固《汉书·艺文志》是将他列进名家的。《容斋续笔》引刘歆语，说：《尹文子》意本《老子》。清·陈澧《东塾读书记》卷一二《诸子书》亦认为尹文是名家而兼法家。洪迈《容斋续笔》卷十四谓："《尹文子》仅五千言，议论亦非纯本黄老者……详味其言，颇流而入于兼爱。"正因为《尹文子》内容淆杂，故《四库全书》将其列入杂家。多种多样的评价，足以说明尹文子于他人观点多所采纳，具有兼收并蓄的特点。如果我们细心阅读的话，很容易发现，博采众长是有的，但并非没有自己的卓越见识，相当一些的表达还非常具有独创性及个人的风格。具体说来，下面的这些观点给人留下比较深刻的印象。

3.3.1 形正由名

在诸子都比较注重的这一命题上，尹文似乎是表述最为清白的一位，而且内容也相当丰富。他的著作似乎都是紧密围绕着这个问题所展示的。他开宗明义：

> 大道无形，称器有名。名也者，正形者也。形正由名，则名不可差。……名生于方圆，则众名得其所称也。(《大道上》)

文字不多，含义却厚。就第一句话来讲，其背景或许就是孔子所谓的"形而上者谓之道，形而下者谓之器"。不过，尹文似乎论述得过于简略了，如果跟后面的话语联系到一块儿，我们是不是可以这样理解：形而上者大而无形，形而下者具体故有名。名是指谓，形体显其实。名要尽可能体现其称指对象的特征，像方圆这样的，就能使其对象特征得到一定的反映。相应地，形而上的事物现象就不容易了。老实说，尹文这里即提到了一个重要的命名要则，而这种要则，西方直到近代由林奈的“双名法”才得以体现。下面的话是尹文对这种观念的再解释，尽管不能说非常明确：

> 有形者必有名，有名者未必有形。形而不名，未必失其方圆白黑之实。名而不可不寻，名以检其差。故亦有名以检形，形以定名。名以定事，事以检名。察其所以然，则形名之与事物，无所隐其理矣。(《大道上》)

由这一段话可以看得比较清楚的是：在尹文的观念里边，还很有些唯物主义的味道，即存在决定语言的反映。即便有些名字没能反映对象的特征，并不意味着这些对象的特征就不存在。如果我们细心分辨的话可以看到，尹文在这个时间里即已将意义的三角三要素给分辨出来了，即名、形、物。

他进而论述说：

> 名有三科，法有四呈。一曰命物之名，方圆白黑是也；二曰毁誉之名，善恶贵贱是也；三曰况谓之名，贤愚爱憎是也。一曰不变之法，君臣上下是也；二曰齐俗之法，能鄙同异是也；三曰治众之法，庆赏刑罚是也；四曰平准之法，律度权量是也。(《大道上》)

尹文的“三科”“四呈”是凭借着什么来划分的？虽然分类科学性并不怎么强，但有此观念就很不容易了。其实，他这里将眼光放大，也是想解决这样的问题：

> 五色、五声、五臭、五味，凡四类，自然存焉天地之间，而不期为人用。人必用之，终身各有好恶，而不能辨其名分。名宜属彼，分宜属我。我爱白而憎黑，韵商而舍徵，好膻而恶焦，嗜甘而逆苦。白

黑、商徵、膻焦、甘苦，彼之名也；爱憎、韵舍、好恶、嗜逆，我之分也。定此名分，则万事不乱也。故人以度审长短，以量受少多，以衡平轻重，以律均清浊，以名稽虚实，以法定治乱，以简治烦惑，以易御险难。万事皆归于一，百度皆准于法。归一者，简之至；准法者，易之极。如此则顽嚚聋瞽，可与察慧聪明同其治也。(《大道上》)

这一段之所以值得重视，就在于尹文有了主客观分辨的意识：名是客观的；分是主观的。但可惜的是："度""量""衡"好办，"律""名""法"难定。想着的是"以简治烦惑""以易御险难"，然而两者如何"归于一""准于法"？

在具体的命名方法上，他侧重几个方面的论述也很精到，值得看重：

名称者，别彼此而检虚实者也。自古至今，莫不用此而得，用彼而失。失者，由名分混；得者，由名分察。今亲贤而疏不肖，赏善而罚恶。贤不肖善恶之名宜在彼，亲疏赏罚之称宜属我。我之与彼，又复一名，名之察者也。名贤不肖为亲疏，名善恶为赏罚，合彼我之一称而不别之，名之混者也。故曰：名称者，不可不察也。语曰："好牛"，又曰，不可不察也。"好"则物之通称，"牛"则物之定形，以通称随定形，不可穷极者也。设复言"好马"，则复连于"马"矣，则"好"所通无方也。设复言"好人"，则彼属于人矣。则"好"非"人"，"人"非"好"也。则"好牛"、"好马"、"好人"之名自离矣。故曰：名分不可相乱也。(同上)

名称的功能在什么地方呢？"别彼此而检虚实"，这边分辨那边不分辨都不好。又，属性与事物也不能一锅煮了。尹文这里将属性认作"通称"，不能不说是语言学里边的第一次命名。且还认为，用通称随事物命名，很多很多，不可穷极。并且还认为："好马"不等同于"马"，"好"在这儿说明的是"马"，有归属和别异的作用。像"彼""我"这样的名往往随情境而转，

“牛”“马”“人”的指称也是这样，然而一旦带上了通称性的字眼，名称之间的指称就更明晰了。

田子读书，曰：“尧时太平。”宋子曰：“圣人之治，以致此乎？”彭蒙在侧，越次答曰：“圣法之治以至此，非圣人之治也。”宋子曰：“圣人与圣法何以异？”彭蒙曰：“子之乱名甚矣。圣人者，自己出也；圣法者，自理出也。理出于己，己非理也；己能出理，理非己也。故圣人之治，独治者也。圣法之治，则无不治矣。此万世之利，惟圣人能该之。”宋子犹惑。质于田子。田子曰：“蒙之言然。”(《大道下》)

田子曰：“人皆自为，而不能为人，故君人者之使人，使其自为用，而不使为我用。”魏下先生曰：“善哉！田子之言。古者君之使臣，求不私爱于己，求显忠于己。而居官者必能，临陈者必勇。禄赏之所劝，名法之所齐，不出于己心，不利于己身。语曰：‘禄薄者不可与经乱，赏轻者不可与入难。’此处上者所宜慎者也。”（同上）

不能不说，在词语含义的厘析上，尹文是下了功夫的。第一段重在对“圣人”和“圣法”的分辨：一个是出乎己见，一个由于公理。在他看来，后者比前者重要，就在于它排除了个人主观情感性的因素，遵循的是普遍性原则。第二段也是同样的思路，强调的是不讲究私情，遵循人人都信服的合理秩序。这两段话有着统一的风格，平易得很，且讨论的方式都是基于词语意义的分析，然而涉及的内容境界却似乎超过了万千言语：在诸子百家无不推崇圣人的语境下，尹文却独尊圣法；在普遍讲究忠孝仁爱的喧嚣声中，尹文却冷静地认为，合理的制度要比情感重要。这在众多的学说思想里，可以说是典型的吉光片羽。

庄里丈人，字长子曰“盗”，少子曰“殴”。盗出行，其父在后追，呼之曰“盗，盗”。吏闻，因缚之。其父呼“殴”，喻吏遽而声不转，但言“殴，殴”，吏因殴之，几殪。（同上）

康衢长者，字僮曰善搏，字犬曰善噬，宾客不过其门者三年。长者怪而问之，乃实对。于是改之，宾客复往。(《大道下》)

这两段又是有关名实之辩里的一个具体话题。尹文虽然没有进行抽象概括，但例证本身却反映的是两者之间的突出矛盾：语言先天就是由语音作为其物质外壳与语义作为其信息内容两部分来组成的。汉语的语音系统虽然在上古比较复杂，但终究不够丰富，声韵间的配合而形成的最基本的表意单位，不管是单音节还是双音节，形式上相同相近的多，相应地在意义上的分辨率就比较低。如第一组例子，曰“盗”曰“殴”，恐怕并非实际名字，故易被误解。第二组变成了双音节的，分辨率提高了，但在意义上不注意忌讳，也容易产生差错。着眼语言本体谈的这样具体的问题，尹文应该说是先秦士人中的第一人。

3.3.2 言为世用

不能不指出的是，尹文的名学，并非单纯就语言谈语言，而是与当时的时事政治紧密相关联。从一定的意义上也可这样说，他的名实之论的实际目的，是为政治服务的，宗旨是为了解决社会的纷乱与兴亡，解决人们语言认识上的差错，而这一切都需要从源头上去进行追寻。就前面所举来讲，他作为名家学理的一面还讲得还比较纯粹的话，这里我们可以看到他与公孙龙不太一样的另一面，即他的名实论与时政论相衔接：

人君有术而使群下得窥，非术之奥者；有势而使群下得为，非势之重者。大要在乎先正名分，使不相侵杂。然后术可秘，势可专。(《大道上》)

这里体现的法家观念就比较多了。

有理而无益于治者，君子弗言；有能而无益于事者，君子弗为。君子非乐有言，有益于治，不得不言。君子非乐有为，有益于事，不得不为。故所言者，不出于名法权术，所为者，不出于农稼军陈，周务而已。故明主任之。治外之理，小人之所必言；事外之能，小人之所必为。小人亦知言有损于治，而不能不言；小人亦知能有损于事，而不能不为。故所言者极于儒墨是非之辨，所为者极于坚伪偏抗之行，求名而已。故明主诛之。(《大道上》)

尹文子在这里体现的是典型的帝王思维：一切都以社会为治为准绳。这比起墨子的“三表说”境界差了很多。特别是其中所认定的几个方面的观念，尤需警惕：一是“言有损于治”。这说明尹文也是彻底否定语言积极的正面作用的，而且他的这种否定并不是像孔子那样出于对语言本身言意之间矛盾性认识，或者仅仅是自己思想情绪无从畅快吐露而自然的一种发泄，而纯粹是出于有利于人君统治而做出的判断，甚至他认为，这是连小人都知道的道理。就显得他眼界之低下。二是“有理而无益于治者，君子不言”。这在前者基础上就又进了一层，将“有理”与“政治”居然对立了起来，而且认为在二者之间进行选择的话，应该是放弃前者而取后者，就更是开霸道之先河了。首先是认为“言者不出于名法权术”，将言语使用的效用全都放在了统治者的需要上，将这种需要唯一化，不免有无赖之嫌。其次是主张：“所言者极于儒墨是非之辨，所为者极于坚伪偏抗之行”，“明主诛之”。如果说孔子诛少正卯是开“因言获罪”之先例的话，他在言语上更甚。事实上他也是将此事写入了书中，并给予肯定。孔子诛少正卯，最为无据，甚至连个人能力的“强记而博”也被认作一条罪状，这实在是“欲加之罪，何患无辞”了。从这种意义上讲，也可以考虑将尹文归为法家。看他具体表述的言辞，帝王施政所仰仗的“权、术、势”理论，在他这里已经是初步具备，足以看到韩非对他思想的继承。不过，在对“言谈足以饰邪荧众”这种政治裁决上面，儒法并没有根本的差异。如《礼记·王制》云：“析言破律，乱名改作，执左道以乱政，杀。作淫声、异服、奇技、奇器以疑众，杀。行伪而坚，言伪而辨，学非而博，顺非而泽以疑众，杀。假于鬼神、时日、卜筮以疑众，杀。此四诛者，不以听。凡执禁以齐众，不赦过。”判定的标准是什么？恐怕只有一条，就是看是否与当权者的要求相一致。这应该说显然是与当时的思想解放、百家争鸣、言说自由大环境背道而驰的。

当然，尹文在更多地方的表述还是有理性思考的。仍是在《大道上》中，有关社会治理教化他做了比较详细的推理论证：一是人往往受利益所驱使。二是人都有智愚之区分，如同圆善转而方易止一样，人得其所用，社会就不会乱了。三是人往往不能正确地认识自己，这就不能叫作有真正的智愚分辨能力。四是道行于世，智愚各安其分。五是法行于世，相互之间不会形成行为上的激烈对抗。于是，他得出的结论是：法能保障社会安定，而道能使人们自身修养到位；道比法高一个层次。其实尹文已经意识到贮存于人身上的两面性，即恻隐之心与邪恶之念，那么本着向最坏处打算向最好处努力的处事原则，先得防患于未然：自然人不知道什么时候会运用邪恶之念，依照木桶效应的原理，那就得将人的底线设置在最坏的那一环节：人性是恶的，于是得以制定法律，防止作恶。在此基础上，再鼓励人们向善：承认人的道德良知及智慧程度是有差别的，故以奖惩机制来鼓励人们努力向上。

必须看到的是：仅仅是尹文上述那么一些判断和认定，且是当时诸多思想家们都没能认识到的，显然也体现了对孔子所一味强调的礼教为上、道德治国的否定。看孔子于该问题上多次申明的观念主张：

> 子思问于夫子曰：“伋闻夫子之诏，正俗、化民之政，莫善于礼乐也。管子任法以治齐，而天下称仁焉。是法与礼乐异用而同功也，何必但礼乐哉？”子曰：“尧舜之化，百世不辍。仁义之风远也。管仲任法，身死则法息，严而寡恩也。若管仲之知，足以定法。材非管仲而专任法，终必乱成矣。”（《孔丛子·记问》）

问："为天下如何？"曰："天下，器也。今人之置器，置诸安处则安，置诸危处则危。而天下之情，与器无以异，在天子所置尔。汤武置天下于仁义礼乐而德泽洽，禽兽草木广育，被蛮貊四夷，累子孙十余世，历年久五六百岁，此天下之所共闻也。秦王置天下于法令刑罚，德泽无一有，而怨毒盈世，民憎恶如仇雠，祸几及身，子孙诛绝，此天下之所共见也。夫用仁义礼乐为天下者，行五六百岁犹存；用法令为天下者，十余年即亡；是非明教大验乎？人言曰：'听言之道，必以其事观之，则言者莫妄言。'今子或言礼义之不如法令，教化之不如刑罚。人主胡不承殷周秦事以观之乎？"(《大戴礼记·礼察》)

两例的真伪性不难辨析。然则我们之所以将后者也列举上来，就在于作假者也知道瞒不住的，故采取了糊涂处理的办法，即在"曰"前没有加"孔子"；但又不能不说，其言辞又确实反映了孔子的思路和一贯的思想，这只要对照前者便可知。孔子很喜欢借助史实来说明他的观点，但他很少追问：所谓齐之败亡就在于管仲的法治，且其所谓的法治是真正的法治？当然，他是不会也不善于这方面的思辨的。

不过他也承认，古之所谓的礼教也并非就不用法，如下面的两段文字：

仲弓问古之刑教与今之刑教。孔子曰："古之刑省，今之刑繁。其为教，古有礼，然后有刑，是以刑省。今无礼以教，而齐之以刑，刑是以繁。《书》曰：'伯夷降典，折民维刑。'谓先礼以教之，然后继以刑折之也。夫无礼则民无耻，而正之以刑，故民苟免。"(《孔丛子·刑论》)

孔子适卫，卫将军文子问曰："吾闻鲁公父氏不能听狱，信乎？"孔子答曰："不知其不能也。夫公父氏之听狱，有罪者惧，无罪者耻。"文子曰："有罪者惧，是听之察，刑之当也。无罪者耻，何乎？"孔子曰："齐之以礼，则民耻矣。刑以止刑，则民惧矣。"文子曰："今齐之以刑，刑犹弗胜，何礼之齐？"孔子曰："以礼齐民，譬之于御则辔也，以刑齐民，譬之于御则鞭也。执辔于此而动于彼，御之良也。无辔而用策，则马失道矣。”文子曰：“以御言之：左手执辔，右手运策，不亦速乎？若徒辔无策，马何惧哉？”孔子曰：“吾闻古之善御者，‘执辔如组，两骖如舞’，非策之助也。是以先王盛于礼而薄于刑，故民从命。今也废礼而尚刑，故民弥暴。”(《孔丛子·刑论》)

第一段说的是两者谁先谁后的问题。即便在不得不承认古亦有刑的情况下，也要争一个礼先刑后。第二段属同样的话题，又转变为孰轻孰重的讨论，孔子引《诗经·郑风·大叔于田》中的诗句，就“策”的未曾出现以强调先王“盛于礼而薄于刑”，对现时的认定又引至极端，是“废礼而尚刑”，其争辩不能不说是固执己见，言语高手。

尹文还用大量的语言实际用例来说明“世有因名以得实，亦有因名以失实”的情况。当今社会才有的一个词“语言腐败”，似乎古已有之。人类创造语言，也多为语言所遮蔽、愚弄。

《老子》曰：“以政治国，以奇用兵，以无事取天下。”政者，名法是也。以名法治国，万物所不能乱。奇者，权术是也。以权术用兵，万物所不能敌。凡能用名法权术而矫抑残暴之情，则己无事焉。己无事则得天下矣。故失治则任法，失法则任兵，以求无事，不以取强。取强，则柔者反能服之。《老子》曰：“民不畏死，如何以死惧之。”凡民之不畏死，由刑罚过。刑罚过，则民不赖其生。生无所赖，视君之威末如也。刑罚中则民畏死，畏死，由生之可乐也。知生之可乐，故可以死惧之。此人君之所宜执，臣下之所宜慎。(《大道下》)

为什么对尹文不好归属学派？大概就在于这种综合的价值取向。这里所有的表述似乎都变了样：孔子说的是政者，正也。他这儿是“名法也”；特别是他的治国理念成了“名法”，可以比较清楚地看出由名而法的演变走向。但需要注意的是，他这里议论的话题却是由道家的表述引起的，也说明了战国时期人们思想认识上选择的多向性与灵活度。

> 父之于子也，令有必行者，有必不行者。“去贵妻，卖爱妾”，此令必行者也。因曰：“汝无敢恨，汝无敢思。”令必不行者也。故为人上者，必慎所令。(《大道下》)

这里是紧承着上面同样意思进行的表达，即话语表达，发号施令，虽没将其理由说明，但其例证的分辨提出了一个道理：无违于人的自然本性，要看人们的承受力；一旦超过了度，超过了人们的可接受性，怎样的权威都不可能实现。即便是父子也不例外。所暗示的，即便是对人生命具有生杀予夺权力的君王也是如此。

第四章　荀子法家语言学说

4.1　荀子的语言观

荀子是战国后期著名思想家，又是一位备受争议的人物。说他是先秦诸子学说之集大成者，当然是正面肯定性质的了；换句话来说又是充满矛盾的统一体。从他的经历和学说主张中可以看到这一点：他生卒年月不详，只是推测为公元前 313 年—公元前 238 年。从师也不详，人们只是从其籍贯和时间猜想他应该就学于西河之学；但其时子夏早已故去，即便是也应该为再传弟子。他思想成熟与最能体现学业成就的，应该说是在稷下学宫，三度曾为该校祭酒，“最为老师”(《史记·孟子荀卿列传》)。该校以思想自由活跃著称，其中又以黄老学说最占优势；然而他反其道而行之，成为法家理论的首倡者。他鼓吹“重法”，赞同“王道”。当应邀前往秦国，在赞赏该国政情民俗的同时，却又认定秦王尚未达到王者的功名，关键是没有重用儒者。他攻讦思孟学派，认为子弓和自己才是孔子学说的正宗传人；但秦代以降，他却备受儒家主流派的贬斥，甚至被弃置于道统之外。在诸子里边，他的笔下文思也是富有逻辑性的，然而却对文学情有独钟。总之，他在数千年传统文化中的遭际，构成了一个言说不尽的话题。谭嗣同在其《仁学》中评论道：“二千年来之政，秦政也，皆大盗也；二千年来之学，荀学也，皆乡愿也。惟大盗利用乡愿；惟乡愿工媚大盗。”乡愿者，貌似忠厚却行伪之人。其贬抑不能不说鲜明。然而章太炎却对荀子推崇备至，他认为：“自仲尼而后，孰为后圣？曰：水精既绝，制作不绍，浸寻二百年，以踵相接者，惟荀卿足以称是。”(《后圣》)“荀卿以积伪俟化治身，以隆礼合群治天下。……由斯道也，虽百里而民献比肩可也。其视孔氏，长幼断可识矣。”（《订孔》）他于中国历史产生过这样大的作用，然其受人的关注度并不强。孟子作为亚圣名字叫得响亮，真正知道或承认荀子是后圣的并不多。冯友兰认为：“如果中国人遵循墨子善即有用的思想，或是遵循荀子制天而不颂天的思想，那早就产生了科学。”[①] 然而台湾学者吴文璋却在他的《从荀子哲学探讨为什么中国没有科学——兼论科学如何在生命中生根》一文中却坚定地宣称：“要用荀学开出科学，根本是妄想”。荀子的语言学论述在先秦诸子里边应该说很有特色并富有科学内涵的，然而现时的人们除了记住他的一个“约定俗成”外，却很少给予准确的评价。写出第一部中国修辞学史的郑子瑜先生在他的著作里边就没给荀子留下一点儿天地。

越是充满矛盾的对象，其内涵也必然丰富，越是有着深入研讨的必要。

我们之所以将荀子和法家放在一起来讨论，主要在于荀子主导的思想倾向来源于子夏。而子夏，曾子指责子夏的三条罪状之一，即西河之民疑子夏为孔子，其影响之大是当时其他学者所不可比肩的。再则就是子夏之学是开放性的，既有儒学的发扬，如《后汉书·邓张徐张胡传》记载徐防言：“《诗》、《书》、《礼》定自孔子；发明章句，始于子夏。”又有子夏自身为法家观念的滥觞，如《韩非子·外储说右上》记载有子夏言：“善持势者，早绝奸之萌。”更不要说他的弟子中就有像吴起这样的法家代表性人物了。而荀子所推崇的“王道”理念，其属性与法家推崇的“霸道”并没有实质上的差别；何况他的学生韩非、李斯，就更是法家中的翘楚！苏轼《荀卿论》中言道：“昔者常怪李斯事荀卿，既而焚灭其书，大变古先圣王之法，于其

---

① 冯友兰：《为什么中国没有科学——对中国哲学的历史及其后果的一种解释》，《国际伦理学杂志》第 32 卷第 3 号；中译文见《极高明而道中庸》，中国广播电视出版社 1995 年版，第 151 页。

师之道，不啻若寇雠。及今观荀卿之书，然后知李斯之所以事秦者，皆出于荀卿，而不足怪也。”所以，将荀子列入法家也并非没有道理。

荀子语言哲学思想的表述比较集中，主要就反映在他的《正名》篇里。那么我们下边的讨论也就着重该篇中的文字，适当参照其他篇什。

4.4.1 正名为先

《荀子》一书，凡三十二篇。其中《宥坐》《子道》《法行》《哀公》《尧问》五篇为弟子撰写外，《大略》是记述荀子言论的语录体，其他篇章据考证均出于荀子之手。我们之所以选择该篇作为论述的中心，并非仅仅出于专业上的侧重，还在于该篇最能体现荀子学说思想的全面性和深刻性，当然，其局限性也不可避免地存在于其中。

综观荀子的学说思想，“隆礼重法”是其极力倡导的社会制度学说。他的所有的具体主张都是紧密围绕着这一思想进行阐发的。整个的著述里，《王制》《富国》《君道》《臣道》《致士》《议兵》《强国》《君子》《儒效》《正论》《礼论》《乐论》《性恶》《仲尼》等，占绝对数量的篇章都是正面论述这一治国之策。即便是他采用文学体裁形式进行的宣讲，如《成相》和《赋》，在内容上确立的仍是这一主题。以此为前提，他要求人们，当然主要是士阶层，个人修养臻于完美，遵循“心利之有天下”，达至完人。这一方面的著述既包括道德品行的直接说教，如《劝学》《修身》《不苟》《荣辱》，还包括思想认识方法上的引导论述，如《天论》《解蔽》《非相》《非十二子》《正名》等。显而易见，荀子的思想体系是属于政治伦理性质的。荀子的弟子们赞誉他：“为说者曰：‘孙卿不及孔子。’是不然。孙卿迫于乱世，遒于严刑；上无贤主，下遇暴秦；礼义不行，教化不成；仁者绌约，天下冥冥；行全刺之，诸侯大倾。当是时也，知者不得虑，能者不得治，贤者不得使。故君上蔽而无睹，贤人距而不受。然则孙卿怀将圣之心，蒙佯狂之色，视天下以愚。《诗》曰：‘既明且哲，以保其身。’此之谓也。是其所以名声不白、徒与不众、光辉不博也。今之学者，得孙卿之遗言余教，足以为天下法式表仪。所存者神，所过者化。观其善行，孔子弗过。世不详察，云非圣人，奈何？天下不治，孙卿不遇时也。德若尧、禹，世少知之；方术不用，为人所疑。其知至明，循道正行，足以为纪纲。呜呼！贤哉！宜为帝王。”（《尧问》）这也确实道出了荀子及其思想的实质。孔老夫子之所以被称为帝王师，其中心点在于充分肯定了“君君、臣臣”等级尊卑秩序的合理性。然而，在“春秋无义战”之时，推行“仁”的教化无助于目标实现。如果说孔夫子还有几分知识分子的执着，“道不行，乘桴浮于海”。荀子于自己所设计的社会体制似乎更执着。他全身心地投身于“贵贱有等，长幼有差，贫富轻重皆有称者也”（《礼论》）社会制度的理论建设中。在恃强凌弱越发激烈的战国末期，尽管他是那么地注重实际功利，“无用之辩，不急之察，弃而不治。若夫君臣之义，父子之亲，夫妇之别，则日切瑳而不舍也”（《天论》）。然而他鼓吹实现的途径，即实施“王道”而非“霸道”，仍与现实有一定的距离。当然，该距离仅为一步之遥，并最终在他的学生韩非、李斯那里得以完成。从这种意义上说，荀子的“王道”和孟子的“仁政”有性质上的差别。他极力鼓吹统治者的力量，实则为强权政治给予了理论上的推助。谭嗣同的评价并不为过。正像后来历代封建皇权执行韩非路线而不张扬、很难实施却仍需大肆宣传儒家学说一样，荀子的学说理论不被看好，不宜大肆宣扬，问题在于他理性的一面过于凌厉。一个“性恶”的认定，便让宋明理学的那些道学家们视若鬼蜮，定要将他驱逐出儒学正宗而后快。荀子的遭遇对数千年的中国知识分子来说是很具有典型意义的。

如果事情仅这么简单也倒罢了，关键是荀子作为先秦诸子的集大成者，他有超越他人的见识眼光，却又深陷其中而不能自拔。从思路上讲，他比前边诸家都要清晰。如孟子认为人的天性是善良的，都有“恻隐之心”“善恶之心”“辞让之心”“是非之心”。既然如此，为什么还不容易实施仁政王道？相比之下，荀子观点的认定就更合乎逻辑："人生而有欲；欲而不得，则不能无求；求而无度量分界，则不能不争；争则乱，乱则穷。先王恶其乱也，故制礼义以分之，以养人之欲、给人之求，使欲必不穷乎物，物必不屈于欲，两者相持而长。是礼之所起也。"（《礼论》）"今人之性恶，必将待师法然后正，得礼义然后治。"（《性恶》）再比如，孔子提出著名的正名学说，强调正名的作用。指出："名不正，则言不顺；言不顺，则事不成；事不成，则礼乐不兴；礼乐不兴，则刑罚不中；刑罚不中，则民无所措手足。"但孔老夫子的"名"，是一个比较模糊的称述。一路推演下来，让人们感觉到它仅指社会的名分秩序；范围不明，根基也不实。到了荀子这里，情况就为之大变，既结合社会语用，又注重语言本体的特征，还密切联系心理认知的因素，这就为原初单一的政治理念找寻到了坚实的事实基础和理论基础，从而形成了相对完整系统的学说。这里看一段他与孔子观念比较一致的表述："知者为之分别制名以指实，上以明贵贱，下以辨同异。贵贱明，同异别，如是则志无不喻之患，事无困废之祸，此所为有名也。"（《正名》）名实之分，在中国传统语言文化史上，可以说是荀子第一次将它置于本体之中进行认识的，从而使之具有了可以认定、可以把握、可以分析的性质。老子的"名"带有神秘主义的色彩，孔子的"名"也仍为伦理学上的术语，而唯有荀子给它赋予了概念的内涵。《易经》中说："形而上者谓为道，形而下者为之器。"显然，这里的道器之"名"就不仅仅局限于社会领域，将自然物理的现象也包容了进来。此时的"名"已不再局狭，现代语言学所揭示的能指属性它即完全具备。概念既是论证的出发点，又往往表现为论证的结果。概念的明晰对于科学意识的建立、强化思维的缜密、语言表达的规范都有着坚实的价值。荀子强调"制名以指实"，可以使思想的表达趋于准确，事务处理也会更有效率。显然，不管是荀子为了自己设计的政治制度寻找理论根据也好，还是基于自己学说的坚实性而进行严密推证也好，他在语言领域中的拓展是同时代其他诸子无可比拟的。

整个荀子理论学说构架所表现出的主题内容："隆礼重法"思想的申明、道德修养的劝诱、严谨思维方法的展示和语言观念的阐发，在整个《正名》中都得到了最全面的体现。置于整个人类文明背景之中，他所表现出的局限性也能于其中窥视得到。所以，读荀子，真正了解荀子，最终都不能不归总到《正名》篇章中来；当然，以《正名》把握荀子整个学说的主旨也是提纲挈领的好方法。

4.4.2　系统操作

"比起任何特殊的科学理论来，对人类的价值影响最大的恐怕还是科学的方法论。"[①] 荀子思想论述方面的清晰严密，不仅表现在自己的言语实践中，最值得人们注意的还在于他有明确的方法意识。这在诸子当中也是出类拔萃的。

科学，其精髓就在于精细的分析。它是科学之所以为科学的最根本的方法。古希腊文明和中国先秦时期文明的一个截然对照就是前者重分析，后者重综合。柏拉图指出："凡深知怎样去界定和怎样去分划的人就该视为神。"[②] 而庄子的表述是："天地与我并生，而万物与我为一。"（《齐物论》）分析追溯才易于揭示事物内部的结构特征，建立概念范畴，从而形成知性的认识，为科学奠定坚实的基础。摒弃分析的综合只能停留在笼统模糊的感觉阶段，主观感情的因素便多会占取上风。难能可贵的是，荀子学说论述里边相当程度上体现了分析的意识，"别同异"即为荀子论证方法中一向

---

① ［英］斯蒂芬·F. 梅森：《自然科学史》，周煦良、全增嘏、傅季重等译，译文出版社 1980 年版，第 565 页。

② 柏拉图：《文艺对话集》，朱光潜译，人民文学出版社 2008 年版，第 153 页。

坚持的一个主导思想。特别是他重点讨论的语言上的系列问题："名"的指称由来、与所指之间的关系、由此而形成的类别系统等，都是贯穿了这种观念的。具体说来，这方面的主要成就有：

a. 名实组合时的任意性和社会承认后的规约性。他表述说："名无固宜，约之以命，约定俗成谓之宜，异于约则谓之不宜。名无固实，约之以命实，约定俗成谓之实名。"

b. 要名实相副并易于分辨其同异。他指出："然后随而命之：同则同之，异则异之。单足以喻则单，单不足以喻则兼；单与兼无所相避则共，虽共，不为害矣。"这实际上连命名的技术性问题，也就是对构词法的内容及早地认识到了。特别是里面注意的一个现象，时至今日仍能给人以教益，那就是要提高语言形式的分辨率。

c. 建立严谨的概念分类系统。他这方面的分界是："故万物虽众，有时而欲遍举之，故谓之物。物也者，大共名也。推而共之，共则有共，至于无共然后止。有时而欲偏举之，故谓之鸟兽。鸟兽也者，大别名也。推而别之，别则有别，至于无别然后止。"

d. 制名的关键在于实决定名。他分辩道："物有同状而异所者，有异状而同所者，可别也。状同而为异所者，虽可合，谓之二实。状变而实无别而为异者，谓之化。有化而无别，谓之一实。此事之所以稽实定数也，此制名之枢要也。"

e. 注重分析论辩，强调逻辑的严密性。在荀子看来，王道昌兴之世，"明君临之以势，道之以道，申之以命，章之以论，禁之以刑。故其民之化道也如神，辩说恶用矣哉！"而在天下乱、奸言起的时期，则就需要辩说，需要言语表达上的严密判断和推论。"实不喻然后命，命不喻然后期，期不喻然后说，说不喻然后辨。故期、命、辨、说也者，用之大文也，而王业之始也。名闻而实喻，名之用也。累而成文，名之丽也。用、丽俱得，谓之知名。名也者，所以期累实也。辞也者，兼异实之名以论一意也。辩说也者，不异实名以喻动静之道也。期命也者，辩说之用也。辩说也者，心之象道也。心也者，道之工宰也。道也者，治之经理也。心合于道，说合于心，辞合于说。正名而期，质请而喻，辨异而不过，推类而不悖。听则合文，辨则尽故。以正道而辨奸，犹引绳以持曲直。”在《性恶》篇中他还强调说：“凡论者，贵其有辨合、有符验。”

正是荀子具有严密分析的方法意识，并成为他的思维方式，因此，荀子在许多重大问题的认定上都走在了时代的前列。遵循这种分析观念所作出的创建性贡献也就颇为显著。

人与自然之间的关系，特别是对于当时诸多思想家们赋予神秘意识的“天”，如何看待？孔子是“知天命”“畏天命”。墨子是“尊天事鬼”。唯有荀子建立起了唯物主义的认识论：“天行有常，不为尧存，不为桀亡。应之以治则吉，应之以乱则凶。”（《天论》）并从承认自然界的客观性、规律性出发，提出了“天人相分”的观点。就是针对具备一定科学潜质却缺乏整体观和系统性的名家来讲，他的这种定位也有超越其上的哲学含量，更不要说其后董仲舒公羊派的荒谬理论了。

再拓展开来。他当时的一些立论，比起同时期中外哲人所谓严谨的思辨认定也毫不逊色。比如广泛流传的柏拉图将“人”定义为“身上无毛的两足直立的动物”。亚里士多德将人定义为“政治动物”。庄子以中国式的聪慧将“人”定义为“络马首，穿牛鼻，是为人”（《秋水》）。荀子的论述是：“人之所以为人者，非特以二足而无毛也，以其有辨也。”（《非相》）显然，荀子这里是在有所排除的基础上做出的判断，其深刻性，时至今日恐怕所蕴含的价值含量仍给予我们以启示。别异划分就在于有区别性特征作标准，而最坚实最理想的区别性特征就在于排他性：唯有该物所有而他物所无。17世纪法国哲学家、科学家帕斯卡尔的名言：“人只不过是一根苇草，是自然界最脆弱的东西，但他是一根能思想的芦苇。”[①] 这让我们许多人都醉心不已。然比起荀子的认定，时间上晚且不说，内涵的丰厚度与本质的把握上也仍有不足。

荀子不仅具有朴素唯物主义的思想，在此基础上又十分看重人的主体性和认识价值。他指出：“凡以知，人之性也；可以知，物之理也。”（《解蔽》）即认为世界是可以被人所认识的。认识的过程是通过“天官”（感官）接触外界事物，再由“天君”（思维器官）进行理性的加工（征知），才能实现主客体的统一。他特别重视动天君，即思维阶段的作用价值，须“虚壹而静”，要注意不为认识的片面性和主观性所遮蔽。“蔽”的形式很多：“欲为蔽，恶为蔽；始为蔽，终为蔽；远为蔽，近为蔽；博为蔽，浅为蔽；古为蔽，今为蔽。凡万物异则莫不相为蔽，此心术之公患也。”（《解蔽》）只有排除了各种各样的干扰，才能达到接近于事物的客观真实。

荀子从语言哲学的角度切入在认识论上所做出的建树，应该说足以为科学意识的形成奠定坚实的基础了。为什么说他的学说又强有力地制约了中国文化科学的诞生与发展呢？真所谓“成也萧何，败也萧何”。正因为荀子学说中存在着巨大的悖论，才形成了现时人们对他判断上的鲜明差异。说荀子学说在相当程度上阻碍了科技，此论并不为过。主要在于：

a. 极端地强调为政治目的服务。荀子所言所论，一切旨归都是为了推行王道社会秩序。这一点表现得特别明确且坚定，并申之又申：“辨莫大于分，分莫大于礼，礼莫大于圣王。”（《非相》）“凡言不合先王，不顺礼义，谓之奸言；虽辩，君子不听。”（《儒效》）“礼之理诚深矣，坚白同异之察，入焉而溺。”（《礼论》）

---

① ［法］帕斯卡尔：《思想录》，何兆武译，商务印书馆 1985 年版。又，高二语文必修四课文《人是一根能思想的苇草》，人民教育出版社 2004 年版，第 52 页。

b. 极端的功利性。对此他也强调得很多："闻之不若见之，见之不若知之，知之不若行之。学至于行之而止矣。"（《儒效》）"故善言古者，必有节于今；善言天者，必有征于人。"（《性恶》）他指责惠施、邓析等名家是"好治怪说，玩琦辞，甚察而不惠，辩而无用，多事而寡功"，虽然是"持之有故，其言之成理"，结果是"足以欺惑愚众"。

c. 鄙弃对未知世界锲而不舍的追求。荀子对其他所有的工作，特别是纯粹知性的思辨采取了排斥甚至是扼杀的态度。"不隆礼，虽察辩，散儒也。"（《劝学》）"知者论道而已矣，小家珍说之所愿皆衰矣。"（《正名》）认为有关这些课题所进行的逻辑思辨，是"狂惑戆陋之人，乃始率其群徒，辩其谈说，明其辟称，老身长子，不知恶也。夫是之谓上愚，曾不如相鸡狗之可以为名也。"（《解蔽》）甚至要求人们放弃这方面的探求："若夫充虚之相施易也，'坚白''同异'之分隔也，是聪耳之所不能听也，明目之所不能见也，辩士之所不能言也；虽有圣人之知，未能偻指也。不知无害为君子，知之无损为小人。工匠不知，无害为巧；君子不知，无害为治。"（《儒效》）"故君子道其常，而小人道其怪。"（《荣辱》）

科学的建立需要三个方面的条件：针对自然现象进行内部深入分析的观念意识，进行严密概括表述的形式工具，有科学方法进行推证的哲学思想。虽然科学创造的终极目的还是为了人，但正像没有物质文明，精神文明就失去了基础一样，客观性仍是主体行为必须遵循的根本依据和进行分析切入的必要前提。这由古希腊科学奠定的状貌可以参照：当时的哲学家大都为自然科学家，这就使得普遍方法的抽象概括成了有源之水、有苗之木。把目的当作认识的对象和全部内容，把实现眼前利益当作检验行为价值的唯一准则，这便容易使得特定的社会群体始终处于一种基本需求和本能需求的状态之中。任何事物都反映着内部结构和外部功能两个方面的特征，外部功能多是显性的，对人类社会来说，体现着实用性；而内部却多为隐性的，以整体的表象遮蔽着其结构的复杂性。对客观世界的认识态度多决定了不同社会群体的价值取向。有为和无为，是侧重功利还是侧重满足探寻的渴望，显然对于科学能否建立具有决定性的影响。当先秦大多数思想家们沉湎于设计良好社会秩序、将一切寄托于“内圣外王”至人出现的时候，而古希腊的思想家们却在尽力地营建远离世俗的思想王国。比如赫拉克里特，他就认为，仅找到一件原因的解释，其快乐有甚于当波斯国王。[①]当学生问学几何有什么用的时候，欧几里得马上就让人拿给他十块钱。说，你一定要在这里边得到好处的话，请拿上钱走吧！这些都很能透现他们遗世独立、醉心于学问构建的思想精神。执着的分析理念，可以让他们推想到任何物质内部存在着最小的单位——原子，并呈现着层次分布与运动关系。这既是他们从事研究对自然事物规律的一种拟想，也是世界观的一种反映。单子、层次和关系，即为对事物内部结构特征的摹写。反映于社会组织里，重视每一个个体的价值也就成了顺理成章的事了。先秦的思想家也有类同这种境界的。如墨子，作为器械技术极为高超的人，作为逻辑思辨能力极强的人，可以说思路方式非常接近于古希腊那些思想家。然而，也就像庄子指出的名家他们讨论的问题：“一尺之棰，日取其半，万世不竭”，有拼命分析的意识；但是因为没有最小单位以及结构的观念，缺失了这一块儿，重视每一个个体的思想便建立不起来。于是在整个社会秩序的营造中，便不能形成每一位个体都是主体的准确定位，只好将希望寄托在“尊天事鬼”上。荀子虽然在逻辑方法上面颇显成就，可惜他缺失的更多，过于强调社会的实用价值功能抵消了本应出彩的思想文化建设。

4.1.3 看重文辩

如果我们对荀子学说采取扬弃的态度，将其为政治伦理服务、极端地

① 李志逵：《欧洲哲学史再编》，湖南人民出版社 1986 年版，第 36 页。

走实用主义的一面给予淘汰，将其积极昂扬、励志勤勉、比类清朗、推证严谨的一面给予光大的话，特别是他有别于其他诸子的，有关语言的性质功能能从本体角度进行立论形成相对完整的体系，以现代语言学视界进行观照，摧陷廓清、总结继承，显然有着重要的价值。

前人的语言学行为，不外乎理论和实践两个方面的展现。事实证明，理论和实践在他们身上往往是和谐统一的。如庄子主张“得鱼忘筌，得意忘言”(《外物》)，那么他的言语便璀璨绚烂，宏阔挥洒；墨子主经“言无务为多而务为智，无务为文而务为察”(《修身》)，那么他的言语便质朴浑厚、善于类推。其中，孔子和荀子对语言最有自觉的意识，他们都充分认识到语言的运用上面存在着规范和文采两个方面的效度问题。如前者既肯定“辞达而已矣”，又推崇“言之无文，行之不远”，因此其言语表现是简括平易、迂徐含蓄。荀子对孔子有关论述思想与实践展示直接地继承了下来。然于语言本体有着理性认识并有着理论建树的却唯有荀子，除名实之辨外，有关辞章组合要求也有诸多论述。语用方面，正像他自己确立的标准那样：“君子宽而不僈，廉而不刿，辩而不争，察而不激，寡立而不胜，坚强而不暴，柔从而不流，恭敬谨慎而容，夫是之谓至文。”(《不苟》) 其语言表现更是有“诸子大成”之美称，其风格特色是明快缜密、铺陈扬厉。荀子将语录体发展为标题论文，使得古代说理文章法规范成熟；同时，他还是使用赋的名称和用问答体写赋的第一人。

综观荀子的语言学说营造，有三个方面值得重视：

一是有关语言的规范运用。荀子可以说是最早倡导国家统一制定语言政策的。有关这一问题，《正名》篇中也谈得最多。其体现的特点，一个是从语言的社会功能性质出发，进行理论上的阐发论证。在荀子看来，名既是实的载体，又是辞章表意的基础单位。王者起，新秩序，必当循于旧名，作于新名。“故王者之制名，名定而实辨，道行而志通，则慎率民而一焉。”

以国家行为进行制名和规范，虽然荀子有他的终极追求；但从民族文化的角度进行认识的话，其积极意义应该给予充分肯定。再一个则是对逆于这种规约行为的批评。荀子的批评也分为两种情况：有的是结合着政治内容进行认定的。这一点荀子过于强化负效应的一面。在其他篇章里边多次体现了他的这种定性，如《非十二子》中言道："知而险，贼而神，为诈而巧，言无用而辩，辩不惠而察，治之大殃也。行辟而坚，饰非而好，玩奸而泽，言辩而逆，古之大禁也。知而无法，勇而无惮，察辩而操僻，淫大而用之，好奸而与众，利足而迷，负石而坠，是天下之所弃也。"因言获罪这种传统与荀子的这种判定也不无关系。有的则是从语言本体角度进行的客观评判。这也主要体现在《正名》一文中，就名实关系间的乖误他归纳出三种现象："惑于用名以乱名者""惑于用实以乱名者""惑于用名以乱实者"。虽然其评判不一定都完全准确，但汉语文言过于简约，名家自己表述得也不够明晰严谨，也不能不说是一种客观事实。

二是充分肯定语言的工具效用。荀子之前，普遍存在的语言态度是"尚简""慎言"，甚至"讷于言"。孔子虽然也承认语言的价值作用，但主要取向仍是"刚毅，木讷，近仁"（《子路》）。稍早于荀子的庄子，更是有消解语言载体功能的主张："大辩不言"（《齐物论》）。而荀子却与这种主流的观念相反，与自己积极用世的思想精神相一致，对言辞使用采取了充分赞赏的态度。他指出："法先王，顺礼义，党学者，然而不好言，不乐言，则必非诚士也。故君子之于言也，志好之，行安之，乐言之，故君子必辩。凡人莫不好言其所善，而君子为甚。故赠人以言，重于金石珠玉；观人以言，美于黼黻文章；听人以言，乐于钟鼓琴瑟。故君子之于言无厌。鄙夫反是：好其实不恤其文，是以终身不免埤污佣俗。故易曰：'括囊无咎无誉。'腐儒之谓也。"（《非相》）

三是倡导言辞严谨并富于文采。正是有良好的前提，荀子以积极的态度应用语言和美化语言。他批评墨子“蔽于用而不知文”，虽然有失偏颇，但从另一方面也可以由此看出他的语用取向。

有关修辞的价值作用，荀子也是从两个方面来进行定位的。

一个是把它当作言语主体个人修养的重要组成部分来看待，体现的是一种综合效用。《大略》中说：“人之于文学也，犹玉之于琢磨也。”学习文章经籍，包括《诗经》文采的吸纳，都有益于品行的陶冶。而言说，同样也包括了内容的健康。“与人善言，暖于布帛；伤人之言，深于矛戟。”（《荣辱》）甚至还要同个人的风貌紧密地相联系：“谈说之术：矜庄以莅之，端诚以处之，坚强以持之，譬称以喻之，分别以明之，欣欢芬芗以送之，宝之，珍之，贵之，神之。如是则说常无不受。”（《非相》）当然，这一方面荀子从他的等级秩序观念出发，将人的言语行为也划为不同的层次是不可取的。如：“多言则文而类，终日议其所以，言之千举万变，其统类一也：是圣人之知也。少言则径而省，论而法，若佚之以绳：是士君子之知也。其言也谄，其行也悖，其举事多悔：是小人之知也。齐给便敏而无类，杂能旁魄而无用，析速粹孰而不急，不恤是非，不论曲直，以期胜人为意，是役夫之知也。”（《性恶》）

再一个则是从语言本身的角度给予比较准确的阐发。荀子于此提出了一条重要的标准：“君子行不贵苟难，说不贵苟察，名不贵苟传，唯其当之为贵。”（《不苟》）为什么呢？就名称事来讲，“名有固善，径易而不拂，谓之善名”（《正名》）。但“稽实”并不容易，而要达到士君子辨说的境界：“辞让之节得矣，长少之理顺矣；忌讳不称，祆辞不出；以仁心说，以学心听，以公心辨；不动乎众人之非誉，不治观者之耳目，不赂贵者之权势，不利传辟者之辞；故能处道而不贰，吐而不夺，利而不流，贵公正而贱鄙争”，其难度是可以想象的；再想企求“圣人的辨说”，就更是难上加难。于此，荀子在具体的方法上也带来很好的启示，那就是：“凡说之难，以至高遇至卑，以至治接至乱。未可直至也，远举则病缪，近世则病佣。善者于是间也，亦必远举而不缪，近世而不佣，与时迁徙，与世偃仰，缓急嬴绌，府然若渠匽檃栝之于己也。曲得所谓焉，然而不折伤。”（《非相》）曲语婉转，最易于实现初衷效果。

4.2 晏子的语言观

依我们现在的观念，法家应该是最讲规则规程的，那么在语言上的表述论证也应该相应地多一些。如果我们真是这样想的话，那可是大错特错了。事实上，法家除了荀子，通常考虑语言问题却是比较少的，甚至提及言说，往往采取比较反感的态度，认为是多言乱法。这是他们表现出来的比较一致的认识态度。正因为如此，有关内容言辞表述过于凌厉简便，于是造成的歧解现象也相对多一些。如《礼记·曲礼上》云：“礼不下庶人，刑不上大夫。”礼和刑，这两种治国理政的方式手段对不同的种群来说，其要求还是有区别的。当然，很有些人对该语句所表达的意思一再讨论，甚至还涉及整个语句的断句问题。这里先将上下文句粘贴于下：

> 国君抚式，大夫下之。大夫抚式，士下之。
>
> 礼不下庶人，刑不上大夫。刑人不在君侧。

那么对于上述两句话的理解，比较传统的认识，首先是断句如上，接下来的白话翻译大致应为：“礼不为下面的庶人而制，刑不为上面的大夫而制。”①

现时人们思想解放，有人做了重新的解释，连句段都大不一样：

---

① 贾谊《新书·阶级》解作：“礼不及庶人，刑不至大夫”。南宋游桂注：“不下者谓不及也”。清龚自珍《春秋决事比答问第二》云：“礼不下庶人者，礼至庶人而极”。上述断句与白话翻译均为杨天宇《礼记译注》，上海古籍出版社2004年版，第26—27页。

> 国君抚式，大夫下之；大夫抚式，士下之；礼不下庶人。刑不上大夫，刑人不在君侧。①

相应地，后边三句变为白话大致作如此解：庶人不必拘泥这种礼法。污辱性的刑罚不宜直接用在大夫身上，行刑的人不适合出现在国君左右。

后一种解释显然符合实际的情形。因为《周礼·秋官司寇》即明确地记载了当时刑律的五种类型：

> 以五刑纠万民：一曰野刑，上功纠力；二曰军刑，上命纠守；三曰乡刑，上德纠孝；四曰官刑，上能纠职；五曰国刑，上愿纠暴。(《大司寇》)

对于官家触犯法律，无非是给予面子上的优厚待遇，使他们不至于过于难堪。如“凡命夫、命妇，不躬坐狱讼。凡王之同族有罪，不即市”。处死刑的，“唯王之同族与有爵者，杀之于甸师氏”。犯罪入籍为奴，“男子入于罪隶，女子入于舂、槁。凡有爵者与七十者，与未龀者，皆不为奴”。(《司厉》)显然，如果该记载是真实的话，那时制定的法律对士大夫阶层并没有特别的优厚待遇。这应该是很不容易的。

尽管《书·吕刑》上说：“哀敬折狱，明启刑书胥占，咸庶中正。”但夏、商两代与西周的法，是一种完全依附于礼的法，甚至还是隐秘性的法，即“刑不可知，威不可测，则民畏上也”(《左传·昭公六年》)。管仲相齐，倡导法制，被誉为“法家先驱”。虽有《管子》一书传世，但真正的成书时间恐怕也在稷下学宫时期。当然，有些记述或许也确实反映了管子的思想。如：“欲民之可御，则法不可不审。法者，将立朝廷者也。……法者，将用民力者也。……法者，将用民能者也。……。法者，将用民之死命者也。”

---

① 栗劲、王占通：《略论奴隶社会的礼与法》，《中国社会科学》1985年第5期。徐复观：《中国人性论史》，华东师范大学出版社2005年版，第198页。

(《权修》)“有道之君者，善明设法，而不以私防者也。”(《君臣上》)“国有常式，故法不隐，则下无怨心。”(《君臣下》)“名正法备，则圣人无事。”(《白心》)并提出“法爱于人”(《七法》)的全新观念。但我们可以肯定的是，这样高的境界，也是管仲那个时期所不可能达到的。因为晚于他的子产于公元前536年为郑国相铸刑书，开启了成文法的公开化。即便是同样卓有声望的政治家，叔向即表示了强烈反对的态度，认为：“民知有辟，则不忌于上，并有争心，以征于书，而侥幸以成之，弗可为矣。”(《左传·昭公六年》)但有意思的是，孔子对叔向的评价是：“古之遗直也。治国制刑，不隐于亲，三数叔鱼之恶，不为末减。曰义也夫，可谓直矣！”[①](《左传·昭公十四年》)相对应的，孔子对子产的评价是：“古之遗爱也！”[②]说明了什么？春秋晚期，礼崩乐坏，那么法的价值作用就被提到了议事日程上。两者怎样处置？似乎并不容易。《左传·昭公二十年》载：

> 郑子产有疾，谓子大叔曰：“我死，子必为政。唯有德者能以宽服民，其次莫如猛。夫火烈，民望而畏之，故鲜死焉。水懦弱，民狎而玩之，则多死焉。故宽难。”疾数月而卒。大叔为政，不忍猛而宽。郑国多盗，取人于萑苻之泽。大叔悔之，曰：“吾早从夫子，不及此。”兴徒兵以攻萑苻之盗，尽杀之。盗少止。

子产主张“宽猛相济”，孰先孰后，似乎他并没有掌握好，但有一点他把握得特别好，就是他认识到了“无欲实难”(《左传·襄公三十年》)。实际上在我们看来，所谓法家应该有三种类型：荀子型、晏子型和韩非型。这里重点分析前两家。

---

① 上海古籍出版社2004年版《左传译注》将“古之遗直”直接解作“古人遗风”，不妥。孔子话里紧跟着的“直”，即说明了不能仅仅泛泛地解作“风”，应该指的是“刚正不阿、执法无私”。

② 见《左传·昭公二十年》。这译作“具有古人仁爱的遗风啊”，就比较准确。

4.2.1　荀子型法家

荀子型法家，属于理论家的法家。主要代表性人物有慎到和荀子。

（1）慎到

慎到（约公元前 395—公元前 315），通常被认为是法家的创始性人物。他在稷下学宫里讲学时间长，曾和田骈、环渊等一道被齐宣王命为大夫，虽然多是一种荣誉和待遇，不过也说明他当时确实享有盛名。

慎到的法家思想应该是相当丰富且全面的。《慎子》一书，《史记·孟子荀卿列传》介绍有“十二论”。班固《汉书·艺文志》著录为四十二篇。宋代的《崇文总目》记为三十七篇。现在我们看到的《慎子》只有七篇，且有些篇目只剩下一段话语，另外还保留有多条逸文。也就是说，慎到的著述大部分散佚，已经不能窥其全貌。但就其有限的文字讲，他所表现的思想有全面系统性，因为其涉及的范围广，且思考具有自己独特的见解，迄今看来仍有启迪价值。比如法家首先肯定的就是君主的绝对权威性，在慎到这里强调得突出鲜明：

> 南面而王，则令行禁止。（《威德》）
>
> 国家之政要在一人之心矣。（同上）

但需要注意的是：慎到所认识的君主权力并非独裁权甚至为法治的旨归，终极目的却是为了天下、为了国家，是立公弃私。这在那个时候也应该是振聋发聩的：

> 立天子以为天下，非立天下以为天子也；立国君以为国，非立国以为君也；立官长以为官，非立官以为长也。（同上）

自然是法治，肯定也得强调法的重要性：

> 法虽不善，犹愈于无法，所以一人心也。（同上）
>
> 民一于君，事断于法，是国之大道也。（《佚文》）
>
> 法者，所以齐天下之动，至公大定之制也。故智者不得越法而肆

谋，辩者不得越法而肆议；士不得背法而有名，臣不得背法而有功。我喜可抑，我忿可窒，我法不可离也。骨肉可刑，亲戚可灭，至法不可阙也。(《佚文》)

这里的表述，简直相当于“法治”的宣言。

“法”与“言”的关系，上面的例证已有涉及，再如：

昔者，天子手能衣，而宰夫设服；足能行，而相者导进；口能言，而行人称辞。故无失言失礼也。(同上)

不肖者，不自谓不肖也，而不肖见于行，虽自谓贤，人犹谓之不肖也；愚者不自谓愚也，而愚见于言，虽自谓智，人犹谓之愚。(同上)

在慎到看来，法治社会，总的来说就是少说话。特别是最后一例的表述，非常精到：品行不好来自行为，而愚昧无知来自言语。

法非从天下，非从地出，发于人间，合乎人心而已。治水者，茨防决塞，九州四海，相似如一。学之于水，不学之于禹也。(同上)

慎子的这点见识还真是同时期其他的思想家所不能比拟的。像墨子这样的具有唯物主义观念的人还赞同圣人等学习，甚至还要做到以吏为师；至于儒家等，就更是主张向一切比自己强的人学习。而这里慎子居然提出法“合乎人心”，于自然界，更是需要适宜对象的特征而非他人治理的手段。这真是追寻到了处理一切事务的最根本处或曰本原处。

法怎么合乎人心了？慎子认为：

君人者，舍法而以身治，则诛赏予夺从君心出矣。然则受赏者虽当，望多无穷；受罚者虽当，望轻无已。君舍法，而以心裁轻重，则同功殊赏，同罪殊罚矣，怨之所由生也。是以分马者之用策，分田者之用钩，非以策、钩为过于人智也，所以去私塞怨也。故曰：大君任法而弗躬，则事断于法矣。法之所加，各以其分，蒙其赏罚而无望于君也，是以怨不生而上下和矣。(《君人》)

慎子甚至还认为，人生来自私；人类社会越发展越复杂，人们的欲望和疯狂则越显豁：

能辞万钟之禄于朝陛，不能不拾一金于无人之地；能谨百节之礼于庙宇，不能不驰一容于独居之余。盖人情每狎于所私故也。(《君人》)

他认为，只有法度的公平、公正，可以平抑人们的贪欲之心：

有权衡者，不可欺以轻重；有尺寸者，不可差以长短；有法度者，不可巧以诈伪。(同上)

而且他认为：君主的能力也是有限的，他应该借助法规治理国家，并且还要全身心地为国家的治理作贡献：

弃道术，舍度量，以求一人之识识天下，谁子之识能足焉？

善为国者，移谋身之心而谋国，移富国之术而富民，移保子孙之志而保治，移求爵禄之意而求义，则不劳而化理成矣。(《佚文》)

在此基础上，慎到还是谈了比较多的君主驭臣之术。即便如此，他谈的驭臣术并不显得刻薄寡恩，反倒显得颇有些道理：

君之智，未必最贤于众也，以未最贤而欲以善尽被下，则不赡矣。若使君之智最贤，以一君而尽赡下，则劳；劳，则有倦；倦，则衰；衰，则复返于不赡之道也。

人君苟任臣而勿自躬，则臣皆事事矣。是君臣之顺，治乱之分，不可不察也。(《民杂》)

很有些人提出慎到最早提到了法家理论中的“势”的观念。其实在他有限的文字里，这方面的内容很难见到，有，也仅仅说到的是权势：

贤不足以服不肖，而势位足以屈贤矣。(《威德》)

还有些表述，涉及的内容更显有深度，很难不启发人们思考：

桀、纣之有天下也，四海之内皆乱，关龙逢、王子比干不与焉，而谓之皆乱，其乱者众也。尧、舜之有天下也，四海之内皆治，而丹

朱、商均不与焉，而谓之皆治，其治者众也。(《佚文》)

慎到这里提出了很有趣的现象：一般决定性质，个别不能否定一般。连带的就是：整体少于部分之和。

（2）荀子

这里我们又来谈荀子，主要是侧重他于治国理念上又体现出了哪些内容。

荀子主张法治，是有他一整套的逻辑推证的，他指出：

人之性恶，其善者伪也。今人之性，生而有好利焉，顺是，故争夺生而辞让亡焉；生而有疾恶焉，顺是，故残贼生而忠信亡焉；生而有耳目之欲，有好声色焉，顺是，故淫乱生而礼义文理亡焉。(《性恶篇》)

甚至认为，这种人性的统一性，是：

尧、舜之与桀、跖，其性一也；君子与小人，其性一也。（同上）

这一判断，可以说数千年的时间里没有他人如此决绝地认定。而他的学生也只敢说“夫民之性，恶劳而乐佚，佚则荒，荒则不治”(《韩非子 · 心度》)。

问题的关键就在于：这是之所以实施法治、实行王道的根据。因为非常自然并有机的因果关系是：法制和教化是惩恶扬善、改良社会环境的必要前提。人性是恶的，所以，法制和教化是必需的。如果是孟子的性善说，这样的三段论便不能成立。

其实孟子也能够认识到自己的认定里存在着明显的矛盾性，不过他有些躲闪、敷衍、强词夺理罢了。因为他毕竟对生活、对社会的体味得合乎人们的正常感觉，事实上他在多处也都讲到了人性，且总的认识都是：人生来的自然属性都是逐利性的。比如《万章上》即论述说：人悦之、好色、富、贵，“人之所欲”。《离娄下》也说：“天下之言性也，则故而已矣。故者以利为本。”甚至还有相当愤激的判断：“人之所以异于禽兽者几希。”他之所以没有坚持这种认定，这是有他的担心的。《离娄下》说：“言人之不善，当如后患何？”对于这句话的理解多种多样，但有一种解释可以说最能够揭示他之所以最终选择了性善的判断，那就是担心说明了真相，是不是会像放逐了洪水猛兽，打开了潘多拉盒子？当然，这还是正面理解。王充的解释或许更到位：“性善者，不待察而自善；性恶者，虽能察之，犹背礼畔义，义挹于善不能为也。故贪者能言廉，乱者能言治。”（《论衡·本性篇》）什么意思？好自好，不言自明；恶却不能那么坦然，言辞上趋利避害的结果就是贪腐者也高唤廉洁，捣乱者也宣传安定。所以，他的性善说甭看与告子争辩起来咄咄逼人，毫不放松，但所采取的方法也仅仅是简单的类推，并不涉及问题的实质：水之就下，既可以喻善，也可以喻恶，并不存在逻辑内涵上的必然关系。另外就是孟子对这种本性并不具有坚定的信心，那就是他所解释的：“仁义礼智，非由外铄我也，我固有之也，弗思耳矣”，且还是“求则得之，舍则失之”。潜隐状态，颇有些难以捉摸。所以说，他的性善说，说好了，有点以正面鼓励为主的意思；说差了，就是有些伪善了。

所以，荀子对孟子驳斥就深中肯綮：“故性善则去圣王、息礼义矣；性恶则兴圣王、贵礼义矣。故檃栝之生，为枸木也；绳墨之起，为不直也；立君上，明礼义，为性恶也。”之所以如此，就在于荀子具有严密的逻辑推证意识，在《正名》篇中所提出的“期、命、辩、说”，显然对于严格思维方式的历练具有坚实的功效。不过，有待指出的是，荀子的性恶论也有漏洞：自然是人生来性恶，那么，又凭借怎样的方法来具体实施“师法之化、礼义之道”呢？荀子认为是“圣人之为”。自然人生来性恶，圣人又从哪儿来的呢？荀子当然想到了这一层。他的解释是：“凡贵尧禹君子者，能化性，能起伪，伪起而生礼义。然则圣人之于礼义积伪也，亦犹陶埏而为之也。用此观之，然则礼义积伪者，岂人之性也哉！所贱于桀跖小人者，从其性，顺其情，安恣孳，以出乎贪利争夺。”也就是说，尧禹之所以不同于邪恶之人，就在于能化性积为，陶冶自己，才表现出了不一般的品质才能，他们再作为圣人制定法律并实施教化。转了一大圈儿，似乎又回到原来的路上了，让人们不免有功亏一篑之憾！

即便如此，我们仍可以看到荀子于此问题上是最富有揭示能力的一位思想家。因为他对该议题进一步的表述仍值得人们做更多的思考，如：

> 援夫千岁之信法以持之也，安与夫千岁之信士为之也。人无百岁之寿，而有千岁之信士，何也？曰：以夫千岁之法自持者，是乃千岁之信士矣。故与积礼义之君子为之则王，与端诚信全之士为之则霸，与权谋倾覆之人为之则亡。(《王霸》)

这里荀子体现出的一个非常让人感动的理念就在于：坚持不懈地信守法治，可以保障千载人们的诚信，可以保障政权的长治久安。孔子评价管仲的法治是“人亡政息”，问题的关键在于这种法治不是真正的法治。齐桓公自己处于这种法制的框限外，既是法律的制定者，又是执行者。之所以善始不能善终，即所谓的成亦法规法治，败亦法规法治，就在于这种所谓的法治不成系统。

> 由用谓之道，尽利矣；由俗谓之道，尽嗛矣；由法谓之道，尽数矣；由势谓之道，尽便矣；由辞谓之道，尽论矣；由天谓之道，尽因矣。此数具者，皆道之一隅也。夫道者，体常而尽变，一隅不足以举之。(《解蔽》)

与其他诸子相比，荀子的认识论是清楚并系统的。他认为，追求认知，是人的秉性；事物也是可以被人们认识的。但是事物并不容易被人们彻底认识，这主要是受主客观多种因素的限制：以有限人生追寻无限广博的道理显然不可能；即便深入探究，甚至能成一家之言，又往往会囿于局部失却对整体的把握；即便掌握了普遍性的规则，仍还是不能通融于万物之变化。因此，荀子告诉人们，既要不断质疑，同时还要有所知止。

接下来就是他针对语言反映上的问题所做的批评：

> 若夫非分是非，非治曲直，非辨治乱，非治人道，虽能之无益于人，不能无损于人；案直将治怪说，玩奇辞，以相挠滑也；案强钳而利口，厚颜而忍诟，无正而恣睢，妄辨而几利；不好辞让，不敬礼节，而好相推挤。此乱世奸人之说也，则天下之治说者方多然矣。（同上）

荀子这里显然对专注于言辞上的折绕，单一为言辞而进行的言辞探讨、空谈名物以为很会辨析等不良现象表现出了强烈的否定倾向。他的明确分辨是："多言而类，圣人也；少言而法，君子也；多言无法，而流湎然，虽辩，小人也。"（《非十二子》）

需要注意的是：在荀子的观念里，礼和法的使用是有所侧重的。所以我们前面所做的讨论，对"礼不下庶人，刑不上大夫"的理解，与其说是当时的真实实施，毋宁说成是人们，特别是像荀子这样的哲人的一种有意倾斜。看荀子的具体表述：

> 法者，治之端也；君子者，法之原也。（《君道》）
>
> 德必称位，位必称禄，禄必称用，由士以上则必以礼乐节之，众庶百姓则必以法数制之。（《富国》）
>
> 刑政平而百姓归之，礼义备而君子归之。（《致士》）

因此，我们认为，在法制建设上面，荀子的论述是充分且具有相当严密的逻辑，应该是法家重要的一种类型。

4.2.2　晏子型法家

再一种类型也就是我们需要稍微说到的政治家型的。像比较早的管仲，相对稍晚的子产和晏子等，他们共同的特点都是实干家，他们都以自己的当政才干、语言艺术、人格魅力赢得了世人的称颂。当然，他们这一群体具体的表现方式还不完全相同：管仲属于上升时期，出手果断，勇于作为，辅佐齐桓公成为“五霸”之首。而后两位似乎都面临大厦将倾，需力挽颓势之窘迫，尽管在自己国内孜孜矻矻，惨淡经营；然而在诸侯间的政治舞台上还是各显神通，出色的外交才能与言语应对能力，让他们成为历史上的卓越人物。不过需要有所讨论的是：说管仲是法家大概没有多少人反对；说子产是法家，恐怕会稍有迟疑，尽管他出台了中国历史上第一份明文的法规；但要说晏子是法家，多少会引发争执。

确实，晏子很少提到“法”一词，即便是《晏子春秋》里提到了，也是仅见，且还是温柔敦厚型的，很少严令苛政。如：

> 昔者先君桓公之地狭于今，修法治，广政教，以霸诸侯。(《谏上》)
>
> 法其节俭则可，法其服，居其室，无益也。(《谏下》)
>
> 明君不以邪观民，守则而不亏，立法仪而不犯，苟有所求于民，而不以身害之，是故刑政安于下，民心固于上。(《问上》)

难得见到积极的肯定及论述。即便是涉及这类话题了，他也是转向有些儒家色彩的应对上面。如：

> 景公问晏子曰：“人性有贤不肖，可学乎？”
>
> 晏子对曰：“《诗》云：“高山仰止，景行行止。”之者其人也，故诸侯并立，善而不怠者为长；列士并学，终善者为师。”(《问下》)

这段对话询问答对的相当于人性善恶的问题。这是有思想的政治家们进行施政首先要认定的一个出发点。然而备受人们推崇的晏婴却用比喻的话语进行解答，且还仅仅是举了正面的例子告诉人们向善学习即可。因此，我们可以说晏子并非严格意义上的法家，甚至更像一个儒士政治家。连其先前的管仲，孔子赞美不已的同时还有微词，对于晏子，人们就分外不同了，简直称颂其为完人。史迁甚至感叹说：“假令晏子而在，余虽为之执鞭，所忻慕焉。”(《史记·管晏列传》) 都佩服到如此份儿上，可见其德行的感人之深。之所以如此，关键在于晏子出色的语言应对能力上：对外能体现不卑不亢、磊落潇洒的国家形象。如人们比较熟知的《晏子春秋·杂下》所载晏子使吴、使楚的几出典故：

晏子使吴，吴王谓行人曰："吾闻晏婴，盖北方辩于辞，习于礼者也。命傧者曰：'客见则称天子请见。'"

明日，晏子有事，行人曰："天子请见。"晏子蹴然。行人又曰："天子请见。"晏子蹴然。又曰："天子请见。"晏子蹴然者三，曰："臣受命敝邑之君，将使于吴王之所，以不敏而迷惑，入于天子之朝，问吴王恶乎存？"然后吴王曰："夫差请见。"见之以诸侯之礼。(《晏子使吴》)

晏子将至楚，楚闻之，谓左右曰："晏婴，齐之习辞者也。今方来，吾欲辱之，何以也？"

左右对曰："为其来也，臣请缚一人，过王而行。王曰：'何为者也？'对曰：'齐人也。'王曰：'何坐？'曰：'坐盗。'"

晏子至，楚王赐晏子酒。酒酣，吏二缚一人诣王，王曰："缚者曷为者也？"对曰："齐人也，坐盗。"

王视晏子曰："齐人固善盗乎？"

晏子避席对曰："婴闻之，橘生淮南则为橘，生于淮北则为枳，叶徒相似，其实味不同。所以然者何？水土异也。今民生长于齐不盗，入楚则盗，得无之水土使民善盗耶？"

王笑曰："圣人非所与熙也，寡人反取病焉。"(《橘生淮南》)

对内也是同样如此，不过所使用的反讽手法更显得老到成熟：

景公令兵抟治，当腊冰月之间而寒，民多冻馁，而功不成。公怒曰："为我杀兵二人。"晏子曰："诺。"少间，晏子曰："昔者先君庄公之伐于晋也，其役杀兵四人，今令而杀兵二人，是师杀之半也。"公曰：

“诺！是寡人之过也。”令止之。(《谏下》)

先肯定，然后再引至极端，让对方领悟其愤激杀人之不当。

《晏子春秋》大都为类似这方面的记述，从而成为该著述一特色亮点。不过，整个作品可以肯定的是并非晏子自己的作品，亦为后来者整饬加工过的，有些甚至有失历史真实。

曾子将行，晏子送之曰：“君子赠人以轩，不若以言。吾请以言之，以轩乎？”曾子曰：“请以言。”

晏子曰：“今夫车轮，山之直木也，良匠揉之，其圆中规，虽有槁暴，不复嬴矣，故君子慎隐揉。和氏之璧，井里之困也，良工修之，则为存国之宝，故君子慎所修。今夫兰本，三年而成，湛之苦酒，则君子不近，庶人不佩；湛之麋醢，而贾匹马矣。非兰本美也，所湛然也。愿子之必求所湛。婴闻之，君子居必择邻，游必就士，择居所以求士，求士所以辟患也。婴闻汩常移质，习俗移性，不可不慎也。(《杂上》)

这一记载似乎就不准确：晏子生年为公元前 595 年—前 500 年，曾子则为公元前 505 年—前 435 年，两个人怎会有交集?

然我们之所以将晏子归入法家，主要在于：他对于儒士、儒学，特别是对于孔子，甚至“周礼”的价值，都有着自己的认识，所采取的态度则是贬抑的：

今孔丘盛声乐以侈世，饰弦歌鼓舞以聚徒，繁登降之礼，趋翔之节以观众。博学不可以仪世，劳思不可以补民，兼寿不能殚其教，当年不能究其礼，积财不能赡其乐。繁饰邪术以营世君，盛为声乐以淫愚其民。其道也，不可以示世；其教也，不可以导民。(《外篇第八》)

晏子虽然对“礼”也比较推崇，比如他讲：

上若无礼，无以使其下；下若无礼，无以事其上。夫麋鹿维无礼，故父子同麀，人之所以贵于禽兽者，以有礼也。婴闻之，人君无礼，无以临其邦；大夫无礼，官吏不恭；父子无礼，其家必凶；兄弟无礼，不能久同。《诗》曰："人而无礼，胡不遄死。"故礼不可去也。(《外篇第七》)

但记载中他与孔子的交集，他对于"礼"的认识及操作有自己的主张：

晏子使鲁，仲尼命门弟子往观。子贡反，报曰："孰谓晏子习于礼乎？夫《礼》曰：'登阶不历，堂上不趋，授玉不跪。'今晏子皆反此，孰谓晏子习于礼者？"

晏子既已有事于鲁君，退见仲尼，仲尼曰："夫礼，登阶不历，堂上不趋，授玉不跪。夫子反此乎？"

晏子曰："婴闻两楹之间，君臣有位焉，君行其一，臣行其二。君之来速，是以登阶历堂上趋以及位也。君授玉卑，故跪以下之。且吾闻之，大者不踰闲，小者出入可也。"

晏子出，仲尼送之以宾客之礼，反，命门弟子曰："不计之义，维晏子为能行之。"(《杂上》)

显然，于礼的具体实施操作在认识上不一样，也直接牵涉到对礼的性质作用判断上。晏子的特点就是"活"。他的这种思想观念倒是在后来的子夏身上表现得比较充分。看《论语·子张》中子夏的表述：

虽小道必有可观者焉，致远恐泥，是以君子不为也。

大德不逾闲，小德出入可也。

子夏与法家的联系自然不言而喻。

《晏子春秋》里边也多处记载晏子与孔子之间的过节。如：

仲尼曰："吾闻晏子事三君而顺焉，吾疑其为人。"

晏子闻之，曰："婴则齐之世民也，不维其行，不识其过，不能自立也。婴闻之，有幸见爱，无幸见恶，诽谤为类，声响相应，见行而从之者也。婴闻之，以一心事三君者，所以顺焉；以三心事一君者，不顺焉。今未见婴之行，而非其顺也。婴闻之，君子独立不惭于影，独寝不惭于魂。孔子拔树削迹，不自以为辱；穷陈、蔡，不自以为约；非人不得其故，是犹泽人之非斤斧，山人之非网罟也。出之其口，不知其困也，始吾望儒而贵之，今吾望儒而疑之。”

仲尼闻之，曰：“语有之：言发于尔，不可止于远也；行存于身，不可掩于众也。吾窃议晏子而不中夫人之过，吾罪几矣！丘闻君子过人以为友，不及人以为师。今丘失言于夫子，讥之，是吾师也。”因宰我而谢焉，然仲尼见之。(《外篇第八》)

不过，上面所记事件似乎应该是下面事情发生之后才有的事：

仲尼相鲁，景公患之，谓晏子曰：“邻国有圣人，敌国之忧也。今孔子相鲁若何？”

晏子对曰：“君其勿忧。彼鲁君，弱主也；孔子，圣相也。君不如阴重孔子，设以相齐，孔子强谏而不听，必骄鲁而有齐，君勿纳也。夫绝于鲁，无主于齐，孔子困矣。”

居期年，孔子去鲁之齐，景公不纳，故困于陈、蔡之间。(同上)

作为在任的政治家，晏子做出这样的判断和应对也不能说有什么错处。特别是还有他出使鲁国与孔子之间的芥蒂在，以及他对儒家学说性质的判断，这就不仅仅是所谓学术可以评判的。

我们将晏子看作法家，关键在于他的实际操作。看人们所熟知的“二桃杀三士”：

公孙接、田开疆、古冶子事景公，以勇力搏虎闻。晏子过而趋，三子者不起。

晏子入见公曰：“臣闻明君之蓄勇力之士也，上有君臣之义，下有长率之伦，内可以禁暴，外可以威敌，上利其功，下服其勇，故尊其位，重其禄。今君之蓄勇力之士也，上无君臣之义，下无长率之伦，内不以禁暴，外不可威敌，此危国之器也，不若去之。”

公曰：“三子者，搏之恐不得，刺之恐不中也。”

晏子曰：“此皆力攻勍敌之人也，无长幼之礼。”因请公使人少馈之二桃，曰：“三子何不计功而食桃？”

公孙接仰天而叹曰：“晏子，智人也！夫使公之计吾功者，不受桃，是无勇也，士众而桃寡，何不计功而食桃矣。接一搏猏而再搏乳虎，若接之功，可以食桃而无与人同矣。”援桃而起。

田开疆曰：“吾仗兵而却三军者再，若开疆之功，亦可以食桃，而无与人同矣。”援桃而起。

古冶子曰：“吾尝从君济于河，鼋衔左骖以入砥柱之流。当是时也，冶少不能游，潜行，逆流百步，顺流九里，得鼋而杀之，左操骖尾，右挈鼋头，鹤跃而出。津人皆曰：‘河伯也！’若冶视之，则大鼋之首。若冶之功，亦可以食桃而无与人同矣。二子何不反桃！”抽剑而起。

公孙接、田开疆曰：“吾勇不子若，功不子逮，取桃不让，是贪也；然而不死，无勇也。”皆反其桃，挈领而死。

古冶子曰：“二子死之，冶独生之，不仁；耻人以言，而夸其声，不义；恨乎所行，不死，无勇。虽然，二子同桃而节，冶专其桃而宜。”亦反其桃，挈领而死。

使者复曰：“已死矣。”公殓之以服，葬之以士礼焉。（《谏下》）

我们不好评价古人的价值观，如果用今天的信仰去看待他们，不免会方凿圆枘，配合不拢不说，甚至还会显得可笑。但有一点可以说的，就是晏子这里显然采用的是法家的“术”。荀子在《强国》中论述说：“君人者，隆礼尊贤而王，重法爱民而霸，好利多诈而危，权谋倾覆幽险而亡。”显然，荀子所倡导的王道还是以正道取，反对君主以邪恶权术来进行治吏驱民。在《管子》一书中，虽然有《势》的专章，谈“术”也多，但都还没有形成专用术语，作为理论上的一种根据来看待，仍多出于对法的正面论述。如：

法者所以同出，不得不然者也，故杀僇禁诛以一之也。故事督乎法，法出乎权，权出于道。(《管子·心术上》)

《形势解》里倒像帝王师一样，谆谆教导，唯恐对方不进心，每一原理之后总是用一警句式的言辞来概括，如：“且怀且威则君道备矣”“疑今者察之古，不知来者视之往”等，但总的指导思想还是比较正面地劝导君主能够很好地处理各种事务。即便是对臣下，虽然说是“明主，犹造父也”。然而，“造父，善驭马者也。善视其马，节其饮食，度量马力，审其足走，故能取远道而马不罢”。也就是管理能力问题，且还要顺势制宜，不能任意予夺。《明法解》里说得就更明白了：“明主操术任臣下，使群臣效其智能，进其长技。”而一到了商鞅和韩非，情况就大不一样，看他们的表述：

刑无等级，自卿相、将军以至大夫、庶人，有不从王令、犯国禁、乱上制者，罪死不赦。(《商君书·赏刑》)

术者，因任而授官，循名而责实，操生杀之柄，课群臣之能者也，此人主之所执也。(《韩非子·定法》)

任谁都会感觉到一种凌厉杀伐之气势。这就是我们要说的第三种类型的法家。

4.3 韩非的语言观

战国晚期，兼并战争咄咄逼人，不可扼制。士人们正是看清了这种形势，法家及其稍晚一点的纵横家也才应运而生，并风生水起。后期的法家实际上已不能算作真正意义上的法家，像稷下学宫时期的法家之所以能够提出“法爱于人”这样的思想，就在于看到了法的一视同仁特征；虽然没能达到墨子的“人无幼长贵贱，皆天之臣”的境界，但像慎到那样主张一切都从法的角度来看问题，来操作事务，来执行惩处奖赏，甚至君王也得以此办理，显然其中隐含着社会的公平追求因素。韩非型的法家则是背离了法的精神，将法变作了帝王肆逞欲望、屠戮社会的工具。我们不能理解的是：在当时的情况下，大势所趋，虽然士人们不可能阻挡这一进程，但也不应该推助孤家寡人的惨毒暴虐。作为士人，他怎么会改变出身，为独夫民贼谋划，将人世间争强斗狠、无尽算计、残忍害人的手段计策，居然还能毫无廉耻地当作学说诉诸笔端，公诸于世？司马迁将这种现象看作是天性。《史记·商君列传》云：“商君，其天资刻薄人也。迹其欲干孝公以帝王术，挟持浮说，非其质矣。且所因由嬖臣，及得用，刑公子虔，欺魏将卯，不师赵良之言，亦足发明商君之少恩矣。余尝读商君开塞耕战书，与其人行事相类。卒受恶名于秦，有以也夫。”我们认为，天性只是与生俱来的一种本能，并不决定一个人真正的社会价值取向。社会环境并非决定因素。士人们时时不忘记追求自己存在价值的最大化，也不是不可以理解。但我们想，不要说对生命的敬重意识，像整个《商君书》《韩非子》这样的著述，字里行间的运思，如果不是基于对生命的无视与对人的仇恨，是断然不会整体展示出这样冷酷的话语的。那么，是话语主体处于癫狂状态了吗？当然不是。如果仅仅基于权力欲无限的帝王所思所想，整个的顶层谋划，显然是将人性最丑陋残酷的一面张扬到了极致，何况还有其后无数个王朝建立的血腥验证！此时的士人，往往为世势所囿，为自己的潜在恶性所囿，没有将所有知识都置于相互制衡的更大范畴之内去进行思考，没有语言哲学的逻辑运作，奉行的是流氓心态：存在就是最高的价值；不只是为这种大势所裹挟，反而推波助澜，扮演助纣为虐、为虎作伥的角色。这种所谓的学说到头来仍不过施行的就是动物界的丛林法则。所以，像商鞅、韩非等，都惨死于自己所设计建造的丑陋阴损的所谓法制文化中，即是对他们心灵极度扭曲的辛辣嘲讽与无尽鄙夷。

这类法家的首倡者应该是申不害。

4.3.1 申不害

申不害（公元前395—前337），相韩15年，积累有丰富的官场斗争经验。他的哲学思想，是君主哲学，是政治哲学，但又往往通过语言哲学的形式来体现。如他强调：

> 君之所以尊者，令也。令之不行，是无君也。故明君慎之。(《佚文》)
>
> 君必有明法正义，若悬权衡以称轻重，所以一群臣也。（同上）

在他看来，令是权力的体现，是权势的象征，是君主的本钱。

但这种权力至上、令行禁止的实施，这种权威性，怎样获利？申不害是这样论述的：

> 名者，天地之纲，圣人之符，则万物之情，无所逃之矣。故善为主者，倚于愚，立于不盈，设于不敢，藏于无事，窜端匿疏，示天下无为，是以近者亲之，远者怀之。示人有余者，人夺之；示人不足者，人与之。刚者折，危者覆，动者摇，静者安。(《大体》)
>
> 圣人贵名之正也。主处其大，臣处其细。以其名听之，以其名视之，以其名命之。（同上）

申不害反复强调“名”的作用。他的这个“名”与孔子所追求的差不多雷同，那就是尊卑等差秩序及其相应的职责：“圣人贵名之正也。”“名自正也，事自定也。是以有道者，自名而正之，随事而定之也。”“君知其道也，臣知其事也”，各得其所，由名责实，“天下自极也”。而在这个过程中，君对臣则始终具有绝对的主导权：

> 明君如身，臣如手；君若号，臣如响。君设其本，臣操其末；君治其要，臣行其详；君操其柄，臣事其常。（同上）

在具体的执行中，申不害则与慎到是有着共识的：

圣君任法而不任智，任数而不任说。(《佚文》)

即他们都很看重“数”这个概念，也就是实在的东西，反对浮言虚语。

在“术”上面，他们两个都还不明朗，仅仅把它看作不可宣知的驭臣手段而已。但他们又碰到另一个问题，即与“法”的公开性构成了明显的悖论：

明君治国，而晦晦，而行行，而止止。三寸之机运而天下定，方寸之基正而天下治。一言正而天下定，一言倚而天下靡。(《君臣》)

从言还是从法？这让明君是难而处置的。就是申不害自己遇到具体事情的时候也同样遇到这样的两难状态,《战国策·韩一》载：

申子请仕其从兄官，昭侯不许也。申子有怨色。昭侯曰：“非所谓学于子者也。听子之谒，而废子之道乎？又亡其行子之术，而废子之谒乎？子尝教寡人循功劳，视次第。今有所求，此我将奚听乎？”申子乃辟舍请罪，曰：“君真其人也！”

4.3.2　商鞅

商鞅（约公元前390—前338），年轻时喜欢刑名法术之学，受李悝、吴起的影响很大。曾侍奉魏国相公叔痤任中庶子。公叔痤病危，向魏惠王推荐商鞅接任自己的官职，并叮嘱：若不重用，一定要杀掉他，不要让他服务于他国。魏惠王认为公叔痤已进入神情恍惚状态，故没采纳。公叔痤转而让商鞅赶紧离开魏国。商鞅明白，魏惠王不采纳公叔痤用他之言，同样也不会采纳杀他之言，所以也就没有立即离开魏国。公叔痤死后，商鞅应秦孝公求贤令之召，携李悝《法经》投秦，劝说秦孝公坚定了变法改制的步伐。经过先后两次主要的改革实施，秦国国力得到了储积加强，秦国便着手收复西河失地的战争。商鞅在该战争中担任主帅，背信弃义，将其阴谋诡计运用到极致，达到了预期的目的。作为奖励，秦孝公封他商地，称号商君。然秦孝公死后，秦国于之前推进法制而遭受过沉重打击的贵族开始了对商鞅进行疯狂的清算，商鞅被杀后仍遭到了车裂的报复。有意思的是：在一开始他被通缉时，曾逃至边关客舍住宿，因他未带凭征，客舍主人告知按商君之法是要被治罪的。他想到魏国去，但他因西鄙之战中诱掳公子卬、杀害将士无数被拒绝入境。他过去所有的举措都使得自己走投无路。

遍览整个《商君书》，给人印象最深刻的就是言与法的对立，文化与刑法的对立。在商鞅看来，法治制度的建立，就是排斥言语。如果不是不得已，按照他的主观愿望，简直就想毁掉言语一样。看他的具体表述：

> 国去言则民朴，民朴则不淫。(《农战》)
>
> 诗、书、礼、乐、善、修、仁、廉、辩、慧，国有十者，上无使守战。国以十者治，敌至必削，不至必贫。(同上)

整个《农战》篇章，似乎就是讲农战与言说之间关系的，表现出的一个主导思想也就是所谓的“空谈误国，道德文化害国”。更有甚者，商鞅居然将“农”和“战”两者结合，试图将它们词汇化，直接命名就叫“农战”。透现出的思想是什么？军民一体，军国主义。当然，他也不会为文字本身所限制的，通过这种追求达到的目的是什么？“事本抟，则民喜农而乐战。”(《壹言》)在高压情势下的集权体制，人们只能是屈从，哪里还有个人的喜乐幸福可言？

类似的表述还有很多：

> 法已定矣，不以善言害法。任功则民少言，任善则民多言。(《靳令》)
>
> 不以法论知、能、贤、不肖者，惟尧。而世不尽为尧，是故先王知自议誉私之不可任也，故立法明分，中程者赏之，毁公者诛之。(《修权》)

法枉治乱，任善言多；治众国乱，言多兵弱。法明治省，任力言息；治省国治，言息兵强。(《弱民》)

何谓淫道？为辩知者贵，游宦者任，文学私名显之谓也。(《外内》)

今夫世俗治者，莫不释法度而任辩慧，后功力而进仁义，民故不务耕战。(《慎法》)

他之所以如此，就是为了推行所谓的法治。如：

国之所以治者三：一曰法，二曰信，三曰权。法者，君臣之所共操也；信者，君臣之所共立也；权者，君之所独制也。(《修权》)

故有明主忠臣产于今世，而欲领其国者，不可以须臾忘于法。破胜党任，节去言谈，任法而治矣。(《慎法》)

懂得为什么要用力重法吗？

欲战其民者，必以重法。(《外内》)

民之于利也，若水于下也，四旁无择也。(《君臣》)

故先王不恃其强，而恃其势；不恃其信，而恃其数。今夫飞蓬遇飘风而行千里，乘风之势也。探渊者知千仞之深，悬绳之数也。故托其势者，虽远必至；守其数者，虽深必得。(《禁使》)

我们不明白商鞅为什么是这样的思想状态，不知道他出于什么样的思想目的而对其国家人民实施这样残酷的措施。好像是他也不知道，只是一个劲儿地认定，没有感悟，没有判断，没有是非，只有不达目的不罢休的执着。

故民愚，则知可以胜之；世知，则力可以胜之。民愚，则易力而难巧；世巧，则易知而难力。(《算地》)

圣人之为国也：壹赏，壹刑，壹教。(《赏刑》)

博闻辩慧，信廉礼乐，修行群党，任誉清瘘，不可以富贵，不可以评刑，不可独立私议以陈其上。(同上)

之所以如此，商鞅似乎是痛恨社会及其人类：

故凡明君之治也，任其力不任其德，是以不忧不劳而功可立也。(《错法》)

杀人不为暴，赏人不为仁者，国法明也。(《赏刑》)

之所以如此，就在于他们破坏法治：

世之所谓贤者，言正也；所以为言正者，党也。听其言也，则以为能；问其党，以为然。故贵之，不待其有功；诛之，不待其有罪也。(《慎法》)

故夫名分定，势治之道也；名分不定，势乱之道也。(《定分》)

将其整个的《商君书》汇总到一点，具体的做法就是“弱民”“愚民”：

民弱国强，民强国弱，故有道之国，务在弱民。(《弱民》)

故知、诈、贤能者皆作而为善，皆务自治奉公，民愚则易治也。(《定分》)

至于为什么？不知道。需要的是达到目的。

夫微妙意志之言，上智之所难也。(《定分》)

故圣人为法，必使之明白易知。(同上)

至于一些人所谓的法家理论，所谓的“权、术、势”，不知道为什么这些人不将问题的关键放在这些这样聪明的法家人物的思想基点上，而拘泥于这些词语的选择上。正像我们刚刚辨析说过的，这些所谓的法家，除了那些玄虚的字眼外，对“数”似乎是也很认真，数，意味着具体的扎实的落实？

4.3.3 韩非

韩非（约公元前 280—前 233）为韩国公子，因不见用，故而奔秦。他与李斯同师荀子，后者妒于他有可能为秦王所重用，见机陷害，终被杀。

韩非可以说是先秦诸子的广泛汇纳者，他对多家学说都有继承。但他也有自己的主张，总的来讲，他是一位比较沉稳的现实主义者，且还是有学者态度的政治理论家。最鲜明的一点，就是他既积极地投身于当时激烈的诸侯兼并战争的风云之中，同时还有学术观念方面的理想情怀。比如我们说他是申不害、商鞅事业的直接继承者，然而他没有前者的政治经验，故而没有对方那样的成熟圆滑，所以他虽对政治的凶险有一定的认识，他的理论反复提醒的是君主对于臣子的提防，却没有注意到其他方面的威胁和对自己的保护。于后者，虽多有肯定，但也充分注意到对方的过分激烈极端，在理论的适宜度与周严上面要明显地略胜一筹。看他在《定法》篇中对二者的批评：

> 问者曰："主用申子之术而官行商君之法，可乎？"对曰："申子未尽于法也。申子言'治不踰官，虽知弗言'。治不踰官，谓之守职也可；知而弗言，是不谓过也。人主以一国目视，故视莫明焉；以一国耳听，故听莫聪焉。今知而弗言，则人主尚安假借矣？商君之法曰：'斩一首者爵一级，欲为官者为五十石之官；斩二首者爵二级，欲为官者为百石之官。'官爵之迁与斩首之功相称也。今有法曰：斩首者令为医匠，则屋不成而病不已。夫匠者，手巧也；而医者，齐药也；而以斩首之功为之，则不当其能。今治官者，智能也；今斩首者，勇力之所加也。以勇力之所加、而治智能之官，是以斩首之功为医匠也。故曰：二子之于法术，皆未尽善也。"

他认为，前者单纯讲术，君主也只是凭一国之眼目观听万物，"治不逾官，虽知不言"，无从假借，也就相当于闭目塞听。后者单纯讲法，任其军功授其爵位会不胜其职。所以，韩非认为，单纯任一都会导致偏差。这里他批评商鞅的似乎更多，商鞅为法制，简直是否定言语，而韩非认为言语还是不能全取消的，绝对化走不通。

当然，他对言语的功能效用也是有自己明确的认定的，他声称：

> 夫言行者，以功用为之的彀者也。(《问辩》)

所以我们可以说：韩非学说的一个最大特点就是广揽博取，不走极端。其语言认识上的特点主要表现在两个方面：

一是对诸家思想的继承和发展。

a. 韩非于道家

虽然法家跟道家有着千丝万缕的联系，像申不害他们对道家学说持肯定态度，但韩非并不这样认为，他表述说：

> 臣以为恬淡，无用之教也；恍惚，无法之言也。言出于无法，教出于无用者，天下谓之察。臣以为人生必事君养亲，事君养亲不可以恬淡；之人必以言论忠信法术，言论忠信法术不可以恍惚。恍惚之言，恬淡之学，天下之惑术也。(《忠孝》)

显然，韩非是很务实的一个人，对语言也有比较系统的认识和见解，对虚妄的言辞表述持明显的否定态度，特别是对道家惟恍惟惚，搞乱人的思维表达是深恶痛绝。

> 龟筴鬼神不足举胜，左右背乡不足以专战。然而恃之，愚莫大焉。(《饰邪》)

在文明初建，愚钝未泯的先秦，韩非即对占卜背情一类的事情提出了明确的反对。

> 有献不死之药于荆王者，谒者操之以入，中射之士问曰："可食乎？"曰："可。"因夺而食之，王大怒，使人杀中射之士，中射之士使人说王曰："臣问谒者曰可食，臣故食之，是臣无罪，而罪在谒者也。且客献不死之药，臣食之而王杀臣，是死药也，是客欺王也。夫杀无罪之臣，而明人之欺王也，不如释臣。"王乃不杀。(《说林》)

由《说林》即可以看到韩非是收集并撰写趣闻逸事的能手。这些短小精悍的故事活泼有趣、富含哲理。如"老马识途""见微知著"等。上述故事也说明了语言学上的道理：字面义和实际功能义之间是两解现象。其他篇章，类似的故事也异彩纷呈，构成了韩非著作中非常有特色的一种展示方式。如《内储说上》中的“滥竽充数”，《外储说左上》中的“买椟还珠”“郢书燕说”“亲仁之祸”“曾子杀猪”，《五蠹》篇中的“守株待兔”等，往往让人兴味盎然、过目不忘。上边段落中的故事不一定真实发生，但人们宁愿相信，就在于它对道家装神弄鬼的辛辣讽刺是尖锐的，痛快淋漓。还是这一篇章，韩非宣称：“巧诈不如拙诚。”实体现了他的一种追求。

b. 韩非于儒家

韩非对于儒家关注更多。整个的《韩非子》一书，对儒家，特别是孔子，提及的内容还是比较多的，但总体持否定态度，针对性的批评似乎更多。如众所周知的“自相矛盾”典故的由来，就是直接对着孔子的言语来反驳的。再如：

晋文公将与楚人战，召舅犯问之，曰：“吾将与楚人战，彼众我寡，为之奈何？”舅犯曰：“臣闻之，繁礼君子，不厌忠信；战阵之间，不厌诈伪。君其诈之而已矣。”文公辞舅犯，因召雍季而问之，曰：“我将与楚人战，彼众我寡，为之奈何？”雍季对曰：“焚林而田，偷取多兽，后必无兽；以诈遇民，偷取一时，后必无复。”文公曰：“善。”辞雍季，以舅犯之谋与楚人战以败之。归而行爵，先雍季而后舅犯。群臣曰：“城濮之事，舅犯谋也，夫用其言而后其身可乎？”文公曰：“此非君所知也。夫舅犯言，一时之权也；雍季言，万世之利也。”仲尼闻之，曰：“文公之霸也宜哉！既知一时之权，又知万世之利。”

或曰：雍季之对，不当文公之问。凡对问者，有因问小大缓急而对也，所问高大而对以卑狭，则明主弗受也。今文公问以少遇众，而对曰“后必无复”，此非所以应也。且文公不知一时之权，又不知万世之利。战而胜，则国安而身定，兵强而威立，虽有后复，莫大于此，万世之利，奚患不至？战而不胜，则国亡兵弱，身死名息，拔拂今日之死不及，安暇待万世之利？待万世之利在今日之胜，今日之胜在诈于敌，诈敌，万世之利而已。故曰：雍季之对不当文公之问。且文公又不知舅犯之言，舅犯所谓不厌诈伪者，不谓诈其民，请诈其敌也。敌者，所伐之国也，后虽无复，何伤哉？文公之所以先雍季者，以其功耶？则所以胜楚破军者，舅犯之谋也；以其善言耶？则雍季乃道其后之无复也，此未有善言也。舅犯则以兼之矣。舅犯曰“繁礼君子，不厌忠信”者，忠，所以爱其下也，信，所以不欺其民也。夫既以爱而不欺矣，言孰善于此？然必曰出于诈伪者，军旅之计也。舅犯前有善言，后有战胜，故舅犯有二功而后论，雍季无一焉而先赏。“文公之霸，不亦宜乎”，仲尼不知善赏也。(《难一》)

类似这样的对孔子诸多评价判断给予讨论否定的还有很多。

很有意思的是，韩非唯独对子夏给予肯定。《外储说右上》里有载：“子夏曰：‘善持势者蚤绝奸之萌。’”《喻老》中有载：“自胜之谓强。”韩非似乎认定的是子夏。

c. 韩非于法家

过去的研究，只要是一说到韩非，都会说他将法家的观念精神给予了最全面的总结和提炼，那就是提倡君主集权，且其驭臣的手段明确地集中在“法”“术”“势”三个方面上。是的，观览整个《韩非子》，这种表述应该是不错的。韩非就是置身于先秦，特别是末期风云际会中的风云人物，他对其他法家思想的转述时间近，失真性应该说是比较低的。有人说他对“势”的继承主要是管子。管子是讲过有关内容，如“处必尊之势，以制必服之臣”(《管子·明法解》)。但这在韩非的言语中，倒体现得不怎么明显。且我们知道，真正的《管子》，并非管仲本人著述，时间上要比子夏晚很多。倒是提慎到的比较多，如《韩非子·难势》引慎到曰：“飞龙乘云，腾蛇游雾，云罢雾霁，而龙蛇与蚓蚁同矣，则失其所乘也。贤人而诎于不肖者，则权轻位卑也。不肖而服于贤者，则权重位尊也。尧为匹夫，不能治三人。而桀为天子，能乱天下。吾以此知势位之足恃，而贤智之不足慕也。"《韩非子·功名》又化用表述说："有材而无势，虽贤不能制不肖。故立尺材于高山之上，则临千仞之溪。材非长也，位高也。桀为天子能制天下，非贤也，势重也。尧为匹夫不能正三家，非不肖也，位卑也。千钧得船则浮，锱铢失船则沉，非千钧轻锱铢重也，有势之与无势也。"《韩非子》一书中提"势"的概率也比较高。但这"势"似乎是最不具有理论内涵的一个概念。这也是先前法家不重语言推证而仅仅受制于权力威吓而拟想的词语。之所以这么说，就在于它是最不具有可操作性、可描写性的一个东西。所谓势，仅仅是体现为一种威势，它是各种因素综合得以形成的一种力量、一种态势。它甚至还不如名分、个人魅力来得实在。正因为如此，他才继承了其师荀子的传统，比较多地讲究"循名以责实"。比如他讲：

> 用一之道，以名为首。名正物定，名倚物徙。故圣人执一以静，使名自命，令事自定。不见其采，下故素正。因而任之，使自事之。因而予之，彼将自举之。正与处之，使皆自定之，上以明举之，不知其名，复修其形。形名参同，用其所生。二者诚信，下乃贡情。……君操其名，臣效其形。形名参同，上下和调也。(《扬权》)
>
> 审名以定位，明分以辨类。(同上)

观念赋予价值，儒家所设想的尊卑秩序，凭借的前提就是身份地位。而这种身份地位是通过家族血缘继承关系而获得的，这就是名分，这就是权力。后继者没有强权的威势，那么他多所仰仗的应该是"法"和"术"。

事实上，韩非在运用"势"的时候，也并没有将它作为需要着重强调的观念。在不容易说清楚的情况下，也只好是打比方：

势重者，人主之渊也；臣者，势重之鱼也。鱼失于渊而不可复得也，人主失其势重于臣而不可复收也。古之人难正言，故托之于鱼。（《内储说下》）

具体事例最能帮助人们理解一些不容易理解的东西。这里的例证似乎是对“势”的最好解释。但例证是例证，仍代替不了内涵的说明。这里的“势”说穿了，还是一种权力资源。

究其实，它似乎还没有“名”来得牢靠：

圣人之所以为治道者三：一曰利，二曰威，三曰名。夫利者所以得民也，威者所以行令也，名者上下之所同道也。（《诡使》）

卫君入朝于周，周行人问其号，对曰：“诸侯辟强。”周行人却之曰：“诸侯不得与天子同号。”卫君乃自更曰“诸侯燬”。而后内之。仲尼闻之曰：“远哉禁逼，虚名不以借人，况实事乎！”（《外储说右下》）

这里他倒是肯定了孔子的说法。为什么？因为此时的名，他与孔子在认识观念上是一致的，都是政治理念上的名，即名分、尊严、地位、权势。所以，法家过去多人说过的所谓“势”，实在不及“名”在概念上严格，仅仅将它作为行文上的用语倒比如合适。

“术”的情况就不一样了。韩非于此的表述就很到位和充分：

有关“术”，之前诸多士人也都曾有论述。如“法不足以治则用术。”（《尹文子·大道上》）而韩非于此则讲得更多：

申不害言术，而公孙鞅为法。术者，因任而授官，循名而责实，操杀生之柄，课群臣之能者也，此人主之所执也。法者，宪令著于官府，刑罚必于民心，赏存乎慎法，而罚加乎奸令者也，此臣之所师也。（《定法》）

君无术则弊于上，臣无法则乱于下。此不可一无，皆帝王之具也。（同上）

特别是他的《内储说上》，就是专门讲“术”的，且行文风格也很洒脱：先归总，后阐发，再进一步的例证说明。我们这里只看它的开头部分：

> 主之所用也七术，所察也六微。七术：一曰众端参观，二曰必罚明威，三曰信赏尽能，四曰一听责下，五曰疑诏诡使，六曰挟知而问，七曰倒言反事。

七术，每一个都有明确的概念认定。接下来，则是对概念的阐述开解，如“众端参观”的言语表述是：“爱多者则法不立，威寡者则下侵上。是以刑罚不必则禁令不行。”紧接着的文字例证是：“其说在董子之行石邑，与子产之教游吉也。故仲尼说陨霜，而殷法刑弃灰；将行去乐池，而公孙鞅重轻罪。是以丽水之金不守，而积泽之火不救。成欢以太仁弱齐国，卜皮以慈惠亡魏王。管仲知之，故断死人。嗣公知之，故买胥靡。”第三部分则是对其后所列故事的具体展示，如“子产之教游吉”：“子产相郑，病将死，谓游吉曰：‘我死后，子必用郑，必以严莅人。夫火形严，故人鲜灼；水形懦，人多溺。子必严子之形，无令溺子之懦。’故子产死，游吉不肯严形，郑少年相率为盗，处于雚泽，将遂以为郑祸。游吉率车骑与战，一日一夜，仅能剋之。游吉喟然叹曰：‘吾蚤行夫子之教，必不悔至于此矣。’”这种演绎结构显得很大气，疏朗清晰，恢宏张弛，这是其他士人行文所没有过的，也显示了韩非个人的思维谨严与通贯性。有归纳有例证，有理论与实践，文章文字显得质朴、厚重。不似商鞅那样决绝认定，盛气凌人，充满杀气。

倒是另外的两个用语值得重视：一个前边我们已经有所涉及的“数”。韩非也多用：

> 人主者，非目若离娄乃为明也，非耳若师旷乃为聪也。目必，不任其数，而待目以为明，所见者少矣，非不弊之术也。耳必，不因其势，而待耳以为聪，所闻者寡矣，非不欺之道也。明主者，使天下不

得不为己视，天下不得不为己听。故身在深宫之中而明照四海之内，而天下弗能蔽、弗能欺者何也？暗乱之道废，而聪明之势兴也。故善任势者国安，不知因其势者国危。(《奸劫弑臣》)

还有一个就是“度”：

夫新砥砺杀矢，彀弩而射，虽冥而妄发，其端未尝不中秋毫也，然而莫能复其处，不可谓善射，无常仪的也；设五寸之的，引十步之远，非羿、逢蒙不能必全者，有常仪的也；有度难而无度易也。有常仪的则羿、逢蒙以五寸为巧，无常仪的则以妄发而中秋毫为拙，故无度而应之则辩士繁说，设度而持之虽知者犹畏失也不敢妄言。(《外储说左上》)

这里韩非又提出了“度”的概念。其实，“度”在韩非心目中还是个广泛并值得深入讨论的话题，这由他的两个独立篇章都带有该字眼即可以看出，即《有度》和《心度》。不过同“数”一样，都还没有在韩非心中形成明确的观念。我们只能揣度性地体会到这个度大致为比较明确的限制条件，也包括说话时的逻辑性。可惜的是，韩非能想到任何说话办事都需要有条件限制，就是不明白整个人的社会生存、思想意识，都需要纳入到一个完全严密系统的结构中实施定位。法制，让帝王走开，或者说让这么一个人例外，这个法制怎么可能叫作完整系统并贯彻始终？而所有这种观念设计不合乎逻辑，怎么可能叫作有“度”？

韩非当然是非常认可“法”的，表述得明确且果断，如：

夫垂泣不欲刑者，仁也；然而不可不刑者，法也。先王胜其法，不听其泣。(《五蠹》)

主施其法，大虎将怯；主施其刑，大虎自宁。法刑苟信，虎化为人，复反其真。(《扬权》)

治国之有法术赏罚，犹若陆行之有犀车良马也，水行之有轻舟便

楫也，乘之者遂得其成。(《奸劫弑臣》)

像上面诸例的表述形式，韩非似乎都想让这种思想意识变成格言性的，灌输到每一个人的心目中。像《扬权》中的说法，夸张带押韵，其效果都让人有点忍俊不禁了。不能不说，由于对于法的强调太多了，法出现的概率太高了，不免有几分啰唆之感。但与商鞅相比，却不显得剑拔弩张。因为他有说理成因在里面，如为什么要推行法治，他有追溯：

凡人之有为也，非名之则利之也。(《内储说上》)

利之所在，民归之；名之所彰，士死之。(《外储说左上》)

夫民之性，恶劳而乐佚，佚则荒，荒则不治，不治则乱，而赏刑不行于天下者必塞。(《心度》)

他认为，人为名为利，好逸恶劳，这种天性父母爱之怒之，乡人责备并示之以行，师长教诲并婉转以劝，都不能使之丝毫改变；相反，付之以官吏，推断以公法，求索以奸人，很明显的，为之恐惧，变其顽性，更其行径。什么道理？人们往往都是"骄于爱，听于威"！

韩非甚至还认为，懒惰不可怂恿：

侈而惰者贫，而力而俭者富。今上征敛于富人，以布施于贫家，是夺力俭而与侈惰也。而欲索民之疾作而节用，不可得也。(《显学》)

实际上，韩非在这里提出了一个很重要的问题：《论语·季氏》中言："丘也闻有国有家者，不患寡而患不均，不患贫而患不安。盖均无贫，和无寡，安无倾。"孔子这里所做出的认定与他所一向所主张的别尊卑、序人伦的命题显然是悖论。韩非这里的主张倒是可以消解这一难题：不能一味地讲究平均，追求绝对的平均，这样倒会使财富的均等掩盖事实上的不平等，助长人们的懒惰。然而，显然韩非处理不好相对应的另一个方面：凭什么君主他就可以掌控这一切？正因为没有这种追根溯源的终极思考，故对问题的判断便失之偏颇。

二是有着比较明确的语言哲学观念。

非常难得的是，除了名家，韩非对语言上的关注、论述与研究应该是最多的。他于这上面的贡献主要体现在：一个是对语言功用及特点的思考，一个是训诂上的实践。后者在于他有专著性的篇章《解老》《喻老》，还有解词释义上的独特视角。这一块儿我们在后面部分专门讨论。这里主要列述他第一个方面的内容。

韩非于语言上面的专门讨论也不止一篇。他的《难言》《说难》《问辩》，甚至《八说》等，都是重点讲语言问题，其明确的思想定位就是社会应用。且他的语言学思想跟其他诸子很不一样的是，他首先赞同使用语言，肯定语言的功能价值。他宣称：

> 大意无所拂悟，辞言无所系縻，然后极骋智辩焉，此道所得亲近不疑而得尽辞也。(《说难》)

这里说得很简短，内容却非常丰富，里面没有任何可以再删略的了，甚至可以说现代语用学涉及的韩非那个时候也都注意到了。“大意无所拂悟”，这指的是意义表述，最先要注意的就是不能让语言自身乖舛矛盾。对于该课题，显然含量巨大。韩非没能展开，我们也不能以现代人的眼光和理解去进行扩大化的解释，不然的话就会张冠李戴。“辞言无所系縻”，这指的是言语形式，作为承载意义的符号工具，同样也不能自己羁勒自己，最应该做到的是和所表述的意义相匹配。在此基础上，韩非认为，就完全可以做到极尽智慧，放飞思想，运用各种各样的手段方法来充分展示自己的观念，以达到最理想的效果。如上所述，韩非在修辞方式的运用上也是非常有特色的。他的寓言似乎比庄子的寓言更接近于现代，故大多固化为今天的成语。

然而一旦触及实际的应用，其主张矛盾就不期而然地表现了出来：

> 事以密成，语以泄败。(《说难》)

里面所体现的帝王术特别鲜明。

当然，韩非对争辩里反映出来的另一方面的问题，也是有警惕的：

> 郑人有相与争年者，一人曰："吾与尧同年。"其一人曰："我与黄帝之兄同年。"讼此而不决，以后息者为胜耳。（《外储说左上》）

韩非笑人，但韩非不知道自己也是被笑的对象。争年者为什么可笑？韩非不知也，仅仅知道事实的不可能，却不知道言语上为什么不成立。先秦诸多的士人、思想家们，抛开少数执着于政治理想的偏激，彻底否定语言的不说，绝大多数的都是关注语言的（有的嘴巴上否定语言，然而他们于语言上的努力及效果上的出色，其实暴露了他们心理上的矛盾性：因为不能实现对语言随心所欲的掌控，而不得不挣扎于其中，以艺术氛围的感受来寻求心灵上的超越）。关注是关注，有的是既非常看重又小心翼翼，到辩这个层次便再也不敢肯定了；有的既看重还坚韧以行，还进行辩的探索，可惜受各个方面的限制效应不足；还有的是看到了存在于社会行当的辩的普遍性，也知道了实际应用中的辩存在着荒唐性，但是仅仅是将它们摆出来聊博一笑而已，并不做深入细致的探寻研究。列子所举"儿童争日"的故事是如此，这里韩非所举"郑人争年"何尝不是如此？争辩的大前提错了，即意味着整个的争论不可能得出正确的结论，亦即整个争论不可能有积极的价值。而大前提从哪里来？得由普遍性的事实归纳得出。老实说，在对社会现实各色各样的事实铺排来看，韩非理据事料的列举是最丰富的。可惜的是，他又很少从人的普遍性的本能上进行追寻讨论，也就无从得出语言本身所应该呈现的验证途径。

他多看到的是语言应用中人们对它的扭曲与认识上的繁难：

> 凡说之难，在知所说之心，可以吾说当之。（《说难》）

意思是说：言说的困难，在于真正把握对方的心理，以便用我的说法适应他。

同样道理，很多时候人们的所说与他的实际所求并不是一回事。人们都知道语言是在传递言说者的思想感情，但问题是，有些言语形式与言语意义之间配合不拢，甚至是在有意识地掩盖真实的想法：

> 彼显有所出事，而乃以成他故，说者不徒知所出而已矣，又知其所以为，如此者身危。(《说难》)

对方表面上说为这件事，心里却想借此实现的是别的事。如果你认识清楚了言说者的话语，而且进而知道了他的真实意图，这样会身遭危险的。

对此，他举出了具体的事例：

> 昔者郑武公欲伐胡，故先以其女妻胡君以娱其意。因问于群臣："吾欲用兵，谁可伐者？"大夫关其思对曰："胡可伐。"武公怒而戮之，曰："胡，兄弟之国也，子言伐之何也？"胡君闻之，以郑为亲己，遂不备郑，郑人袭胡，取之。宋有富人，天雨墙坏，其子曰："不筑，必将有盗。"其邻人之父亦云。暮而果大亡其财，其家甚智其子，而疑邻人之父。此二人说者皆当矣，厚者为戮，薄者见疑，则非知之难也，处知则难也。故绕朝之言当矣，其为圣人于晋，而为戮于秦也。此不可不察。(同上)

这一段文字里，"绕朝之言"是略写，可以看作是故事里边套故事。《左传·文公十三年》记载得相对详细：晋国权臣赵盾很为晋国大夫士会出走秦国一事担心，河曲之战就因为士会为秦康公出谋划策使晋国吃了大亏，于是设下计谋：让魏寿馀假装带领魏地的人反叛，取得秦人信任；然后再找得机会连同士会一起回归。当秦晋再次发生战争，魏寿馀请求与士会先行冲阵。所有这一切绕朝都看在眼里，临行时绕朝送给士会一根马鞭，说："您可别以为秦国没有人才，我的计谋不被国君采用罢了。"士会回到晋国后，晋人再次设计陷害，最终导致绕朝被杀。韩非由此才有了一系列的感慨：关其思的死更能掩盖郑武公的真实意图，故只能被杀；邻人之父只不过重复了别人的话，也成了怀疑对象；而绕朝说的是明白话，对于晋国来说是圣人，对于秦康公来说却是大逆不道。

> 昔者弥子瑕有宠于卫君。卫国之法，窃驾君车者罪刖。弥子瑕母病，人间往夜告弥子，弥子矫驾君车以出，君闻而贤之曰："孝哉，为母之故，忘其刖罪。"异日，与君游于果园，食桃而甘，不尽，以其半啖君，君曰："爱我哉，忘其口味，以啖寡人。"及弥子色衰爱弛，得罪于君，君曰："是固尝矫驾吾车，又尝啖我以余桃。"故弥子之行未变于初也，而以前之所以见贤，而后获罪者，爱憎之变也。故有爱于主则智当而加亲，有憎于主则智不当见罪而加疏。故谏说谈论之士，不可不察爱憎之主而后说焉。夫龙之为虫也，柔可狎而骑也，然其喉下有逆鳞径尺，若人有婴之者则必杀人。人主亦有逆鳞，说者能无婴人主之逆鳞，则几矣。(《说难》)

这一事例韩非举得更有典型性：即便是同一个对象，视其前后好恶的转变而有不同的效果。韩非似乎什么都知道，伴君如伴虎，甚至我们从《说难》行文之中都似乎可以感受到他战战兢兢、如临深渊、如履薄冰、孱弱畏惧之心绪。可他还是迈不过这道坎儿：先是因口吃不受待见；防了君主可又防不了同学、同僚之算计暗害。千算万算，还是超脱不了眼界之囿、言语之范！问题的关键还是当时人们之通病：逻辑思维能力没能建立起来。

> 臣非非难言也，所以难言者：言顺比滑泽，洋洋洒洒然，则见以为华而不实。敦祗恭厚，鲠固慎完，则见以为掘而不伦。多言繁称，连类比物，则见以为虚而无用。总微说约，径省而不饰，则见以为刿而不辩。激急亲近，探知人情，则见以为谮而不让。闳大广博，妙远不测，则见以为夸而无用。家计小谈，以具数言，则见以为陋。言而近世，辞不悖逆，则见以为贪生而谀上。言而远俗，诡躁人间，则见

以为诞。捷敏辩给，繁于文采，则见以为史。殊释文学，以质信言，则见以为鄙。时称诗书，道法往古，则见以为诵。此臣非之所以难言而重患也。(《难言》)

韩非可以说是见惯了时人的阴谋诡计、花言巧语。兼并战争进程的加快，刀光剑影、车毂相击、血流成河的另一面，则就是行人、士人们的匆忙身影，要么是鼓唇摇舌，合纵连横；要么是笔走龙蛇，著书立说。语言的效能也在起着极大的作用，决定着君主们的决策判断，影响着国家与个人的生死存亡。因为效用之巨大、之明显，故言语上的表现方式也充分，也多样，也显豁。过去士人们已有的两极对立之思维方式，似乎使人们固化了认知模式。韩非这里就提出了根据这种模式进行判断的无奈：所有的似乎都不能做出肯定性判定，因为所有的认定都有被相对另一方面否定的可能性和现实性。这就给诡辩提供了无限的空间。正因为如此，韩非给出的题目就是“说难”！

在当时的情况下，韩非只好也只能是借助于政治意义上的名实之论，即“循名而责实”(《定法》)，让所谓的人主做最后的判断：

人主诚明于圣人之术，而不苟于世俗之言，循名实而定是非，因参验而审言辞。(《奸劫弑臣》)

主道者，使人臣必有言之责，又有不言之责。言无端末、辩无所验者，此言之责也。以不言避责、持重位者，此不言之责也。人主使人臣言者必知其端以责其实，不言者必问其取舍以为之责，则人臣莫敢妄言矣，又不敢默然矣，言默则皆有责也。(《南面》)

第五章　吕不韦杂家语言学说

5.1　尸佼的语言观

尸佼（约公元前390—前338），《史记·孟子荀卿列传》曰："楚有尸子、长卢（长卢子）。……世多有其书，故不论其传云。"刘向《别录》记载得相对详细："楚有尸子，疑谓其在蜀。今案《尸子》书，晋人也，名佼，秦相卫鞅客也。卫鞅商君谋事画计，立法理民，未尝不与佼规之也。商君被刑，佼恐并诛，乃亡逃入蜀。自为造此二十篇书，凡六万余言。"但这种说法未必可信。首先就是更近的时间一无记载。像商鞅被车裂，那绝对是战国中晚期的一个大事件，且其于秦执相位多年实行变法，对东方诸侯国是不小的冲击；而作为商鞅主要助手的尸佼却不见于当时的文典，似不应该。再则看《尸子》一书，从其整体论述看，并非明显倾向于法家，无论是内容还是表述风格，与商鞅那样的走极端，甚至有泄愤倾向的心理行文距离太大。如其中《贵言》一文表述说："及其措于大事，虽孔子、墨翟之贤，弗能救也。"据此，我们似乎可以说他对儒家、墨家都肯定，都赞赏了？但仍不一定，如紧接下来的《劝学》篇所表达的观点："爵列非贵"。他认为："夫德义也者，视之弗见，听之弗闻，天地以正，万物以遍，无爵而贵，不禄而尊也。"他所尊崇的"德义"，显然哪一家的都不是，既不是墨家的，也不是道家的；而他直接否定爵位地位，又是与儒家的核心观念针锋相对的。他曾分辩说："墨子贵兼，孔子贵公，皇子贵衷，田子贵均，列子贵虚，料子贵别囿。其学之相非也，数世矣而已，皆弇于私也。"(《广泽》)不难看出，他对之前诸多学说均比较熟悉，评价得正确与否姑且不论。因此，尸佼应该是一位比较神秘的人物，甚至比列子还不计名利，因为连他的历史踪迹似乎都难以追寻，再则就是他并不愿意依附于哪一家，扬长避短，尽自己之所能，思考一下于人、于社会有价值的东西，这有他留下的文字《尸子》一书为证。正因为如此，把他归入杂家，应该是不错的。

尸子留下来的文字虽然数量不多，但还是很有自己的特色的。

5.1.1 开阔视野

尸佼于见识眼光方面的论述颇多：

> 夫高显尊贵，利天下之径也，非仁者之所以轻也。何以知其然耶？日之能烛远，势高也；使日在井中，则不能烛十步矣。舜之方陶也，不能利其巷下；南面而君天下，蛮夷戎狄皆被其福。目在足下，则不可以视矣。天高明，然后能烛临万物；地广大，然后能载任群体。(《明堂》)

> 因井中视星，所视不过数星；自丘上以视，则见其始出，又见其入。非明益也，势使然也。夫私心，井中也；公心，丘上也。(《广泽》)

尸佼这里提出的一个认定方法就是：看问题得有高视野、大境界。当然，这样的观念并非他第一个提出，当时的诸多士人大都选择了从大处着眼的认识角度。但正像孔子所选取的喻体意象“匏瓜”一样，并非一切都以大为好。尸佼对此也曾评点说：有些人的高谈阔论纯粹是“好酒忘身”“乐须臾之乐，而忘终身之忧”。尸佼这里再提认识视界，如果细心体味的话，可知并非类似于孟子那样的故作大气，即所谓的“孔子登东山而小鲁，登泰山而小天下”(《孟子·尽心上》)，尽管尸佼自己也推崇说：“孔子曰：诎寸而信尺，小枉而大直，吾为之也。”(《尸子·卷下》) 如果结合他的更多表述，即可知他更多是偏重于从认知的角度给予强调的。将上述的“井中视星”与庄子的“井蛙不可以语于海者”相对照，即可明显地看出，两人虽用例似乎一致，但落脚点很不一样：一个渗透着更多的理性意识，一个浸染着浓重的文学色彩。理性精神有它自为自洽的思想天地。虽不能说它可以脱离与正常社会生存的关联，但它需要有相对独立的思维意识运行空间，并且不能要求它在相当的时间内能够给人们提供有益的现实价值。

下面的这一段话也很能看到尸佼的精神境界：

> 兴与废，其于成善无择也。屈侯附曰："贤者易知也，观其富之所分，达之所进，穷之所不取。"然则穷与达，其于成贤无择也。是故爱恶、亲疏、废兴、穷达皆可以成义，有其器也。(《劝学》)

由这里的表述，我们似乎可以看到尸佼之所以行迹史上无载，然而其文字却长留于世之缘由了，也可以看作是尸佼个人价值取向的宣言：穷达兴废与人的善和贤没有直接关系。这简短的判断似乎比连篇累牍的所谓系统思想学说都更接近于真理。

正因为尸佼有这样的高蹈理念，在重大事务上他的评判确乎有着他人难以逾及的认知层次。如有关君主与民众之间关系，他这样阐述自己的主张：

> 孔子谓子夏曰：'商，汝知君之为君乎？'子夏曰：'鱼失水则死，水失鱼犹为水也。'孔子曰：'商，汝知之矣。'"(《尸子·佚文》)

这一对话的摹写，想来是尸佼的狡黠之笔：借他人之名传递自己的声音。因为这样的认识观念很难从孔子言论或其他记载中找到旁证，他老人家向来是主张君君臣臣父父子子的。若说：君离民则死，民离君仍为民，对他来讲不啻五雷轰顶！《尸子·处道》中的另一项比喻倒能够反映孔子的心迹："君者，盂也；民者，水也。盂方而水方，盂圆则水圆。"尸佼借助子夏之口而讲的鱼水比喻，甚至比荀子的"君者舟也，庶人者水也，水则载舟，水则覆舟"(《荀子·王制》)都要更贴切，尽管它后来被演化为"载舟覆舟"的成语被广泛引用。

眼界胸襟远大，相应地，思路方式也会更清晰。从对具体问题的讲述上就可以看到这一点。我们知道，孔子将自己的学说主张用"忠恕"二字进行了提炼，如果理解不错的话，就是在处理人际关系的时候，自己作为言语行为主体要心感身受。尸佼看重心智，自然也关注这样的话题。他在《论语》诸多讨论的基础上，也做了一定的发挥：

> 恕者，以身为度者也。己所不欲，毋加诸人。恶诸人，则去诸己；欲诸人，则求诸己。此恕也。(《恕》)

但这显然是一种深思默想时的理想状态，一旦为现实生活唤醒，自然又是另一番景象。尸佼引述曾子的话说："取人者必畏，与人者必骄。"(《明堂》) 是不是曾子的原话还是借助名字反映自己的观念，姑且不论，所揭示的由人际物质利益关系所引起的心理情感反应，消极性的因素似乎被夸大，但也不无道理。基于此，尸佼进一步指出朝堂上的一种情况：

> 今说者怀畏，而听者怀骄，以此行义，不亦难乎？(《明堂》)

战国时期的兼并战争愈显激烈，这对世人心灵上来讲必然产生强烈的撞击。尸佼自己的著作里也多处记录了士人们的忧患与痛苦，眼睁睁地看着国家行将灭亡却无从挽救，涕泣不可禁，继之以血。此时诸侯国的君主们也分两种情况：有的是为延揽人才而能够低下身姿。更多的则是鼠目寸光，视臣属为草芥；于是才有了尸佼上述君臣之间两种心理情态的描述。在这种形势下，很多人选择了明哲保身的策略：

> 自娱于檃括之中，直己而不直人，以善废而不邑邑，蘧伯玉之行也。(《劝学》)

尸佼也说这是孔子的话。在我们看来，倒是更接近尸佼自己的价值观念。

5.1.2 重视效用

尸佼于语言的价值功效方面，强调甚多：

> 言者，百事之机也。圣王正言于朝，而四方治矣。(《分》)
>
> 正名去伪，事成若化；以实核名，百事皆成。(同上)

> 范献子游于河，大夫皆在。君曰："孰知栾氏之子？"大夫莫答。舟人清涓舍楫而答曰："君奚问栾氏之子为？"君曰："自吾亡栾氏也，其老者未死，而少者壮矣，吾是以问之。"清涓曰："君善修晋国之政，内得大夫而外不失百姓，虽栾氏之子，其若君何？君若不修晋国之政，内不得大夫而外失百姓，则舟中之人皆栾氏之子也。"君曰："善哉言！"明日朝，令赐舟人清涓田万亩，清涓辞。君曰："以此田也，易彼言也，子尚丧，寡人犹得也。"古之贵言也若此。(《贵言》)

虽然不是所谓的"一言以兴邦，一言以丧邦"，但语言作为思想的反映，它所承载的思想往往左右了人们的行动，思想意识的正确与否往往也决定了事业的成败。在尊卑贵贱等级制度的社会中，同样的话语所表达的思想，搁在不同的主体意识观念中，可能发挥的作用是不一样的：人微言轻；天子之怒，则"浮尸百万，流血千里"(《战国策·魏策》)。如《贵言》中的具体人物：舟人清涓明白是一回事，范献子明白又是一回事，因为在强权社会里，不同的人不等值，语言所承担的价值量也不等同。所以，范献子说清涓丧之，他得之，并非没有道理。

在对语言看重的基础上，尸佼强调比较多的就是"正名"：

> 治天下之要在于正名，正名去伪，事成若化，苟能正名，天成地平。(《发蒙》)
>
> 是非不得尽见谓之蔽，见而弗能知谓之虚，知而弗能赏谓之纵，三者乱之本也。明分则不蔽，正名则不虚，赏贤罚暴则不纵，三者治之道也。(同上)
>
> 若夫名分，圣之所审也。(同上)
>
> 名实判为两，合为一。是非随名实，赏罚随是非。(同上)
>
> 君人者，苟能正名，愚智尽情，执一以静，令名自正，令事自定，赏罚随名，民莫不敬。(《分》)

他的这种对“名”的强调，似乎与孔子还不完全一样：他虽然也涉及圣君赏罚、治天下等字眼，但明显的是对其等级爵位一类的内容申明的并不多，且多为从认识愚智这方面来说。显然，他是从厘清人们的思路这一角度出发来进行论述的。

他从别人的论述中也可能得到启发，还就语言本体音义组合的矛盾性上进行了思考：

齐有田果者，命狗曰富，命子为乐。将欲祭也，狗入室，果呼之曰：“富出！”巫曰：“不祥也！”家果大祸，长子死，哭曰：“乐乎！”而不似悲也。”(《佚文》)

不要以为这是尸子故意造作，其实古往今来在命名上不乏实例。如《左传·桓公二年》载：“初，晋穆侯之夫人姜氏以条之役生太子，命之曰仇。其弟以千亩之战生，命之曰成师。师服曰：‘异哉，君之名子也！夫名以制义，义以出礼，礼以体政，政以正民。是以政成而民听，易则生乱。嘉耦曰妃，怨耦曰仇，古之命也。今君命大子曰仇，弟曰成师，始兆乱矣，兄其替乎？’”

他还认为，声响这种形式也是可以传递思想、抒发情感的：

言美则响美，言恶则响恶；身长则影长，身短则影短。名者，响也；行者，影也。是故慎而言，将有和之；慎而行，将有随之。(同上)

钟鼓之声，怒而击之则武，忧而击之则悲，喜而击之则乐，其意变，其声亦变。意诚感之，达于金石，而况于人乎？”(同上)

有必要指出的是：尸佼在先秦诸子里边比较多地关注到了“意”和“义”的区分。先前的人们往往是将“言”和“意”相对举，此时的“意”，用《说文》的话来说，即“志也，察言而知意也”。到了尸佼，则多用“义”，如：

虑中义则智为上，言中义则言为师，事中义则行为法。(《恕》)

这里的表述给人启发良多。他把“义”分作了三种类型：虑中“义”，在于条理；言中“义”则是形式本身；事中“义”则为法规条例。合在一起，体现出总的观念是：人的言语行为，无论是内在的思考，还是外在的处事言谈，最核心的东西，即他认为的“义”，应该是清晰严谨的逻辑性问题。看他对“义”的释义：

> 德者，天地万物得也；义者，天地万物宜也；礼者，天地万物体也。使天地万物皆得其宜，当其体者，谓之大仁。(《处道》)

至于《说文》解作“己之威义”，还真不知道两义何先何后。如果我们综合考虑的话，可知尸佼的“义”多侧重事物内在的道理及方法。如上边一段话接下来他的例证及解释是：“食，所以为肥也，壹饭而问人曰：‘奚若？’则皆笑之。夫治天下，大事也，今人皆壹饭而问‘奚若’者也。”再如：

> 夫买马不论足力，而以白黑为仪，必无走马矣；买玉不论美恶，而以大小为仪，必无良宝矣；举士不论才，而以贵势为仪，则伊尹、管仲不为臣矣。(《佚文》)

这里的“仪”似乎与“义”相同或相近，即标准、尺度，大而论之，则为方式、方法。这方面错了，事情性质就起了变化。

另外还有必要指出的是，尸佼还是词语意义训释进入研究状态的第一人。上举《处道》篇章中的例子即可看出。另外他还有多处词语的解释，为紧接着出现的我国历史上第一部义训词典《尔雅》所采用。甚至还有对《春秋》“三传”注释的讨论，如：

> 《春秋》：“初献六羽。”初，始也。穀梁子曰：“舞夏，天子八佾，诸公六佾，诸侯四佾。初献六羽，始僭乐矣。”尸子曰：“舞夏，自天子至诸侯，皆用八佾，‘初献六羽’，始厉乐矣。”(《穀梁传·隐公五年》)

5.2 吕不韦的语言观

吕不韦（公元前292—前235），他的思想主张大都体现在由他主持编纂的《吕氏春秋》又名《吕览》一书中。该书分八览、六论、十二纪，凡20余万言，“兼儒墨，合名法”，汇总先秦各派学说，多有取舍，也有标立，故史称“杂家”。

吕不韦思想之浑杂，他作为政治家，首先表现在他对于时势的认识判断上。他既认为：“当今之世，浊甚矣，黔首之苦，不可以加矣。”（《振乱》）这种呼号是真诚的，又是痛彻的，让人感触到他心底的震颤。但与此同时，他又认为：“今之世，学者多非乎攻伐。非攻伐而取救守，取救守则乡之所谓长有道而息无道、赏有义而罚不义之术不行矣。”（同上）之所以如此，站在他的角度看问题，秦王朝的虎狼之师正在横扫东方六国，所到之处，正如同义兵解难，救黔首于水火。因为从卷七开始，其后一连串的篇目：《荡兵》《振乱》《禁塞》《怀宠》《论威》《简选》《决胜》《爱士》《顺民》《知士》等，简直是在列述战争进递的序列状态与统筹安排。其《怀宠》篇甚至还有对其所谓敌国战前的宣传辞：“先发声出号曰：‘兵之来也，以救民之死……”云云，并认为：“故兵入于敌之境，则民知所庇矣，黔首知不死矣。……故义兵至，则邻国之民归之若流水”。然则如若我们统览全书的话即可以发现，不管他主观愿望如何，形诸文字的，相对于商、韩，他应该说是最平宜的一个。尽管他所辅佐的君主，开创了中国历史上第一个最残暴的集权统治，然而在他的认识观念之中恐怕未必是最理想或最中意的，因为该书《贵公》篇中宣称：“天下非一人之天下也，天下之天下也。”《劝学》篇中也说：“故师之教也，不争轻重尊卑贫富，而争于道。”在那个争力恃强、腥风血雨的征战时期，也可以说是集权最能体现其最高效率的历史关头，吕不韦还能表现出这样冷静、尊师重理的观念，不能不说他有着非比寻常的思想境界。

5.2.1 有历史感

人类所有的行为活动，都体现在历史的价值意义上。显而易见的一个事实是，共时上的东西要通过一定的时间来证明，越是具有广博度，就越是需要相应的长时间，直至要放到人类的历史长河中进行检验，对错、积极还是消极等才能得到相应的认识。

人们的认识也是这样，将自己的出发点建立在历史坐标上，见识博大且不说，最起码思路的清晰性将会得到相当的体现，观点的可取性也会相应提高。比如孔子的主要思想观念是："周监于二代，郁郁乎文哉！吾从周。"(《论语·八佾》)所念念不忘的是"克己复礼"(《论语·颜渊》)，也正像我们已有所分析的那样，所谓"从周""复礼"，其核心仍是《颜渊》里所描述的那样："齐景公问政于孔子。孔子对曰：'君君、臣臣、父父、子子。'"《吕氏春秋·长见》中对此来源有精妙的记述：

> 吕太公望封于齐，周公旦封于鲁，二君者甚相善也。相谓曰"何以治国？"太公望曰："尊贤上功。"周公旦曰："亲亲上恩。"太公望曰："鲁自此削矣。"周公旦曰："鲁虽削，有齐者亦必非吕氏也。"其后齐日以大，至于霸，二十四世而田成子有齐国；鲁日以削，至于觐存，三十四世而亡。

由此可知，吕太公和周公采取了不同的治国理念，即不同的任人策略，即一个是任人唯贤，一个是任人唯亲。从《吕氏春秋》的记述来看，似乎我们看不明白吕不韦是怎么一个评价结论，但有一点可以肯定的是："鲁自此削矣"。他由数个例证得出的认识及评判是：

> 智所以相过，以其长见与短见也。今之于古也，犹古之于后世也。今之于后世，亦犹今之于古也。故审知今则可知古，知古则可知后，古今前后一也。故圣人上知千岁，下知千岁也。

由此我们可以说，吕不韦看问题的出发点是建立在一个历史发展的角度，故其认识、分析问题似乎就有一种峥嵘的气象。我们看《恃君》篇中的文字：

> 凡人之性，爪牙不足以自守卫，肌肤不足以扞寒暑，筋骨不足以从利辟害，勇敢不足以却猛禁悍，然且犹裁万物，制禽兽，服狡虫，寒暑燥湿弗能害，不唯先有其备，而以群聚邪。群之可聚也，相与利之也。利之出于群也，君道立也。故君道立则利出于群，而人备可完矣。

《吕氏春秋》之所以立足点高，也就在于从人的本性来源来看问题，这就显示出了历史主义的见识眼光。这比孔子仅仅追溯于“吾从周”，再“监于二代”要长远得多。再则就是《论语·尧曰》及《尚书》等儒家经典反复渲染而附会为尧、舜、禹三代禅让，因为于信史实远，愈加增添其学说的浅和俗。所以，在这个时期即引发了人们的质疑。庄子《盗跖》篇中就借人之口直接指责：“尧不慈”“尧杀长子，舜流母弟”。《荀子·正论》篇更是有针对性地否定说：“‘尧、舜擅让。’是不然。天子者，势位至尊，无敌于天下，夫有谁与让矣！……故曰：诸侯有老，天子无老，有擅国，无擅天下，古今一也。夫曰‘尧、舜擅让’，是虚言也，是浅者之传，陋者之说也。”古本《竹书纪年·五帝纪》中的记载更狠：“舜囚尧，复偃塞丹朱，使不与父相见也。”“舜囚尧于平阳，取之帝位。”显然观点对立，但无一能拿出明确的证据，也不可能拿出证据。三代圣君的想象塑造，甚至臆建一个绚烂的天国景象，也不是不可以的，但不可拿艺术的形象当真实。吕不韦的《恃君》表述，显露高出他人的一面就是，从人类社会创立的根据谈起，“以群聚邪”，确实说明了人的社会性特征。没有这种社会性，人类就不可能战胜各种各样的自然灾难，就不可能从高级动物群体中脱颖而出。

吕氏《恃君》于人类社会的早期生存方式的描绘是独具眼光的，居然知道曾经有过相当长时间的母系社会。这种独到的见解认识让我们对这位商人出身的政治家不得不刮目相看。不过他接下来的推定就不一定准确了：说人类社会蒙昧时期，用现在人类学的观点来说，也就旧石器时代，造成这一系列荒蛮事实的原因在于“无君”；“圣人深见此患也，故为天下长虑，莫如置天子”。其圣人似乎如上帝一样，具有赐予人间一切之能力；且置天子、置君、置官长，成了止暴易安的决定因素。这显然不是严密之推论。人类社会的发展演进显然呈多种方式。恩格斯在《家庭、私有制与国家的起源》一书中就认为，古希腊由氏族到国家即为自然过渡。且进而认为：“使雅典灭亡的并不是民主制，像欧洲那些讨好君主的学究们所断言的那样，而是排斥自由公民劳动的奴隶制。”[①] 吕不韦的上述观点虽不完全正确，却也有闪光之处。吕氏认为置天子等非以阿天子，而是为了利天下。这个观念也具有超越性。

再看他相一致的表述：

> 天下之士也者，虑天下之长利，而固处之以身若也：利虽倍于今，而不便于后，弗为也；安虽长久，而以私其子孙，弗行也。(《长利》)

这同样反映了吕不韦的高远见识：为天下谋长利，就像对自己的身体一样。即便如此，如果仅仅是有利于今天，不利于后世，不能做；天下安定虽长久，如果是为自己的子孙谋福利，也不能做。

历时的观念在吕不韦的意识里占取了相当的分量：

> 东夏之命，古今之法，言异而典殊，故古之命多不通乎今之言者，今之法多不合乎古之法者。……有道之士，贵以近知远，以今知古，以益所见，知所不见。(《察今》)

> 凡举事必循法以动，变法者因时而化。(同上)

这里吕不韦所体现的一种重要理念就是强调古今打通。这两段话可以说都是经典性的表述，由此我们可以很自然地想象到后继性的豪语：“究天

① 《马克思恩格斯选集》第4卷，人民出版社1972年版，第115页。

人之际，通古今之变，成一家之言。”这也可以看到人们不同的精神境界：有些人由天地之浩荡、古今之无限而感觉到自己的渺小，而伤感自怜；而有些人则是从自我角度生发开去，惊异于认知的强力愈来愈触及偌大的天地，而自我感动，而充盈，而幸福。

心胸打开之后，再反躬自识，自然有一种不一样的感受，尽管不能超越于物外：

> 有别，人之义也，所异于禽兽麋鹿也，君臣上下之所以立也。(《先识》)

这一点也是跟随了儒家的观念，强调了人类社会的地位等级身份差别。但值得注意的是：吕不韦对这种尊卑秩序的分立很少过分强调，再则，即便是谈论，也总是建立在一种天性的认定基础上。如：

> 天生人而使有贪有欲。欲有情，情有节。圣人修节以止欲，故不过行其情也。故耳之欲五声，目之欲五色，口之欲五味，情也。此三者，贵贱愚智贤不肖欲之若一，虽神农、黄帝其与桀、纣同。(《情欲》)

由这样的论述可知：吕不韦首先认定人贪欲的天然性。其次认为，对于欲望既有感性（情）的一面又有理智（节）的一面。对于前者，不分贵贱愚智贤恶，都是一样的，本能如此。再接下来就是人分出好坏的两极，圣人，就在于他能够用贵生动，即凭借其理智节制其情感欲望。相反的另一面则是不加节制地纵情肆欲。

> 使民无欲，上虽贤犹不能用。……人之欲多者，其可得用亦多；人之欲少者，其得用亦少；无欲者，不可得用也。(《为欲》)

这里虽然是站在君主对待臣民的角度来看待人们普遍所具有的贪欲天性的，但对于每一个思想主体来讲，未免不是一种客观冷静的分析。欲望本身应该说是好坏兼具，问题就在于你怎么看，怎么把握好度，更重要的是，不能让邪恶的东西披上神圣的外衣。

> 智亦有所不至。所不至，说者虽辩，为道虽精，不能见矣。(《悔过》)

由此我们可以感知吕不韦于其中所寄寓的情怀：认识万物，何其难也！但其认定也有让我们深切感怀的：智亦有所不知。在那个民族文明刚刚初创奠定时期，吕不韦即能发出那样的感慨，我们似乎可以感触他的脉动：他是一位非常有情怀的士人，他是一位性情中人，如果不是情势裹挟，或许他可以以一位学者的形象伫立于世，然而他不能；他能的是，在那样一个非常时期还有心留下他的种种思考，并且达到了他的那个时间应有的高度，足矣！当然，与此同时还不能不说，受各个方面的限制，他的认识仍存在着诸多的不确定性：客观世界的有形性是有利于观察、触摸并明确感受，但真正其本质的认识，也就是内部深层结构所具有的复杂性也并不像他想象的那么容易。

5.2.2　言意统一

首先我们看到的是吕不韦对语言特征的认识：

> 凡言者，以谕心也。(《淫辞》)
>
> 非辞无以相期，从辞则乱。(同上)
>
> 人同类而智殊，贤不肖异，皆巧言辩辞，以自防御，此不肖主之所以乱也。(《论人》)

这三句话也可以分成三层意思，并步步推进：一是积极肯定。语言作为人们最重要的交际工具，就是吐露心声，传递情感的。二是辩证表述：没有言辞人们便无从交流，并达到相互了解的目的。但是，仅仅凭依语言，完全信赖语言，就会有差错混乱。三是解释原因。人不论智愚好坏，都会凭借良好的言辞来肯定自己的所作所为。从这种意义上说，语言既可以传递正面的积极的意义信息，也可以掩饰遮蔽人的真实意图和行为；这种交际工具并不像人们想象的那样美好。吕不韦的这种提醒还是非常有见识的，有些被人们看作箴言的，如“开卷有益”，对比之中也会高下立分。

这自然会给人们形成心理上的纠葛、无奈，甚至极端性的决断、选择：

> 胜书说周公旦曰：“廷小人众，徐言则不闻，疾言则人知之，徐言乎？疾言乎？”周公旦曰：“徐言。”胜书曰：“有事于此，而精言之而不明，勿言之而不成，精言乎？勿言乎？”周公旦曰：“勿言。”故胜书能以不言说，而周公旦能以不言听，此之谓不言之听。不言之谋，不闻之事，殷虽恶周，不能疵矣。口拟不言，以精相告，纣虽多心，弗能知矣。目视于无形，耳听于无声，商闻虽众，弗能窥矣。（《精谕》）

所设置的故事话题很有典型性，即两难选择中还要求必须有唯一选项：首先是小声说话则听不到，大声说话则人尽知。两种方式该何去何从？周公的选择是：小声说话。在此基础上的再次选择是：精要之言则意不明，不说话是一切全无。对此又该怎么办？周公回答得很干脆：不说话！这不能不说是对于言语局限的一种过激性的判断反映。虽然有时候确实是“无声胜有声”，但也不至于彻底否定了言语的价值效用。如果不是过多地看到了由言语而造成的是是非非，苦痛灾难，又有谁能够否定了言语这种是最自然、不需要付出任何资本代价却受益无穷的工具呢？然而利弊兼半，又有谁能够否定了恰恰是这种最不走眼、像空气一样轻灵无限的声响却能惹下无端灾祸甚至贻害无穷呢！所以，愤激的话语里，不免包含了人们对它无可言状的爱恨情仇。这对于像吕不韦这样身世的人物来说，感慨系之的缘由或许比一般常人更多更深刻。

之所以如此，他有进一步的讨论。

> 言者，以谕意也。言意相离，凶也。（《离谓》）

> 夫辞者，意之表也。鉴其表而弃其意，悖。故古之人，得其意则舍其言矣。听言者以言观意也。听言而意不可知，其与桥言无择。（同上）

难得的是，吕不韦对于言意之间的关系还是展示了他自己的明确认识。

他认为，相对于语言这一整体来讲，言是表，意是里。如果仅仅关注言语形式而不重视意义，肯定是买椟还珠，悖谬差错。由此不难看出，吕不韦是主张言意之间是统一的关系，而反对折绕盘旋、似是而非的言语表达。

但是，两者的完全吻合何其难也！语言里涉及因素颇多，其复杂性难以尽述。愈是博大深广的指称言辞，其意也往往具有极大的模糊性，人们对它的确认即有相当的难度：

道也者，视之不见，听之不闻，不可为状。有知不见之见、不闻之闻，无状之状者，则几于知之矣。道也者，至精也，不可为形，不可为名，强为之谓之太一。故一也者制令，两也者从听。先圣择两法一，是以知万物之情。(《大乐》)

吕不韦对这方面的内容思考颇多，涉及面也广泛。可以说都是有关于言意之间的困惑而有意展示的，再如：

使人大迷惑者，必物之相似也。玉人之所患，患石之似玉者；相剑者之所患，患剑之似吴干者；贤主之所患，患人之博闻辩言而似通者。亡国之主似智，亡国之臣似忠。相似之物，此愚者之所大惑，而圣人之所加虑也。故墨子见歧道而哭之。(《疑似》)

这里所谓“墨子见歧道而哭之”，可能是《吕氏春秋》的作者记错了。类似的内容先前见于《荀子·王霸》：“杨朱哭衢涂，曰：‘此夫过举跬步而觉跌千里者夫！’哀哭之。此亦荣辱安危存亡之衢已，此其为可哀甚于衢涂。”但这与所记录并要表达的意思无关，不是他们太过于矫情，实在是于相似的事物现象上做出分辨太不容易。不但愚者大惑，即便是智者岂能释然？人世间的诸多差错，莫过于似是而非。混淆黑白还容易识辨，怕就怕那种难以分辨的“博闻辩言而似通者”，好与坏难以判断。好心办坏事，不是大都由这种情况造成的吗？语言上面似乎表现得愈加突出：闪光的字眼却掩饰的是难以预知的灾害。初衷种下的是龙种，收获的却是跳蚤。这种无情的事实似乎就是对思想家之思想表达的一种嘲讽。差之毫厘，失之千里，语言里边所蕴含的功过是非非常值得人们警怵并思考的。那个时间里吕不韦能够深切感受到这一点，并提醒人们，颇为难得。

接下来，吕不韦探讨了纠错的方法问题。主要有：

a. 须名实相副、名分相谊、形名相当

> 人主出声应容，不可不审。凡主有识，言不欲先。人唱我和，人先我随。以其出为之入，以其言为之名，取其实以责其名，则说者不敢妄言，而人主之所执其要矣。(《审应》)

> 正名审分，是治之辔已。故按其实而审其名，以求其情；听其言而察其类，无使放悖。夫名多不当其实而事多不当其用者，故人主不可以不审名分也。不审名分，是恶壅而愈塞也。(《审分》)

> 凡乱者，刑名不当也。人主虽不肖，犹若用贤，犹若听善，犹若为可者。其患在乎所谓贤、从不肖也，所为善而从邪辟，所谓可从悖逆也，是刑名异充而声实异谓也。(《正名》)

名实之论，是先秦诸子百家都非常关注的命题。到了吕不韦这里，所形成的成组对应概念就更为丰富，强调得也更多。他认为，名不当实，事不当用，应该坚决阻止；空谈误国，淫说伤国，说明世风日下。相应地，德配位，名副实，才能形成健康的言行状态。

b. 须言之有理，持之有据

> 言之不敢无说。请言其说。(同上)

这里的言辞虽然很简短，但其价值却不容忽视。那就是：所有的认定判断都要有根据，都要分析论证。有关言说需不需要论辩，也构成了先秦诸子观念鲜明对立的重要话题，并形成不同表述风格。但总的趋向是，愈往后来篇章论析愈是丰富厚重；但像吕不韦这样将它当作不可或缺的方法手段并给予明确认定的，还不多见。可以想见，如若不是历史走向改变，这种百家自由争鸣的局面能够得以长久延续的话，民族严谨思维方式的陶冶培植当会得以更有效的加强。

对此，吕不韦也有比较多的典型例证分析。如：

> 魏昭王问于田诎曰："寡人之在东宫之时，闻先生之议曰：'为圣易。'有诸乎？"田诎对曰："臣之所举也。"昭王曰："然则先生圣于？"田诎对曰："未有功而知其圣也，是尧之知舜也；待其功而后知其舜也，是市人之知圣也。今诎未有功，而王问诎曰'若圣乎'，敢问王亦其尧邪？"昭王无以应。田诎之对，昭王固非曰"我知圣也"耳，问曰"先生其圣乎"，己因以知圣对昭王，昭王有非其有，田诎不察。(《审应》)

这一段可以说是《吕氏春秋》里真正的语言分析，批评的是田诎的应对并不准确。魏昭王在东宫做太子的时候即听到田诎当时的一种表述，说"做圣人容易"。现在问田诎："有这回事吧？"对方承认有这回事。魏昭王便接着问道："你是圣人吗？"田诎解释说："在没有功劳的情况下即知对方，这种能力就体现在尧对舜的认知上。现在我也没功劳，而王问我'你是圣人吗？'那么敢问王：您难道也是尧吗？"吕不韦认为：昭王问的前提并非"我知圣"，而是针对对方所谓的"做圣人易"，从而怀疑对方的认定。而田诎的反问是搞错了前提，也可以说是暗中偷换前提。所以吕不韦说田诎"因以知对昭王"，且还隐含着非常不好的预设。然而这一切却又是不动些心思难以辨析清楚的，故昭王也一时语塞。这可以说是非常难得的语言本体逻辑论证，且有理有据。

c. 须深入探讨，知其然并知其所以然

> 人莫不以其知知，而不知其所以知。知其所以知之谓知道，不知其所以知之谓弃宝。(《侈乐》)

这里的表述就更进了一层，即便是对今天的人们也有教益：认识事物，仅就其表象特征、实用功能进行认定容易，然而这并不代表就将其对象的本质把握住了；判断容易描写难，对其内在规律的解释就更难。恰恰是后者才叫作知其所以然，吕不韦虽然在意识上并不能与今天的解析完全对应，但这种有深度的认识却是同时代的人们很少具有的。

d. 须分门别类，精细辨析

知不知上矣。过者之患，不知而自以为知。物多类然而不然，故亡国僇民无已。夫草有莘有藟，独食之则杀人，合而食之则益寿；万堇不杀。漆淖水淖，合两淖则为蹇，湿之则为干；金柔锡柔，合两柔则为刚，燔之则为淖。或湿而干，或燔而淖，类固不必，可推知也？小方，大方之类也；小马，大马之类也；小智，非大智之类也。(《别类》)

先秦士人们就分类观念的建立，还是进行过相当的理性思考，有些还有一定的科技含量。这一段话语可以说非常具有代表性。他提醒人们注意，要懂得认识的有限性。就具体的事物而言，药草有莘有藟，单独服用却会致死，合着服用则益寿；蝎子和紫堇都是毒药，配在一起反倒毒不死人。漆是流体，水也是流体，两者相遇却会凝固，越是潮湿就越是干得快。铜和锡都很柔软，它们熔合起来却会变硬，冶炼又会变成流体。有的东西弄湿会变得干燥，有的东西焚烧反倒变成流体，物类本来就不是固定不变的，怎么能够推知呢？小的方形跟大的方形是同类，小马跟大马是同类，小聪明跟大聪明却不是同类。

e. 须洞悉语言的本体特征

齐桓公与管仲谋伐莒，谋未发而闻于国，桓公怪之曰："与仲父谋伐莒，谋未发而闻于国，其故何也？"管仲曰："国必有圣人也。"桓公曰："嘻！日之役者，有执蹠台而上视者，意者其是邪？"乃令复役，无得相代。少顷，东郭牙至。管仲曰："此必是已。"乃令宾者延之而上，分级而立。管子曰："子邪言伐莒者？"对曰："然。"管仲曰：

“我不言伐莒，子何故言伐莒？”对曰：“臣闻君子善谋，小人善意。臣窃意之也。”管仲曰：“我不言伐莒，子何以意之？”对曰：“臣闻君子有三色：显然喜乐者，钟鼓之色也；湫然清静者，衰绖之色也；艴然充盈，手足矜者，兵革之色也。日者臣望君之在台上也，艴然充盈，手足矜者，此兵革之色也。君呿而不唫，所言者‘莒’也；君举臂而指，所当者莒也。臣窃以虑诸侯之不服者，其惟莒乎。臣故言之。”（《重言》）

吕不韦这一段的记述涉及甚多，也可以说是有关表意理解的一个全方位描写，亦即“三色”：言语主体的神色、口形和形体运作。将这些综合之，善于观察的东郭牙得出了齐桓公与管仲合谋将伐莒国的决策。这应该说是言语解读上面的高智能的完美判定，也在一定程度上体现了先秦时期的士人们对语言表达上的悉心观察与总结：已经开始注意具体发音口型的展示，这可以看作是其后逐渐发展起来的音韵学的萌芽和先导。[①] 所以东郭牙的推断还是正确的。

由此我们可以说，吕不韦作为战国晚期激烈征战中的风云人物，还能够从纷纭峥嵘的事务中超拔出来，倾心致力于文化思想方面的建树，这种努力倾向本身即说明他的不凡境界。再则我们看《吕氏春秋》所反映的思想，无须计较于命名上的纠葛，作为诸子百家广泛思想之集大成者，他既总各家之所长，也确确实实有超越。观念之清晰，对问题窥视之精细，都达到了前所未有的高度。当然，所体现出来的不足也体现了时代的局限性、文化之局限性，仍能给人们以启迪。

① 东汉高诱注：“呿，开；唫，闭。”“莒”，后人推演模拟出当时人们的发音应为“鱼”部，音（kia）。

下编　实践理性论

这一编主要包括两个方面的内容：一个是先秦诸子以及士人们对语言所进行的研究，一个是他们自己语言应用所表现的情态。

第六章　关键词语意义的认识

而今的训诂学研究，往往将汉语语言学的研究，特别是训诂学的研究认定为由汉代起始，且将其目的定位为解读经学的需要。这应该说在相当程度上是一种误解。正像我们已经有所论述的那样：以实用为目的的训诂有被动消极性质，而中国先秦时期，也就是民族文化的奠定时期，人文中心的确立时期，人的自觉必然伴随着对人及其必然要素语言的认识自觉。诸子百家可以说没有一家在展示自己的思想观念时不对语言给予过关注和认识，差别只在于多少问题，是否把它当作认识的出发点问题；且随着时间的推移，即便是统一战争到达白热化的时期，这个时间出现的《吕氏春秋》居然通篇都是围绕着语言而展开的。这不能不说，语言哲学的理念贯穿于整个的先秦文化历史，并成为人类文化史上的绚烂景观。

这一章节，我们将就诸子百家于语言训诂进行分析。

6.1　“道”与“理”

只要是表达思想，就不得不动用语词。不管是你困惑于它，甚至愤激地想丢弃它也罢，还是执意地去追求它，甚至深入到语言的最小单位精心体味其内涵意蕴也罢，都少不了要与它产生纠葛，想摆脱都不可能。

我们之所以要先将这两个语言单位的意义认定及使用情况放在首位，因为它们于我们传统文化的核心理念及认识方法的确立关系极大。先秦时期两者即经历了由分立的单音节词到合并为一个双音节词的全过程，由此它即成为一个常规词语为人们广泛使用，直至太平天国之时，小到教义宣讲，大至军国事务讨论，都冠之以“讲道理”这一称谓，都很能说明在它上面所蕴含的价值效用，故很有考究之必要。

6.1.1 “道”义纷纭

依着现代语言学的基本原理，人们可以很清楚地知道“道理”这个词是由“道”和“理”两个实语素根据意义的相同或相近平等并列而构成的联合型复合式合成词。用后世人们的话来说，“道即理也”①。但很有意思的是，这两个实语素在一开始都是作为独立的词而存在的，且意义单一：“道”，《说文》：“所行道也。一达谓之道。”也就是道路的意思。“理”，《说文》：“治玉也。”《玉篇》或许对其最初意义的解释更到位：“理，文也。”也就是文（纹）路。很有意思的是，它们的“出身”一大一小，它们引申出来的意义也不一样：前者往往指“准则”“道德”“思想观念”等，后者则多指具体的“文理”“梳理”“治理”等。因为“君子务本，本立而道生”（《论语·学而》），“君子不器”（《论语·为政》），所以两者在先秦的使用频率上大不相同，重“道”轻“理”，差比很大。

---

① 朱熹：“道即理也，以人所共由而言则谓之道，以其各有条理而言则谓之理。”（《晦庵先生朱文公文集》卷四十九《答王子合》（十二），《朱子全书》，第22册，上海古籍出版社、安徽教育出版社2010年版，第2257页）“所谓道者，只是日用当然之理。”（黎靖德编：《朱子语类》，中华书局1986年版，第863页）但与先秦诸子观念所不同的是，此时的“理”又有了新的内涵；且逾越“道”，成了新学说中最重要的理念。

尽管如此，开初“道”的含义基本上还是能够搞清楚。问题在于道家，道家说道，似乎加重了词语意义理解的难度，玄之又玄，不免有引向神秘主义之嫌。

拿《道德经》的开篇定位而言：“道可道，非常道。名可名，非常名。”说好一点是在披露客观上的一种无奈：不能尽心所欲，不能精确描写，又不得不尝试和探求。接下来的文字就是对“道”和“名”两者的探讨：“无名，天地始；有名，万物母。常无，欲观其妙；常有，欲观其徼。此两者同出而异名，同谓之玄，玄之又玄，众妙之门。”万事万物之由来，这是实指，当然无从解答，只能说成是开始。有名，有了语言，一切由此显得明朗，人类的意识也就由此开始。我们一方面观察事物，另一个方面关注语言。两者之间的互动联系与指派，就构成了我们难以言表的观念世界。由语言所造成的观念世界又往往左右了我们行为的一切。这个大帽子其实就是《道德经》的总纲，下边语录格言式的具体条目都是它的具体呈现。当然，“道”作为其关键词，始终作为最强音一直在其中跳荡着，时不时都要显露一下，如：“道之为物，唯恍唯惚。惚恍中有象，恍惚中有物。”但万变不离其宗：物是实的，反映在语言中的意却又是不容易捉摸的。名是虚的，但反映在语言里边又确确实实可以实现指称；但超越了一定的极限，它却似乎又与意合而为一了：“吾不知其名，字之曰道，吾强为之名曰大。”名实之间、言意之间，意识与存在之间，纵横交错的矛盾性，就容易造成语言上的错位，最终归结为：“信言不美，美言不信。善者不辩，辩者不善。知者不博，博者不知。”所以，从相当的意义上说，《道德经》就是典型的语言哲学上的著作；不过，正像我们已经指出过的那样，它的话语方式是语录体，思路脉络是跳宕性的，故不可能于“道”给出一个明确的内涵性定义，有意选取一些现时不可能解决的课题以表达自己思考的博大深沉，玄虚长远，于自己无益，对后人其价值或许负面的更多。

要么说是老、庄一家呢，这难以言表的“道”倒成了一面金字招牌。好似愈是不明白的愈招惹得人心痒痒。看庄子于《知北游》中于“道”的阐释：

> 东郭子问于庄子曰：“所谓道，恶乎在？”庄子曰：“无所不在。”东郭子曰：“期而后可。”庄子曰：“在蝼蚁。”曰：“何其下邪？”曰：“在稊稗。”曰：“何其愈下邪？”曰：“在瓦甓。”曰：“何其愈甚邪？”曰：“在屎溺。”东郭子不应。庄子曰：“夫子之问也，固不及质。正获之问于监市履狶也，每下愈况。汝唯莫必，无乎逃物。至道若是，大言亦然。周、遍、咸三者，异名同实，其指一也。尝相与游乎无何有之宫，同合而论，无所终穷乎！尝相与无为乎！澹而静乎！漠而清乎！调而闲乎！寥已吾志，无往焉而不知其所至，去而来不知其所止。吾往来焉而不知其所终，彷徨乎冯闳，大知入焉而不知其所穷。物物者与物无际，而物有际者，所谓物际者也。不际之际，际之不际者也。谓盈虚衰杀，彼为盈虚非盈虚，彼为衰杀非衰杀，彼为本末非本末，彼为积散非积散也。”

庄子记述的这一段话，也正是汉语成语“每况愈下”的出处。最前面说的是东郭子追问“道”在哪儿，庄子的回答说：它无所不在。东郭子说：希望后边能够说得再具体一些。庄子依次列举了多个具体的现象事物，且越举越趋向于污秽。最终东郭子干脆不再回应。庄子于是解释说：你的提问，本不涉及事情的本质。正获问负责市场买卖的官员怎样验知猪的胖瘦，对方告诉他：通常用脚去踩猪的小腿。如果不容易胖的地方都胖了，整个猪的胖瘦自然可知。庄子借此得出的结论是：越是往具体细小处追寻，道的含义应该是越明确。你一定想知道它的存在，全在事物上面蕴含着。道是如此，语言上面也是如此。接下来可以说是庄子的具体语言学分析：“周”“遍”“咸”是三个不同的词，一如“道”一样，它们深藏于其中的意义是一样的。让我陪你去神游非现实的玄宫，试从整体论道，以至于无穷。让我陪你来无为的境界：恬淡而静止，寂寞而虚空，调和而悠闲。我胸怀广大，去来都不知所至，但游心于造化。物与物相联系没有尽头，物似乎有边际，但边际的那头还有物。在意念徜徉的自由王国里，没有盈虚消长，没有本末积散。这后边他所营造的意境迷惘恍惚，让人好心痴神醉。如果我们沉静下来看他的表述，事实上都是言辞本身在折绕：既“物无际”又“物有际”，既“不际之际”又“际之不际”，既“盈虚”又“非盈虚”，既“衰杀”又“非衰杀”，既“本末”又“非本末”，既“积散”又“非积散”。他到底想说明什么呢？他主张的是“得意忘言”，然则不经意间却只有言辞自己在流转。他的表达本身即类似于这里的言辞一样：他极度看不起语言：“可以言论者，物之粗也。”然而他的言辞弹性张扬，宏丽跳宕，先秦汉语在他这里达到了一个极致的文学语言范例。他的整个著述都在阐述他的哲学理念，然而通览全部文字，似乎只有一个定义：“牛马四足，是为天；络马首，穿牛鼻，是为人。”（《秋水》）然而这恐怕是世界上最奇妙的定义：有内涵吗？没内涵，然而似乎又是含量博大；凡定义都是可以纠错的，他的定义却无法判断，然而又不可以用作一个概念去从事其他的论证。再看看他塑造的一个个的“畸人”形象，外表夸张性的变异扭曲和内在的空阔玄然构成强烈的反差。借助文学的语言和运思进行哲理追寻，终极归宿只能是一个：玄虚的“道”。庄子似乎是在痛苦地挣扎于语言表象的桎梏之中，拼命地想丑化它，歪曲它，诅咒它，但岂不知他摆脱不了它，且这种网状的结构似乎将他越缠越牢，最终他不得不屈服于它，在潜意识中不得不关注它，逐渐还有了欣赏的意识，于是把玩它的时候还故意地显示给人们看，他不是在重视它，他在漫不经心。但不管他装得怎样潇洒，最终他还是输给了语言。因为玄虚拯救不了灵魂，不可能使得理性显示出价值光彩。

6.1.2 “理”论不足

《周易》给予孔子以想象的启迪，孔子也给《周易》增添了哲理的含量。《系辞》上、下可以说使得最为玄虚的意象图示转变成为可以用语言进行意义阐释的系统现象学，与此同时，也使得自身成为中国最早的系统语言哲学著作。相对于老庄们，该著作中的“道”就相对明晰，尽管我们还是难以确切地把握其明确的内涵。它宣称：“一阴一阳之谓道。”人们不难感知，此时的“道”，指宇宙运行、自然变化的法则。整个《周易》，讲的就是阴阳变化之理。《说卦》呼应说：“天之道，曰阴与阳。”之所以说它“相对明晰”，就在于将它与民众生活中的直接感知联系了起来：“继之者善也，成之者性也。仁者见之谓之仁，知者见之谓之知。百姓日用而不知，故君子之道鲜矣！”这种解说颇有些与鲁迅解说读《红楼梦》后的不同感受类似，即将玄虚向具体推进了一步。如果说庄子的“道”还仅为知识分子所领有的话，《周易》中的“道”可以为通常的老百姓所接受。再则就是还要注意的是：《系辞》上、下简直可以说别名就叫“道论”，因为它的主导思想就是来阐述汉民族的世界观的，而其主导精神就是通过事物的发展变化征兆以推究预测人事的吉凶祸福。“知变化之道者，其知神之所为乎？”这可以说是整个《周易》的点睛之笔。与此同时，远在地球另一边的古希腊智者柏拉图于《费德罗篇》中表述道：“凡深知怎样去界定和怎样去分划的人就该视为神。”他的这种认定，可以说为西方人的认识论立则，并成为他们延续迄今的文化主旋律。稍稍比较一下可以看到两者的“道”不同：一个主动，一个主静；一个重综合，一个重分析；一个时时关注语言，但并不怎么关注它的形式，一个并不怎么关注语言，却喜欢从形式上说明问题；一个一开始的哲学就是语言哲学，近代才开始向认识论哲学转变，一个一开始就是认识论哲学，近代以来才开始向语言哲学转向。《系辞》上、下就是人类历史上语言哲学的杰作。当然，在认识孔子有关“道”种种论述的时候，最好参照着《论语》

来读。我们可以看到的比较明显的情景就是：他的要比老庄更结合实际，更接地气，还有就是他对于“道”的使用不拘泥，不像老庄那样把它当作一面旗帜。尽管孔子说：“朝闻道，夕死可矣。”（《论语 · 里仁》）尽管他用“道”的概率也比较高，且意义比较活络：从最简单的“道路”义到稍稍延伸的“说话”义，都有。就是到了相对抽象的层面，一如他将“儒”拆分为“君子儒”和“小人儒”一样，他也将“道”进行了两分：

阳一君而二民，君子之道也；阴二君而一民，小人之道也。（《周易 · 系辞下》）

这句话翻译成白话文就是：阳卦中阳爻一阴爻二，象征一君二民，一君主使万民归心，这也是君子理想的社会秩序。阴卦则不然，阴卦是一阴二阳，象征二君争夺一民，必然倾轧并陷于混乱，这是小人所喜欢的。这里边的“道”意味着社会秩序。

下面语句中的“道”则指思想理念：

道不同，不相为谋。（《论语 · 卫灵公》）

而其他的用法则就相对比较活，且多与语言有关。

形而上者谓之道，形而下者谓之器。（《周易 · 系辞上》）

君子务本，本立而道生。（《论语 · 学而》）

这里的“道”是意谓言语精神层面的东西。如果我们联系孔子，甚至孟子其他相关内容的论述，如“君子不器”（《论语 · 学而》），“君子远庖厨”（《孟子 · 梁惠王上》）等，可以更清楚地认识到这一点。

君子之道，或出或处，或默或语。二人同心，其利断金。同心之言，其臭如兰。（《周易 · 系辞上》）

君子所贵乎道者三：动容貌，斯远暴慢矣；正颜色，斯近信矣；出辞气，斯远鄙倍矣。笾豆之事，则有司存。（《论语 · 泰伯》）

这里的“道”则侧重讲君子的言语作风。当然，这里所说的言语，也就是以儒家为代表的广义言语，除了有声语言外，还包括声态语、身姿语和空间语，特别是对于君子来说，注重各个方面的塑造修养，可以造就出谦谦君子的完美形象，即所谓的“文质彬彬，然后君子。”(《论语·雍也》)也正因为如此，君子更需要注意问题的关键：

《易》有圣人之道四焉：以言者尚其辞，以动者尚其变，以制器者尚其象，以卜筮者尚其占。(《周易·系辞上》)

由此还可以喻以“途径、方法、工具”等义：

子曰：“富与贵是人之所欲也，不以其道得之，不处也；贫与贱是人之所恶也，不以其道得之，不去也。(《论语·里仁》)

这里的“道”，可以理解为“正确的途径”，可对比《论语·述而》中的表述：“子曰：‘富而可求也，虽执鞭之士，吾亦为之。如不可求，从吾所好。”

到了韩非那里，应该说对“道”的阐释就进一步趋向于丰富和明确：

夫道者，弘大而无形。(《扬权》)

(道)无常操，是以死生气禀焉，万智斟酌焉，万事废兴焉。(《解老》)

(道)天得之以高，地得之以藏，维斗得之以成其威，日月得之以恒其光，五常得之以常其位，列星得之以端其行，四时得之以御其变气。(同上)

古之人目短于自见，故以镜观面；智短于自知，故以道正己。(《观行》)

问题的关键在于：这些表述重在对“道”功能的渲染。而对于其内核，主要还是继承了道家的模糊解释，如《主道》中说：“道在不可见，用在不可知。”

值得注意的是，韩非在其著述里还体现了这样两个方面的信息：一是比之于《春秋》，汉语在加快着双音词化的步伐。看他用到的双音节词：

> 此十数人者，皆世之仁贤忠良有道术之士也。(《难言》)
>
> 上古竞于道德，中世逐于智谋，当今争于气力。(《五蠹》)
>
> 夫缘道理以从事者无不能成。(《解老》)

再一是“理”讲得比较多了，直接造成的结果就是“道理”这个双音节词出现频率最高。还有就是，“理”毕竟是刚得到重视，意义理解似乎还不够到位，如：

> 道者，万物之所然也，万理之所稽也。理者，成物之文也；道者，万物之所以成也。故曰：“道，理之者也。”物有理不可以相薄，物有理不可以相薄故理之为物之制。万物各异理，万物各异理而道尽。(同上)

其中对“理”的解释似乎悖于“理”：“文”者，其本义为事物表象所呈现的纹理色彩，这和“理”的本义相同，故有“文理”一说。“理者，成物之文也”，其判断当然对。在此基础上再说“道，理之者也”，显然就有混淆并趋同的倾向。

还是这一章，他对什么是“理”还有进一步的解说：

> 凡理者，方圆、短长、粗靡、坚脆之分也。故理定而后可得道也。(同上)

可以说韩非在这继承了由墨子、荀子、公孙龙以来的理性主义精神，重在强调“理”体现的是事物的自身特征，规律性的内涵开始明豁，可操作性的因素开始增强。

在此基础上，他还进一步地发挥张扬。如《南面》一文中他辨析说：“人主欲为事，不通其端末，而以明其欲，有为之者，其为不得利，必以害反。知此者，任理去欲。”也就是说，他在相当程度上将人的自然天性与理性认知做了比较明确的区分。但一如上面的分析，韩非有了这种意识非常难得，可惜他的试用却不理想：

> 其人以势为足恃以治官。客曰："必待贤乃治"，则不然矣。夫势者，名一而变无数者也。势必于自然，则无为言于势矣。吾所为言势者，言人之所设也。今曰尧、舜得势而治，桀、纣得势而乱，吾非以尧、桀为不然也。虽然，非一人之所得设也。夫尧、舜生而在上位，虽有十桀、纣不能乱者，则势治也；桀、纣亦生而在上位，虽有十尧、舜而亦不能治者，则势乱也。故曰："势治者，则不可乱；而势乱者，则不可治也。"此自然之势也，非人之所得设也。若吾所言，谓人之所得势也而已矣，贤何事焉？何以明其然也？客曰："人有鬻矛与盾者，誉其盾之坚，物莫能陷也，俄而又誉其矛曰：'吾矛之利，物无不陷也。'人应之曰：'以子之矛陷子之盾何如？'其人弗能应也。"以为不可陷之盾，与无不陷之矛，为名不可两立也。夫贤之为势不可禁，而势之为道也无不禁，以不可禁之势，此矛盾之说也；夫贤势之不相容亦明矣。且夫尧、舜、桀、纣千世而一出，是比肩随踵而生也，世之治者不绝于中。吾所以为言势者，中也。中者，上不及尧、舜，而下亦不为桀、纣。抱法处势则治，背法去势则乱。(《难势》)

"矛盾"一词显然就是从这来的。应该说韩非是肯定讲究逻辑上的不矛盾律了，然而恰恰韩非于该论辩中所透现的矛盾性简直是无处不在。这一段驳论针对对方的观点是：单凭权势不能够很好地治理天下，韩非却将它引申为得"势"还是尊"贤"的对立。那么"势"是什么东西？"名一而变无数者"；为人设而非自然，但又非一人设立。接下来自己描述事实：尧舜"得势而治"，桀纣"得势而乱"，得出的结论是："此自然之势也，非人之所得设也"。由此我们可以看到里面包含着几重矛盾了。至此还没完，他还借助"自相矛盾"的典故来强化问题的不相容性。此时又抛开尧、桀不讲了，因为绝大多数的君主在治世上面都是中等才能，对他们来讲，"抱法处势"、奖惩制度才是治国良策。请注意，这时候韩非将原本单一的"势"

又偷偷地注入了法理的内涵，例证之中强调了方法工具的价值。最后归总认为，对方的主张失却道理。值得注意的是：《难势》整篇都在辨析该问题，韩非却在最基础的概念上都没站得住脚。这实际上是非常深刻的教训：思维的严密性问题。

6.2 “仁”与“义”

6.2.1 名实之辩

如上所述，当时的诸子百家都关注语言，言意之辩，名实之辩，是都回避不了的话题。《道德经》虽说是“名可名，非常名”，可接下来还得分辨：“无名，天地之始；有名，万物之母。”指称是言说的起点，有名则是语言的基础。无论你怎么慨叹世间事物的广貌复杂，语言在表达情感意识时怎样的捉襟见肘，到头来还得回归到语言上来。所以到了尹文子那里，就似乎有点沉稳，表达说：“大道无形，称器有名。”仅就语言角度讲，所谓“名”是抽象的观念和语言能指，“实”则是具体的事物和所指。“正名实”，是要“正彼此之是非，使名实相符”。诸子百家于此问题居然有着不约而同的一致性，就是都赞成两者吻合，尽管具体主张提法上稍有不同：儒家有“必也正名”，法家有“综核名实”，墨家有“以名举实”，名家有“循名责实”。当然，于该问题大家努力的方向并不完全一样。儒家和法家的“正名”主要侧重在官职与职责的匹配上，墨家的“正名”则主要侧重在语言逻辑上的言意统一上。即便是同一家，如道家，先后似乎也不完全一样。老子、庄子在名实问题上采取了与人别异的态度，如后者说：“故视而可见者，形与色也；听而可闻者，名与声也。悲夫！世人以形色声名为足以得彼之情。夫形色声名，固不足以得彼之情，则知者不言，言者不知，而世岂识之哉！”（《庄子·天道》）“名实者，圣人之所不能胜也。”（《庄子·人间世》）拿它和墨子的一对照，如《经上》《经说上》的系列表述：“举，拟实也。”“告以文名，举彼实也。”“言，出举也。”“故言也者，诸口能之，出民者也。民若画俿也，言也，谓言犹石致也。”“执其所言而意得见。”“若实也者，必以是名也命之。”《贵义》：“非以其名也，以其取也。”明显是对着来的。到了尹文子，名家共同的特征，也就是严谨分析的追求体现得很明显。如他的表述：“名者，名形者也；形者，应名者也。然形非正名也，名非正形也。则形之与名，居然别矣。不可相乱，亦不可相无。”名家，一开始其观念也多偏重社会秩序的需要，像邓析子的主张：“明君之督大臣，缘身而责名，缘名而责形，缘形而责实。”“循名责实，实之极也；按实定名，名之极也。参以相平，转而相成，故得之形名。”（《转辞》）到了公孙龙这里，虽不可避免地也要介入当时的社会纷争，但他的文字却有超越世俗的一面。同属法家，《管子》的“名实”论有比较多的学术色彩，看其有关论述：

以其形因为之名，此因之术也。名者，圣人之所以纪万物也。（《心术上》）

义者，谓各处其宜也。礼者，因人之情，缘义之理，而为之节文者也，故礼者谓有理也。理也者，明分以谕义之意也。故礼出乎义，义出乎理，理因乎宜者也。（同上）

“物固有形，形固有名。”此言名不得过实，实不得延名。（同上）

也就是说，它还进一步推导了名的由来。这一观念也为其他多家所肯定。

当然，于该问题上，《管子》毕竟还是体现了法家正名的特色：

守慎正名，伪诈自止。（《管子·正第》）

制断五刑，各当其名，罪人不怨，善人不惊，曰刑。正之、服之、胜之、饰之，必严其令，而民则之，曰政。如四时之不贷，如星辰之不变，如宵如昼，如阴如阳，如日月之明，曰法。爱之、生之、养之、成之，利民不德，天下亲之，曰德。无德无怨，无好无恶，万物崇一，

阴阳同度，曰道。（同上）

到了吕不韦这儿，就统一地归纳为“名正则治，名丧则乱”（《正名》）。

但问题是，名实之间是否理得清楚明白？传统的社会秩序建立往往遵从的是礼法制度。《商君书·更法》对此可以说有首建之功，因为它有比较清楚的论及：“及至文武，各当时而立法，因事而制礼，礼法以时而定，制令各顺其宜。”整个《更法》一章，都是“礼”“法”相提并论的。如：

> 今吾欲变法以治，更礼以教百姓，恐天下之议我也。
>
> 法者，所以爱民也；礼者，所以便事也。
>
> 因民而教者，不劳而功成；据法而治者，吏习而民安。今若变法，不循秦国之故，更礼以教民，臣恐天下之议君，愿孰察之。
>
> 三代不同礼而王，五霸不同法而霸，故知者作法，而愚者制焉；贤者更礼，而不肖者拘焉。拘礼之人，不足与言事；制法之人，不足与论变。

由这一段对话可以看出：“礼”“法”似乎是一回事。在商鞅他们看来，礼就是法，法就是礼；没有礼就没有法，而没有法同样也就没有礼；礼是名分，法是实施，一体而两面。合起来就是所谓的“礼法制度”。“三皇五帝”，遥远上古，当然不可能有这样的设想；即便是时间比较近的春秋时期，也难得见到这样的社会建制；可以说就是商鞅最早采用“互文”手法，将它们形成了理论，并进行了具体的实施。虽然商鞅所实施的法制是最严厉的，但又不是彻底完善的，所以他的人身遭际就是莫大的讽刺与最好的说明。在相当的意义上也意味着：因为其思想意识上的不严谨，在语言上就表现为极大的罅漏，自伤的命运也就成为必然！

6.2.2 仁义之辩

“仁”与“义”是道德层面的两个重要概念，特别是儒家所推崇的两种精神境界。表述很多，然而它们的内涵怎么认定，恐怕并不容易把握。看孔子的表述：

（樊迟）问仁。曰："仁者先难而后获，可谓仁矣。"（《论语·雍也》）

颜渊问仁。子曰："克己复礼为仁。一日克己复礼，天下归仁焉。为仁由己，而由人乎哉！"（《论语·颜渊》）

樊迟问仁。子曰："居处恭，执事敬，与人忠。虽之夷狄，不可弃也。"（《论语·子路》）

（宪问）："克、伐、怨、欲不行焉，可以为仁矣？"子曰："可以为难矣，仁则吾不知矣。"（《论语·宪问》）

（阳货）曰："怀其宝而迷其邦，可谓仁乎？"曰："不可。"（《论语·阳货》）

这是仅就《论语》中孔子论"仁"作的部分稽录。显然，作为重要的政治伦理词语，"仁"可以说是孔子思想学说中的核心观念，出现的频率也是最高的，其功能似乎可以解说所有的方面：大到最高层次政治理念"克己复礼"的实现，小到言说行为的细节掌控，都可以用它来进行认定或作为参照标准，至于中间层次的，事情的性质、人的历史评价等也自然用它来进行判断。对于人的道德修养塑造，"仁"同样可以从里到外各个方面来进行约束规范。总的目标是什么？爱人！内在标准就是"忠恕"，外在的形象标准"刚毅木讷"，甚至还直接表述说：讱，就是仁的表现。进而再达到"居处恭，执事敬，与人忠"，对所有人都是如此，就是仁了。当然，将它们综合起来，将"恭、宽、信、敏、惠"这五个方面完美地统一于一身，肯定是仁。志士仁人，要达到的境界就是"杀身以成仁"；至于像管仲那样有着重要历史功绩的人，才是真正的大仁！当然，达到"博施于民而能济众"的层次，就非"仁"能称述了，唯有尧舜那样的圣人才能当得其名。所以，"仁"是孔子全部学说里的总纲，纲举才能目张，以此统领，其他的具体解说都能纳入到一个系统中来，并形成有机间的关系。如："人而不仁，如礼何？人而不仁，如乐何？”（《论语·八佾》）由此生发开来，甚至还可以达到意境的醉心感悟，如“仁”最直接鲜明的一种形象体现就是言语行为，事实上他于这方面的思想主张相当程度上是与民族的文化美学和谐一致的，也可以说他的论述极大地影响了这方面的塑造。“知者乐水，仁者乐山。知者动，仁者静。知者乐，仁者寿。”（《论语·雍也》）“知者不惑，仁者不忧。”（《论语·子罕》）就是人与自然、形象与抽象完美融合的一种表达；“文质彬彬，然后君子。”（同上）“言语之美，穆穆皇皇。”（《礼记·少仪》）以及其后一直流传民间的“沉默是金”“贵人语迟”等，都足以说明美学上的共同追求。

需要注意的是，《论语·子罕》里的这样一句表达：“子罕言利与命与仁。”如上所述，一方面是有关“仁”高频率使用及其重要性的着意强调，认为它于民众来说，须臾不可分离；然而，通常民众对它却似乎是唯恐避之不及。既然如此，为什么还要说孔子少言利、命、仁这一类的话题呢？其实如果综观整个《论语》的话可以发现，孔子确实不言怪、力、乱、神。于“仁”这一类的重要命题，他确实是不主动提及，往往都是他人问到（光一个樊迟问仁就有三处）他作答的时候有所认定和阐发。且用“仁”进行评价人的时候，特别是评价其弟子时，又显得特别吝啬。如：

> 子张问曰：“令尹子文，三仕为令尹，无喜色；三已之，无愠色。旧令尹之政，必以告新令尹，何如？”子曰：“忠矣。”曰：“仁矣乎？”曰：“未知。焉得仁？”“崔子弑齐君，陈文子有马十乘，弃而违之，至于他邦，则曰‘犹吾大夫崔子也！’违之。之一邦，则又曰‘犹吾大夫崔子也！’违之，何如？”子曰：“清矣。”曰：“仁矣乎？”曰：“未知。焉得仁？”（《论语·公冶长》）

这里说到了两个人物：子文和陈文子，都是孔子之前的知名贤人：一个先后三次做楚国的宰相，均无喜色；三次遭罢免，也无愠怒之色。当新的宰相任职，他还要将自己的政事告知他。子张问孔子的评价，孔子也仅仅给予“忠”的肯定。当子张进一步问：“他还不够仁吗？”孔子认为还不能确认。一个当崔杼杀了他的君主齐庄公，连家里的四十匹马都不要了，跑到其他的诸侯国，但很快就判断说：这里的执政者跟我们的崔杼差不多！接着就离开了。到了另一个诸侯国，又很快得出结论说：这里的执政者也跟我们的崔杼差不多！就又离开了。子张又问孔子：陈文子怎么样？孔子也仅仅给予“清”的评价。子张同样追问说：是仁义之人吧？孔子的回答仍然是：不能确定，还没有达到仁的层次吧。

与此可以形成参照的是《论语·述而》中孔子对伯夷、叔齐的评价：

冉有曰：“夫子为卫君乎？”子贡曰：“诺，吾将问之。”入曰：“伯夷、叔齐何人也？”曰：“古之贤人也。”曰：“怨乎？”曰：“求仁而得仁，又何怨？”出曰：“夫子不为也。”

这里记叙的人情世故错综复杂：孔子周游列国，卫国对他的接待总体很好，所以孔子也多次出入卫国且长驻。正因为如此，才有了弟子“夫子为卫君”的担心。卫灵公死后，卫国出现了父子争位的混乱局面。子贡问得非常巧妙，孔子回答得也非常精准：他们都撇开了正题，而是借助伯夷、叔齐的典故来进行：他们与眼下的情景正相反，而是弟兄两个为了推让君位而出走；后又遇武王伐纣而劝谏，认为这是以怨报怨，以暴易暴；最终不食周粟以死明志。子贡的意思是：伯夷、叔齐如果面临目前卫国的情景，是否会有所怨悔？以此窥探孔子的态度。孔子给出的评价是“贤人”。要注意，孔子对人认定非常审慎。他住卫国大夫蘧伯玉家长达 9 年，且对方长他近 30 岁，两人是真正的莫逆之交、忘年交。然而，孔子对蘧伯玉也只是给予了君子的认可：“君子哉蘧伯玉！邦有道则仕，邦无道则卷而怀之。”（《论语·卫灵公》）在孔子看来，“贤人”只是一个历史好名声而已，而担当得起“仁”的，则是一个综合性的指标，需要有真正的历史建树，在重要的时刻要表现出卓越的功绩，故微子、箕子、比干能承受，伯夷、叔齐就达不到。再则就是孔子看大处而忽略小节。如管仲，孔子对他的许多具体做法也多表示反感甚至否定，甚至认为：“管仲之器小哉！”（《论语·八佾》）然而他根本性的评判是“仁”，因为他有历史贡献，不然的话，“吾其披发左衽矣”！我们岂能像那匹夫匹妇一样，拘泥于小信细节，自缢于沟渎之中而不为人知？当子贡进一步追问的时候，孔子也仅仅是回答以“以仁得仁”，即相当于“我欲仁，斯仁至矣”，也一如“忠恕”那样的内心感受与体验，仁心至是一回事，能不能真正实现“仁”的事业又是一回事。对于虽为殷商遗民又“吾从周”的孔子来说，伯夷、叔齐的阻止伐纣似乎并不应该被认可。也就是说，当无法判断事情性质的时候还需要静观其变。正因为如此，子贡听出了弦外之音，由此也得出了其师对于卫国动荡所采取的态度。

> 孟武伯问：“子路仁乎？”子曰：“不知也。”又问，子曰：“由也，千乘之国，使治其赋也，不知其仁也。”“求也何如？”曰：“求也，千室之邑，百乘之家，可使为之宰，不知其仁也。”“赤也何如？”子曰：“赤也，束带立于朝，可使与宾客言也，不知其仁也。”（《论语·公冶长》）

这是孔子对其弟子们的评价。当孟武伯逐个问起与孔子接触最多的几个，直接问他们与“仁”的关系。孔子似乎是爽朗干脆地一一给予了否定。事实上孔子还是非常有卓越见识的，事实证明，他的那些弟子们还真是没能干出什么或经国济世或创立新说的实绩，相应地，也说明孔子对“仁”标准的苛刻与不凡境界。

> （宰予认为三年守孝期太长）宰我出，子曰：“予（宰我）之不仁也！子生三年，然后免于父母之怀。夫三年之丧，天下之通丧也。予也有三年之爱于其父母乎？”（《论语·阳货》）

对比前面的评价语言，我们可以看到孔子当时用语的特点：否定一般不是那么直接，体现得相对委婉，甚至还有些许鼓励的因素在；但真的是非常反感，特别是触及孔子标准底线的时候，他会毫不犹豫地给予决绝的反对，“不仁”可能是最为严厉的判定了！

当仁，不让于师。(《论语·卫灵公》)

君子去仁，恶乎成名？君子无终食之间违仁，造次必于是，颠沛必于是。(《论语·里仁》)

这里的表述可以说是有关“仁”的核心认定：头一句的表达，足以与古希腊亚里士多德的“我爱我师，我更爱真理”的名言相媲美：都在于体现对终极指向义无反顾的献身精神，明确地将此放在比其业师更高的位置上，即“仁”和真理一样，对此价值的追求人人平等。时间上，孔子的认定比亚里士多德更早一些，于是也就更难能可贵。相应地，两句话也颇能说明两种文化不同的价值取向：一种倾向于人的自身塑造，一种倾向于客观的科学追求。两种追求都体现了人的自我完善的境界，让人感怀、感动、感奋，并产生孜孜以求的冲动。接下来的表述似乎是承继着来讲的一样：仁是君子的立身之本。成名，就是要为他人立以高标，树以楷模。“君子疾没世而名不称焉。”(《论语·卫灵公》) 正因为如此，时时处处都需以仁而心心念念，饮食之时如此，急遽仓皇间如此，颠沛困顿时也是如此；由内心的修养到外在的举手投足、言辞神貌，无不由仁来严格要求自己。孔子老夫子的伦理哲学于此达到了尽乎完美的境地！为什么会是这样的？因为“观过，斯知仁矣”(《论语·里仁》)。人不可能没有过错，但问题的关键是认识错误，认识到了，仁心即产生，也就可以有效地避免错误，“苟志于仁矣，无恶也”(同上)。因为是一种境界，是不同人群的一种划界标准：“君子而不仁者有矣夫，未有小人而仁者也。(《论语·宪问》)

《礼记》不管是假托还是汇集，就其“子曰(云)”下面的文字分量还真不亚于《论语》，单就其“仁”这一方面的内容来讲更是如此。但我们还是更倾向于前者，因为以孔子的个性，不喜欢长篇大论；特别是有关“仁”，过多的表述，本身似乎就是与之相冲突。不过就其内容与其着意强调的口吻却是非常的一致，即便是后继者的有意模仿或在原始材料基础上的有所加工，也是走样不多的。将它们看成孔子仁学思想的再发挥应该是不错的，一定程度上也可以说仁学观念的进一步具体化。比如孔子的“忠恕”，很大程度上表现在内在的一种态度，由己及亲，由亲及人。《礼记·表记》说到了两种方式：

> 子曰：“以德报德则民有所劝；以怨报怨则民有所惩。”
>
> 子曰：“以德报怨则宽身之仁也，以怨报德则刑戮之民也。”

其选取应该是不言而喻。

而“仁”的具体表现分解到具体的各个方面，应该是：

> 温良者，仁之本也；敬慎者，仁之地也；宽裕者，仁之作也；孙接者，仁之能也；礼节者，仁之貌也；言谈者，仁之文也；歌乐者，仁之和也；分散者，仁之施也；儒皆兼此而有之，犹且不敢言仁也。其尊让有如此者。(《儒行》)

如果说“仁”作为儒家学说中的核心词语其内涵还比较容易确认的话，“义”相对来说则就繁难多了。首先一点，现代汉语里边“意义”是一个词，但是在先秦早期“义”和“意”却是两个各自独立的词，且有不同的语义侧重，人们在不经意间又会将它们相混。如“群居终日，言不及义，好行小慧，难矣哉！”(《卫灵公》)“意”往往和“言”对照着来用，主要是指“词语及表达所体现的含义”。这不是这里要关注的对象内容，而是和“仁”最为接近最易混淆的“义”。该议题我们在讲述孟子语言观的时候曾有所辨析，孟子与告子有过激烈的辩论：前者认为它们都为道德的一种内在体验与评价标准，而后者则认为仁内义外，前亲情后道义，各有所属。显而易见，他们两个于“仁”的理解上又与孔子不同。上述对他仁义观的梳理也仅为粗线条的勾勒，事实上他的这种观念是一个完整丰富的评价体系：小自人的性格言行，如“刚毅木讷，近仁”(《论语·子路》)。再到平民百姓的行为规范，如“民之于仁也，甚于水火”(《论语·卫灵公》)。再至最高处评价历史人物的功业情操，简直是包罗万象，囊括一切。尽管如此，其内涵仍可追寻和认定。相对而言，孔子用“义”作为评判标准的概率不及“仁”，再则赋予的内涵也不够清楚明确。如：

子曰：“德之不修，学之不讲，闻义不能徙，不善不能改，是吾忧也。”(《述而》)

隐居以求其志，行义以达其道。(《季氏》)

子谓子产有君子之道四焉：其行己也恭，其事上也敬，其养民也惠，其使民也义。(《公冶长》)

子曰：“务民之义，敬鬼神而远之，可谓知矣。”(《雍也》)

子曰：“非其鬼而祭之，谄也。见义不为，无勇也。”(《为政》)

子曰：“君子喻于义，小人喻于利。”(《里仁》)

不义而富且贵，于我如浮云。(《述而》)

子曰：“君子义以为上。君子有勇而无义为乱，小人有勇而无义为盗。”(《阳货》)

由上面的例子即可以看到，孔子用“义”是一个比较宽泛的正面肯定性词语，有的仅仅当“道理”讲，有的指“道义”，有的指方法上的“(合乎)情理”或“正确的途径”，有的指“正义”，有的指“大义”，随不同的语境而体现不同的意义侧重。但客观地讲，义项的归纳上边就不及“仁”从容。

《礼记》里边显然在“义”内涵上面有意识地予以澄清：

仁者，人也，亲亲为大；义者，宜也，尊贤为大。(《礼记·中庸》)

仁者，天下之表也；义者，天下之制也；报者，天下之利也。(《礼

记·表记》)

仁者右也，道者左也。仁者人也，道者义也。厚于仁者薄于义，亲而不尊；厚于义者薄于仁，尊而不亲。道有至，义有考。至道以王，义道以霸，考道以为无失。(同上)

这些都是通过比较来更好地彰显“仁”“义”等词的确切意义。对比确确实实能使得对象的内涵更加鲜明，如《论语》中的“义”“利”之对比，它们在道器范畴下就体现得明确。这几段话语都是在辨析“仁”与“义”两者关系的。《中庸》里边的话很能反映孔子观念中的区分。《周易·坤文言》中提出“敬以直内，义以方外”，这也是就其分辨进行的表述。不过《周易》的“十翼”本属儒家体系，甚至多认为为孔子所作[①]，也可以加强对上述两个术语的理解。《表记》中的两段话说得更清楚一些：“仁”侧重个人的品质，即态度仁厚；而“义”则为社会行为的尺度，即天理道义。第二段话辨析似乎更到位：仁相当于人的右手，道相当于人的左手。仁出于人的天性，道多体现为社会义理。偏重于仁爱的不太重视义理，亲近而不尊重；偏重于义理的不太重视仁爱，尊重而不亲近。道为最高境界，义可以详细考稽。遵从大道可以为王，实施义理之道可以称霸，严格考稽可以无过失。由此我们可知：义是定性性质的，侧重社会公理；仁是描写说明性质的，侧重人的德行风度。

不过《礼记》里的有些具体解释却不是那么准确：

仁有数，义有长短小大。(《表记》)

君子之所谓义者，贵贱皆有事于天下。(同上)

故国有患，君死社稷谓之义，大夫死宗庙谓之变。(《礼运》)

---

① 孔颖达《周易正义·序》云：“其《彖》《象》等‘十翼’之辞，以为孔子所作，先儒更无异议。”宋欧阳修《易童子问》对此有所质疑。

资于事父以事君，而敬同，贵贵尊尊，义之大者也。(《丧服四制》)

礼也者，义之实也。(《礼运》)

似乎有随意之嫌。特别是第一条，似乎说“仁”“义”都有数度描写的性质，又不具体呈现，不免让人怅然。

第七章　先秦诸子的训诂实践

7.1　训诂概说

7.1.1　社会的迫切需求

人、社会、语言，没有什么比此三者的关系更密切的了。它们共生并彼此相互借助共同发展。因此，说到人们对语言的关注，社会的需求肯定是一个决定性的积极的推动力量。

首先我们需要看到的是，先秦时期是我们汉民族文化的奠定时期。这种民族文化的形成，体现为以中原文明为中心，与周边文化相互交流、不断融合、共同发展的一个漫长过程。如《礼记·王制》中载：

> 中国、戎夷五方之民，皆有性也，不可推移。东方曰夷，被发文身，有不火食者矣；南言曰蛮，雕题交趾，有不火食者矣；西方曰戎，被发衣皮，有不粒食者矣；北方曰狄，衣羽毛穴居，有不粒食者矣。中国、夷、蛮、戎、狄，皆有安居，和味，宜服，利用，备器。五方之民，言语不通，嗜欲不同，达其志，通其欲，东方曰寄，南方曰象，西方曰狄鞮，北方曰译。

即便是那个时候，已经有了不同语言之间的翻译沟通需要了。

这其中也包括向其他文化的学习。《左传·昭公十七年》记载孔子的话说："吾闻之：'天子失官，学在四夷'，犹信。"他之所以这样说，也就是他有感而发的由来，主要源于"孔子师郯子"的史实：

> 秋，郯子来朝，公与之宴。昭子问焉，曰："少皞氏鸟名官，何故也？"郯子曰："吾祖也，我知之。昔者黄帝氏以云纪，故为云师而云

名；炎帝氏以火纪，故为火师而火名；共工氏以水纪，故为水师而水名；大皞氏以龙纪，故为龙师而龙名。我高祖少皞挚之立也，凤鸟适至，故纪于鸟，为鸟师而鸟名：凤鸟氏，历正也；玄鸟氏，司分者也；伯赵氏，司至者也；青鸟氏，司启者也；丹鸟氏，司闭者也。祝鸠氏，司徒也；雎鸠氏，司马也；鸤鸠氏，司空也；爽鸠氏，司寇也；鹘鸠氏，司事也。五鸠，鸠民者也。五雉为五工正，利器用、正度量，夷民者也。九扈为九农正，扈民无淫者也。自颛顼以来，不能纪远，乃纪于近。为民师而命以民事，则不能故也。”仲尼闻之，见于郯子而学之。

有道是：“苟日新，日日新，又日新。”中国民族文化的建构是一个不断淘汰又不断更新的历史。提出“和实生物，同则不继”思想的史伯曾这样分析当时众多诸侯国以及其他的化外邦国：

王室将卑，戎、狄必昌，不可逼也。当成周者，南有荆蛮、申、吕、应、邓、陈、蔡、随、唐；北有卫、燕、狄、鲜虞、潞、洛、泉、徐、蒲；西有虞、虢、晋、隗、霍、杨、魏、芮；东有齐、鲁、曹、宋、滕、薛、邹、莒；是非王之支子母弟甥舅也，则皆蛮、荆、戎、狄之人也。(《国语·郑语》)

这里仅仅是列举性质罢了。所谓八百诸侯，也只是个大概数字。周王朝当时的分封，除了姬姓氏族之外，还给予功勋大臣以封国；当然，对于旧朝遗民也不忘给予一块封地以示怀柔。杞国与宋国，就是对应时间久远、被后来的王朝所取代了的夏朝和商朝。但问题在于：时间更为长远的怎么看？郯子自称少皞氏的后裔，直接追溯到黄帝时期，其部落氏族的图腾为凤。孔子师郯子，显然体现了他天下一家、以能者为师的博大胸怀。孔子既有“尊王攘夷”的正统观念，如他对管仲历史功绩的评价，他自己也能在正规场合遵循使用标志国家统一的雅言，但也有他“不攘夷”的一面，一如《礼记·曲礼上》所言：“入竟（境）而问禁，入国而问俗，入门而问讳。”他对方言并不排斥，还显示出了一定程度上的理解和尊重。显然，在孔子身上能够体现出的是语言与社会互动共变需求，既有共同语的基本认定，同时不忘语言因素的丰富多样性，以发展的眼光看问题，才能给语言以积极的推助。

再则就是从汉语的社会功能自身看，越来越体现出重要的作用价值。

从汉语早期的甲骨文记载看，那时书写不易，有限的文献多为商王朝重大事件，如战争、祭祀、商王活动或占卜言辞的记录，而实际的口语很难保留下来。到了周代，确确实实有了全新的气象，“周鉴于二代，郁郁乎文哉！”（《论语·八佾》）此时所采用的礼乐尊卑制度显然要比殷商普遍流行的殉葬祭祀要进步得多；老百姓也可以开口说话，以诗歌的形式来反映他们的劳动、爱情、出征等诸多方面的喜怒哀乐；周王朝统治者对此也显得比较宽容大度，不但设置有专门的采诗官员“酋人”或“行人”到民间搜集诗篇，鼓励公卿列士献诗、太师陈诗，甚至还要“大司乐以乐语教国子”（《周礼·春官》），从中体察民情、感受民风，包括向民间学习艺术的因素。

这里来欣赏其中的一篇：

> 采采芣苡，薄言采之。采采芣苡，薄言有之。采采芣苡，薄言掇之。采采芣苡，薄言捋之。采采芣苡，薄言袺之。采采芣苡，薄言襭之。（《诗·周南·芣苡》）

此诗营造的诗情画意应该是不言自明的吧：绿水青山，天高云淡，田家妇女们陶醉于劳动的欢喜之中，她们的歌声此起彼伏，也融入到了浓妆淡抹的山水画廊之中，“采菜讴歌，欣仁风之和畅也”[①]。这种营造也来自对词语精细的感悟与选用上，“采采芣苡”的重复要的就是相同韵律的不断复现；而仅仅几个主要动词的选用又体现了不同劳动方式的递次改换，同

① 方玉润：《诗经原始》，李先耕点校，中华书局2006年版，第85页。

异之间的对照是那样的鲜明，看似平易，却于雅俗之间求得了难得一致的共鸣!

文化下移的结果就是语言自觉时代的出现。

民间诗歌也从广泛的内容上反映着民众的心声，包括对语言现象的认识：

辞之辑矣，民之协矣；辞之绎矣，民之莫矣。(《诗·大雅·板》)

它的意思是：言辞准确畅顺，百姓遵循起来就协调融洽；言辞动听欢悦，百姓安详幸福。它体现了社会生活里边语言所实现的两个方面的功能：一是要健康严整，信达诚实。这方面做好了，有了基本的依托保障，人们就信心十足；二是要充满情趣，智慧喜庆，这方面是在前者基础上的提高，人们的精神生活于是便会欢乐无限，充满阳光。

白圭之玷，尚可磨也；斯言之玷，不可为也。(《诗·大雅·抑》)

当时的人们已经清楚地知道：物质生活往往可以通过人的努力工作和智慧性劳动得以改变，人们精神生活的充裕丰厚却不容易得到和满足。该诗句其中所寄寓的深沉哲理思考从相当的意义上讲，要比所谓的“认识你自己”还要深刻得多。为什么？如果说这样的话题还仅仅意味着将生存中的人们唤醒：不能单纯地成为生命存在的本能满足者，还要知道这一切的主体性存在。“我思故我在”，即是这种主体性认识的结果。触摸自身，感觉痛痒，能够感受到自己的存在；但正像人不借助工具不可能看到自身一样，“思想思想”，如果没有语言的存在我们便不可以理解我们自身。意识只能意识却不能把握，恰恰语言使得意识有了可把握的条件和基础。语言就是我们全部的精神生活，语言的边界就是我们思想的边界。我们人类社会生活中的欢愉与痛苦都与我们这了不起的创造物它自身所存在的利弊有关。白圭之玷，瑜中之瑕，都是可以看得见摸得着的。可语言中污点，如詈语秽言，当然容易分辨出；关键在于：伪善的言辞，错误的认识，人们还把它当作金科玉律、指导思想的时候，所造成的灾难对相当的群体来讲那真是灭顶性的；还有，语言体现了思维的脉动与相对固化了的认知方式，它还不是个“身后有余忘缩手，眼前无路想回头”的问题，而是“金丹宁误俗，昧者难精讨”，我们虽不肯定那种极端化的判断，即所谓语言决定思维方式并决定人的思想，亦即“萨丕尔—沃尔夫假说”，但不否认的是：从众行为一旦成为一致的思维方式，限制人的思想势将成为必然。古人虽然想不了这么多，但对其中的价值效用还是有切实的感悟的。所以，“南容三复白圭，孔子以其兄之子妻之”(《论语·先进》)。孔子的学生南容对于《诗·大雅·板》中的诗句似乎深契于心，故反复吟诵。对于孔子来讲，诗句中所表达的意思也是洞明于心，其共鸣是那样的强烈，居然由此促成了南容与自己侄女的婚姻!

它还在相当意义上决定着人类社会历史的大开大阖，风云际会，兴败存亡。所以《书·大禹谟》即告诫说：“无稽之言勿听，弗询之谋勿庸……惟口出好兴戎，朕言不再。”《易·系辞上》也说：“鼓天下之动者存乎辞。”正因为言语具有巨大的社会功效，从统治者的角度看，显然这就是令他恐惧的洪水猛兽，于是西周厉王当政时期，即发生了著名的禁言止谤事件：

> 厉王虐，国人谤王。邵公告曰：“民不堪命矣！”王怒，得卫巫，使监谤者，以告，则杀之。国人莫敢言，道路以目。王喜，告邵公曰：“吾能弭谤矣，乃不敢言。”邵公曰：“是障之也。防民之口，甚于防川。川壅而溃，伤人必多，民亦如之。是故为川者决之使导，为民者宣之使言。故天子听政，使公卿至于列士献诗，瞽献曲，史献书，师箴，瞍赋，矇诵，百工谏，庶人传语，近臣尽规，亲戚补察，瞽、史教诲，耆、艾修之，而后王斟酌焉，是以事行而不悖。民之有口，犹土之有山川也，财用于是乎出；犹其原隰之有衍沃也，衣食于是乎生。口之宣言也，善败于是乎兴，行善而备败，其所以阜财用、衣食者也。夫

民虑之于心而宣之于口，成而行之，胡可壅也？若壅其口，其与能几何？”王不听，于是国莫敢出言，三年，乃流王于彘。(《国语·周语上》)

这似乎是由过于夸大语言的功能、过于敏感反应的缘故。孔子虽然也执行过因言获罪的先例，但他对于一言以兴邦或丧邦的说法并不认同。整个春秋战国是中国历史上难得的言路完全放开的时期，也并没有见到可怕的事实反应。所以，完全没有必要杞人忧天。

与此相对的，就是战国末期宋康王所实施的语言崇拜：

为长夜之饮于室中，室中人呼万岁，则堂上之人应之，堂下之人又应之，门外之人又应之，以至于国中，无敢不呼万岁者。天下之人谓之“桀宋”。(《资治通鉴·周赧王二十九年》)

当然，它们在先秦都不能算作主流的社会语言面貌。

7.1.2　孔子的积极示范

众所周知，孔子有一句很经典的表述：“述而不作，信而好古，窃比于我老彭。”(《论语·述而》)很多学人以此进一步推论说，孔子因循，学说创建不多。即便是所共识的《春秋》为孔子所著，后人也有贬损之言：“断烂朝报”[①]。一如先前我们的表述，这种情况既有孔子个人主观因素，又不能不承认，还有当时文化整个发展水平的局限。孔子之前的春秋史也曾出现众多了不起的政治家，多有见识和出色的言语效能展示，像管仲、晏子等，但表现出的统一的特征就是实践理性，而无著述方面的欲望需求。特别是论证性的著作，直到孔子时期还没真正形成规模。此时苛求孔子成为开创者，显然有些强人所难，更何况孔子一向是推崇话语的简易风格。我们可以看《孔子家语》里这么一段记述：

---

① 《宋史·卷三百二十七》：(王安石)“黜《春秋》之书，不使列于学官，至戏目为‘断烂朝报’。”

> 孔子曰："入其国，其教可知也：其为人也，温柔敦厚，《诗》教也；疏通知远，《书》教也；广博易良，《乐》教也；洁静精微，《易》教也；恭俭庄敬，《礼》教也；属辞比事，《春秋》教也。故《诗》之失愚；《书》之失诬；《乐》之失奢；《易》之失贼；《礼》之失烦；《春秋》之失乱。其为人也，温柔敦厚而不愚，则深于《诗》者矣；疏通知远而不诬，则深于《书》者矣；广博易良而不奢，则深于《乐》者矣；洁静精微而不贼，则深于《易》者矣；恭俭庄敬而不烦，则深于《礼》者矣；属辞比事而不乱，则深于《春秋》者矣。天有四时者，春夏秋冬，风雨霜露，无非教也；地载神气，吐纳雷霆，流形庶物，无非教也。清明在躬，气志如神，有物将至，其兆必先。是故天地之教，与圣人相参。其在《诗》曰：'嵩高惟岳，峻极于天，惟岳降神，生甫及申，惟申及甫，惟周之翰。四国于蕃，四方于宣'，此文、武之德；'矢其文德，协此四国'，此文王之德也。凡三代之王，必先其令问。《诗》云：'明明天子，令问不已'，三代之德也。"（《问玉》）

《孔子家语》和《孔丛子》多被人视为伪书，主要在于它们不见载于《汉书·艺文志》。其实文献流传，多有散佚；加之始皇焚书，藏匿过程中导致毁坏破损就更是意料中之事。与此相应，后人辑佚，并有所增益改动亦属正常。《孔丛子》最易于受质疑处就是末了还有汉代事。其实这也难怪，战乱不息，文化流播也不会因改朝换代而停止。正如《战国策》为刘向所缉，就不能说它不是对战国战事信息的记录。如这段文字可以说深契孔子的言语口吻：不喜欢专注于对文辞字句意义的精细训释，多偏重于对其主要内容特别是文风气韵进行概括总评。我们可以看到，这么简短的表述，所包含的信息量却是难以限量的巨大：对经典性文献进行的评价既有充分的肯定，同时还有对其不足的批评。这如果让后来汉代的章句小儒来评点，岂不知会是一个怎样的天文数字！这种宏观的总评虽于理论建树说不上怎样的系统或者说高大上，但朴实之中却蕴含着富有文化特色的厚重感。

与此同时，孔子还有言辞推敲上的执着功夫。这里就《春秋》中的微言大义，看他于语言实践上的精雕细琢，为人们树立了怎样的范例。

何休《春秋公羊传解诂》将孔子著该书的认识方法及评价角度用“三科九旨”来概括，“内其国而外诸夏，内诸夏而外夷狄”的认定整体来说还是对的，称谓上面即明确反映着：

冬十有一月，杞子卒。（经）

十一月，杞成公卒。书曰“子”，杞，夷也。不书名，未同盟也。凡诸侯同盟，死则赴以名，礼也。赴以名，则亦书之，不然则否，辟不敏也。（《左传·僖公二十三年》）

二十有七年春，杞子来朝。（经）

二十七年春，杞桓公来朝，用夷礼，故曰子。公卑杞，杞不共也。（《左传·僖公二十七年》）

两处，不管是杞成公也好，杞桓公也好，都称“子”。左丘明都认为，孔子之所以如此，就在于杞国的君主仍使用早已过时了的夷礼，这实际上就是在贬低自己。孔子虽属殷商遗民，但思想上并不保守，由衷地称颂道：“周鉴乎二代，郁郁乎文哉！我从周。”（《论语·里仁》）从他对郯子和杞国国君所表现出的不同态度来看，说明他对传统里的东西还是有一个正确的选择的：批评中的继承。当然，还有就是看他们是否融入了正在形成中的主体文化。当时的杞国还没有与其他主干的诸侯国结盟，身处中原却因循守旧，自然受到了孔子的鄙视。到了文公十二年、襄公六年，情况就大变：

杞伯来朝。

二月庚子，子叔姬卒。（经）

杞桓公来朝，始朝公也。且请绝叔姬而无绝昏，公许之。二月，

叔姬卒，不言‘杞’，绝也。书叔姬，言非女也。(《左传》)

六年春，王三月壬午，杞伯姑容卒。

秋，葬杞桓公。(经)

六年春，杞桓公卒。始赴以名，同盟故也。(《左传》)

至此改“子”为“伯”、为“公”，说明此时与鲁通婚，建立了关系。

有意思的是，后边襄公二十九年又一次称“子”：

杞子来盟。(经)

杞文公来盟，书曰“子”，贱之也。(《左传》)

以上的称谓又回归到从前，是有原因的：晋平公此时帮助杞国向鲁国讨要被占去的土地。“杞，夏余也，而即东夷。鲁，周公之后也，而睦于晋。”因为此时存在着领土的归属，鲁与杞矛盾激化，作为站在鲁国角度进行的历史陈述，于是便有了称谓上的褒贬之情。一旦关系缓和，《春秋》随即又改作了尊重的指称。如昭公六年：

六年春王正月，杞伯益姑卒。

葬杞文公。

仅仅就是一个爵位上的称谓附带，孔子可以说是煞费苦心。

顾炎武《日知录》道：“周制，公、侯、伯、子、男为五等之爵，而大夫虽贵，不敢称子。春秋自僖公以后，执政之卿始称之。其后匹夫为学者所宗亦得称子，老子、孔子是也。孔子弟子惟有有子、曾子二人称子，闵子、冉子仅一见。”这种认定可能是就其总体，特别是就其《左传》中的称谓而言，但我们认为《春秋》中的“～子”是一致的，即都不看作尊称。如《春秋·隐公七年》：“滕侯卒。”“春秋三传”对此称名都有评说：《左传》：“七年春，滕侯卒。不书名，未同盟也。凡诸侯同盟，于是称名，故薨则赴以名，告终称嗣也，以继好息民，谓之礼经。”《穀梁传》：“滕侯无名，少曰世子，长曰君，狄道也。其不正者名也。”《公羊传》：“何以不名？微国也。微国则其称侯何？不嫌也。春秋贵贱不嫌同号，美恶不嫌同辞。”三家都认为，滕国虽小，但称“侯”，仍为尊号，尽管没能完全正名。《春秋·隐公十一年》载：“十有一年春，滕侯、薛侯来朝。”《左传》还进一步记录了接下来发生的事：十一年春，滕侯、薛侯来朝，争长。薛侯曰：“我先封。”滕侯曰：“我，周之卜正也。薛，庶姓也，我不可以后之。”尽管都是蕞尔小国，仍然还要论个先后位序。但后来对滕君的称述均为“滕子”，即便是均以爵位附加也是如此。如《春秋·庄公十六年》：

冬十有二月，会齐侯、宋公、陈侯、卫侯、郑伯、许男、滑伯、滕子同盟于幽。

再如《左传·哀公十三年》所载黄池大会：

秋七月辛丑盟，吴、晋争先，吴人曰：“于周室，我为长。”晋人曰：“于姬姓，我为伯。”

吴始祖泰伯为太王古公亶父之子，晋始祖为武王之子唐叔。但自始至终孔子都称楚、吴、越三国国君为“子”。也就是说，孔子心目中有一个尺度，那就是周王朝开国分封为始，以中原文化为中心，并以诸侯国历史地位轻重来作为评价标准。“正名”可以说孔子删削《春秋》最为鲜明的特色。左丘明的评论还是相当准确的，如：

九月，侨如以夫人妇姜氏至自齐。（经）

九月，侨如以夫人妇姜氏至自齐。舍族，尊夫人也。故君子曰：“《春秋》之称，微而显，志而晦，婉而成章，尽而不汙，惩恶而劝善。非圣人，谁能修之？”（《左传·成公十四年》）

再如《春秋·桓公六年》载：

蔡人杀陈佗。

《穀梁传》的解释是：“陈佗者，陈君也。其曰陈佗何也？匹夫行，故匹夫称之也。其匹夫行奈何？陈侯喜猎，淫猎于蔡，与蔡人争禽，蔡人不知其是陈君也，而杀之。何以知其是陈君也？两下相杀，不道。其不地于蔡也。”《公羊传》的解释是：“陈佗者何？陈君也。陈君则曷为谓之陈佗？绝也。曷为绝之？贱也。其贱奈何？外淫也。恶乎淫？淫于蔡，蔡人杀之。”虽然两家于事的记述大不相同，但有一点是共同认可的，即陈佗作为国君，其行污秽不堪，如同匹夫，故《春秋》直述其名，以泄厌恶之情。

再看对物的称谓：

> 夏，四月，取郜大鼎于宋。戊申，纳于太庙。（经）
>
> 此取之宋，其谓之郜鼎何？器从名，地从主人。器何以从名？地何以从主人？器之与人非有即尔。宋始以不义取之，故谓之郜鼎。至乎地之与人则不然。俄而可以为其有矣。然则为取可以为其有乎？曰：“否。”何者？若楚王之妻娟，无时焉可也。（《公羊传·桓公二年》）
>
> 孔子曰：“名从主人，物从中国。”故曰郜大鼎也。（《穀梁传·桓公二年》）

那个时段即有器物与土地不同命名方式的认识。《穀梁传》的引述如果确属孔子的话语，应该说是很难得的。迄今我们对方言名物称谓的认定仍遵循这条原则。

7.1.3 士人的普遍关注

先秦时期，文化下移：官家办学，私人办学蔚然成风；很多原属周王朝的官员纷纷流落到诸侯国，还有很多的士人心甘情愿地退隐于民间。与此同时，诸侯国之间日渐激烈的实力竞争，相当程度上也体现为人才的竞争；诸侯国内部，礼崩乐坏的结果是士大夫阶层也纷纷崛起，养士风气也逐渐兴盛。这种总体情势有力地促进了全社会人文素质的提升，语言的价值效用也得到了充分的发挥与展示。对不同层次的士人来说，特别对于多从事言语应对的官宦、行人来讲，其用语的精工自然得到了普遍的重视，并由此体现自己出众的文化素养与人格魅力。大势所向，意义的训诂从而有了坚实的基础。

仅以词语释义为例，相当长的时间里边，诸子在自己的行文里边，多将对词语意义的解释当作一种政论表达的手段。这种情况其实在比孔子更早的时间已经开始了，不过记录里面孔子这种使用更鲜明一些。如：

政者，正也。子帅以正，孰敢不正？（《论语·颜渊》）

其身正，不令而行；其身不正，虽令不从。（《论语·子路》）

对比之中，如果说孔老夫子已经是在训诂，确实有点勉强；但说一点训话的因素也没有，恐怕也不对，显然他是将它作为论证的一种必然方式了。

人们可是非常喜欢这种表达手段的，如：

季梁止之曰："天方授楚，楚之羸，其诱我也，君何急焉？臣闻小之能敌大也，小道大淫。所谓道，忠于民而信于神也。上思利民，忠也；祝史正辞，信也。今民馁而君逞欲，祝史矫举以祭，臣不知其可也。"公曰："吾牲牷肥腯，粢盛丰备，何则不信？"对曰："夫民，神之主也。是以圣王先成民而后致力于神。（《左传·桓公六年》）

像上述人物具体表述时对"道""忠""信"的解释，就不是执行的对该词意义严格释义的方法，而是根据其上下文义而随机性铺排。此时可以说是有着释义的形式却重在对自己所理解观念的陈述。如"道"，季梁思想认识中的显然与老子的差别甚大，更与庄子心目中的"道"有很大不同：

夫子曰："夫道，覆载万物者也，洋洋乎大哉！君子不可以不刳心焉。无为为之之谓天，无为言之之谓德，爱人利物之谓仁，不同同之之谓大，行不崖异之谓宽，有万不同之谓富。故执德之谓纪，德成之谓立，循于道之谓备，不以物挫志之谓完。（《庄子·天地》）

这样的用法简直是举不胜举，甚至可以说已经成为先秦诸子百家著书立说论述观点时可以随手拈来的一种习惯、一种思维定式。人文意蕴厚重的精神世界与意识可以无极漫游的天地里，因为任何一个认识指象，都有可能触及问题意识的方方面面，可以因主体不同而做出不同的理解与发挥。一如《左传·桓公六年》中的实例，“忠”，按通常的观念，当是下对上，然而又有谁能否认言语主体在其中所注入的可贵的民本思想？自从《尚书·五子之歌》中的“民为邦本，本固邦宁”始，可以说其后时间里一直没有断绝过，像《尚书·泰誓上》：“天矜于民，民之所欲，天必从之。”其他的再如：

吾闻之：国将兴，听于民；将亡，听于神。（《左传·庄公三十二年》）

韩简侍，曰：“龟，象也；筮，数也。物生而后有象，象而后有滋，滋而后有数。先君之败德，及可数乎？史苏是占，勿从何益？《诗》曰：‘下民之孽，匪降自天。僔沓背憎，职竞由人。’”（《左传·僖公十五年》）

像这些轻神重民、轻天重人的思想，在那个时间里应该看作颇为不易的人文主义的主干思想。让后来的人们唯觉惋惜的是，并没能成为主导性的社会观念，但它所浸润的思想光辉却是不可否认的，由这种理念指导下对具体词语的解说也就不是什么不可理解的了。

当时为尊者名讳也已开始：

齐闾丘来盟，子服景伯戒宰人曰：“陷而入于恭。”闵马父笑，景伯问之，对曰：“笑吾子之大也。昔正考父校商之名颂十二篇于周太师，以《那》为首，其辑之乱曰：‘自古在昔，先民有作。温恭朝夕，执事有恪。’先圣王之传恭，犹不敢专，称曰‘自古’，古曰‘在昔’，昔曰‘先民’。今吾子之戒吏人曰‘陷而入于恭’，其满之甚也。周恭王能庇昭、穆之阙而为‘恭’，楚恭王能知其过而为‘恭’。今吾子之教官僚曰‘陷而后恭’，道将何为？”（《国语·鲁语下》）

还有词语应用时角度不对称的问题，也容易造成差错：

齐之国氏大富，宋之向氏大贫；自宋之齐，请其术。国氏告之曰："吾善为盗。始吾为盗也，一年而给，二年而足，三年大穰。自此以往，施及州闾。"向氏大喜。喻其为盗之言，而不喻其为盗之道，遂逾垣凿室，手目所及，亡不探也。未及时，以赃获罪，没其先居之财。向氏以国氏之谬己也，往而怨之。国氏曰："若为盗若何？"向氏言其状。国氏曰："嘻！若失为盗之道至此乎？今将告若矣。吾闻天有时，地有利。吾盗天地之时利，云雨之滂润，山泽之产育，以生吾禾，殖吾稼，筑吾垣，建吾舍。陆盗禽兽，水盗鱼鳖，亡非盗也。夫禾稼、土木、禽兽、鱼鳖，皆天之所生，岂吾之所有？然吾盗天而亡殃。夫金玉珍宝，谷帛财货，人之所聚，岂天之所与？若盗之而获罪，孰怨哉？"向氏大惑，以为国氏之重罔己也，过东郭先生问焉。东郭先生曰："若一身庸非盗乎？盗阴阳之和以成若生，载若形；况外物而非盗哉？诚然，天地万物不相离也；仞而有之，皆惑也。国氏之盗，公道也，故亡殃；若之盗，私心也，故得罪。有公私者，亦盗也；亡公私者，亦盗也。公公私私，天地之德。知天地之德者，孰为盗邪？孰为不盗邪？"(《列子·天瑞》)

这牵涉到对词的本义和比喻义的理解。再则就是与此相对的真正对词语意义的训释。

仅以《庄子》的有关内容为例：

庄子衣大布而补之，正緳系履而过魏王。魏王曰："何先生之惫邪？"庄子曰："贫也，非惫也。士有道德不能行，惫也；衣弊履穿，贫也，非惫也，此所谓非遭时也。(《山木》)

子贡曰："嘻！先生何病？"原宪应之曰："宪闻之，无财谓之贫，学而不能行谓之病。今宪，贫也，非病也。"子贡逡巡而有愧色。(《让王》)

两例都是通过辨析词义来展示自己观点的。众所周知，庄子是提倡“得意忘言”的，但就他的分析看，恰如一张纸的两面一样，何曾能将其两者剥离开来？皮之不存，毛将焉附？所以，到头来还得将两者搁在一起来谈。两例讲的是同一个词“贫”与“惫”和“病”的辨析，其辨析我们这里需要注意的有两个方面：一是老子的“惟恍惟惚”到他这换了些词，像“浑沌”“鸿蒙”等，然而具体观点的陈述他还离不了对其意义的精准说明。对此不难看到，庄子不是一味地“逍遥游”，放飞思想，让意念肆意驰骋；同时还具有坚实的语言文字根底，上述的例子就能表明这一点。再者是一如他的文学表现手法一样，让外貌的极度丑陋变形与其思想的超凡脱俗形成强烈的对照；这里对词义的训释也是在两个镜像世界里进行着穿行和跨越，这两个镜像世界就是通常语文义的理解与道德精神的认知。两例中的“贫”肯定是其本义。《说文》：“贫，财分少也。”但是与之分别对应“惫”“病”，分别解作“士有道德不能行”“学而不能行”，显然转移到了政论表达的层面。由此我们可以看到：庄子所谓的“忘言”，简直就是一种障眼法，他对语言的感悟体味非常人所能及。

有暖姝者，有濡需者，有卷娄者。所谓暖姝者，学一先生之言，则暖暖姝姝而私自说也，自以为足矣，而未知未始有物也。是以谓暖姝者也。濡需者，豕虱是也，择疏鬣长毛，自以为广宫大囿，奎蹄曲隈，乳间股脚，自以为安室利处，不知屠者之一旦鼓臂布草操烟火，而己与豕俱焦也。此以域进，此以域退，此其所谓濡需者也。卷娄者，舜也。羊肉不慕蚁，蚁慕羊肉，羊肉羶也。舜有羶行，百姓悦之，故三徙成都，至邓之虚而十有万家。尧闻舜之贤，举之童土之地，曰：“冀得其来之泽。”舜举乎童土之地，年齿长矣，聪明衰矣，而不得休归，所谓卷娄者也。(《徐无鬼》)

这一段言语则体现了庄子词语运用上的另一种特色，即摆脱束缚的努力与张扬，可以说再没有人敢像他这样肆意地蹂躏并创制词语的。老子的大胆夸张他是继承了的，即联绵词都敢拆开来用："芒乎芴乎，而无从出乎！芴乎芒乎，而无有象乎！"(《庄子·至乐》)还有就是和《诗经》有一拼的：如上例中的"暖姝"与"暖暖姝姝"，前者已经够解释其意义的了，因为它已经属于状态形容词，该类词重在描摹事物特征状貌，其意味已经够模糊的了，再以重叠的形式出现，似乎就更是模糊中的模糊。《诗经》就是如此：

曷不肃雍，王姬之车。(《诗·召南·何彼秾矣》)

有来雍雍，至止肃肃。相维辟公，天子穆穆。(《诗·周颂·雍》)

正因为这种异样的变化，意义上显然就不容易很快清楚明白，于是就有了解释的必要。事实上，《礼记》本身就有释义训诂方面的很好的例证。单音不足，变双音以明之，《乐记》中就有这样的说明性文字：

文侯曰："敢问溺音何从出也？"子夏对曰："郑音好滥淫志，宋音燕女溺志，卫音趋数烦志，齐音敖辟乔志。此四者，皆淫于色而害于德，是以祭祀弗用也。《诗》云：'肃雍和鸣，先祖是听。'夫肃，肃敬也。雍，雍和也。夫敬以和，何事不行？'"

可是《诗经》里也没有像庄子这样的，将 AB 式的状态形容词再进一步扩充为 AABB 式的！还有"～然"式构词，《庄子》一书里就更是洋洋大观，可谓整个汉语历史的登峰造极者。据我们统计，庄子该类词的创制，双音节 108 项，三音节 24 项，共计 132 词条。简单看它的用例：

阳子居蹴然变容曰："敬闻命矣！"(《寓言》)

子贡蹴蹴然立不安。(《天运》)

成然寐，蘧然觉。(《大宗师》)

俄然觉，则蘧蘧然周也。(《齐物论》)

这多样化的构词似乎也太随意轻松了！《徐无鬼》中的词语与释义何尝不是这样子的？这类词是没法下定义的，"暖姝""濡需""卷娄"等，都可以说是庄子临时起意创造的词，谁能说清楚其意味？但是，愈是阔落无垠，倒愈是让人感觉里面的纷纭峥嵘，又难以言说其中的是是非非；然而也正像人们所看到的，他居然对这样的词语还给出了自己的丰富完整的解释，其指称形象与其内涵反映之间又是那样的吻合。这就是庄子的不凡处，玩弄语言的大师：百炼钢化为绕指柔。

由此我们可以看到，即便是像庄子这样明确鄙视语言的人，在深层却又在有效地利用着语言，解词析义，以达到其阐释理念的意图。类似上面的表述，我们可以看作是政论与释义相兼顾的方法，体现着先秦诸子们比较独特的一种论述景象。

7.1.4 汉语的健康发展

除了言语主体积极地认识语言、辨析语言之外，语言本身也在利用着这种优势，积极地发展自己，那就是在词汇和句法上面使自己愈来愈趋向于明晰精确。

可以看得很明显的是，词汇上面体现着由单音节词向双音节词过渡，以便使其意义所指更为确切。有些词就是在这前后500年的时间里即能看到其演变轨迹。例如：

> 不悔矜寡，不畏强御。(《诗·大雅·烝民》)
>
> 爰及矜人，哀此鳏寡。(《诗·大雅·鸿雁》)
>
> 刑于寡妻，至于兄弟，以御于家邦。(《诗·大雅·思齐》)
>
> 维彼不顺，自独俾臧。(《诗·大雅·桑柔》)
>
> 汝无侮老成人，无弱孤有幼。(《书·盘庚上》)

由这些用例可知，先秦早期多处在单音词的阶段。

到孟子、荀子的时代，人们有了厘析词义的观念意识，非常有利于同类词的整合：

> 老而无妻曰鳏，老而无夫曰寡，老而无子曰独，幼而无父曰孤。

(《孟子·梁惠王》)

人主无便嬖左右足信者谓之暗，无卿相辅佐足任者谓之独，所使于四邻诸侯者非其人谓之孤，孤独而晻谓之危。(《荀子·君道》)

少而无父者谓之孤，老而无子者谓之独，老而无妻者谓之矜，老而无夫者谓之寡。(《礼记·王制》)

相应地，词汇的双音化组合于是便趋向于相对的稳定：

赐鳏寡，振孤独，贷无种，与无赋，所以劝弱民。(《管子·禁藏》)

虽孤独鳏寡，必不加焉。(《荀子·王霸》)

是其为人，哀鳏寡，恤孤独，振困穷，补不足。(《战国策·齐策》)

强者胁弱，众者暴寡，知者诈愚，勇者苦怯，疾病不养，老幼孤独不得其所，此大乱之道也。(《礼记·乐记》)

下边的用例也很能说明另一个方面的问题：

匹夫为鳏，匹妇为寡，老而无子者为独。(《管子·揆度》)

民生而无父母谓之孤子；无妻无子，谓之老鳏；无夫无子，谓之老寡。(《管子·轻重己》)

这里词的双音节化已经是很明显了，其中的“匹”“老”已经有词缀化的倾向，说明该书的写作时间应该是比较晚的。

还有就是，随着词汇意义的不断发展变化，句法相应地也有变动进化。以“于”为例。它在甲骨文中，特别是早期的，多做动词。如：

壬寅卜，王于商。(合 33124)

丑卜，行贞，王其寻舟于滴，无灾，在八月。(合 24608)

其实这种动词的用法，在先秦早期仍较普遍地使用着：

我服既成，于三十里。(《诗·小雅·六月》)

惟三月，周公初于新邑洛，用告商王士。(《书·多士》)

但这种动词用法逐渐为后起的“到”所代替：

蹶父孔武，靡国不到。(《诗·大雅·韩奕》)

孔子之时，“于”的动词义弱化，“到”居于前台已经明显体现了出来：

伯夷叔齐饿于首阳之下，民到于今称之。(《论语·季氏》)

到了墨子、庄子，“到”做动词，甚至与其他动词并用的情况已成为鲜明的句法现象：

寇傅攻前池外廉城上当队鼓三，举一帜；到水中周，鼓四，举二帜；到藩，鼓五，举三帜；到冯垣，鼓六，举四帜；到女垣，鼓七，举五帜；到大城，鼓八，举六帜；乘大城半以上，鼓无休。(《墨子·旗帜》)

归到鲁东门外，适遇柳下季。(《庄子·盗跖》)

语言与社会具有共变性质。语言是社会变化状貌的“晴雨表”，社会变化的速率在语言上面体现得最为显豁鲜明。新词新语新的表达，也必然让当时的士人们心感身受，也必然地刺激他们关注语言的应用。

7.2 训诂类型

7.2.1 义训

义训是最符合人们直观感觉的一种释义方法。

且里边主要的解析对象是词。

如前所述，诸子百家们在陈述自己思想观点的时候，都注意到了语言的主导性效应，那就是我们无论如何都脱不去语言的缠绕羁绊，既然如此，不妨干脆多利用一下它的价值效能。在对自然事物对象进行认定的时候，古人已经知道辨异的方法就是看重它的特征。可惜的是，大多数人在思想观念上不是唯物主义的，而是人文主义的；特定对象的复杂性在相当程度上决定了认识方式上只能是“立象以尽意”，言语上的表现也只能是描绘性的，而不可能是“属加种差”内部深层次剥离性的。如：

颜回问于君子。孔子曰：“爱近仁，度近智，为己不重，为人不轻，

君子也夫。”回曰：“敢问其次。”子曰：“弗学而行，弗思而得，小子勉之。”(《孔子家语·颜回》)

颜回问小人。孔子曰：“毁人之善以为辩，狡讦怀诈以为智，幸人之有过，耻学而羞不能，小人也。”(同上)

“君子”“小人”，是儒家学说里边出现频率最高的一对概念了，从一定意义上讲，儒家文化的道德哲学就是致力于君子人格的塑造而贬抑小人，职业身份、智力高低都无关乎两者的划界，所以儒里边也有“君子儒”和“小人儒”的区分。但《论语·雍也》里自孔子提出两者区分之后，似乎就没再具体论述过。这就形成了这么一种情况：大家都承认其存在，但谁都没有将它当作严格的概念加以认真的辨析。《孔子家语》过去往往被视为伪书，后来人们给予一定的宽容，肯定了它的价值。但风格上与《论语》的不同是显而易见的：《论语》中的孔子多不苟言笑，安神沉静；而《孔子家语》中的孔子却似乎有些言语放荡，滔滔不绝，有悖于他一贯的主张：君子“何乎辩”！也与其《孔子家语·好生》中认定的“小辩害义，小言破道”不符，如《儒行解》中的表述：“略言之则不能终其物，悉数之则留仆未可以对。”虽未辩，却也显示其对其话题的兴趣，有无限丰富的内容需要去铺陈；事实上接下来的讲述也确确实实是洋洋洒洒，繁缛冗赘，让人觉得即便是引用下来都有些占篇幅。还有不同的是，《论语》中的孔子是不喜欢下定义的，给出的词语很少具体阐释其含义。《孔子家语》却似乎是另一种面貌，提出的都想给出一个相对明确的认定，尽管这种认定都是具体现象的展示。既然如此，接下来的问题是：用具体现象去对特定词语进行认定，肯定是见仁见智，难以求得一致的结果。不说不同的人，即便是同一个人也会如此。如《孔子家语·五仪解》，对所谓的“五仪”：庸人、士人、君子、贤人、圣人，一一给予了认定，像这样鲜明体现出概念意识，在先秦诸子中还是不多见的，如：

所谓君子者，言必忠信而心不怨，仁义在身而色无伐，思虑通明而辞不专；笃行信道，自强不息，油然若将可越而终不可及者。此则君子也。

自然是对现象的描述，似乎也可以就其偌大的范围进行多样化的想象性说明。

至于不同的人对特定词进行不同的解释，似乎就更多。如：

婴闻之，穷民财力以供嗜欲谓之暴，崇玩好，威严拟乎君谓之逆，刑杀不辜谓之贼。(《晏子春秋·谏下》)

子贡为信阳宰，将行，辞于孔子。孔子曰："勤之慎之，奉天子之时，无夺无伐，无暴无盗。"子贡曰："赐也少而事君子，岂以盗为累哉？"孔子曰："汝未之详也，夫以贤代贤，是谓之夺；以不肖代贤，是谓之伐；缓令急诛，是谓之暴；取善自与，谓之盗。盗非窃财之谓也。"(《孔子家语·辩政》)

丧祭，用不足曰暴，有余曰浩。(《礼记·王制》)

其中"暴"有不同的解说。

且人有八疵，事有四患，不可不察也。非其事而事之，谓之总；莫之顾而进之，谓之佞；希意道言，谓之谄；不择是非而言，谓之谀；好言人之恶，谓之谗；析交离亲，谓之贼；称誉诈伪以败恶人，谓之慝；不择善否，两容颊适，偷拔其所欲，谓之险。此八疵者，外以乱人，内以伤身，君子不友，明君不臣。所谓四患者：好经大事，变更易常，以挂功名，谓之叨；专知擅事，侵人自用，谓之贪；见过不更，闻谏愈甚，谓之很；人同于己则可，不同于己，虽善不善，谓之矜。此四患也。(《庄子·渔父》)

庄子似乎也很喜欢释词。这里解释的词语比较多，特别是其中的"贼"又是一种面貌。

> 贼仁者，谓之贼；贼义者，谓之残。(《孟子·梁惠王下》)
>
> 责难于君谓之恭，陈善闭邪谓之敬，“吾君不能”谓之贼。(《孟子·离娄上》)

这一阶段的人们似乎非常喜欢用“贼”字，释义也多。对照其他，可以看到孟子的这番解释不免有些强词夺理，义愤有余，学理不足。

> 可欲之谓善，有诸己之谓信，充实之谓美，充实而有光辉之谓大，大而化之之谓圣，圣而不可知之之谓神。乐正子，二之中，四之下也。(《孟子·尽心下》)
>
> 夫美也者，上下、内外、大小、远近皆无害焉，故曰美。(《国语·楚语上》)

两例中有关“美”，也有不同的解释。当然，美学观念向来都难取得共识倒是真的，作为艺术哲学中的范畴，该词有不同的认识也是可以理解的。但是，更多地，类似“暴”“贼”“盗”“夺”这一类涉及法治规则操作性质的词语，过多地往政治语境上靠，如孔子的解说，多为本义基础上的引申用法，也就是我们已说过的政论推延用法、转喻用法。泛化解说，这样就很难进行规范认定并取得共识。

先秦，作为一个时间概念，实际上有广义、狭义之区分。当时的人们还没有甲骨文实物，所以时间上的追溯以及文字上的凭依多引《诗经》或铭文。那么早期汉语多以单音节词为主，而这样的词的意义即便是那个时期的人们也有一个认知和把握的问题，故义训也多体现在对单音词的训释上。类似的例子再如：

> 从流下而忘反谓之流，从流上而忘反谓之连，从兽无厌谓之荒，乐酒无厌谓之亡。先王无流连之乐、荒亡之行。惟君所行也。(《孟子·梁惠王下》)
>
> 故德万人者谓之隽，德千人者谓之豪，德百人者谓之英。(《鹖冠

子·博选》)

独视者谓明，独听者谓聪。能独断者，故可以为天下主。(《韩非子·外储说右上》)

当时已开始了对上古文献，特别是《诗经》《尚书》《周易》等词语的训释：

(叔向)言："且其语说昊天有成命，颂之盛德也。其《诗》曰：'昊天有成命，二后受之，成王不敢康。夙夜基命宥密，於，缉熙！亶厥心肆其靖之。'是道成王之德也。成王能明文昭，能定武烈者也。夫道成命者，而称昊天，翼其上也。二后受之，让于德也。成王不敢康，敬百姓也。夙夜，恭也；基，始也。命，信也。宥，宽也。密，宁也。缉，明也。熙，广也。亶，厚也。肆，固也。靖，和也。其始也，翼上德让，而敬百姓。其中也，恭俭信宽，帅归于宁。其终也，广厚其心，以固和之。始于德让，中于信宽，终于固和，故曰成。"(《国语·周语下》)

《诗》曰："天之方蹶，无然泄泄。"泄泄，犹沓沓也。(《孟子·离娄上》)

当尧之时，水逆行，泛滥于中国……《书》曰："洚水警余"。洚水者，洪水也。(《孟子·滕文公下》)

叔向所引用的，出自《周颂·青庙之什·昊天有成命》。对其中字词的解释非常详尽，从相当的意义上讲，可以说为传统的训诂是导夫先路。其方法，即以近言释古，体现在语言本体上的，就是用同义词相释，以适应时人的理解。

冬，师次于滑。(经)

凡师一宿为舍，再宿为信，过信为次。(《左传·庄公三年》)

《易》曰："涣其群，元吉。"涣者，贤也；群者，众也；元者，吉

之始也；涣其群元吉者，其佐多贤也。(《吕氏春秋·召类》)

类似情况在《逸周书·谥法解》里体现得更为繁富：

隐，哀也。景，武也。施德为文。除恶为武。辟地为襄。服远为桓。刚克为发。柔克为懿。履正为庄。有过为僖。施而不成为宣。惠无内德为平。失志无转，则以其明，余皆象也。和，会也；勤，劳也。遵，循也；爽，伤也；肇，始也；怹，治也；康，安也；怙，恃也。享，祀也；胡，大也；服，败也。秉，顺也；就，会也；懔，过也；锡，与也；典，常也；肆，放也；穅，虚也；澼，圣也；惠，爱也；绥，安也；坚，长也；耆，强也；考，成也；周，至也；怀，思也；式，法也；布，施也；敏，疾也；捷，克也；载，事也；弥，久也。

再如：

天、帝、皇、后、辟、公、弘、廓、宏、溥、介、纯、夏、幠、冢、晊、昄，皆大也，十有余名，而实一也。(《尸子·广泽》)

同义词释义，由此可以说奠定一个比较清楚的基础。

此外，还有许多类似的释义方式：

a. 换名

这相当于我们所说的又名，当然，另一个名字或许更容易懂。如：

南溟者，天池也；齐谐者，志怪者也。(《庄子·逍遥游》)

夫无趾，兀者也，犹务学以复补前行之恶，而况全德之人乎！(《庄子·德充符》)

夫明堂者，王者之堂也。(《孟子·梁惠王下》)

b. 否定

这种方式实与真正的释义距离稍远。因为真正的词语解释是正面认定性质，正像人们不难理解的是：说指称的对象不是什么，非常容易；但要说指称的对象是什么，则需要一番功夫。排除法对于简化繁多杂乱有价值，但于严格的论证则典型性不足。很明显，否定过后的词语仍不能作为一个概念进行严密的推证。

不过古人也不多使用这种方式。如：

子曰："君子不器。"(《论语·为政》)

何谓真人？古之真人，不逆寡，不雄成，不谟士。(《庄子·大宗师》)

所谓故国者，非谓有乔木之谓也，有世臣之谓也。(《孟子·梁惠王下》)

这样的表述虽不是严格的定义，但形成的固定格式往往给人深刻的印象。特别是最后的例子，在对比之中使得典型性特征得以更鲜明地体现。

c. 造语释词

语言与社会发展存在着共变关系，特别是其中最活跃的因素，词汇就更是如此。愈是思想激烈并具有开放性的士人，这方面体现得愈是明显。前边已经有所涉及，再如：

田桓子曰："何谓从酒？"晏子曰："无客而饮，谓之从酒。今若子者，昼夜守尊，谓之从酒也。"(《晏子春秋·杂下》)

杀生者不死，生生者不生。其为物无不将也，无不迎也，无不毁也，无不成也。其名为撄宁。撄宁也者，撄而后成者也。(《庄子·大宗师》)

中国的酒文化真可谓源远流长。《尚书》里便有专门劝诫酗酒的篇章《酒诰》。"饮酒"在这一时期出现的频率也相当高，体现人们沉溺于酒这样的词语也比比皆是，如"湎于酒""沉酗于酒""腆于酒""嗜酒""沈于酒"等。但有关于"从（纵）酒"这样的组合也只见于《晏子春秋》，且由晏子说出，并由他自己作出解答。"撄宁"亦为庄子创造的词，"撄"在当时就可以看作是一个很宽泛的动词，理解为接触、变动都可以，特别是它接下来的解释："撄而后成者也"，简直是将两语素之间的语义关系都讲出来了，也就是触及了构词法的内容，非常难得。

真正词义的追溯，如果到了造词理据那一步就显得更难一些。如：

子贡越席而对曰："敢问夔其穷与？"子曰："古之人与？古之人也。达于礼而不达于乐，谓之素；达于乐而不达于礼，谓之偏。夫夔，达于乐而不达于礼，是以传此名也，古之人也。"（《礼记·仲尼燕居》）

前边我们已涉及"夔一足"歧义的讨论。此外还有关"夔"的指称问题。尽管孔子都介入了对此句法意义的辨析，说明即对那个时代的人来说，也为古代神话传说。即便孔子认定了该词指称的是人，似乎后来的人们并没有将该词单一化。如《说文》："夔，即魖也，如龙，一足，从夊。象有角、手，人面之形。"段注："即铉作神疑神是。鬼部曰：'魖，耗鬼也。'神魖，谓鬼之神者也。《甘泉赋》曰：'捎夔魖而抶獝狂。'《东京赋》曰：'残夔魖与罔象。'皆夔魖连文可证。《国语》：'木石之怪夔罔两。'韦注：'或云夔一足。'越人谓之山缫。或作猱。富阳有之，人面猴身，能言。《广韵》曰：'山魈出汀州，独足鬼也。'神魖，谓山缫之尤灵异者，若《大荒东经》云：'有兽状如牛，苍身而无角，一足，出入水则必风雨，其光如日月，其声如雷，名曰夔。黄帝得其皮为鼓，声闻五百里。此兽也，非鬼也。'"庄子著作里边也多所描述，《秋水》："夔怜蚿，蚿怜蛇，蛇怜风，风怜目，目怜心。"《达生》："水有罔象，丘有莘，山有夔，野有彷徨，泽有委蛇。"综合来看，"夔"可能是类似鳄鱼类的动物，为特定部落的图腾；而该部落多音乐歌舞，故将两者联系起来，从而义有两指。

难得的是，那个时段里，已有析句训诂的内容。不过相对偏少，例如：

宋之丁氏，家无井而出溉汲，常一人居外。及其家穿井，告人曰："吾穿井得一人。"有闻而传之者："丁氏穿井得一人。"国人道之，闻之于宋君，宋君令人问之于丁氏，丁氏对曰："得一人之使，非得一人于井中也。"求能之若此，不若无闻也。(《吕氏春秋·察传》)

这是将修辞的诙谐用法当作了语法的表达。

宰我问于孔子曰："昔者予闻诸荣伊曰：'黄帝三百年。'请问黄帝者，人邪，抑非人邪？何以能至三百年乎？"孔子曰："禹、汤、文、武、周公，不可胜以观也！而上世黄帝之问，将谓先生难言之故乎？"宰我曰："上世之传，隐微之说，卒采之辩，闇忽之意，非君子之道者，则予之问也固矣。"孔子曰："可也，吾略闻其说。黄帝者，少典之子，曰轩辕。生而神灵，弱而能言，幼齐睿庄，敦敏诚信，长聪明，治五气，设五量，抚万民，度四方；服牛乘马，扰驯猛兽，以与炎帝战于阪泉之野，三战而后克之，始垂衣裳，作为黼黻，治民以顺天地之纪，知幽明之故，达死生存亡之说，存亡之难。播时百谷，尝味草木，仁厚及于鸟兽昆虫，考日月星辰，劳耳目，勤心力，用水火材物以生民。民赖其利，百年而死；民畏其神，百年而亡；民用其教，百年而移，故曰黄帝三百年。"(《孔子家语·五帝德》)

古汉语不但一词多义现象突出，句法也过于灵活简约。但"简"需要有个度，特别是在词汇系统具有一定模糊度的情况下，就需要句法来弥补。如果两者一起简，这就过了，就容易出现"苟简"。上述例证，可以看作孔子为他所倡导的文字简约付出了代价，就有关"黄帝三百年"表达了怎样个意思得颇费些口舌来解析。

7.2.2 音训

先秦时期可以说还没有真正的音韵学。但不管是什么时期的人们，最直接的感受就是须臾不可离开的有声语言。音义之间的交错关系，每一个言语主体都能意识到它们是那样的错综复杂，又是那样地让人富于联想。故音义兼训的实践用例也比较多。

季康子问政于孔子。孔子对曰："政者，正也。子帅以正，孰敢不正？"(《论语·颜渊》)

政者正也。君为正，则百姓从政矣。(《礼记·哀公问》)

克己复礼，伦理教化，是孔子终身为之奋斗的主要内容。不管他对自己的学说主张怎样评价，甚至到了晚年已经意识到他为之奔走呼号的"道"不可能实施，但自认为正确的意念却是不曾动摇的。所以，政治手段的实施，其主旨就是"正"。但这个字眼似乎有点抽象，如若划为具体可参照的东西，孔子认为，主要在于君主首先自己以身作则，也就是所谓的"其身正，不令而行；其身不正，虽令不从"(《论语·子路》)。在孔子的心目中，或许就认为，"政"的创制，可能就是源自"中正"，音义统一。

当然，正是因为它体现为社会行为，属于道德意识范畴，其内涵的确认恐怕就不容易求得共识，有关的解说容易见仁见智。如：

政者，正也。正也者，所以正定万物之命也。(《管子·法治》)

夫名以制义，义以出礼，礼以体政，政以正民。(《左传·桓公二年》)

政也者，正人者也。(《尸子·神明》)

显然，在认识角度上，管子的，还有左丘明的，就不完全一致。倒是左丘明与尸佼的认识比较相近。

两者兼顾，似乎可以让人们感受到它们之间的一致性。故孔子也多用这种方式：

仁者，人也，亲亲为大；义者，宜也，尊贤为大。亲亲之杀，尊贤之等，礼所以生也。(《孔子家语·问政》)

先说其中的"仁者，人也"。很有意思的是，这里是最简练的解释，似乎"仁"就等同于"人"。然而《论语·颜渊》却载："樊迟问仁。子曰：'爱人。'"无独有偶，孟子也有相应的两种形式解释：

仁也者，人也。"(《孟子·尽心下》)

仁者爱人，有礼者敬人。(《孟子·离娄下》)

先秦的思想家对语言所显示出来的态度充满了矛盾性，似乎是既敬畏又鄙夷。最典型的体现在孔子的语言哲学观念上。从总的倾向上讲，以及他个人的言语态度上讲，他是赞同言语谨慎，少说为佳。《周易·系辞》开篇的言辞，简直就是这种语言观的宣言："乾以易知，坤以简能。易则易知，简则易从。易知则有亲，易从则有功。有亲则可久，有功则可大。可久则贤人之德，可大则贤人之业。易简，而天下矣之理矣；天下之理得，而成位乎其中矣。"就像我们一再表明的看法那样：我们的古人往往都是多认定不论证。像这里所宣讲的观点："易简，而天下矣之理矣"。凭什么这样说啊？不管，反正人已作古，但这种事实却是不可能否认的。当时的人们是这样说的，也是这样做的。看看孔孟二位的表述，说"仁者爱人"，人们还可以明白"仁"的主导精神是什么；说"仁者人也"，可能言语主体在试想解读该词意义的时候想着该词的核心理念就是针对"人"来说的，且声音上又是那样的近同，之间的联系就进一步贴近了。然而，感觉终究解决不了人们对于准确理解的渴望。于是此时不免就有些令人眩晕了！说两者之间是等同关系？恐怕很少有人敢决然肯定，那么它又是什么意思呢？我们想没有谁能够做出准确详尽的解释。这其实就是简易的弊端造成的。主张中庸之道的孔子应该是能够把握好言意之间的关系的："过犹不及"，之间的匹配就是适量。言语形式与其所负载的信息之间成反比关系：前者多愈多，信息量就趋向于零；前者愈小，后者不堪重负，信息量就趋向于模糊。所谓"仁者人也"的表述就属于后一种情况。人们在语言上面所表现出的爱也不是、恨也不是的态度，其实只能说明我们对自己所创造的工具没能做到完全的驾驭，当然，以上也就表明了我们的思维方式没能达到理想的状态。

类似的例子还有：

夫乐者，乐也，人情之所不能免也。(《礼记·乐记》)

故乐者，所以道乐也，金石丝竹，所以道德也；乐行而民乡方矣。(《荀子·乐论》)

前例可以说将这种音训解读用到了极致，干脆是同词相释，读音上完全相同。众所周知，所谓解词训诂，就是将不易理解的变作通俗易懂的，或者是将一般的指称术语化解为对其特征性质的具体描述以把握其新知，如果还是原来的词语，怎么能达到这样的初衷呢？人们后来的白话翻译只好增加些词语："就是使人快乐的"，以体现其功能方面的解说价值。荀子《乐论》中接下来的进一步解释，虽然仍出现原词语，但总算明确了些信息。下边的释义虽仍不够理想，但相对就好一些：

礼也者，理也；乐也者，节也。(《礼记·孔子燕居》)

"礼"用音训，虽然不甚精确，但总算将其核心义的词进行了一定程度的解释。"乐"，似乎没有确实合适的同音词，只好也采用能体现其核心义的词来解释，表示"节奏，节制"等意义，相对就好得多。

好在同词相释的例子不是太多。这里再将较典型的用例附上：

彻者，彻也。助者，藉也。(《孟子·滕文公上》)

正者，正也。其心以为不然者，天门弗开矣。(《庄子·天运》)

其他音训的例子再如：

乾，健也；坤，顺也。(《易·说卦》)

庠者养也，校者教也，序者射也。(《孟子·滕文公上》)

德者得也。得也者，其谓所得以然也。(《管子·心术上》)

精神离形，各归其真，故谓之鬼。鬼，归也，归其真宅。(《列子·天瑞》)

有些情况则让人颇需费些心思：因为上古汉语与今天时间久远，语音系统已大有改变，所以，是不是读音上面真正有联系，还有待于讨论。如：

其《诗》曰："畜君何尤？"畜君者，好君也。(《孟子·梁惠王上》)

其中的"畜"，释义繁多。很多人都是望文生义，以"畜养"解，但显然于上下文义不通。于省吾指出："按'蓄''畜'通用，古籍习见，不烦举证。《吕氏春秋·适威》'民善之则畜也'，注'畜，好。'《孟子·梁惠王》'畜君者，好君也'，'畜''好'古音同隶幽部，乃音训字也。"[①] 除音近外，意义上的趋于同一也可以在别的用例中得以验证。如："父母之所畜子者，非贤强也，非聪明也，非俊智也，爱之忧之，欲其贤己也，人利之与我利之无择也，此父母所以畜子也。然则爱天下，欲其贤己也，人利之与我利之无择也，则天下之畜亦然矣，此尧之所以畜天下也。"(《尸子·治天下》)"畜"与"爱(好)"处于互换中，意义之同可以得到证明。其他的例子再如："不我能慉，反以我为雠。"(《诗·邶风·谷风》)"拊我畜我，长我育我。"(《诗·小雅·蓼莪》)

7.2.3 形训

让人感到欣喜的是，先秦时期依照汉字的字形以寻求词义的训诂也亦开始。尽管还不算太多，但足以说明是一个很好的开端。如：

楚子曰："非尔所知也。夫文，止戈为武。武王克商，作《颂》曰：'载戢干戈，载橐弓矢。我求懿德，肆于时夏，允王保之。'又作《武》，其卒章曰：'耆定尔功'。其三曰：'铺时绎思，我徂维求定。'其六曰：'绥万邦，屡丰年。'夫武，禁暴、戢兵、保大、定功、安民、和众、丰财者也。(《左传·宣公十二年》)

故文，反正为乏。(《左传·宣公十五年》)

夫文，"虫"、"皿"为"蛊"，吾是以云。(《国语·晋语八》)

夫兽三为群，人三为众，女三为粲。(《国语·周语上》)

---

① 吴则虞：《晏子春秋集释》，中华书局1962年版。

"位"者，谓其所立也。人主者立于阴，阴者静，故曰"动则失位"。阴则能制阳矣，静则能制动矣，攸曰："静乃自得。"（《管子·心术上》）

古者仓颉之作书也，自环者谓之私，背私谓之公，公私之相背也，乃苍颉固以知之矣。（《韩非子·五蠹》）

难得的是，像句法意义纠偏一样，当时也已有了文字上面的规范的意识。如：

子夏之晋，过卫，有读史记者曰："晋师三豕涉河。"子夏曰："非也，是己亥也。夫'己'与'三'相近，'豕'与'亥'相似。"至于晋而问之，则曰"晋师己亥涉河"也。辞多类非而是，多类是而非。是非之经，不可不分，此圣人之所慎也。然则何以慎？缘物之情及人之情以为所闻则得之矣。（《吕氏春秋·察传》）

这里的事例很有典型性，且指出了汉字容易相混写错的原因：形体相近或相似。然而似乎缺乏更为深度的辨析：汉字的表意性，使其具有两维的视觉效果，本来它应该比一维的符号更具有分辨率，可惜的是，它的基本单位笔画以及组合时的方向等存在着比较多的相似纠葛，且与语言一维性的听觉和视觉在一定程度上呈矛盾状态，故其差错率又显得比较高。

7.3 专著训诂

先秦时期，已开始了专著性的训诂实践。比如《春秋》"三传"，再比如《韩非子》里的篇章《解老》，甚至《礼记》里的《中庸》《大学》，因为多引述《诗经》《尚书》，在相当的意义上讲，形成了相互证解的客观情势，于是也具有了一定的训诂性质。这里也分别概述。

7.3.1 《春秋》"三传"

孔子作《春秋》有些过于简略，只是重在对自然现象与相对重要历史事件进行逐条记录，让人很难看到相对完整的历史概貌；再则就是，是不是真为孔子所说："知我者其惟《春秋》乎！罪我者其惟《春秋》乎！"（《孟子·滕文公下》）"孔子成《春秋》而乱臣贼子惧"。（同上）孟子喜好做惊人之语，话都说到这份儿上，确实让人觉得与事实有偌大的距离。因为在《春秋》里并没有对那些乱臣贼子诉诸怎样的褒贬，何况孔子一向是注重大体而忽略细节的，如果真的像人们说的那样，仅仅是个"微言大义"就能让那些嗜血妄杀的人们惊惧，也把文字的力量看得太夸张了吧！与此同时，也不得不承认，在遣词造句上，如前所述，孔子还是下了功夫的。"三传"里边，确确实实在富有特点的地方求得了共识，当然，有些地方它们之间也有着明显的差异。正像人们已经指出的那样：《左传》在史料的翔实、战争场面的再现、人物形象的塑造方面卓有建树，对于《春秋》词语的训诂则占取的比例较少；而《公羊传》《穀梁传》两传侧重训诂，它们实为先秦时期富于典型性的训诂学专著。[①] 至于细节上面，正像我们已指出过的那样：像"~子"那样的组词方式，《左传》及早就注意了，且多看重其贬义；而另外两传前边多不注意，倒是愈到后来，多看重其褒义色彩。它们可以形成一种互补态势，即春秋时期由周王朝延续下来的爵位，因"子"排在末尾，高位称子当然贬义鲜明。然而随着时间的推移，爵位名称逐渐淡化并趋于消亡；称子在大夫或有名望的士人群体中推广开来，其意义色彩发生转化，趋向于褒义化。

"三传"于《春秋》的训诂主要表现为：

a. 遵循义理

"十三经"没有单列《春秋》。如果不是借助于"三传"，因为时间的久远，

① 朱熹："以三传言之，《左氏》是史学，《公》《穀》是经学。史学者，记的事却详，于道理上便差；经学者，于义理上有功，然记事多误。"黎靖德编：《朱子语类》第6册，中华书局1986年版，第2152页。

制度多变，《春秋》所浸润的思想后人是很难领悟的。从这种意义上讲，“三传”功莫大焉。从总体来看，“三传”比较完好地发挥了孔子于《春秋》中所体现的“尊王攘夷”“人伦教化”之功能。如开篇“隐公元年”的第一句话：“元年春，王正月。”《公羊传》的释义为：“元年者何？君之始年也。春者何？岁之始也。王者孰谓？谓文王也。曷为先言王而后言正月？王正月也。何言乎王正月？大一统也。”《左传》的释义为：“元年春，王周正月。”《穀梁传》：“虽无事，必举正月，谨始也。”《春秋》之所以年月明其时间，其实就隐喻着以周王朝为最高政权的象征，即所谓的“正朔”标志。三家的解释，其特色由此可见一斑：《公羊传》出语明确，正统观念也最强；《左传》以记史为主，但也适当顾及价值评价，言简意赅；《穀梁传》一向言语颇繁杂，但这里似乎是游心于事外。

还是“隐公元年”，紧接下来的第三条记事就“郑伯克段于鄢”，看“三传”的训释：

> 克之者何？杀之也。杀之则曷为谓之克？大郑伯之恶也。曷为大郑伯之恶？母欲立之，己杀之，如勿与而已矣。段者何？郑伯之弟也。何以不称弟？当国也。其地何？当国也。齐人杀无知，何以不地？在内也。在内，虽当国，不地也。不当国，虽在外，亦不地也。(《公羊传》)
>
> 书曰：“郑伯克段于鄢。”段不弟，故不言弟；如二君，故曰克；称郑伯，讥失教也；谓之郑志。不言出奔，难之也。(《左传》)
>
> 克者何？能也。何能也？能杀也。何以不言杀？见段之有徒众也。段，郑伯弟也。何以知其为弟也？杀世子，母弟目君，以其目君，知其为弟也。段，弟也，而弗谓弟；公子也，而弗谓公子，贬之也。段失子、弟之道矣，贱段而甚郑伯也。何甚乎郑伯？甚郑伯之处心积虑成于杀也。于鄢，远也。犹曰取之其母之怀中而杀之云尔，甚之也。

然则为郑伯者宜奈何？缓追逸贼，亲亲之道也。(《穀梁传》)

当时军事攻伐频仍，其攻伐的性质随级别、是否公开、有无钟鼓等有着不同的指称。如《左传・庄公二十九年》在对《春秋》“夏，郑人侵许”文辞解释说：“凡师有钟鼓曰伐，无曰侵，轻曰袭。”其他类似的释义还有：《尚书・胤征》：“奉辞伐罪曰征”，《孟子・尽心下》：“征者，上伐下也”，《孟子・告子下》：“天子讨而不伐”等。而这里“隐公元年”中的记述却用了难得见到的“克”，可谓别出心裁，之所以如此，就在于郑伯与段之间的尴尬关系，君不君，臣不臣，兄不兄，弟不弟，正是郑伯的有意怂恿，致使二者酿成了如同敌国，需要靠军事征讨的方式来解决。这显然与孔子所极力倡导的礼，即君仁臣忠、兄良弟悌相背离的。所以，一个“克”字，写尽了孔子的愤懑讥讽之情。

当然，在主导观念一致的前提下，它们也显示出了侧重点的差异。如“僖公二十一年”《春秋》有一系列的记录。看“三传”中不同反映：

秋，宋公、楚子、陈侯、蔡侯、郑伯、许男、曹伯会于霍，执宋公以伐宋。(经)

孰执之？楚子执之。曷为不言楚子执之？不与夷狄之执中国也。(《公羊传》)

以，重辞也。(《穀梁传》)

二十一年春，宋人为鹿上之盟，以求诸侯于楚。楚人许之。公子目夷曰：“小国争盟，祸也。宋其亡乎，幸而后败。”……秋，诸侯会宋公于盂。子鱼曰：“祸其在此乎！君欲已甚，其何以堪之？”于是楚执宋公以伐宋。(《左传》)

《公羊传》说得很明白，且其训诂涉及了句法：谁“执宋公以伐宋”？是楚成王。为什么不点明呢？也就是句子里为什么略去了主语呢？因为楚国是夷狄，明说它将中原的诸侯国君给拘执了，是很丢人的事情。《穀梁传》

则解释得隐晦：执宋公还伐宋，这似乎是欺人太甚。《左传》则是借他人之口，即宋襄公的同父异母弟子鱼，亦即目夷，在事情的一开始就反对宋襄公试图称霸，并预示后边还有更大的祸端。

接下来的宋楚泓之战，则将三家不同的义理观念展示得鲜明：

冬十有一月己巳朔，宋公及楚人战于泓，宋师败绩。（经）

偏战者日尔，此其言朔何？《春秋》辞繁而不杀者，正也。何正尔？宋公与楚人期，战于泓之阳。楚人济泓而来。有司复曰："请迨其未毕济而击之。"宋公曰："不可。吾闻之也：君子不厄人。吾虽丧国之余，寡人不忍行也。"既济，未毕陈，有司复曰："请迨其未毕陈而击之。"宋公曰："不可。吾闻之也：君子不鼓不成列。"已陈，然后襄公鼓之，宋师大败。故君子大其不鼓不成列，临大事而不忘大礼，有君而无臣，以为是文王之战，亦不过此也。(《公羊传》)

冬十一月己巳朔，宋公及楚人战于泓。宋人既成列，楚人未既济。司马曰："彼众我寡，及其未既济也，请击之。"公曰："不可。"既济而未成列，又以告。公曰："未可。"既陈而后击之，宋师败绩。公伤股，门官歼焉。国人皆咎公。公曰："君子不重伤，不禽二毛。古之为军也，不以阻隘也。寡人虽亡国之余，不鼓不成列。"子鱼曰："君未知战。勍敌之人隘而不列，天赞我也。阻而鼓之，不亦可乎？犹有惧焉。且今之勍者，皆吾敌也。虽及胡耇，获则取之，何有于二毛？明耻教战，求杀敌也，伤未及死，如何勿重？若爱重伤，则如勿伤；爱其二毛，则如服焉。三军以利用也，金鼓以声气也。利而用之，阻隘可也；声盛致志，鼓儳可也。"(《左传》)

日事遇朔曰"朔"。春秋三十有四战，未有以尊败乎卑，以师败乎人者。以尊败乎卑，以师败乎人，则骄其敌。襄公以师败乎人，而不骄其敌，何也？责之也。泓之战，以为复雩之耻也。雩之耻，宋襄公

> 有以自取之。伐齐之丧，执滕子、围曹、为雩之会，不顾其力之不足，而致楚成王。成王怒而执之。故曰，礼人不答，则反其敬。爱人而不亲，则反其仁。治人而不治，则反其知。过而不改，又之，是谓之过，襄公之谓也。古者，被甲婴胄，非以兴国也，则以征无道也，岂曰以报其耻哉？宋公与楚人战于泓水之上。司马子反曰："楚众我少，鼓险而击之，胜无幸焉。"襄公曰："君子不推人危，不攻人厄，须其出。"既出，旌乱于上，陈乱于下。子反曰："楚众我少，击之，胜无幸焉。"襄公曰："不鼓不成列，须其成列，而后击之。"则众败而身伤焉，七月而死。倍则攻，敌则战，少则守。人之所以为人者，言也。人而不能言，何以为人？言之所以为言者，信也。言而不信，何以为言？信之所以为信者，道也。信而不道，何以为道？道之贵者时，其行势也。（《穀梁传》）

三家在泓之战问题上可以说形成了三种不同的认识评价。很明显的是，《公羊》毫不犹豫地选择了对宋襄公肯定的态度，认为是"临大事而不忘大礼""文王之战亦不过此"。《穀梁》同样也是立场鲜明，如果说在多个事情的评判言辞上多显暧昧的话，这里难得的是激烈愤慨。它认为，宋襄公之前的许多表现及雩会上的受辱都是咎由自取，即便认为他人的反应没有达到自己的目的，也应该反思己过。且军队的使命是征无道，非报个人恩怨。不过它后边的推论似乎有些散漫：说"人之所以为人者，言也"。非常准确的定位！但由言推信，由信推道，再由道贵时，就有些说不通了。首先，宋襄公一错再错，直至伤及自身，并非言语上的差错。再则"道"的根本属性是什么？是顺其时变吗？事实上泓之战应该还属于春秋早期，即便战事仍可以说是礼义犹存。孔广森《春秋公羊通义》中引《司马法》曰："（古者）逐奔不过百步，纵绥不过三舍，明其理也；不穷不能，而哀怜伤病，明其仁也；成列而鼓，明其信也；争义不争利，明其义也。此所谓文王之战也。”[①] 即便是比它晚半个世纪的晋齐搴之战中，战事正激烈进行，其仁义之行、君子之风仍颇为盛行。所以，宋襄公能忍辱负重，坚持已有的信念；具有发展思路的人，肯定认为他迂腐守旧，具有内心坚守的人或许认为他能持之以恒，为仁义操守而能付诸身家性命。这里面就有两个方面的选择：是听凭趋势的流向还是内心的强大？这也是后来孔子的选择，他也面临着类似的选择。《论语·卫灵公》云：“子曰：‘人能弘道，非道弘人。’”《论语·公冶长》亦云：“子曰：‘道不行，乘桴浮于海’。”在整个的社会趋向上，多数人是跟着走的。一如刘向在《战国策·序》中所言：“仲尼既没之后，田氏取齐，六卿分晋，道德大废，上下失序。至秦孝公，捐礼让而贵战争，弃仁义而用诈谲，苟以取强而已矣。……战国之时，君德浅薄，为之谋策者，不得不因势而为资，据时而为。”后世曾巩于《战国策目录序》中对刘向的这种看法提出批评：“卒以谓此书战国之谋士，度时君之所能行，不得不然；则可谓惑于流俗，而不笃于自信者也。”也就是说，“不得不然”说，有为这些士人们开脱之嫌。因为他们“不知道之可信，而乐于说之易合。其设心，注意，偷为一切之计而已。故论诈之便而讳其败，言战之善而蔽其患。其相率而为之者，莫不有利焉，而不胜其害也；有得焉，而不胜其失也。卒至苏秦、商鞅、孙膑、吴起、李斯之徒，以亡其身；而诸侯及秦用之，亦灭其国。其为世之大祸明矣，而俗犹莫之悟也”。曾巩爱憎分明，文笔老辣，直接点名，批评这些游士们惑于世俗，满足于一时之名利，却造成了社会的大祸害，已经有了沉痛的教训，然则世人却仍不明了。那么，正确的选择应该是什么呢？曾巩认为，士人们就应该像向孔子、孟子那样“不惑于流俗而笃于自信”。不过，曾

① 《清经解》第4册，上海书店1988年版，第728页。

巩有关的论述仍留下了需要人们思索的偌大空间：“夫孔、孟之时，去周之初，已数百岁，其旧法已亡，其旧俗已熄久矣。二子乃独明先王之道，以为不可改者，岂将强天下之主以后世之所不可为哉？亦将因其所遇之时，所遭之变，而为当世之法，使不失乎先王之意而已也。二帝三王之治，其变固殊，其法固异，而其为国家天下之意，本末先后未尝不同也。二子之道，如是而已。盖法者所以适变也，不必尽同；道者所以立本也，不可不一。此理之不易者也。故二子者守此，岂好为异论哉？能勿苟而已矣。”这里他又提出了一个“道”“法”异同问题：先王之道为本需要固守，孔孟他们做的就是这一点，坚持的就是这一点。但怎样才能处理好两者之间的关系？曾巩似乎也是给逝者出了难题，其实他自己也不容易说清楚这个难题。“三传”也正因为处理不好这个难题才出现了不同的褒贬臧否态度。我们倒认为，问题还是出在了认识自身。墨子、尸佼，包括吕不韦，都已经在自己的学说中透露出了尊重每个人价值的观念，如果这种理念能够鲜明化，或许可以从根本上得以改观？孔孟先贤，寄希望于唤醒人们的道德良知，以实现其理想社会的小康大同，其言其行不能说不真诚、不执着，然而前提是肯定尊卑贵贱制度的合理性，就必然造成了初衷与结果的巨大反差。为挽救世风日下、礼义颓废倾其一生而奔走呼号者，酿成的结果却是加速了社会破败的步伐。

b. 本体训释

语言形义之间始终存在着缠绕纠结的矛盾性，加之它们自身也具有系统性，并需要在发展的过程中不断地完善自己，适应对方；这种追求努力在“三传”中也体现着。

“三传”对《春秋》的训诂，除了我们已讲到过的，即往往结合着道德义理进行释义外，往往还有这样的一些特点：一些富有特征性的语言现象，三家往往能够都给予关注；且它们都视野开阔，不仅仅局限于词，并且在当时对句法都给予了高度的关注，颇为难得。如“僖公十六年”：

十有六年春，王正月戊申朔，陨石于宋五。是月，六鹢退飞过宋都。（经）

曷为先言陨而后言石？陨石记闻，闻其磌然，视之则石，察之则五。是月者何？仅逮是月也。何以不日？晦日也。晦则何以不言晦？春秋不书晦也。朔有事则书，晦虽有事不书。曷为先言六而后言鹢？六鹢退飞，记见也，视之则六，察之则鹢，徐而察之则退飞。五石六鹢何以书？记异也。外异不书，此何以书？为王者之后记异也。（《公羊传》）

先陨而后石，何也？陨而后石也。于宋四竟之内曰宋。后数，散辞也，耳治也。是月也，决不日而月也。六鹢退飞过宋都，先数，聚辞也，目治也。子曰：“石，无知之物，鶂，微有知之物。石无知，故日之；鶂，微有知之物，故月之。君子之于物，无所苟而已。”石、鶂且犹尽其辞，而况于人乎？故五石六鶂之辞不设，则王道不亢矣。民所聚曰都。（《穀梁传》）

十六年春，陨石于宋五，陨星也。六鹢退飞过宋都，风也。（《左传》）

三家都注意到该句语序的特殊性。《公羊传》表述得最为到位，细腻、清楚、疏朗。《穀梁传》的语言似乎有些不朗丽。《左传》不愧为史论，把艺术解释成了科学。

再则就是它们的解释往往同修辞结合起来，语用的因素考虑得比较多。如“僖公十七年”：

夏，灭项。（经）

孰灭之？齐灭之。曷为不言齐灭之？为桓公讳也。《春秋》为贤者讳。此灭人之国，何贤尔？君子之恶恶也疾始，善善也乐终。桓公尝

有继绝存亡之功，故君子为之讳也。(《公羊传》)

孰灭之？桓公也。何以不言桓公也？为贤者讳也。项，国也。不可灭而灭之乎？桓公知项之可灭也，而不知己之不可以灭也。既灭人之国矣，何贤乎？君子恶恶疾其始，善善乐其终，桓公尝有存亡继绝之功，故君子为之讳也。(《穀梁传》)

犹有诸侯之事焉，且讳之也。(《左传》)

儒家主张的就是“继绝世，兴灭国，举逸民，天下之民归心焉”(《论语·尧问》)。齐桓公之所以能够成为春秋霸主之一，就在于他能够做到尊王攘夷，兴亡继绝。然而他也有欺凌甚至灭绝其他弱小诸侯国的事实行为，如项国。但孔子的《春秋》在记录项国被灭历史的时候故意隐去了该行为的实施者，句法里面就是不出现主语。就是因为他是齐桓公，而有意识进行了避讳。

再如“僖公十八年”：

五月戊寅，宋师及齐师战于甗，齐师败绩。(经)

战不言伐，此其言伐何？宋公与伐而不与战，故言伐。《春秋》伐者为客，伐者为主。曷为不使齐主之？与襄公之征齐也。曷为与襄公之征齐？桓公死，竖刁、易牙争权不葬，为是故伐之也。(《公羊传》)

战不言伐，客不言及，言及，恶宋也。(《穀梁传》)

齐人将立孝公，不胜四公子之徒，遂与宋人战。夏五月，宋败齐师于甗，立孝公而还。(《左传》)

三家都关注了宋襄公的军队携同齐孝公与齐国的军队进行的战事。《春秋》可能仍是为齐桓公讳：没能听从管仲警告，仍沿用竖刁、易牙之徒，结果酿成内乱，诸多公子都想继位。宋襄公受桓公之托，助孝公回国而采用了军队征讨的方式。《公羊传》《穀梁传》都注意到《春秋》没有用“伐”而用“战”，特别是前者还比较了“伐”有两种意义，主客两分。但通过怎样的具体形式将它们区分开来，这里没讲。[1] 但齐桓公还未下葬，此时言主客都未免对亡者不敬，故言“战”最为稳妥。

由此可以看到，三传在典型事件用语措辞方面有着一致的敏感性，特别对句法的分析颇为精致，可惜这种很好的起点没有被后来的研究给予相应分量的继承。

有些则是并没有被同时认同，这也可以看到它们关注点的差异。这主要体现在词上边，部分涉及句法。看词上边的训释：

冬十月，伯姬归于纪。（经）

其言归何？妇人谓嫁曰归。（《公羊传·隐公二年》）

礼，妇人谓嫁曰归，反曰来归。（《穀梁传·隐公二年》）

夏，成周宣榭火。（经）

夏，成周宣榭火，人火之也。凡火，人火曰火，天火曰灾。（《左传·宣公十六年》）

于词语的解释，它们有时还有自己添加性的解释。如：

公曰：“善哉！何谓威仪？”对曰：“有威而可畏谓之威，有仪而可象谓之仪。君有君之威仪，其臣畏而爱之，则而象之，故能有其国家，令闻长世。臣有臣之威仪，其下畏而爱之，故能守其官职，保族宜家。顺是以下，皆如是，是以上下能相固也。《卫诗》曰：‘威仪棣棣，不可选也。’言君臣、上下、父子、兄弟、内外、大小，皆有威仪也。《周诗》曰：‘朋友攸摄，摄以威仪。’言朋友之道，必相教训以威仪也。《周书》数文王之德，曰：‘大国畏其力，小国怀其德。’言畏而爱之

---

① 《公羊·庄公二十八年》释“齐人伐卫”云：“《春秋》伐者为客，伐者为主，故使卫主之也。”何休《解诂》：“伐人者为客。读伐，长言之，齐人语也。见伐者为主。读伐，短言之，齐人语也。”顾炎武认为：“长言之则今之平上去声也，短言之则今之入声也。”（《音学五书·音论》）

也。《诗》云：‘不识不知，顺帝之则。’言则而象之也。纣囚文王七年，诸侯皆从之囚，纣于是乎惧而归之，可谓爱之。文王伐崇，再驾而降为臣，蛮夷帅服，可谓畏之。文王之功，天下诵而歌舞之，可谓则之。文王之行，至今为法，可谓象之。有威仪也。故君子在位可畏，施舍可爱，进退可度，周旋可则，容止可观，作事可法，德行可象，声气可乐，动作有文，言语有章，以临其下，谓之有威仪也。”（《左传·襄公三十一年》）

《春秋》于该年的记述并没有涉及“威仪”这个词，而《左传》于史却多出了卫侯在楚等内容，言及令尹围的威仪，由此引发出对该词的系统阐释。

《公羊传》《穀梁传》还保持了自己的传统，较多地涉及对句法结构及意义的训释：

夏六月，邢迁于陈仪。（经）

迁者何？其意也。迁之者何？非其意也。（《公羊传·僖公元年》）

这里连“于”字的有无，涉及行为主体的主动被动，见解很独到。

晋里克弑其君卓及其大夫荀息。（经）

以尊及卑也，荀息闲也。（《穀梁传·僖公十年》）

这里对并列语序先后不同，牵涉到尊卑名分。其认识，现代语言学也不过如此。

晋人执卫侯归之于京师。（经）

归之于者何？归于者何？归之于者罪已定矣，归于者罪未定也。罪未定，则何以得为伯讨？归之于者，执之于天子之侧者也，罪定不定，已可知矣。归于者，非执之于天子之侧者也，罪定不定，未可知也。卫侯之罪何？杀叔武也。何以不书？为叔武讳也。《春秋》为贤者讳。何贤乎叔武？让国也。其让国奈何？文公逐卫侯而立叔武，叔武辞立而他人立，则恐卫侯之不得反也，故于是已立，然后为践土之会治反卫侯。卫侯得反曰："叔武篡我。"元咺争之曰："叔武无罪。"终杀叔武，元咺走而出。此晋侯也，其称人何？贬。曷为贬？卫之祸，文公为之也。文公为之奈何？文公逐卫侯而立叔武，使人兄弟相疑，放乎杀母弟者，文公为之也。(《公羊传·僖公二十八年》)

《公羊》难得有这样长的文字对一句话进行这么详尽的阐释。里面涉及两个方面的内容：一是句法结构"归之于"和"归于"语义上的差别辨析，二是称晋侯为"晋人"。就其分析的态度与原因追溯讲，是下了功夫的。略显不足的，也是"三传"所显示的普遍性的特点，往往是就特定文辞字句进行评点，没有类似相应现象的引证和分析，也就是说，当时的人们还没有建立起归总概括的意识。

c. 展示文化

对此，《左传》则突出地体现了它的长项，即如实地记载了当时人们，特别是诸侯国之间外交、士族大臣及行人间的言语行为礼仪，深层次酝酿着刀光剑影，而其前台却仍是洋溢着浓重的诗书文化氛围。这里仅以"昭公元年"中的记述为例：

令尹享赵孟，赋《大明》之首章，赵孟赋《小宛》之二章。事毕，赵孟谓叔向曰："令尹自以为王矣，何如？"对曰："王弱，令尹强，其可哉！虽可，不终。"赵孟曰："何故？"对曰："强以克弱而安之，强不义也。不义而强，其毙必速。《诗》曰：'赫赫宗周，褒姒灭之。'强不义也。令尹为王，必求诸侯。晋少懦矣，诸侯将往。若获诸侯，其虐滋甚，民弗堪也，将何以终？夫以强取，不义而克，必以为道。道以淫虐，弗可久已矣！"

夏四月，赵孟、叔孙豹、曹大夫入于郑，郑伯兼享之。子皮戒赵孟，礼终，赵孟赋《瓠叶》。子皮遂戒穆叔，且告之。穆叔曰："赵孟欲一献，子其从之！”子皮曰：“敢乎？”穆叔曰：“夫人之所欲也，又何不敢？”及享，具五献之笾豆于幕下。赵孟辞，私于子产曰：“武请于冢宰矣。”乃用一献。赵孟为客。礼终乃宴。穆叔赋《鹊巢》，赵孟曰：“武不堪也。”又赋《采蘩》，曰：“小国为蘩，大国省穑而用之，其何实非命？”子皮赋《野有死麕》之卒章，赵孟赋《常棣》，且曰：“吾兄弟比以安，尨也可使无吠。”穆叔、子皮及曹大夫兴，拜，举兕爵曰：“小国赖子，知免于戾矣。”饮酒乐，赵孟出，曰：“吾不复此矣。”

两段中凸显的都是赵孟这个人物。三国分晋，其中又以赵为最强，之所以如此，就在于赵国的开创者才略高人一筹，且在做人上多小心谨慎、恭敬谦让。当时通常外交招待宴席之前，相互之间是要借助《诗》以助兴交谈的。这真真正正体现了孔子所谓的“不学《诗》，无以言”的箴言，这对每一个参与者来讲，没有这样的基本能力和素质，自然是登不得台面的，这也是自身文化修养的体现。从另一方面讲，也说明了我国先秦春秋时代确实是一个文化昌明的时代，诗礼簪缨名不虚传。再者就是，赋诗者赋什么诗，通过特定的内容也表达赋者特定的思想意图，特定时段的情怀，甚至传递不可明言的信息。第一段中所记述的，楚国令尹赋《大明》诗第一章，因为该诗是称颂文王赫赫伟业的，那么赵孟就于其中听出一种弦外之音：“令尹自以为王”。正因为他有这样的敏感性，他自己赋诗的时候就是另一种情形：他并不以自己是大国上卿而盛气凌人，而是将自己放在与其他人同样的层次上，且处处为主人着想。于是大家更是尊重他，而他也深深沉浸于这种美好的情谊之中。

当然，外交事务更多的时候还是言语交流。还是“昭公元年”中的记叙：

三月甲辰，盟。楚公子围设服离卫。叔孙穆子曰：“楚公子美矣，君哉！”郑子皮曰：“二执戈者前矣！”蔡子家曰：“蒲宫有前，不亦可乎？”楚伯州犁曰：“此行也，辞而假之寡君。”郑行人挥曰：“假不反矣。”伯州犁曰：“子姑忧子皙之欲背诞也。”子羽曰：“当璧犹在，假而不反，子其无忧乎？”齐国子曰：“吾代二子愍矣。”陈公子招曰：“不忧何成？二子乐矣。”卫齐子曰：“苟或知之，虽忧何害？”宋合左师曰：“大国令，小国共，吾知共而已。”晋乐王鲋曰：“《小旻》之卒章善矣，吾从之。”

退会，子羽谓子皮曰：“叔孙绞而婉，宋左师简而礼，乐王鲋字而敬，子与子家持之，皆保世之主也。齐、卫、陈大夫其不免乎？国子代人忧，子招乐忧，齐子虽忧弗害。夫弗及而忧，与可优而乐，与忧而弗害，皆取忧之道也，忧必及之。《大誓》曰：‘民之所欲，天必从之。’三大夫兆忧，忧能无至乎？言以知物，其是之谓矣。”

各诸侯国的使臣们在一起，言语行为、动作举止都能体现出自己的角色才学，每个人也都可以对他人进行各种各样的评价。行人子羽的言语能力孔子也是给予过肯定的，《论语》中有载。这里有了他对别人这方面的评价，从另一个角度说也可以直接看到他的见识眼光：他善于准确把握不同人们的言语特征，并能够将副语言、身姿语等一并进行综合评判，从而对其命运给予比较合理的预测。这在一定意义上也反映了时人对其语言的敏感力和极高的关注度。

《左传》在这方面的记述很多。再比如后人比较熟悉的“子产坏晋馆桓”，因为说理透彻，不仅没有招致对方的激烈反应，反倒达到了预期的效果。由此叔向感慨道：“辞之不可以已也如是夫！子产有辞，诸侯赖之，若之何其释辞也？《诗》曰：‘辞之辑矣，民之协矣；辞之绎矣，民之莫矣。’其知之矣。”（《左传·襄公三十一年》）这里所表达的对恰切妥帖言辞的由衷肯定，与其后孔子所表达的“非言辞不为功”思想，可以说完全是一致的。

7.3.2　韩非《解老》

战国末期整个情势，刘向的解释是：当时的士人们已经无力阻挡战国七雄他们的高猛，只有像苏秦、张仪之徒那样，彻底忘却自己的士人本质精神，追求个人利益的最大化，要么合纵，要么连横，参与到这场以嗜杀为上的吞并战争之中，才能显示自己的价值。如果真是这样，只能说这是一个人性精神彻底丧失的时代，只有动物性的弱肉强食。但事实上，当时的很多士人并非都为这种大势所裹挟：有的虽然自觉无力挽大厦之将倾，但还是勉为其难地尽了自己的绵薄之力以救一时之急。韩非，甚至吕不韦，他们的思想观念及行为，在客观上虽然也起到了对这种弱肉强食、以强凌小趋势的助推作用，但总体上还没做到利令智昏、毫无廉耻的境地。我们之所以这样说，就在于他们的著作里还保留有比较多的理性成分的内容。

这里仅以《韩非子》中特有的篇章《解老》为例进行分析。

说老实话，处在战国末期军事频仍、血肉飞溅的大情景下，作为法家代表人物的韩非居然能分出单独的时间和精力来解读老子的著作，这种事情的本身似乎都不免有几分滑稽，但这也恰恰说明了韩非的思想深处还存留有相对淡然沉静、逾越世俗的一面。这是韩非于关注时局之外所做的独特的训诂工作。《老子》一书，数千年来的解读可以说连篇累牍，汗牛充栋，然筚路蓝缕以启山林者，韩非子也。且他的路子也非《春秋》三传所可比拟，如果说“三传”所做的工作多为要么史料细节的增益，要么特有文辞字句训释的话，而韩非的《解老》并非被动的解读。一定要注意的是，他的解读不是一个简简单单的疏通文意，仅仅是一个学习的过程，而是一种创造性的阅读评点，所体现出的鲜明特色是：

a. 对原著再梳理

如果我们将韩非《解老》所引证阐释的对象，也就是原文列出一个序列的话，就会发现它的解读是有选择的。非常明显的偏重就是，它主要训释的“德经”而忽略“道经”。即便是侧重前者，它也不是循规蹈矩，如果按其主要训释的节段来讲，它走的轨迹是这样的： 38—58—59—60—46—

14—1—50—69—53—54。其中只有 14 和 1 属于“道经”，且这两个节段都只是用了一词语片段一个句子，也就是偶然提及，并非作为一个明确的训诂对象来看待的。这样的数值仅仅是第 38 节段的零头！所以，虽说是《解老》，实际上只是解“德经”。即便是解“德经”，我们看一下节段数字的顺序，似乎是跳跃性的，中间仍有相当一些的节段并未提及；且论及的先后与总体的先后也不一致，多有回折。为什么他采取了这样的一种解析路线？我们觉得这体现了韩非对《老子》总体的一种认识态度：他很大程度上并不怎么认可对象文字所体现的论述思路，他认为它比较乱，需要调整；再则就是多认可“德经”并不认可“道经”。事实上两经的划分大体虽有，但并不影响它们之间的严重交叉，你中有我、我中有你。如果排除了过多不必要的重复，剩下来它们之间的明显区分是：“道经”主要讲“道”的特征及玄览；圣人依照“道”的特性来实施管理，那就是绝圣弃智；落实到终极点就是带有阴谋术性质的示弱处置事务的策略与方法。“德经”主要讲内心道德的修养完善、治国理念以及辩证法。这么繁杂的内容浓缩于这样有限的文字里，内在的有机性是很难体现的，于是只好用杂糅的策略，以增强其厚重度与神秘感。实际上韩非是看出了作者所玩弄的聪明，所以，依然采取了大胆割舍选一中心主题重新立论的方式来进行解诂。这不能不说是韩非的一个大胆尝试与探索。

b. 让虚空变得扎实

实际上好的解读并不需要面面俱到，某一个方面有所突破、有新的创意就好。韩非的《解老》就体现了这一点。总的来说，其训诂有特色的地方主要表现在两个方面。

其一就是着重新的观点阐释。人们不难看到，整个《道德经》全篇没有一个“理”字，可谓典型的讲“道”不讲理。然而韩非《解老》突出的，他想阐释的思想观念就是“理”。看他整个文字处于中心位置的一段话：

道之情，不制不形，柔弱随时，与理相应。万物得之以死，得之以生；万事得之以败，得之以成。道譬诸若水，溺者多饮之即死，渴者适饮之即生。譬之若剑戟，愚人以行忿则祸生，圣人以诛暴则福成。故得之以死，得之以生，得之以败，得之以成。人希见生象也，而得死象之骨，案其图以想其生也，故诸人之所以意想者皆谓之象也。今道虽不可得闻见，圣人执其见功以处见其形，故曰："无状之状，无物之象。"

凡物之有形者易裁也，易割也。何以论之？有形则有短长，有短长则有小大，有小大则有方圆，有方圆则有坚脆，有坚脆则有轻重，有轻重则有白黑。短长、大小、方圆、坚脆、轻重、白黑之谓理。理定而物易割也。故议于大庭而后言则立，权议之士知之矣。故欲成方圆而随其规矩，则万事之功形矣。而万物莫不有规矩。议言之士，计会规矩也。圣人尽随于万物之规矩，故曰："不敢为天下先。"

这两段话并没有紧挨着，但其意脉的紧密联系还是可以看清楚的，即体现了将原来玄虚的"道"向可把握的"理"的转移。"道"不再是原来人为渲染得那么神圣和高不可攀，甚至还认为，过于地依赖它、沉溺于它，倒还会适得其反。尽管它属于形而上的东西，为抽象的精神世界所领有，但也要尽可能地使之具有明确的可认知的性质，让其遵循一如客观世界那样有理据可言的规则条理性。

由此我们可以看到，韩非的训诂不是为文本所囿，而是在解读的时候重在发挥自己的所思所想并给予突出展示。这就不是简简单单的字词训释，而是变被动的阅读接受者为思想方法的主动阐释者。

这两点应该说是韩非借文本训诂所开创的一种全新的思想诠释方式。

可惜这种方法后世继承的并不多。

其二就是篇章词语训诂。我们想，韩非即便是这种方式的训诂也与《春秋》“三传”不同：“三传”中的训诂似乎可以说是一种“循规蹈矩”式的训诂，即，顺其文本次序，视疑难字词，少量的照顾到句法，一一进行文辞训释；韩非似乎是一种倒序式的训诂，即以大控小，抓纲举目，自己先疏通文意之后，由总体到具体，再有选择地进行解释。如上所述，《解老》就是以阐“理”为总纲，以此来统领其具体的步骤与轻重安排，以至特定的字词。比如很有意思的是，它的阐释是先由《德经》的第一节段开始，且讲释的篇幅文字也最多最详尽。看它对开端语句的阐释：

上德不德，是以有德；下德不失德，是以无德。

德者，内也。得者，外也。上德不德，言其神不淫于外也。神不淫于外则身全，身全之谓德。德者，得身也。凡德者，以无为集，以无欲成，以不思安，以不用固。为之欲之，则德无舍，德无舍则不全。用之思之则不固，不固则无功，无功则生于德。德则无德，不德则在有德。故曰：“上德不德，是以有德。”

仅这一节段文字的阐释，即很易看到韩非训诂的另一个特点，就是不拘泥于文字本身的阐释，而着重于文意的讲释阐发，有自己的理解在里边。仅以第一个语句为例：就“上德不德，是以有德”，就洋洋洒洒用了一段文字来解释。怎样才能将字面的意思既“不德”又“有德”谐调过来，既不矛盾且宜于接受？韩非借用了当时人们普遍使用的音训的方法，并将该词分解作两层含义：一内在一外表，内在的不淫泄，保身得全。接下来倒是道家的一套说教，无欲无思则安。不过，后边的言辞则有些难以完备了：“德无舍则不全”和“无功则生于德”怎么能形成统一呢？其实韩非在此之所以说不周全，主要在于他放弃了自己的长项，即注重完整的表达而忽略执拗于单个的字词，绕来绕去将自己给绕进去了。他所解释的，仅仅是个分句，意思还未全；如果他把下一个分句参照进来，或许其意就会明白：“德”是一种自觉的精神境界和思想修养。上德不刻意为之，看似不德却有德；下德好像时时处处不离德，愈是如此就失去了德的本分。他接下来的文字即证明了这一点：推崇无为、无思作为虚的原因，即指人的心意不受任何牵制。有意为之，就失去了纯真。

其后论道、德、仁、义、礼的关系，应该说详尽清楚，呈现为一种典型的由内到外的递进过程。特别是于最后“礼”这一层，为情貌，外显性就很鲜明了。韩非这里强调的主导思想就是“取情而去貌，好质而恶饰”。且韩非的这种主张是一贯的，在诸子里边，他独看重墨子，就在于：“墨子之说，传先王之道，论圣人之言，以宣告人。若辩其辞，则恐人怀其文忘其直，以文害用也。”（《韩非子·外储说左上》）为了充分证明这一点，韩非还专门举出了詹何察牛的典故：与弟子竞猜门外的鸣牛是前额白还是牛角白，最后结果当然詹何是对的。不过，韩非认为，这是典型的哗众取宠，苦心伤神却无价值。为什么？关键在于：无缘而忘（妄）意度。就是没有一点真凭实据，就是没有“理”的成分在；剩下的就是要么是随意揣测，要么是施以小计，以博众采。所以，归总到一点：韩非心目中的“大丈夫”显然与孟子的不同：不是“虽千万人吾往矣”的那种鲁莽，亦非“富贵不能淫、威武不能屈、贫贱不能移”那种所谓品格上的廓落装大，更非“穷则独善其身，达则兼善天下”、追求利益最大化的世俗；而是“智之大”，是“去貌径绝而取缘理好情实”的学理坚实，体现的是老子“去彼取此”的真精神。

至于他的《喻老》，和上述的第二种情况差不多，也是侧重语句所反映的意义做更详细的阐释，但不再有主导的思想倾向来统领；只是有感于《道德经》中具体语句所体现的思想内容，做一些更明确的疏解，故不赘述。

7.3.3 《中庸》《大学》

说两者之中有训诂，就在于两者的内容表述与其他已有文本，像《诗经》《尚书》以及其他文辞之间形成了一种互文关系：本来是主要陈述自己的观点思想，但每每佐用上述文献，其实也就形成了相互说明的关系。又因为上述文献古老，而眼下陈述的为今且具体，客观上又形成了一种反向的解释。

《中庸》基本上都是对《诗经》语句的引证、阐释。如：

君子之道费而隐。夫妇之愚，可以与知焉，及其至也，虽圣人亦有所不知焉；夫妇之不肖，可以能行焉，及其至也，虽圣人亦有所不能焉。天地之大也，人犹有所憾，故君子语大，天下莫能载焉；语小，天下莫能破焉。《诗》云："鸢飞戾天，鱼跃于渊。"言其上下察也。君子之道，造端乎夫妇，及其至也，察乎天地。

前面我们在讲述孔子思维方式的时候，曾说到一个明显的特征就是"立象以尽意"，往往借用形象来说明抽象的道理，如《诗经》中的"如切如磋""巧笑倩兮"，孔子与其弟子的解读即反映了这种特色。虽然在《论语》里边有孔子的话语："不学诗，无以言"，但真正那里面两者相应的表述及例证还不是很多，内容主旨决定了它不可能大量出现。然而，在《中庸》这样的作品里，情况就不一样了，因为它是从一个比较明确的主旨生发开来，体现了比较多的论证特征。而《诗经》诗句的反复出现，其实目的有两个：以用典的方式论证现时的观点；现时的话语阐述对理解原诗意味也有再阐释的作用。如例子的中"鸢飞戾天，鱼跃于渊"，语出《诗・大雅・旱麓》，仅就诗本身解，肯定是"各得其所，欢畅自由"之意，而这里竟获得了"上下明察"的含义，也可看到意义解析的多向性。

唯天下至诚，为能经纶天下之大经，立天下之大本，知天地之化育。夫焉有所倚？肫肫其仁！渊渊其渊！浩浩其天！苟不固聪明圣知达天德者，其孰能知之？《诗》曰："衣锦尚絅。"恶其文之著也。故君子之道，闇然而日章；小人之道，的然而日亡。君子之道：淡而不厌，简而文，温而理，知远之近，知风之自，知微之显，可与入德矣。《诗》云："潜虽伏矣，亦孔之昭！"故君子内省不疚，无恶于志。君子所不

> 可及者，其唯人之所不见乎！《诗》云："相在尔室，尚不愧于屋漏。"故君子不动而敬，不言而信。《诗》曰："奏假无言，时靡有争。"是故君子不赏而民劝，不怒而民威于鈇钺。《诗》曰："不显惟德！百辟其刑之。"是故君子笃恭而天下平。《诗》曰："予怀明德，不大声以色。"子曰："声色之于以化民，末也。"《诗》曰："德輶如毛"，毛犹有伦；"上天之载，无声无臭"，至矣！

这一段话很有典型性，要表述的主旨与《诗经》中的诗句是交错进行。单纯引文就达 9 处，且不是同一诗篇，然而却是随手拈来，而与正文的内容非常吻合，真正体现了先秦时期孔子所谓的"不学诗，无以言"的整个社会大氛围。看《春秋》《国语》等史料记载也可以看到这种景象：每到社会公关应酬，以及士人们的欢会交谈，引证《诗经》似乎是必不可少的一种言语表达形式。它在相当程度上体现了人的素质修养，象征人的社会身份达到了相当层次。这自然使我们可以想象到一种奇异的景象：尽管诸侯国之间征战不已，战场上可以出生入死；权力的争夺也可以达到钩心斗角，弃亲情如敝屣的程度，然而与此相对的另一面却是声歌盈耳，舞乐叮咚；诗句传诵，文质彬彬。大爱与大恨、杀戮与吟诵，同时能够展露得淋漓尽致，也算是一种奇特的文化景观。当然，引证《诗经》以及其他被人们崇尚肯定的艺术形式及文献，也是后期文章论证的一种重要手段。上面的话语可以说是这方面的典型写照，说明的是其核心理念：不尚浮华，明德于心。所引证的诗句，有的是隐喻性质的，如"衣锦尚䌹"。《诗经》里没有完全一样的文辞，近似的有两处：一是《卫风·硕人》："硕人其颀，衣锦褧衣"，一是《郑风·丰》："衣锦褧衣，裳锦褧裳"都是指当时穿着的一种时尚（当然是指贵族女子）：锦绣衣服的外边要罩上麻布做的轻薄外套，以免锦衣绣纹过于显露。然而这段文辞里的"恶其文之著也"，则是借此表达的最深层含义。"䌹"与"褧"，"尚"与"裳"，都有密切的联系。这可能是引证没有核实。接下来的引证则都属于直抒胸臆，为实指性的一一对应表达。

《诗经》的语言毕竟是隔着时代，加之诗的语言最为简易，且其真实的意蕴也多有针对性却不露，所以，后世人们的引证，在相当的意义上讲是“古已有言”，作为坚实的依据；然而从字词语句的理解上看，却是用今人的白话给予明确的阐释。

《大学》里的引证则稍显特殊了一些：除《诗经》外，涉及的范围显然更大，除《尚书》外，还有铭文、谚语，甚至士大夫的言语等。其引证及阐释很有特色，这里也选择数例：

> 《诗》云：“瞻彼淇澳，菉竹猗猗。有斐君子，如切如磋，如琢如磨。瑟兮僩兮，赫兮喧兮。有斐君子，终不可諠兮！”“如切如磋”者，道学也；“如琢如磨”者，自修也；“瑟兮侏兮”者，恂栗也；“赫兮咺兮”者，威仪也；“有斐君子，终不可諠兮”者，道盛德至善，民之不能忘也。《诗》云：“于戏！前王不忘。”君子贤其贤而亲其亲，小人乐其乐而利其利，此以没世不忘也。

这里对于《诗经·国风·卫风》中诗句的阐释，显然与《论语·学而》中的不一样，先前我们已经有所分析：说《诗经》中的“如切如磋，如琢如磨”是描画青年男子皮肤洁净、面容姣好，像美玉切割打磨出来的一样。而孔子与其弟子子贡的讨论，却从中读出来了另一种信息，即个人品质修养的无穷尽性。这里尽管也可以说暗含了同样的含义，“如切如磋”是决定性的，是材料对象化的基本完型；“如琢如磨”则是细节上的修为，是进一步的完善。但接下来“瑟兮僩兮”“赫兮咺兮”却是对实际词义的准确释义，确属于比较典型的训诂解读。也就是说，两语块的释义不在一个层面上：一个是引申义，一个是本义。所以放在一块儿不甚统一。

> 汤之《盘铭》曰：“苟日新，日日新，又日新。”《康诰》曰：“作新民。”《诗》曰：“周虽旧邦，其命惟新。”是故君子无所不用其极。《诗》

云："邦畿千里，惟民所止。"《诗》云："缗蛮黄鸟，止于丘隅。"子曰："于止，知其所止，可以人而不如鸟乎？"《诗》云："穆穆文王，於缉熙敬止！"为人君，止于仁；为人臣，止于敬；为人子，止于孝；为人父，止于慈；与国人交，止于信。

这一段于训诂则是渐行渐远，仅仅拿这些古代的文献作为论据来推出自己的观点结论。但有意思的是，这些材料是堆叠性的。整体还分两部分：一部分表现积极意义，且这种健康向上精神的，散见于上古的多种文献之中，如《周易·象传》中的"天行健，君子以自强不息"。"地势坤；君子以厚德载物。"这里引用的三处，商汤的《盘铭》、《尚书》中的《康诰》、《诗经》中的《大雅·文王》，其文句也都表达了同样的思想精神。该精神昂扬向上，意气风发，为民族文化性格的塑造奠定了扎实的根基，并为历久弥新的历史所传承。一部分则是蕴藉厚重的。首先是《诗经·小雅·缗蛮》中的诗句："缗蛮黄鸟，止于丘隅。"意思是：缗蛮鸣叫的黄鸟，栖息于山的角落。接下来引用孔子的话却无别的出处印证，简直像是孔子也参与了该话题的讨论一样，衔接得那样自然畅顺，于是再进递到《大雅·文王》中的诗句"穆穆文王，於缉熙敬止！"说的是肃穆庄严的周文王，行事光明正大，建立了礼敬为上的社会制度。里面的关键字眼儿是"止"，有的《诗经》解读释作"之"，这样一来前后之间就不吻合了。显然前后之间的联系即是以具体的"栖息止所"而延伸到心灵依存的"至高境界"讲。所以，从这种意义上讲，这一段的阐述，不是训诂也有训诂学上的价值。

孟献子曰："畜马乘，不察于鸡豚；伐冰之家，不畜牛羊；百乘之家，不畜聚敛之臣。与其有聚敛之臣，宁有盗臣。"此谓国不以利为利，以义为利也。长国家而务财用者，必自小人矣。彼为善之，小人之使为国家，菑害并至。虽有善者，亦无如之何矣！此谓国不以利为利，以义为利也。

这是典型的引证阐发。孟献子为春秋中期鲁国政治家，三桓之一。作为有眼光的人物，其见识当然也异于常人。这里所引用的他的一段话即体现了这一点。他说："有供得起四匹马拉车的士大夫之家，就不需再去考虑鸡猪喂养的事；祭祀用冰的卿大夫，就不需再放养牛羊了；拥有百辆兵车的诸侯，就不要用善于敛财的家臣。与其有敛财的家臣，不如有偷盗之臣。"他说的当时不同政治身份的人有不同的生存条件和眼光，但这种暗含的内容都是通过他所列举的事实得以展示的，字里行间并没有体现这种意味。《礼记》的作者也就借着他这种表述的由头，再进一层，引申出普遍性的道理：更高层次的国家，自然要以义为最高目标。要想国家长治久安，却一心想着多得财用的，必为小人。由小人经国，必然是"菑害并至"。"菑"通"灾"，一如《管子·内业篇》言："不逢天菑，不遇人害，谓之圣人。"天灾人祸古人还有所分辨的。末了，进一步肯定其结论："国不以利为利，以义为利"。从这种意义上说，也带有了广义的训诂特征。

7.3.4 《尔雅》

邢昺《尔雅疏叙》指出："夫《尔雅》者，先儒授教之术，后进索隐之方，诚传注之滥觞，为经籍之枢要者也。"可以说《尔雅》的问世，标志着中国传统训诂学的真正诞生，因为它是中国历史文化中完全从语言学的本体角度进行研究的第一部专书，使得人们对上古时期语言文字意义的识读理解真正做到了明确化和系统化。众所周知，语言从其基本属性上讲无非是音义两大要素。然而汉语记录意义的最小单位在上古时期多为一个音节，这就使得音同音近的现象显得特别突出。要解决分辨率偏低的难题，其分化的方法无非两个：一个是书写形体的别异，一个是增加音节的数量。后者是不可能在短时间内形成突变，改换本原面貌的，于是所呈现的情形必然是渐变性的；但并不能由此可以说在特定的阶段不可以出现显著的变化。对于前者，倒是顺理成章的：反正从人类书写符号的演进史看，表意性是其先前最易于与当时的思维方式相匹配一致的表现形式，而且从其特征讲，形象性仍旧保留，符号性不足，这反倒助长了它的表达能力的无限性，从而可以比较充分地弥补语音系统区分度的不足。其实这两点，在《尔雅》中都比较显豁地体现着，特别是让后人惊异的是，形、音、义三者都可能成为语言理解的一个因素，且前边两者也最易于被人们所把握，然而我们古人所进行的语言学探索最先却是从意义入手的。从这种意义上说，它也能从最坚实的基础上证明传统文化语言哲学的意识观念。

有必要讨论一下的，就是《尔雅》的写作时间、著者姓甚名谁已无可考，整体来看，恐怕非一人所完成。最早出现“尔雅”一词的，应该是《大戴礼记》和《孔子三朝记》。它们都记述过《小辨》篇，其中孔子答哀公问陈述过一个重要观点：“循弦以观于乐，足以辨风矣；尔雅以观于古，足以辨言矣。”这里的“尔雅”肯定还是词组，直接的字面义是“近正”，换作今天的话来说，就是以正统的读音及意义以观古释方。上述言辞确实能够体现孔子一贯的观念意识，即不提倡用过繁的话语折绕论辩，申明的是“简”。《论语》之所以是语录性质的，也确实能体现孔子所倡导的风格。日本学者末永高康曾于《〈孔子三朝记〉初探》一文中这样明确表述说：“《三朝记》的写作年代，目前不能确定，但无疑是荀子以前的作品；也很难推测《三朝记》的作者是谁，可能是曾子和思孟学派以外的儒家所作。”[①] 我们觉得他的观点能够成立，除了他的大量举证外，还有就是：没有这样的言辞铺垫，也就很难有后来《尔雅》一书的命名及其内容的汇集编纂。他的后一分句的判断也极有见识：《三朝记》所记述孔子的话语似乎有些滔滔不绝，显然与孔子的言语主张不符；且隔篇亦即末篇《少闲》又记述孔子说：“天政曰正，地政曰生，人政曰辨。”这前后之间的矛盾性不言而喻。不难看到，《三

① 《南京师范大学文学院学报》2011 年第 3 期。

朝记》的撰写者能够领会孔子语言思想的根本处，但并没有掌握孔子言语的表达特点，更不要说揣摩其口吻了。另外就是当时士人论述上的一个通病也体现得比较显豁：逻辑性上掌控不足。胡奇光注意到了《尸子》与《尔雅》内容上的传承关系。[①]我们也注意到，跨战国秦汉的孔子第8代孙孔鲋作《小尔雅》，即可说明之前已有《尔雅》。如果将相关内容作一下比较的话，也可以看到后者确实比前者更进一筹：

> 豕子，猪。䝐，豶。幺，幼。奏者豱。豕生三，豵；二师；一特。所寝，橧。四豴皆白，豥。其迹，刻。绝有力，豟。牝，豝。(《尔雅·释兽》)
>
> 豕，彘也。彘，猪也。其子曰豚。豕之大者，谓之豜；小者，谓之豵。(《小尔雅·广兽》)

由此可以比较明确地推证,《尔雅》于秦代之前已有成规模的版本。我们可以推测,《尔雅》也应该是稷下学宫时期士人们费心做出的成绩。该学宫最盛之时，士人们至数百千人，赐上大夫名号的达七十多位。郭沫若曾指出，当时的齐国“曾成为一时学者荟萃的中心，周秦诸子的盛况是在这形成了一个最高峰的”(《十批判书》)。他们中当然多在撰写自己的著作；但还有相当一些所做的工作是对前人著述进行整理、增补，如《管子》；还有的则是集体性的汇编创作，如《黄帝四经》。正因为如此，人们有理由怀疑类似《道德经》那样的篇章也是由这一群体中不具名的作者来共同完成的,《尔雅》于其中初具规模想来也合乎情理。那么，武帝时期即立有该门类的博士也就顺理成章了。

应该看到的是,《尔雅》是先秦时期训诂学之集大成。如果说发端于先秦诸子著述中的词语阐释还多作为一种论述手段的话，至此可以说作为一

① 《尔雅译注·序》，上海古籍出版社2004年版。

门独立的学科已经真正建立。邢昺《尔雅疏叙》的归总也值得肯定："一物多名，系方俗之语；片言殊训，滞今古之情，将使后生若为钻仰？繇是圣贤间出，诂训递陈，周公倡之于前，子夏和之于后。虫鱼草木，爰自尔以昭彰；《礼》《乐》《诗》《书》，尽由斯而纷郁。"训诂重在解决方俗今古词语意义间的差异。《尔雅》是对之前周公、子夏他们所做工作的继承，所体现的价值：一是"可以博物不惑，多识于鸟兽草木之名"，二是对经典著作词语意义分门别类的阐释。

任何语言的初创，指称肯定是其开端；我们不好推测将来，但就现代语言大都趋于成熟的时期来讲，名词在整个词类中仍占取着绝对的优势。之所以如此，就在于分类是人类理性思维伊始的必要条件，也就是《易传·系辞上》中所谓的"方以类聚，物以群分"。孔子强调正名，其前提也是"多识于鸟兽草木之名"。丰富多彩的对各种事物的指称命名，可以使得客观存在浑然遍布的万千个体及现象从而具有了识读和认知的可能性。如果说像《诗经》那样的恢宏巨制借助对当时不同阶层各种生活场景及情感的反映提供了这方面的实例的话，《尔雅》所涉及的范围就更为广阔，且是以词典的方式将其汇总在一起，因此呈现的面貌就更是完整明确。郭璞于《尔雅序》中强调说："若乃可以博物不惑，多识鸟兽草木之名者，莫过于《尔雅》。"这种汇总的功夫，不仅仅局限于《诗经》，甚至还借用了其他著作的解释。如：

> 北海内有兽，其状如马，名曰騊駼。有兽焉，其名曰驳，状如白马，锯牙，食虎豹。（《山海经·海经·海外北经》）
>
> 騊駼马，野马。驳，如马，倨牙，食虎豹。（《尔雅·释畜》）
>
> 以肆献祼享先王，以馈食享先王，以祠春享先王，以礿夏享先王，以尝秋享先王，以烝冬享先王。（《周礼·春官伯宗·大宗伯》）
>
> 春祭曰祠，夏祭曰礿，秋祭曰尝，冬祭曰烝。（《尔雅·释天》）

再则就是《尔雅》很好地记录并体现了先秦后期汉语词汇所发生的单音节词向双音节词、专名向加合命名转变的重大历史变化。如：

枣，壶枣，边要枣。櫅，白枣。樲，酸枣。杨彻，齐枣。遵，羊枣。洗，大枣。煮，填枣。蹶泄，苦枣。晳，无实枣。还味，棯枣。(《尔雅·释木》)

专有名词意味着指称的单一性、作用的重要性，但是，随着人们认识的发展，生活丰富化和认识的广阔化，过多的专有名词会成为记忆的负担，特别是所指称的对象也已失去它过去所发挥作用价值的情况下就更是如此；且单音词之间的分辨率不高，字面上也很难体现其对象的特征。要改变其不利的局面，加合指称的复合词于是就应运而生。如例，这种组合方式既能反映共同的属类，又能一定程度上反映其种的特点。显然是词汇史上的一大进步。后来汉语词语即转变为以双音节为主，即证明了这一点。

《尔雅》今存本十九篇，其后边的十六篇：《释亲》《释宫》《释器》《释乐》《释天》《释地》《释丘》《释山》《释水》《释草》《释木》《释虫》《释鱼》《释鸟》《释兽》《释畜》，顾名思义，重在释名。而前面三篇：《释诂》《释言》《释训》则重在释谓词或虚词，所释词语达二千条稍多，几近全书词条的半数。客观地讲，这比单纯的指称词语释义要难，然而《尔雅》对此似乎显得驾轻就熟，举重若轻。如状态形容词，不容易认定描写，但《尔雅》仅就其功能范围简略点明，且非常到位：

穆穆、肃肃，敬也。

肃肃、翼翼，恭也。(《释训》)

有的不但追溯其本义，还连带将其引申义也解释得明白：

象谓之鹄，角谓之觷，犀谓之剒，木谓之剫，玉谓之雕。(《释器》)

金谓之镂，木谓之刻，骨谓之切，象谓之磋，玉谓之琢，石谓之磨。(同上)

雕谓之琢。（同上）

如切如磋，道学也。

如琢如磨，自修也。(《释训》)

难能可贵的是，《尔雅》还开始了对虚词的最早释义：

粤、于、爰，曰也。爰、粤，于也。

爰、粤、于、那、都、繇，於也。(《释诂》)

第八章　先秦语言表达与思维方式

语言哲学不仅仅是一个理论问题，还是一个实践问题。因为语言的状貌既反映了社会的运行状况，同样也反映了人们对语言认识的态度。如上所述，孔子于此既有独到的见解，且身体力行，思维状貌很好地将它们联系在了一起，很能帮助我们加强这方面的认识。

这方面的信息非常丰富。但我们着重从社会交际语言与书面语语言两个专题来谈。

8.1　社会交际语言的特点

先秦时期是社会非常繁荣的时期：对西周遗留下来的礼仪文化仍有传承；诸侯国之间的兼并战争既靠军事实力，也要靠文化正统的号召力。对比春秋和战国，这在前者表现得更明显。如“五霸”之首的齐桓公就没有通过怎样强大的军事手段，即凭借决定性的战争以称霸，而是凭借管仲为相，以经济手段增强国力；北方抑制住了狄、戎族的侵入，南方他会同鲁、宋等八国之师破蔡伐楚，使得楚军在相当长的时间里不敢贸然北进。这样就在众多诸侯国中享有了声望，特别是他提出的“尊王攘夷”的口号，深得人心。于是通过葵丘会盟的形式第一个成为中原霸主。在当时的条件下，承认周王朝天下共主的地位，对于其他实力比较弱的诸侯国来讲，绝对是最有影响力的。从这种意义上说，齐桓公的称霸是深得共识的政策上的胜利，是言语标记上或曰鲜亮旗帜上的胜利。晋文公的称霸如果说是凭借着城濮之战的胜利而获得的话，其实在这之前也是有着一系列铺垫的。如《左传·僖公二十七年》说：

晋侯始入而教其民，二年，欲用之。子犯曰："民未知义，未安其居。"于是乎出定襄王，入务利民，民怀生矣，将用之。子犯曰："民未知信，未宣其用。"于是乎伐原以示之信。民易资者，不求丰焉，明徵其辞。公曰："可矣乎？"子犯曰："民未知礼，未生其共。"于是乎大蒐以示之礼，作执秩以正其官。民听不惑，而听用之。出谷戍，释宋围，一战而霸，文之教也。

为其民用，晋文公出则安定周襄王，回国则服务于民众；伐原国以示其诚信，民众交易不求暴利而讲究信誉；大阅兵以示其威严秩序，制定制度严肃官员职责。建立了雄厚的民众基础，乐于听从国家的派遣；赶走榖地的军队，解除对宋国的包围，也赢得了其他诸侯国的拥戴，终于一战而成霸业，这一切都是文教在起着作用。

战前楚成王还总结了另外的一条重要原因，那就是晋文公经历坎坷，故坚韧顽强：

晋侯在外十九年矣，而果得晋国。险阻艰难，备尝之矣；民之情伪，尽知之矣。天假之年，而除其害。天之所置，其可废乎？《军志》曰："允当则归。"又曰："知难而退。"又曰："有德不可敌。"此三志者，晋之谓矣！（《左传·僖公二十八年》）

晋文公履行自己"退避三舍"的诺言，其实也是在延宕并削弱楚军的锋芒锐气。记载说"楚众欲止，子玉不可"。楚国君臣之间战与不战已产生巨大矛盾，兵士厌战，此时可以说剩下子玉一个人只凭一股蛮劲在起作用。

即便如此，双方还是遵守残存的周王朝的礼仪：约定时间地点开战，文辞委婉雅致：

子玉使斗勃请战，曰："请与君之士戏，君冯轼而观之，得臣与寓目焉。"晋侯使栾枝对曰："寡君闻命矣！楚君之惠，未之敢忘，是以在此。为大夫退，其敢当君乎？既不获命矣，敢烦大夫谓二三子：'戒

尔车乘，敬尔君事，诘朝将见。'”（左传·僖公二十八年）

这说明在这之前的宋襄公泓水之战之仁，并非没有根据。现存残卷本《司马法》，可知其上古的战争观即为“以仁为本，以义治之之谓正”。其具体的战术原则，如：“逐奔不过百步，纵绥不过三舍，是以明其礼也”，“成列而鼓，是以明其信也”，“敌若伤之，医药归之”等等，体现了古人的纯朴与善良，不以征杀为目的。宋襄公所说：“君子不重伤，不禽二毛。古之为军也，不以阻隘也”，与“不鼓不成列”显然精神实质是一致的。

再如晋齐鞌之战。战争之中的激烈程度是惊心动魄，血肉横飞，可歌可泣：

癸酉，师陈于鞌。邴夏御齐侯，逢丑父为右。晋解张御郤克，郑丘缓为右。齐侯曰：“余姑翦灭此而朝食。”不介马而驰之。郤克伤于矢，流血及屦，未绝鼓音，曰：“余病矣！”张侯曰：“自始合，而矢贯余手及肘，余折以御。左轮朱殷，岂敢言病？吾子忍之！”缓曰：“自始合，苟有险，余必下推车，子岂识之？然子病矣！”张侯曰：“师之耳目，在吾旗鼓，进退从之。此车一人殿之，可以集事。若之何其以病败君之大事也？擐甲执兵，固即死也，病未及死，吾子勉之！”左并辔，右援枹而鼓。马逸不能止，师从之。齐师败绩。（《左传·成公二年》）

描写战争，左丘明的高明之处不是正面描写将士们是如何的拼杀，怎样的血腥与残酷，而是通过主要将帅视死如归的急促话语来体现，尤显传神！

战争结束后的第二年，归服的齐顷公携带很多珠宝去晋国访问，修复两国关系。而此时的郤克与差一点活捉了他的韩厥司马大将军却是另一种面貌：

齐侯朝于晋，将授玉。郤克趋进曰：“此行也，君为妇人之笑辱也，寡君未之敢任。”晋侯享齐侯。齐侯视韩厥。韩厥曰：“君知厥也乎？”齐侯曰：“服改矣。”韩厥登，举爵曰：“臣之不敢爱死，为两君之在此堂也。”(《左传·成公三年》)

郤克还是对四年前，亦即公元前592年出使齐国受辱耿耿于怀：他眼有残疾，而齐顷公为博母亲欢笑，让郤克上堂晋见的时候偷窥。笑声深深刺痛了郤克的自尊心，鞌战之骁勇也与此有着直接的关系。授玉，有僭越轨制之嫌，故郤克既有阻止之意，也旧事重提：您仅仅为妇人之笑受点委屈。用词措辞准确，也算是一吐胸中块垒。韩厥与齐侯间的对话就更有意思：齐侯之所以看他，就在于鞌战中韩厥已经俘虏了他的战车，若不是逢丑父与他倒换角色，假装让他取水使其逃脱，必然被生擒；故而印象深刻。此时韩厥也颇显几分调皮滑稽：“君主知道韩厥吧？”齐侯也朴诚：“穿的衣服改换了。”韩厥于是登台进前举爵敬酒，说：“臣战场上之所以不敢视死如归，就是为了此时两国君主的友好欢愉呀。”

春秋战国，是中国历史上蔚为壮观的一出大剧作，在这个大舞台上，各色人等可以说将其角色演绎得淋漓尽致：敢爱敢恨，能文能武；人尽其才，才尽其用。即便是身有残疾，也都能将其才智发挥到最大限度。《穀梁传·成公元年》不知是故意凸显还是纪实，曾描述说到齐侯之前的恶作剧：

季孙行父秃，晋郤克眇，卫孙良夫跛，曹公子手偻，同时聘于齐。齐侯使秃者御秃者，使眇者御眇者，使跛者御跛者，使偻者御偻者。萧同姪子处台上而笑之。闻于客，客不说而去，相与立胥闾而语，移日不解。齐人有知之者曰：“齐之患，必自此始矣。”

四使者都有身体上的某种缺陷，然在晋、鲁、卫、曹四国都被委以重任，执掌权柄。其他的，像晏子的矮矬、韩非的口吃等。然而，生理上的不足丝毫都掩藏不了他们思想能力上的卓越才华，且都能于历史上展示出自己特定的光彩。他们共同耀眼的一个方面就是：思想文化上的力量，而这一切，大都是通过语言上的才智得以体现出来的。

先秦时期的士人们重视语言，出色地运用语言，但最终的结果似乎并没有由此而得到理想的结果。值得追寻的问题可能很多，这里仅从“盟约”和“劝谏”稍作讨论。

8.1.1　盟约的得与失

先秦之时，诸侯国之间除却频繁的兼并战争之外，与此紧密相伴随的，就是相互之间的礼尚往来与盟约事务。“行人”即为这一时期负责外交事务的专职官员。当然，重要关节还是得由各国君主及大臣亲自完成其重任。盟约，作为决定其诸侯国之间分合亲疏关系走向的文字凭证，于其时可以说发挥着重要的价值作用。用当时鲁国重臣提出著名“三不朽”学说的叔孙穆子的话说，乃为君命以会之“大事”。仅以《春秋》所载，仅此294年间，所订盟约即达105次之多。即便如此，有些也是《春秋》所不载的，如《左传·隐公元年》云：“及邾人、郑人盟于翼。不书，非公命也。”也就是说，《春秋》之所以不载，因为没有得到鲁隐公的认可；但这毕竟是大事，《左传》给补充了上来，所以据我们统计的结果，《左传》所记录的盟约次数即达到了179项。两项数字，有的是共同记载的，有的只有一方记载的，如果将其有载计，将达到200项左右。这些记载下来的，多为有历史影响的，其中以葵丘会盟、践土会盟、黄池会盟、徐州会盟最为著名，被合称为春秋四大会盟。由公元前626年到前531年的近一个世纪内，各诸侯国仅在卫国会盟即达15次，其中7次会盟于卫国的戚城。重大的历史事件，像齐桓晋文的先后称霸，都以会盟的形式得以实现。诸侯会盟从最初尊王攘夷等以礼仪治理天下的会盟，到后来为了争夺霸主以武力掌控天下的会盟，无疑成为周王朝从兴盛的礼仪之邦，发展到权势旁落衰败过程的一个真实写照。当然，有些虽然重要，但并不影响进程，《春秋》就没有显现出来，如直书：“滕侯卒”。《左传·隐公七年》解释说：“七年春，滕侯卒。不书名，未同盟也。凡诸侯同盟，于是称名，故薨则赴以名，告终称嗣也，以继好息民，谓之礼经。”同盟关系的诸侯国肯定要有盟约，但多不显示。我们之所以将盟约单独提出来讲述，首先是看到了它作为文献在当时所起作用，再进一步，试想追溯一下：盟约所体现的是一种契约精神、法规精神，对它采取什么样的态度，其实也在相当程度上显示了当时的人们对书写下来规约的认可分量。

史料记载盟约的签订，需要一系列的程序和仪式。首先得有双方或多方的意向，还得有一定的契机。如《左传・成公十二年》载：宋国的华元既与楚国的令尹子重交好，又与晋国的栾武子交好。听说楚人已经允许晋国的籴茷求和，而且已经让他回国复命了。于是，这年冬天，华元便分别到晋、楚两国，以促成它们的和好。

如果两国都有意愿，则需要双方派员到对方国家商定盟约事务。如《左传・成公十一年》：“郤犨来聘，且莅盟。”“夏，季文子如晋报聘，且莅盟也。”鲁国将与晋国订立盟约，于是晋国的郤犨来鲁国，鲁国的季文子也到晋国去，双方进行确认。

还是成公十二年：“宋华元克合晋、楚之成。夏五月，晋士燮会楚公子罢、许偃。癸亥，盟于宋西门之外，曰：‘凡晋、楚无相加戎，好恶同之，同恤菑危，备救凶患。若有害楚，则晋伐之；在晋，楚亦如之。交贽往来，道路无壅，谋其不协，而讨不庭。有渝此盟，明神殛之，俾队其师，无克胙国。’”

在特定的时间地点，还要举行特定的盟约仪式：杀牲，视级别而确认盟牲，牛为高。盟约在前的执牛耳，并双方歃血，即需要将牲血涂到嘴唇上，用牲血写盟书，最后同盟牲一起埋入地下。而盟书的副本将藏到盟府。上述记载就是史上著名的“华元弭兵”。

先前约定的程序是不能随意改动的。比这早一年的时间，“秦、晋为成，将会于令狐。晋侯先至焉。秦伯不肯涉河，次于王城，使史颗盟晋侯于河东。晋郤犨盟秦伯于河西。范文子曰：‘是盟也何益？齐盟，所以质信也。会所，信之始也。始之不从，其可质乎？’秦伯归而背晋成。”也就是晋同楚签订盟约之前，也曾与秦商订盟约。确认好了的程序却被秦桓公临时改动：双方君主在不同的地点分别与对方的要员签立盟约。晋国卓有见识的范文子随即判断说：盟约就是求得双方的认可信用，会盟地点即为这种信用的开始，一开始就不遵守了，其盟也就没有实际价值了。果然，秦桓公回去之后就不再承认双方达成的关系。

有意思的是，晋国同楚国达成上述盟约后还进行了追加，规格再次提高了一层。上述盟约的签署毕竟不是最高级别，可能双方商定还要提升，故而又一次地重复了互派官员聘问确认。然而，在晋国的使者到楚国之后，遇到了突如其来的事故：

> 晋郤至如楚聘，且莅盟。楚子享之，子反相，为地室而县焉。郤至将登，金奏作于下，惊而走出。子反曰：“日云莫矣，寡君须矣，吾子其入也。”宾曰：“君不忘先君之好，施及下臣，贶之以大礼，重之以备乐。如天之福，两君相见，何以代此？下臣不敢。”子反曰：“如天之福，两君相见，无亦唯是一矢以相加遗，焉用乐？寡君须矣，吾子其入也。”宾曰：“若让之以一矢，祸之大者，其何福之为？世之治也，诸侯间于天子之事，则相朝也，于是乎有享宴之礼。享以训共俭，宴以示慈惠。共俭以行礼，而慈惠以布政。政以礼成，民是以息。百官承事，朝而不夕，此公侯之所以扞城其民也。故《诗》曰：‘赳赳武夫，公侯干城。’及其乱也，诸侯贪冒，侵欲不忌，争寻常以尽其民，略其武夫，以为己腹心股肱爪牙。故《诗》曰：‘赳赳武夫，公侯腹心。’天下有道，则公侯能为民干城，而制其腹心。乱则反之。今吾子之言，乱之道也，不可以为法。然吾子，主也，至敢不从？”遂入，卒事。归，

以语范文子。文子曰："无礼，必食言，吾死无日矣夫！"

冬，楚公子罢如晋聘，且莅盟。十二月，晋侯及楚公子罢盟于赤棘。《左传·成公十二年》

发生了什么？就是郤至到楚国践约立盟。楚共王热情地招待他，接见仪式由喜欢搞恶作剧的子反担任相礼的角色，他在地下室悬挂乐器。这不，正当郤至登台晋见之时，突然下面钟鼓齐鸣，不免惊慌地退了出来。子反说："时间不早了，寡君还等着呢，您还是进去吧！"客人说：赐给我的就是这样重大的礼仪，若是两国国君相见又该是怎样的规格呢？子反说：他们相见，只能用箭彼此相赠，哪里还用奏乐？客人说：用箭款待，是祸中之大祸，还有什么福可说？诸侯相见，有享、宴的礼仪。享礼教导恭敬节俭，宴礼表示慈爱恩惠。《诗经》告诉我们，天下安定，公侯借助武夫捍卫百姓；天下动乱，就反过来了，现在你的话就是动乱之道，不能用来作为法则。然而您是主人，岂敢不听？此事结束之后，郤至回晋将该过程告知了范文子。范文子说：不讲礼仪，必将不讲信用而背盟。

这又让范文子说准了：不出三年，楚师即毁盟：

楚将北师，子囊曰："新与晋盟而背之，无乃不可乎？"子反曰："敌利则进，何盟之有？"申叔时老矣，在申，闻之，曰："子反必不免。信以守礼，礼以庇身，信礼之亡，欲免，得乎？"楚子侵郑，及暴隧，遂侵卫，及首止。郑子罕侵楚，取新石。栾武子欲报楚，韩献子曰："无庸，使重其罪，民将叛之。无民，孰战？"(《左传·成公十五年）

子反为相之事体现了他不懂礼节、远离文明的一面，于此则暴露了他无视法则、背信弃义的一面。蛮憨是要付出代价的。第二年即爆发了晋楚鄢陵之战，子反因战败而自杀身亡。

不仅是毁约，即便是不重视也可能导致恶劣的后果。如《左传·隐公七年》载：

> 十二月，陈五父如郑莅盟。壬申，及郑伯盟，歃如忘。洩伯曰："五父必不免，不赖盟矣。"

和郑伯举行盟约仪式的时候，陈国的五父居然于歃血之时心不在焉，多有差错。郑国的执政大臣洩伯就毫不客气地说：五父一定不免于祸，因为他不知道结盟是国家的大事。

也有态度不诚导致盟约失败的。如《左传·定公八年》载：

> 晋师将盟卫侯于鄟泽，赵简子曰："群臣谁敢盟卫君者？"涉佗、成何曰："我能盟之。"卫人请执牛耳。成何曰："卫，吾温、原也，焉得视诸侯？"将歃，涉佗捘卫侯之手，及捥，卫侯怒，王孙贾趋进曰："盟以信礼也。有如卫君，其敢不唯礼是事，而受此盟也？"卫侯欲叛晋，而患诸大夫。王孙贾使次于郊。大夫问故，公以晋诟语之，且曰："寡人辱社稷，其改卜嗣，寡人从焉。"大夫曰："是卫之祸，岂君之过也？"公曰："又有患焉，谓寡人'必以而子与大夫之子为质。'"大夫曰："苟有益也，公子则往，群臣之子敢不皆负羁绁以从？"将行，王孙贾曰："苟卫国有难，工商未尝不为患，使皆行而后可。"公以告大夫，乃皆将行之。行有日，公朝国人，使贾问焉，曰："若卫叛晋，晋五伐我，病何如矣？"皆曰："五伐我，犹可以能战。"贾曰："然则如叛之，病而后质焉，何迟之有？"乃叛晋。晋人请改盟，弗许。

其实此时晋国已有衰败之兆，想再逞当年的辉煌已属不能。然而其属下大臣却未改换其原有的思路，仍想着以强凌弱，结果使自己陷入被动。

更为典型的就是这样的盟约：

> 新城之盟，蔡人不与。晋郤缺以上军、下军伐蔡，曰："君弱，不可以怠。"戊申，入蔡，以城下之盟而还。凡胜国，曰灭之；获大城焉，曰入之。(《左传·文公十六年》)

这就是成语“城下之盟”的出处。这样的盟约肯定是“不平等条约”。

还有，处于夹缝之中的弱国偷偷订立的盟约：

十一月，公及楚公子婴齐、蔡侯、许男、秦右大夫说、宋华元、陈公孙宁、卫孙良夫、郑公子去疾及齐国之大夫盟于蜀。卿不书，匮盟也。于是乎畏晋而窃与楚盟，故曰“匮盟”。(《左传·成公二年》)

看到了种种盟约的签订，也看到了种种盟约的最终失败。这也让我们看到了这种文字语言效用的趋向于零。有声语言，转眼即逝，可以矢口否认。文字出现后，白纸黑字，可以突破时空上的限制，大家以为这种典章性的东西比较牢靠了；且每次盟约，大家为了约束对方，还要加上信誓旦旦或诅咒谴责类的文辞，即所谓的“诅盟”[①]，以保障其信守誓言。如上述成公十二年晋楚订立誓弭兵盟约末了道：“有渝此盟，明神殛之，俾队其师，无克胙国。”类似的盟约大都有这一类的文字。再如襄公十一年，诸侯伐郑国，晋国著名政治家范宣子即在盟书撰写之际强调说：措辞一定要慎重，以保证大家不违约。故盟书上这样的话语也就分外的长：“凡我同盟，毋蕴年，毋壅利，毋保奸，毋留慝，救灾患，恤祸乱，同好恶，奖王室，或间兹命，司慎司盟，名山名川，群神群祀，先王先公，七姓十二国之祖，明神殛之，俾失其民，队命亡氏，踣其国家。”简直将刻薄的话语都写上去了，然而到头来，这些盟约还是一一被遗弃。为什么会是这样？因为大敌当前，自己面临着灭顶之灾的时候，盟约所写的灾祸必然靠后。如《左传·襄公九年》载：

楚子伐郑，子驷将及楚平。子孔、子蟜曰：“与大国盟，口血未干而背之，可乎？”子驷、子展曰：“吾盟固云‘唯强是从’，今楚师至，晋不我救，则楚强矣。盟誓之言，岂敢背之？且要盟无质，神弗临也。

① 如《庄子·齐物论》：“其留如诅盟，其守胜之谓也。”

所临唯信，信者，言之瑞也，善之主也，是故临之。明神不蠲要盟，背之可也。”乃及楚平。

再则是盟约本身的文字总是有漏洞，可以有不同的解说。上述文字里边，说子驷、子展的争辩有些强词夺理，但“唯强是从”这样的措辞本身就是不周严的，是不能写进契约性质的盟约里面的。再如《吕氏春秋·淫辞》载：

空雄之遇，秦、赵相与约曰：“自今以来，秦之所欲为，赵助之；赵之所欲为，秦助之。”居无几何，秦兴兵攻魏，赵欲救之。秦王不说，使人让赵王曰：“约曰‘秦之所欲为，赵助之；赵之所欲为，秦助之’。今秦欲攻魏，而赵因欲救之，此非约也。”赵王以告平原君。平原君以告公孙龙。公孙龙曰：“亦可以发使而让秦王曰：‘赵欲救之，今秦王独不助赵，此非约也。’”

这已经是战国晚期的事情了。其实，比这早多得多的人们已经看到了这类契约的问题。如《左传·桓公十二年》载：

公欲平宋、郑。秋，公及宋公盟于句渎之丘。宋成未可知也，故又会于虚。冬，又会于龟。宋公辞平，故与郑伯盟于武父。遂帅师而伐宋，战焉，宋无信也。君子曰：“苟信不继，盟无益也。《诗》云：‘君子屡盟，乱是用长。’无信也。”

这里引用的是《诗·小雅·巧言》。那个时候的人们已知道，信义已失，应该从中得到教训了，甚至应该怀疑盟约本身。像《左传·宣公十五年》载：“宋及楚平，华元为质。盟曰：‘我无尔诈，尔无我虞。’”然而事到跟前，却表现得一个比一个“尔虞我诈”，愈到后来，甚至诸侯君主与大夫之间、大夫与家臣之间都要用盟约操作，似乎这盟约本身都在经受着无情的嘲弄。愈到后来，这种情况愈显得突出：

公会吴于橐皋，吴子使大宰嚭请寻盟。公不欲，使子贡对曰：

“盟，所以周信也，故心以制之，玉帛以奉之，言以结之，明神以要之。寡君以为苟有盟焉，弗可改也已。若犹可改，日盟何益？今吾子曰‘必寻盟’，若可寻也，亦可寒也。”乃不寻盟。(《左传·哀公十二年》)

季康子使冉有谓之曰：“千乘之国，不信其盟，而信子之言，子何辱焉？”(《左传·哀公十四年》)

“寻盟”即“重盟”，即将原有的盟约再订立。鲁哀公让子贡转述的话实在是看透了盟约的困顿与尴尬。季康子让冉有转述的话也是同样道理。

盟约的困顿，实则体现出人的尴尬，具体通过语言这种显性形式得以反映。看实例：

为归汶阳之田故，诸侯贰于晋。晋人惧，会于蒲，以寻马陵之盟。季文子谓范文子曰：“德则不竞，寻盟何为？”范文子曰：“勤以抚之，宽以待之，坚强以御之，明神以要之，柔服而伐贰，德之次也。”(《左传·成公九年》)

鲁国的季文子和晋国的范文子，都属当时风云人物，都有着卓越的见识眼光，然而他们在讨论要不要重续盟约的时候，虽然有否定有肯定，但其答案却都没能说到点子上。具体盟约都可以转眼抛弃，比较虚灵的“德”又从何谈起？又，像“勤”“宽”“坚强”“明神”“柔服”一类的字眼又能比“德”坐实多少呢？如果像这样两位文武兼备的政治家都以这样的见识眼光来看待盟约，看待解决的办法，像子反那样的人物就更难以言说了！

孔子生活在春秋的中晚期，他也具体参与过盟约签订，看历史的记载：

夏，公会齐侯于祝其，实夹谷，孔丘相。犁弥言于齐侯曰：“孔丘知礼而无勇，若使莱人以兵劫鲁侯，必得志焉。”齐侯从之。孔丘以公退，曰：“士，兵之！两君合好，而裔夷之俘以兵乱之，非齐侯所以命诸侯也。裔不谋夏，夷不乱华，俘不干盟，兵不逼好。于神为不祥，于德为愆义，于人为失礼。君必不然。”齐侯闻之，遽辟之。将盟，齐人加于载书，曰："齐师出竟，而不以甲车三百乘从我者，有如此盟。"孔子使兹无还揖对，曰："而不返我汶阳之田，吾以共命者，亦如之。"(《左传·定公十年》)

有些评论肯定孔子担任鲁国重臣，特别是他作为傧相陪伴鲁侯与齐侯于夹谷的这次会盟，连《孔子家语·相鲁》都记述说："定公与齐侯会于夹谷，孔子摄相事，曰：'臣闻有文事者，必有武备；有武事者，必有文备。古者诸侯出疆，必具官以从，请具左右司马。'定公从之。"一次会盟能够达到这种紧张激烈的程度，它还可能是一次友好的会面并凭此盟约奠定两国之间睦邻友好的关系吗？果不其然，"献酢既毕，齐使莱人以兵鼓噪，劫定公"。关键时刻，孔子挺身而出，斥责对方："吾两君为好，裔夷之俘敢以兵乱之，非齐君所以命诸侯也！"至于对齐国强加于鲁国的不平等条文，他据理力争，提出了返还汶阳之田的对等要求，为鲁挽回了损失，云云，也并不说明什么，只能说他作为一次重大会盟活动中的重要负责官员尽到了自己的职责。但他作为思想家，并没有从他这次经历中以及其他种种类似的事务中汲取到教训性的东西，却是让人不能理解的。特别是公元前480年，卫国父子为君位相争，达至你死我活的地步。这应该说是对孔子一向所主张的礼义仁孝思想的极大讽刺。然而比较诡谲的是：弟子们却在为其师介不介入这次君位之争而担心。这说明孔子对这一事件的态度并不明朗。另一方面，他所喜欢的子路却死于这场混乱中，他还为此伤心流泪，并坚持不再食肉酱。这一历史事件应该说是最真实人性的残酷张扬与暴露，他居然事后没有任何的感慨表述。而离他去世一个世纪后才出生的孟子居然还能得出"人无有不善"的认定，亦为咄咄怪事！失去了所有认识问题的最基本的出发点，致使当时的士人们无论如何也认识不到导致乱局的症结，找不到解决问题的办法，故只能在其泛泛的伦理层面或事务层面做简单的表述。

认识上的问题最宜于在语言上面得到确认。《论语·颜渊》中说：

子贡问政。子曰："足食，足兵，民信之矣。"子贡曰："必不得已而去，于斯三者何先？"曰："去兵。"子贡曰："必不得已而去，于斯二者何先？"曰："去食。自古皆有死，民无信不立。"

孔子于此所表明的是："信"为民本，无信不立，它比生死都还要重要。然而，《论语·子路》中他又说：

言必信，行必果，硁硁然，小人哉！

这句话的意思是：说了的就一定要坚守，行动一定要得到预期的结果，一味地固执信用，也只有浅陋小人才这样吧。

到了孟子，就变成了正面的肯定：

大人者，言不必信，行不必果，惟义所在。(《孟子·离娄下》)

说好的，是灵活掌握；说不好的，无须坚持一定之规。这种观念在孔子那里可以说是完整统一的。比如《论语·里仁》中说：

君子之于天下也，无适也，无莫也，义之与比。

即君子对于天下，既不会认定非这样做不可，也不会认定绝不能那样做。要看的就是：合不合"义"，比照着"义"如此这般做就是了。

上述人们对盟约种种，其实孔子也是这样做的：

孔子适卫，路出于蒲，会公叔氏以蒲叛卫而止之。孔子弟子有公良儒者，为人贤长有勇力，以私车五乘从夫子行，喟然曰："昔吾从夫子遇难于匡，又伐树于宋，今遇困于此，命也夫，与其见夫子仍遇于难，宁我斗死。"挺剑而合众，将与之战。蒲人惧，曰："苟无适卫，吾则出子。"乃盟孔子，而出之东门。孔子遂适卫。子贡曰："盟可负乎？"孔子曰："要我以盟，非义也。"(《孔子家语·困誓》)

盟约，属于契约、法规类的文书，体现为严格的规定性。孔子从政治管理的角度上讲，他赞同刚柔相济，取其中庸。前面我们已论述过，他并不肯定刑法类的刚性力量。再如：

> 仲尼曰："善哉！政宽则民慢，慢则纠之以猛。猛则民残，残则施之以宽。宽以济猛，猛以济宽，政是以和。《诗》曰：'民亦劳止，汔可小康，惠此中国，以绥四方'，施之以宽也。'毋从诡随，以谨无良，式遏寇虐，惨不畏明'，纠之以猛也。'柔远能迩，以定我王'，平之以和也。又曰：'不竞不絿，不刚不柔，布政优优，百禄是遒'，和之至也。"（《左传·昭公二十年》）

这，就是问题症结之所在。

8.1.2　劝谏的是与非

比起盟约来讲，劝谏只能算是社会语言运用中的一个小旁支。人常说：人生不如意事十有八九。又说：人非圣贤，岂能无过？不断地有人帮扶着点儿，分析利弊；而听者能够幡然醒悟，知错能改，对人、对家国，都是非常有益的。故孔子说："良药苦于口而利于病，忠言逆于耳而利于行。汤武以谔谔而昌，桀纣以唯唯而亡。君无争臣，父无争子，兄无争弟，士无争友，无其过者，未之有也。故曰：'君失之，臣得之。父失之，子得之。兄失之，弟得之。已失之，友得之。'是以国无危亡之兆，家无悖乱之恶，父子兄弟无失，而交友无绝也。"（《孔子家语·六本》）然而问题是：忠言逆耳，特别是封建社会里，君臣之间的对话绝对不是平等地位身份的交流，君对臣具有生死予夺的权力；在这种情况下，臣对君的行为言语想有所规劝阻止，所承担的风险是可想而知的。想要达到预定的目的，又能保全身家性命，这便使得劝谏需要一套话语表达的技巧。

犯颜直谏，所付出的代价肯定很大，不免让人心痛：

> 初，鬻拳强谏楚子，楚子弗从，临之以兵，惧而从之。鬻拳曰："吾惧君以兵，罪莫大焉。"遂自刖也。楚人以为大阍，谓之大伯，使其后掌之。君子"鬻拳可谓爱君矣，谏以自纳于刑，刑犹不忘纳君

于善”。(《左传·庄公十九年》)

鬻拳在强谏不从的情况下，便以兵谏，胁迫楚文王听从。鬻拳事后说：这种劝谏方法罪莫大焉。于是自我惩处，将自己的一只脚砍掉。左氏还夸奖说：自己受到惩罚还不忘将君主置于善的位置上。似乎鬻拳仍没有从中汲取教训，甚至来了一次更厉害的：“十九年春，楚子御之，大败于津。还，鬻拳弗纳。遂伐黄，败黄师于踖陵。还，及湫，有疾。夏六月庚申，卒。鬻拳葬诸夕室，亦自杀也，而葬于绖皇。”可能这两件事是前后相连的：楚文王发兵抵御巴军，结果大败。待返回都城时，鬻拳拒绝开城门接纳，楚文王就转而进攻黄国，并取得胜利；回来的途中，病死于湫地。鬻拳把他葬在夕室，然后自己也自杀身亡。这也是一种劝谏，但也达到了极致。左氏没做评论，显然并不赞同。

因为劝谏客观上冒犯了君主的尊严和权威，所以带有极大的危险性，孔子置身其中，颇有感受，故对该现象有着一定的留心关注。比如他讲：

忠臣之谏君，有五义焉：一曰谲谏，二曰戆谏，三曰降谏，四曰直谏，五曰风谏。唯度主而行之，吾从其风谏乎。(《孔子家语·辩政》)

真是在其位，谋其政；不但谋其政，还要有所思有所言有所论，这不，孔子作为有心人，居然对其言语形式还有理论上的分析总结。难得！但显而易见，理论是理论，实施是实施，似乎孔子在实际的应用中似乎并不怎么善于采用这种策略手段。看紧挨着这段论述前的文字记述：

子贡问于孔子曰：“昔者齐君问政于夫子，夫子曰：‘政在节财。’鲁君问政于夫子，子曰：‘政在谕臣。’叶公问政于夫子，夫子曰：‘政在悦近而远来。’三者之问一也，而夫子应之不同，然政在异端乎？”孔子曰：“各因其事也。齐君为国，奢乎台榭，淫于苑囿，五官伎乐，不解于时，一旦而赐人以千乘之家者三，故曰政在节财。鲁君有臣三人，内比周以愚其君，外距诸侯之宾以蔽其明，故曰政在谕臣。夫荆之地广而都狭，民有离心，莫安其居，故曰政在悦近而来远。此三者所以为政殊矣。《诗》云：‘丧乱蔑资，曾不惠我师’，此伤奢侈不节，以为乱者也；又曰：‘匪其止共，惟王之邛。’此伤奸臣蔽主以为乱也；又曰：‘乱离瘼矣，奚其适归。’此伤离散以为乱者也。察此三者，政之所欲，岂同乎哉！”

虽然是“对症下药”，各有针对性地回答政治管理需要注意的事项，然而，统一的一种言语风格可以说是典型的“直谏”。当然，人们也可以说孔子回避了批评指责，只是从正面给予指导需要改过的地方，也算是一种婉曲、一种变通，但表述的方式也过于直露了。

正面的例证更生动，更能说明这一点：

鲁哀公问于孔子曰：“昔者舜冠何冠乎？”孔子不对。公曰：“寡人有问于子而子无言，何也？”对曰：“以君之问不先其大者，故方思所以为对。”公曰：“其大何乎？”孔子曰：“舜之为君也，其政好生而恶杀，其任授贤而替不肖，德若天地而静虚，化若四时而变物，是以四海承风，畅于异类，凤翔麟至，鸟兽驯德，无他也，好生故也，君舍此道而冠冕是问，是以缓对。”(《孔子家语·好生》)

这就更谈不上“风谏”了。

倒是其他人物这方面的应对，可要看作是“风谏”的典型例证了，且效果也突出：

楚王将游荆台，司马子祺谏，王怒之。令尹子西贺于殿下，谏曰：“今荆台之观，不可失也。”王喜拊子西之背曰：“与子共乐之矣。”子西步马十里，引辔而止，曰：“臣愿言有道，王肯听之乎？”王曰：“子其言之。”子西曰：“臣闻为人臣而忠其君者，爵禄不足以赏也；谀其君者，刑罚不足以诛也。夫子祺者，忠臣也；而臣者，谀臣也，愿王赏忠而诛谀焉。”王曰：“我今听司马之谏，是独能禁我耳，若后世游之，何也？”子西曰：“禁后世易耳，大王万岁之后，起山陵于荊台之上，则子孙必不忍游于父祖之墓，以为欢乐也。”王曰：“善。”乃还。孔子闻之曰：“至哉，子西之谏也，入之于十里之上，抑之于百世之后者也。”（《孔子家语·辩政》）

司马子祺是谏，令尹子西也是谏，但谏与谏不同：前者肯定是直谏，后者似乎得将“谏”的意思重新改过了，因为该词的基本义就是“规劝君主或尊长改正错误”，而这是顺从。显然，这里是用了“曲笔”，就是想将两种不同的“谏”区别开来。令尹子西的谏是委婉型的。君主也是人，他要面子。人少了，都不很在意了，心情也平静了，此时再将其要表达的意思说出来就容易接受。

左右其政治舞台的主角往往是君臣。故这种劝谏的言语艺术成了一大特色，成功的例子也特别多。再如：

梗阳人有狱，将不胜，请纳赂于魏献子，献子将许之。阎没谓叔宽曰：“与子谏乎！吾主以不贿闻于诸侯，今以梗阳之贿殃之，不可。”二人朝，而不退。献子将食，问谁于庭，曰：“阎明、叔褒在。”召之，使佐食。比已食，三叹。既饱，献子问焉，曰：“人有言曰：唯食可以忘忧。吾子一食之间而三叹，何也？”同辞对曰：“吾小人也，贪。馈之始至，惧其不足，故叹。中食而自咎也，曰：岂主之食而有不足？是以再叹。主之既已食，愿以小人之腹，为君子之心，属厌而已，是以三叹。”献子曰：“善。”乃辞梗阳人。（《国语·晋语》）

这是典型的以小喻大，责己明人。

韩氏城新城，期十五日而成。段乔为司空。有一县后二日，段乔执其吏而囚之。囚者之子走告封人子高曰：“唯先生能活臣父之死，愿委之先生。”封人子高曰：“诺。”乃见段乔，自扶而上城。封人子高左右望曰：“美哉城乎！一大功矣。子必有厚赏矣。自古及今，功若此其大也，而能无有罪戮者，未尝有也。”封人子高出，段乔使人夜解其吏之束缚也而出之。故曰封人子高为之言也，而匿己之为而为也；段乔听而行之也，匿己之行而行也。说之行若此其精也。封人子高可谓善说矣。（《吕氏春秋·开春》）

封人子高真的善说，多个方面的关系全都照顾到了，且还使得段乔也为此事弥补了可能造成的缺憾，可以说成就了新城工程的圆满。

《晏子春秋》从相当程度可以说是劝谏事例的典范之作。其中除了像《庄公不用晏子晏子致邑而退后有崔氏之祸》《崔庆劫齐将军大夫盟晏子不与》等少数篇章为记载历史事件外，其他的绝大多数都是晏子劝谏齐国国君或出使他国应对话语的记录。晏子（公元前578—前500），为齐国大夫，历任齐灵公、庄公、景公三朝，辅政长达50余年，以有政治远见、外交才能和作风朴素闻名诸侯。晏婴聪颖机智，能言善辩。内辅国政，外结同盟，最大限度地维护了齐国的安定与声誉。那么多有关晏子的实录，应该说就是古代“劝谏学”的绝佳范例。可以看到的一种鲜明特色就是，晏子的劝谏方法多种多样。

晏子很多时候采取的都是直谏。如：

景公禄晏子以平阴与棠邑，反市者十一社。晏子辞曰：“吾君好治宫室，民之力弊矣；又好盘游玩好，以饬女子，民之财竭矣；又好兴师，民之死近矣。弊其力，竭其财，近其死，下之疾其上甚矣！此婴之所为不敢受也。”（《晏子春秋·内篇杂下》）

这里晏子对于君主的批评直接且严厉。此时晏子已德高望重，与景公虽为君臣，然则彼此了解，深为默契，故这种批评，晏子说得出，景公也承受得起。

晏子饮景公酒，日暮，公呼具火，晏子辞曰：“《诗》云：‘侧弁之俄’，言失德也。‘屡舞傞傞’，言失容也。‘既醉以酒，既饱以德’，‘既醉而出，并受其福’，宾主之礼也。‘醉而不出，是谓伐德’，宾之罪也。婴已卜其日，未卜其夜。”公曰：“善。”举酒祭之，再拜而出。曰：“岂过我哉，吾托国于晏子也。以其家货养寡人，不欲其淫侈也，而况与寡人谋国乎！”（《晏子春秋·内篇杂上》）

引经据典，以才学赢人。这就不那么直了，且与特定的情景相吻合。景公也豁达。

景公游于纪，得金壶，乃发视之，中有丹书，曰：“食鱼无反，勿乘驽马。”公曰：“善哉！知苦言，食鱼无反，则恶其鳏也；勿乘驽马，恶其取道不远也。”晏子对曰：“不然。食鱼无反，毋尽民力乎！勿乘驽马，则无置不肖于侧乎！”公曰：“纪有书，何以亡也？”晏子对曰：“有以亡也。婴闻之，君子有道，悬之闾。纪有此言，注之壶，不亡何待乎！”（《晏子春秋·内篇杂上》）

各以自己的意趣而解释同样的文字。这也算是训诂中的一种心理特征。

晏子是位语言大师，对语言的感悟力非一般人所能比。其特异能力就在于：他能将其对其语言文字的解释与社会生活现实紧密联系起来，于是更显得入情入理，丝丝入扣，不由得人不信服。类似的情况很多，再看一例：

景公至自畋，晏子侍于遄台，梁丘据造焉。公曰：“维据与我和夫！”晏子对曰：“据亦同也，焉得为和。”公曰：“和与同异乎？”

对曰：“异。和如羹焉，水火醯醢盐梅，以烹鱼肉，燀之以薪，宰夫和之，齐之以味，济其不及；以洩其过，君子食之，以平其心。君臣亦然。君所谓可，而有否焉，臣献其否，以成其可；君所谓否，而有可焉，臣献其可，以去其否。是以政平而不干，民无争心。故《诗》曰：‘亦有和羹，既戒且平；奏鬷无言，时靡有争。’先王之济五味，和五声也，以平其心，成其政也。声亦如味：一气，二体，三类，四物，五声，六律，七音，八风，九歌，以相成也；清浊，大小，短长，疾徐，哀乐，刚柔，迟速，高下，出入，周流，以相济也。君子听之，以平其心，心平德和。故《诗》曰：‘德音不瑕。’今据不然，君所谓可，据亦曰可；君所谓否，据亦曰否。若以水济水，谁能食之？若琴瑟之专一，谁能听之？同之不可也如是。”公曰：“善。”（《晏子春秋·外篇》）

这既是典型的语言学分析，又是社会语言学分析，综合起来又特透现出醇厚的哲理意味。即便是放在现今，能达到这种体悟境界的也不多。

特别是有关他出使别国与诸侯君主们的斗智斗勇，言语上的唇枪舌剑，高超的语用技巧，在上述法家章节里已有介绍。这里不再赘述。

再举一例综合运用的：

景公饮酒酣，曰：“今日愿与诸大夫为乐饮，请无为礼。”晏子蹴然改容曰：“君之言过矣！群臣固欲君之无礼也。力多足以胜其长，勇多足以弑君，而礼不使也。禽兽以力为政，强者犯弱，故日易主，今君去礼，则是禽兽也。群臣以力为政，强者犯弱，而日易主，君将安立矣！凡人之所以贵于禽兽者，以有礼也；故《诗》曰：‘人而无礼，胡不遄死。’礼不可无也。”公湎而不听。少间，公出，晏子不起，公入，不起；交举则先饮。公怒，色变，抑手疾视曰：“向者夫子之教寡人无礼之不可也，寡人出入不起，交举则先饮，礼也？”晏子避席再拜稽首而请曰：“婴敢与君言而忘之乎？臣以致无礼之实也。君若欲无礼，此是已！”公曰：“若是，孤之罪也。夫子就席，寡人闻命矣。”觞三行，遂罢酒。盖是后也，饬法修礼以治国政，而百姓肃也。（《内篇谏上》）

这可以说是多种方式手段一块儿来，有直谏：“君之言过矣！”还有一大堆的展开性论证。即便如此，景公还是不同意，甚至还转过脸不再理他。在这种情况下，晏子就改变了劝谏的策略：以无礼应对之。景公果然大怒，抑手疾视斥责说：你过去一向劝教我说无礼不可，现时你的举动体现的礼呢？这正中下怀！于是，晏子礼仪周全地避席叩头言道：何曾敢忘？但臣刚才的举止，您若想的无礼，不一样吗？景公此时也就醒悟过来了，爽快地承认了是自己的错误；不但很快终止了这场宴席，且于国政也修礼以治，百姓肃然。

其实，反复多次的劝谏阻止，何曾能改变一个君主的德行以至整个社会大势？这个景公，正是孔子向他宣讲“君君，臣臣，父父，子子”那套礼制规则的那位，他也曾听后喜形于色，止不住地称赞道：“善哉！信如君不君，臣不臣，父不父，子不子，虽有粟，吾得而食诸？”（《论语·颜渊》）然而在礼崩乐坏、权力下移的大势下，他既不可能抑制其私欲，也不可能改变强臣威勒之大势。所以，嗣后不久就发生了田陈代姜的历史演变，亦属必然。这种大趋势，可以说同时代头脑最清醒、见识最明白的，就是子产、叔向和晏子三位。其中晏子最具有代表性：《晏子春秋》中的《内篇问下》，有多篇记载的是同一件事，即“晏子聘于晋，叔向从之宴，相与语”。晏子使晋。叔向与之神交已久，道相同，遂相为谋。两位讨论的话题可以说是最切合时弊的大问题。果然，两位心照不宣，都认为他们所处的时代是“季世矣”，其颓势已不可挽救。在这种情况下，作为社会良知的他们该何去何从？

下面的对话可以说是他们真诚交流、掏心窝子的话：

> 晏子曰：“然则子将若何？”叔向曰：“人事毕矣，待天而已矣！晋之公族尽矣。”
>
> 叔向问晏子曰：“齐国之德衰矣，今子何若？”晏子对曰：“婴闻事明君者，竭心力以没其身，行不逮则退，不以诬持禄；事惰君者，优游其身以没其世，力不能则去，不以谀持危。且婴闻君子之事君也，进不失忠，退不失行。不苟合以隐忠，可谓不失忠；不持利以伤廉，可谓不失行。”叔向曰：“善哉！《诗》有之曰：‘进退维谷。’其此之

谓欤！”

晏子曰：“及夫大贤，则徒处与有事无择也，随时宜者也。”

叔向问晏子曰：“世乱不遵道，上辟不用义；正行则民遗，曲行则道废。正行而遗民乎？与持民而遗道乎？此二者之于行何如？”晏子对曰：“婴闻之，卑而不失尊，曲而不失正者，以民为本也。苟持民矣，安有遗道！苟遗民矣，安有正行焉！”

叔向问晏子曰：“意孰为高？行孰为厚？”对曰：“意莫高于爱民，行莫厚于乐民。”

叔向问晏子曰：“人何以则可谓保其身？”晏子对曰：“《诗》曰：‘既明且哲，以保其身，夙夜匪懈，以事一人。’不庶几，不要幸，先其难乎而后幸，得之时其所也，失之非其罪也，可谓保其身矣。”

两位智者，对待其大局可以说是洞若观火，无可挽救。一致的看法就是：待天而已；随时宜者。对此，叔向相对比较消极，提出了两难状态、悖论二题：上不遵道，下不正行。在此情况下，选道则失民，持民则失道。怎么办？晏子对此却仍没失去必要的信心，高昂地宣称：“以民为本”！道与民并不形成对立。在此观念上，子产与晏子是一致的。子产同样是决绝地宣称：“何害？苟利社稷，死生以之。”（《左传·昭公四年》）在此基础上，晏子进一步地引申说：他所追求的最高境界就是“意莫高于爱民，行莫厚于乐民”。晏子的这种思想观念也是与他一贯的生活方式与行为追求相吻合的：一再辞去君主赏赐，一直保持着低调简朴的生活水准，且随时都能济贫扶弱，同情最下层的民众。他也确确实实从崇高的民望中几次得到救助，转危为安。他之所以不太喜欢孔子甚至儒家，就是因为他觉得他们浮华而不务实。但毕竟是身处乱世，就是像叔向、晏子这样的重臣，对时局能够起到影响作用的人物也没有安全感，在这强权张扬涌动的社会大潮中都难以把握自己的命运。作为心意契合的同道，叔向末了问到了如何保全自己身家性命的问题。晏子也同样不能未卜先知，只能就其所感所知推心置腹地表示：要扎实，不要侥幸；要多经历难事，然而能灵活应对；要有很好的心理状态，得之由人失之非己，就可以了。从这种意义上，晏子除了处理庄公被弑表现出的愚忠让人稍有遗憾外，也可以称为真正的圣人。

之所以这样说，就在于上述叔向、晏子的对话，即便是没有现时人们所谓的穿越，但历史并非那样容易割断，他们在那时心底深处的忧虑所做出的深沉思考，足以让我们肝肠俱热：他们感慨于世风之日下，民生之水深火热，却不能有所阻止，想求得洁身自好都颇为不易，很易于对后世的人们产生强烈的共鸣！但与此同时，如若不在此基础上更进一步追问的话，时光的流逝不等于白白地浪费了吗？历史的车轮不等于白白地空转了吗？事实上，即便是一心为民的晏子他自始至终是否都没想到这样的问题：自己站的地位角度是不是有些许差错？民是谁？人类是一个整体，每个个体都是思想行为的主体。其个体都应该具有类推性质。在这个群体里边进行民与非民的切割，对否？

尽管如此，我们并不怀疑晏子的古道热肠、侠肝义胆。看他劝谏的出发点：

> 曾子问晏子曰："古者尝有上不谏上，下不顾民，退处山谷，以成行义者也？"晏子对曰："察其身无能也，而托乎不欲谏上，谓之诞意也。上昏乱，德义不行，而邪辟朋党，贤人不用，士亦不易其行，而从邪以求进。故有隐有不隐，其行法士也。乃夫议上，则不取也。夫上不谏上，下不顾民，退处山谷，婴不识其何以为成行义者也。"（《内篇问下》）

晏子对消极避世是持否定态度的。这里的问话与叔向的悖论有类似之处，但其方式却不一样，有针对性，用现代的话来讲，即第三条道路，相当于庄子所采取的策略。晏子这里认为这并非行义。晏子也看到了这种人的大量存在，故对其现象的描述也相当到位。所以，在劝谏方面，晏子履行了自己的职责，最大可能地延续了所在齐国的国家利益，延缓它的衰败过程。他的正义为民精神是真挚的，其言语的出色运用当为世范。然而，以他的卓越才华却面对“季世”的无能为力，不能不说是一个深刻的教训。

8.2 言语运用的本体分析

言为心声。语言使用的本身显然为思想认识的一种轨迹与途径。语言肯定不等同于思想，正像劳动工具不等同于劳动成果一样。但劳动工具上面所蕴含的价值甚至比实际的成果还大：因为它是劳动效率的标记，是劳动方式的直接印证物；而它的产品却被人们早就消耗掉了。思想无论你是想明确表达也好，想遮蔽也好，都有其对应的表达方式；我可以不知道你的思想，但其遮蔽的方式手段你却无论如何遮蔽不了。

孔子说：“工欲善其事，必先利其器。”（《论语·卫灵公》）但正像我们曾分析过的：孔子的话语往往能从正方表达的同时，很快找到反方的另一种表达。循着这种思路，我们确实就能很自然地找到它的对应性相反表述：“君子不器。”（《论语·为政》）当然，虽然都是“器”，可能孔子在其中注入的内涵并不完全相同。但如果深入探究的话，还是能够追寻出它们之间的相通之处的。上面我们说到了，体现着社会良知的人们何曾不孜孜以求？然而，他们面对着礼崩乐坏的颓势，居然都显得无可奈何。孔子是孤军奋战，到头来看到道不行，已经做了“乘桴浮于海”的打算。子产、叔向、晏子三位贤人也显得无能为力。盟约，应该说是对军国大事最有约束力的一种手段，在相当程度上能够遏制以强凌弱兼并战争的行动，平衡各诸侯国之间的关系；然而，当这种强有力的方式没有对所有问题的起点，即对人来自动物界的本能的追问，并进行框限的情况下，其他的具体操作，即便是多少诸侯参与的契约盟示，上面附注有怎样文辞激烈的发誓诅咒，都不可能阻止欲望的膨胀，最后只能演绎为对生命的漠视，对残酷杀戮之承受。劝谏，应该说是最没办法之办法，即便成功也只能够解决于一时，且还多表现为特定的事务，仅仅属于拾漏补缺性质，丝毫无关乎整个社会之大势与进程。尽管晏子们将此当作唯一选择，并信誓旦旦，我们也并不否认其心之真诚，确实是为国为民，但于事情的根本性质无补，这种勉力挽之究竟又能体现出怎样的价值？实际上所有这一切，往往与士人们对于器的不关注紧密相关：对于认识问题的方法有所缺失，直接体现为语言上的论证不周严。对器的认识有差错，又最不容易觉察，这才是问题的关键。

8.2.1 婉曲性的表达

我们古人的思想往往建立在感觉参悟的基础上。看下面的记载：

> 孔子观周，遂入太祖后稷之庙，庙堂右阶之前，有金人焉，三缄其口，而铭其背曰："古之慎言人也，戒之哉。无多言，多言多败；无多事，多事多患。安乐必戒，无所行悔。勿谓何伤，其祸将长；勿谓何害，其祸将大；勿谓不闻，神将伺人。焰焰不灭，炎炎若何？涓涓不壅，终为江河；绵绵不绝，或成网罗。毫末不札，将寻斧柯。诚能慎之，福之根也。口是何伤，祸之门也。强梁者不得其死，好胜者必遇其敌；盗憎主人，民怨其上。君子知天下之不可上也，故下之；知众人之不可先也，故后之。温恭慎德，使人慕之；执雌持下，人莫逾之。人皆趋彼，我独守此；人皆或之，我独不徙。内藏我智，不示人技；我虽尊高，人弗我害，谁能于此。江海虽左，长于百川，以其卑也；天道无亲，而能下人。戒之哉！"孔子既读斯文也，顾谓弟子曰："小人识之，此言实而中，情而信。《诗》曰：'战战兢兢，如临深渊，如履薄冰。'行身如此，岂以口过患哉？"（《孔子家语·观周》）

这一段记载所表达的思想有所寄托，即中国人的认知方式，既看重言，又特别畏惧。在这两者之间，又以对语言表意的不信任为主导。这里强调的主题就是不言，口为祸门。这种带有一定神秘感的金人符号，既是创作者自己的意象，也是孔子所有的观念，所以能够产生强烈的共鸣。

那么表现在语言上，就是小心翼翼，尽可能不把话说死，也就是说得不那么清楚明白。我们来看孔子对人的评价。除了人所共知的，孔子一向都是婉曲着进行评点。同样，他对这样的评点也是深契于心，非常赞赏。如：

> 孔子问漆雕凭曰："子事臧文仲、武仲及孺子容，此三大夫孰贤？"对曰："臧氏家有守龟焉，名曰蔡，文仲三年而为一兆，武仲三年而为二兆，孺子容三年而为三兆，凭从此之见，若问三人之贤与不贤，所未敢识也。"孔子曰："君子哉漆雕氏之子，其言人之美也，隐而显；言人之过也，微而著。智而不能及，明而不能见，孰克如此？"(《孔子家语·好生》)

这样的话我们似乎在其他地方能找到类似的反响呼应。那就是《左传·成公十四年》中的文字："《春秋》之称，微而显，志而晦，婉而成章，尽而不污，惩恶而劝善。非圣人谁能修之？"如果没有参照，看这样的一段话，要想明白其意，简直是一头雾水。《论证·公冶长》有载："子曰：'臧文仲居蔡，山节藻棁，何如其知也？'"山节，刻成山形的斗拱；藻棁，画有藻文的梁上短柱。到这一步，是不是越发糊涂？

还是同一个孔子，评价还是同样的对象，《孔子家语·颜回》中的话语显然就清晰明白多了：

> 颜回问于孔子曰："臧文仲、武仲孰贤？"孔子曰："武仲贤哉。"颜回曰："武仲世称圣人而身不免于罪，是智不足称也；好言兵讨，而挫锐于邾，是智不足名也。夫文仲其身虽殁，而言不朽，恶有未贤？"孔子曰："身殁言立，所以为文仲也。然犹有不仁者三，不智者三，是则不及武仲也。"回曰："可得闻乎？"孔子曰："下展禽，置六关，妾

织蒲，三不仁；设虚器，从逆祀，祠海鸟，三不智。武仲在齐，齐将有祸，不受其田，以避其难，是智之难也。夫臧文仲之智而不容于鲁，抑有由焉，作而不顺，施而不恕也夫。《夏书》曰：'念兹在兹，顺事恕施。'"

我们再回到开头看孔子问漆雕凭的话。漆雕氏，有人认为他是孔子的学生，这漆雕凭可能他对孔子的思想、喜好等多有了解；同时他一家还一直有做臧氏家臣的身份。故他的回答就需要做到八面玲珑：他只是举例说明，明确的结论直接回避了。因为孔子对神鬼一类的事情并不真正信服，故对占卜处于一种可有可无甚至持否定的地位。那么，利用神龟占卜次数的多少也就反映出他们不同的依赖度，由此也可见他们不同的处事能力与自信心。《论语・公冶长》中对臧文仲的评价显然采取的方式有异曲同工之妙：臧家建筑有那样的规模和装饰，怎么能称其为智呢？其真实的意旨也给隐含起来了，即有逾规制之嫌。《颜回》中同样的话语变作孔子回答了，却是截然不同的风格。大概隐晦的表达连孔子都觉得有些累了。事实上就是有这样的问题：上古汉语以单音节词为主，表意本来就不够准确清晰；如果再加之曲折婉转的表现手法，看似聪明灵巧，实则无助于对于准确干练语言方式的陶铸与培植。特别是有价值观的干预，如《庄子・天下》中的认定："为尊者讳，为亲者讳，为贤者讳。"语言也必然失去它应有的职能与面目。与此同时，这种表现方式于艺术情感的表达来讲，却又是需要的，甚至还是必要的。厨川白村在《苦闷的象征》一书中曾引用波特莱尔的散文诗《窗户》："从一个开着的窗户看进去，决不如一个关着的窗户见的事情多。再没有东西更深邃，更神秘，更丰富，更阴晦，更眩惑，胜于一支蜡烛所照的窗户了。"进而做出他对于艺术鉴赏的理解说："烛光照着的关闭的窗是作品。"海德格尔也说："语言在本质上并非有机体的吐嘱，也非生物的告白。不能根据语言的符号特征，甚至或许不能根据语言的含义特征，来思语言的本质。语言是在本身既澄明着又隐蔽着的到来。”[①] 所谓“隐蔽着的到来”，肯定是指艺术语言来讲的。人类语言于社会的需要来讲，愈往后来，愈来显示出向两极的发展之趋向：一个是追求准确严谨，一个是追求朦胧含蓄。问题是不能将这两个方面给混同了：或把艺术当真实，或把真实当艺术。

问题最不好处理的就是谦虚表达。客观信息与主观情感的信息两个方面呈相互消长的关系、反比的关系；表现形式上的显隐与信息内容的侧重亦呈对应性。如：

> 秋，宋大水。公使吊焉，曰：“天作淫雨，害于粢盛，若之何不吊？”对曰：“孤实不敬，天降之灾，又以为君忧，拜命之辱。”臧文仲曰：“宋其兴乎。禹、汤罪己，其兴也悖焉，桀、纣罪人，其亡也忽焉。且列国有凶，称孤，礼也。言惧而名礼，其庶乎。”既而闻之曰公子御说之辞也。臧孙达曰：“是宜为君，有恤民之心。”（《左传·庄公十一年》）

在宋国遭遇水灾的情况下，鲁国向对方表示诚挚的慰问。而宋国的回应则是谦谦责己，使得鲁国当政大臣臧文仲深为感动，不禁发表一番感慨。里面的用语即为其后广为人们所引用的“其兴也勃焉，其亡也忽焉”的渊源出处。后来得知其答词为宋国公子御说应酬的，连臧文仲的祖父也肯定说：有恤民之心，宜为君主。双方都礼让有加，这倒成为主要的信息。

但是，谦虚过度，也会形成另外的作用效果。还是齐、鲁两国后来的事情：

> 鲁昭公弃国走齐，齐公问焉，曰：“君何年之少，而弃国之蚤？奚

① ［德］海德格尔：《人，诗意地安居》，郜元宝译，广西师范大学出版社 2000 年版，第 54—55 页。

道至于此乎？”昭公对曰：“吾少之时，人多爱我者，吾体不能亲；人多谏我者，吾志不能用；好则内无拂而外无辅，辅拂无一人，谄谀我者甚众。譬之犹秋蓬也，孤其根而美枝叶，秋风一至，根且拔矣。”景公辨其言，以语晏子，曰：“使是人反其国，岂不为古之贤君乎？”

晏子对曰：“不然。夫愚者多悔，不肖者自贤，溺者不问坠，迷者不问路。溺而后问坠，迷而后问路，譬之犹临难而遽铸兵，噎而遽掘井，虽速亦无及已。”（《晏子春秋·杂上》）

像鲁昭公的自责，这里边包含有不同的信息理解：齐景公认为他能够从失败中汲取教训。而晏子则认为“愚者多悔”：处在君主的位置上，具有决定意义的事件往往只有一次，不是后悔所能补救的。

8.2.2 感悟性的表达

所谓感悟性的表达，多为从自己的感知出发来知人论世。看《孔子家语·颜回》记述：

孔子曰：“言人之恶，非所以美己；言人之枉，非所以正己。”故君子攻其恶，无攻人恶。

颜回谓子贡曰：“吾闻诸夫子，身不用礼，而望礼于人，身不用德，而望德于人，乱也。夫子之言，不可不思也。”

孔子的忠恕观念，其出发点是一种内在感受性的心理现象：身感心受；人同此心，心同此理。由生理甘苦的共同感知推及社会好恶的价值判断，故《礼记·乐记》云：

人生而静，天之性也。感于物而动，性之欲也。物至知知，然后好恶形焉。好恶无节于内，知诱于外，不能反躬，天理灭矣。夫物之感人无穷，而人之好恶无节，则是物至而人化物也。人化物也者，灭天理而穷人欲者也。于是有悖逆诈伪之心，有淫泆作乱之事。

这一段论述看起来是颇有些唯物的朦胧意识基础，然而其推论充满了唯心的想当然：哪儿来的“生而静”天性？纯粹是映衬了其后的“感于物而动”作出的臆想认定。然而，从生物进化的角度讲，动物的生命存在往往只具有两大价值功能：一是求食求生，二是传宗接代。而人，作为顶端级的生物形式，它还有其他动物所没有的意识自觉。在人的“尊重需求和自我实现需求”这两个高级别层次上边，分明体现着人的社会性和语言性两个方面的显著特征：好的正面的是荣誉感。如对自然事物的好奇与认知，对一切生命形式的关爱等。不好的方面则是权力欲：对生命的漠视或高居他人之上的快感。所以，《礼记》中的话看起来似乎很高妙神圣一样，实际上充斥着廓落无当的意念构拟，对语言本质属性是一种全然的背离：人类走向语言世界，开始肯定是不自觉的；但指称以后，会使最初的人们有一种纠结缠绕的三维立体的事物现象从此分离开来，并变得清晰的感觉。随着时间的推移，语言逐渐地成了人们可以比较完整地表达所有对象关系的符号系统，也使得我们的思维从此有了条理化的认识机制。即便是有类的抽象，也都需要有基本范畴层次的词语为依托，为根据；否则，只能说是意识观念里出现了鬼魅性的东西：用主观生造的词语让其控制思想。上面《礼记》中的话语就是这方面的绝好例证：如果开始的认定我们还不觉得有什么不得了的话，因为“天之性”还仅仅是一种泛泛的表述，它不是词，也难以成为特定的指称，所以我们不会有什么逆反或抵触心理。然而，只要是我们接受了这一个，那么好吧，它接下来依照着人们的基本心理，说到了人们对生理需求的体验，如同孟子所说：“口之于味也，有同耆焉；耳之于声也，有同听焉；目之于色也，有同美焉”，这人们也感同身受。但由此推论说：内部的好恶欲望没有节制，外部诱惑又源源不断，无穷无尽，这种情况下，就出现了“天理”与“人欲”的对立。如果不做思考的话，我们很自然跟着作者的推延思路走，并将这种思想接受下来。如果我们稍稍中断作者推延的进程，就会觉得有奇怪的事情发生：哪儿来的“天理”？这“天理”是个什么东西？这跟前面的“天之性”“性之欲”沾点边，但又接续不上。无端地创造一个新词，又没有给人们提供可以真切把握的实质内涵，仅仅当作一个现象行为的对立面而存在，就很容易将其虚玄的主观臆造的东西置入其中了。无根无据，极容易形成语言之中鬼魅，引导人们陷入误区。

其实在此基础上，孟子是做过进一步的类比推证的：“至于心，独无所同然乎？心之所同然者何也？谓理也，义也。圣人先得我心之所同然耳。故理义之悦我心，犹刍豢之悦我口。”（《孟子·告子上》）这种推证本身是没有差错的，“于我心有戚戚焉”。问题在于这“理义”怎么看？这倒是与上述的“天理”似乎接近了。理有大小，义有高低。一如墨子所云：“其人数兹众，其所谓义者亦兹众。是以人是其义，而非人之义，故交相非也。”（《尚同中》）也一如庄子所描述的现象：“将为胠箧、探囊、发匮之盗而为守备，则必摄缄縢，固扃鐍，此世俗之所谓知也。然而巨盗至，则负匮、揭箧、担囊而趋，唯恐缄縢、扃鐍之不固也。然则向之所谓知者，不乃为大盗积者也？故尝试论之，世俗之所谓知者，有不为大盗积者乎？所谓圣者，有不为大盗守者乎？何以知其然邪？昔者齐国，邻邑相望，鸡狗之音相闻，罔罟之所布，耒耨之所刺，方二千余里。阖四竟之内，所以立宗庙社稷，治邑屋州闾乡曲者，曷尝不法圣人哉？然而田成子一旦杀齐君而盗其国，所盗者岂独其国邪？并与其圣知之法而盗之。故田成子有乎盗贼之名，而身处尧、舜之安；小国不敢非，大国不敢诛，十二世有齐国。则是不乃窃齐国，并与其圣知之法，以守其盗贼之身乎？”庄子于此所得出的“窃钩者诛，窃国者为诸侯，诸侯之门而仁义存焉。”（《胠箧》）跟墨子于《非攻》中所举现象非常类似，与其结论“今小为非，则知而非之。大为非攻国，则不知而非，从而誉之，谓之义。此可谓知义与不义之辩乎？”也完全一样。这也就体现了先秦诸子在认识问题现象的时候一种普遍性的特点：大家都知道具体的差错是非，人心是称，容易判断；一旦到了“形而上”的层次，即“本”，就不容易辨别。问题是：他们责问别人的时候，自己也陷入到了无解的状态。关键是他们也多停留于感悟的层面，不能追溯到造成这种悖论的终极根源。于是只好根据感觉定性，根据感悟来寻找解决问题的办法。即如孟子本人所曾面临的判断一样：“齐宣王问曰：‘汤放桀，武王伐纣，有诸？’孟子对曰：‘于传有之。’曰：‘臣弑其君，可乎？’曰：‘贼仁者谓之贼，贼义者谓之残，残贼之人谓之一夫。闻诛一夫纣矣，未闻弑君也。’”显然就有一个不同的认识角度问题，其结论便迥然相异。即便是同一个人，就是孟子本人，不同时的表述，其预设不也多不相同吗？如《离娄下》：“储子曰：‘王使人瞯夫子，果有以异于人乎？’孟子曰：‘何以异于人哉？尧、舜与人同耳。’”然而《滕文公上》：“孟子道性善，言必称尧、舜。”他的周游比孔子可是阔气多了，连他的学生似乎都有点于心不安，如《滕文公下》载：“彭更问曰：‘后车数十乘，从者数百人，以传食于诸侯，不以泰乎？’”他辩解道：“非其道，则一箪食不可受于人；如其道，则舜受尧之天下，不以为泰，子以为泰乎？”然则彭更仍坚持说：“否。士无事而食，不可也。”认为他的学说廓落无当。还有他的另一个学生公孙丑，《尽心下》里边记载，他曾真诚地劝导老师说：“道则高矣，美矣，宜若登天然，似不可及也。何不使彼为可几及而日孳孳也？”他仍折辩说：“大匠不为拙工改废绳墨，羿不为拙射变其彀率。君子引而不发，跃如也。中道而立，能者从之。”是的，如果说春秋时期孔子已经认识到他所极力推行的“道”已变得不可能的话，战国时期的孟子仍固执地坚守，不免让人想象到，似乎有点雷同堂吉诃德大战风车般的滑稽。

8.2.3 形象性的表达

在论述孔子的语言哲学思想时，我们曾指出了他的一个重要观点，即“立象以尽意”。其实在他之前以及在他之后，整个的民族文化酝酿奠定时期，都是将形象性的表达自觉不自觉地当作了语言思维方式加以充分地发挥并给予肯定的。《周易》中的卦爻,《诗经》中的"比兴",无一不是形象展示的绝佳范例。正因为如此,孔子都给予了充分的赞赏,整个《系辞》上、下,所论述的中心观念就是:象为沟通语言形式与语言意义间的最佳桥梁。对于《诗经》中的重要表现手法,他也曾比较沉静地论述说:

> 小辩害义,小言破道。《关雎》兴于鸟而君子美之,取其雄雌之有别;《鹿鸣》兴于兽,而君子大之,取其得食而相呼。若以鸟兽之名嫌之,固不可行也。(《孔子家语·好生》)

为了强调形象性重要,孔子似乎是刻意地反对语言的论辩,并将精细的分析、推理性的论证看作是既害义又破道的恶劣的表现手法。他的语言上的这种观念体现得特别明确,一如在治国理政上他所坚持的那样:"道之以政,齐之以刑,民免而无耻;道之以德,齐之以礼,有耻且格。"(《论语·为政》)为什么?他是不会回答的,因为他是反对论证的。他认为:"循弦以观于乐,足以辨风矣;尔雅以观于古,足以辨言矣。"由近观古,由雅辨方,已经是蛮够了。加之"传言以象,反舌皆至,可谓简矣。"在孔子的心目中,这"象"简易明了,形象灵动,具有通语的性质,就连不同语言、不同方言的人们都可以看懂,进行交际,远者来,近者亲,何乐而不为?所以崇尚简、形象,就成了孔子心目当中的语言哲学中的核心理念。

当然,这也是士阶层的普遍思维方式。看《晏子春秋·内篇问下》中的一段对话:

> 景公问晏子曰:"廉政而长久,其行何也?"
>
> 晏子对曰:"其行水也。美哉水乎清清,其浊无不雩途,其清无不洒除,是以长久也。"
>
> 公曰:"廉政而速亡,其行何也?"
>
> 对曰:"其行石也。坚哉石乎落落,视之则坚,循之则坚,内外皆坚,无以为久,是以遬亡也。"

尽管在处事态度上晏子与孔子大不一样，然而在认识方式却惊人的一致。像这样的有关国家长治久安的话题，居然也是用比喻象征的手法来进行回答，也真让人惊异不已！这似乎与晏子一贯的个性、言语风格不符，但似乎也说明了这种表达方式影响至深，让人不知不觉当中的跟从。对“水”一致的看法何止是他们，《道德经》不也备加推崇，如：

上善若水，水善利万物而不争，处众人之所恶，故几于道。居善地，心善渊，与善仁，言善信，政善治，事善能，动善时。

《管子·水地》篇也有类似于孔子那样的对“水”的喻比，也是极尽赞美：

水者，地之血气，如筋脉之通流也。故曰：水，具材也。何以知其然也？曰：夫水，淖弱以清，而好洒人之恶，仁也；视之黑而白，精也；量之不可使概，至满而止，正也；唯无不流，至平而止，义也；人皆赴高，已独赴下，卑也。卑也者，道之室、王者之器也，而水以为都居。……故曰水者何也，万物之本原也。

《孙子兵法·虚实》篇也以“水”为喻：

夫兵形象水，水之形，避高而趋下，兵之形，避实而击虚。水因地而制流，兵因敌而制胜。故兵无常势，水无常形，能因敌变化而取胜者，谓之神。

《尸子·佚文》中也说：

水有四德。沐浴群生，通流万物，仁也；扬清激浊，荡去滓秽，义也；柔而难犯，弱而难胜，勇也；导江疏河，恶盈流谦，知也。

孔子之所以“见大水必观焉”，就在于它能“比德”，多方适应，充盈发展。而《道德经》中对其的象征意义说得更集中明确，那就是柔以守雌，众妙之门。

这种普遍性在当时士人的言语里边简直可以说是随处可见。如《左传·文公七年》：

鄫舒问于贾季曰："赵衰、赵盾孰贤？"对曰："赵衰，冬日之日也；赵盾，夏日之日也。"

"日"作为喻体，显然都是肯定性的。在此基础上又有不同：一个是温暖祥和，一个是火热强烈；将两个人的性格都给鲜明地表现出来了。

孔子是这方面的大师级人物，既有理论又有实践。对人的评论也是如此：

子贡问曰："赐也何如？"子曰："女器也"。曰："何器也？"曰："瑚琏也。"（《论语·公冶长》）

"瑚琏"何物？祭祀用的珍贵器物。这下就明白了：子贡堪当大任。

人与环境，其实还是人与人之间的关系，怎样看待？孔子也有深切的认识：

与善人居，如入芝兰之室，久而不闻其香，即与之化矣。与不善人居，如入鲍鱼之肆，久而不闻其臭，亦与之化矣。丹之所藏者赤，漆之所藏者黑，是以君子必慎其所与处者焉。（《孔子家语·六本》）

孔子对自己的认识也不例外：

佛肸召，子欲往。子路曰："昔者由也闻诸夫子曰：'亲于其身为不善者，君子不入也。'佛肸以中牟畔，子之往也，如之何？"子曰："然，有是言也。不曰坚乎，磨而不磷；不曰白乎，涅而不缁。吾岂匏瓜也哉？焉能系而不食？"（《论语·阳货》）

佛肸召孔子，孔子打算前往。子路说："从前我听先生说过：'亲近那些做坏事的人，君子是不做的。'现在佛肸据中牟反叛，你却要去，这怎么解释呢？"孔子说："是的，我说过这样的话。不过，听说过这样的话吗？坚硬的东西磨也磨不坏的，洁白的东西染也染不黑的。我难道仅仅是个个头大的葫芦吗？怎么能只挂在那里供人看而不给人吃呢？"

这样的比喻形象精当，深契人物的内心，令人不得不颔首称是。

《孟子·滕文公》说："孔子三月无君，则皇皇如也，出疆必载质。"就很能揭示这种急慌状态与心理特征。在孟子看来，"士之仕也，犹农夫之耕也"。然而"古之人未尝不欲仕也，又恶不由其道"。其实这里孟子的言辞有点虚与委蛇了：不是道不道的问题，而是僧多粥少的问题，不然的话，就不需要"质"了。

连自己所用的思维方法，孔子也采用比喻的方式：

> 龙食乎清而游乎清，螭食乎清而游乎浊，鱼食乎浊而游乎浊。今丘上不及龙，下不若鱼，丘其螭邪。(《吕氏春秋·举难》)

也就是中庸之道。但这里似乎更细腻一些：身处乱世而保持中心纯正，内秀。

而其后的人们也坚持了这种思想方法路线。如孟子，自称"予岂好辩哉，予不得已也。"(《孟子·滕文公下》) 即便以论辩著称的《孟子》一书，有人统计，他的行文中的比喻即多达61处。可见他的辩也多表现在形式上，其实质并未改变。

惠子是庄子的诤友。他是名家里的一位代表性人物，可惜他的著作没能流传下来，他的思想主张大多只能凭借庄子的一些记述知其大概。倒是西汉刘向的《说苑》，也曾收录有他的一段逸事，由此可以了解到惠子语言哲学思想的一个方面：

> 客谓梁王曰："惠子之言也善譬。王使无譬，则不能言矣。"王曰："诺。"
>
> 明日见，谓惠子曰："愿先生言事则直言耳，无譬也！"
>
> 惠子曰："今有人于此而不知'弹'者，曰：'弹之状何若？'应曰：'弹之状若弹。'谕乎？"
>
> 王曰："未谕也。"
>
> "于是更应曰：'弹之状弓，而以竹为弦。'则知乎？"

王曰："可知矣。"

惠子曰："夫说者，固以其所知，喻其所不知，而使人知之。今王曰'无譬'，则不可矣！"

王曰："善。"

作为名家的惠子，居然也非常强调形象比喻的价值，竟然到了"无譬则不能言"，"无譬则不可矣"的地步，足以说明形象表述已经成为大家的共识。

与此相对的就是墨子于《尚贤》篇中所主张的："厚乎德行，辩乎言谈，博乎道术。"

有关该内容，韩非子有较多的讨论：

世之显学，儒、墨也。儒之所至，孔丘也。墨之所至，墨翟也。自孔子之死也，有子张之儒，有子思之儒，有颜氏之儒，有孟氏之儒，有漆雕氏之儒，有仲良氏之儒，有孙氏之儒，有乐正氏之儒。自墨子之死也，有相里氏之墨，有相夫氏之墨，有邓陵氏之墨。故孔、墨之后，儒分为八，墨离为三，取舍相反不同，而皆自谓真孔、墨，孔、墨不可复生，将谁使定世之学乎？孔子、墨子俱道尧、舜，而取舍不同，皆自谓真尧、舜，尧、舜不复生，将谁使定儒、墨之诚乎？殷、周七百余岁，虞、夏二千余岁，而不能定儒、墨之真；今乃欲审尧、舜之道于三千岁之前，意者其不可必乎！无参验而必之者，愚也；弗能必而据之者，诬也。故明据先王，必定尧、舜者，非愚则诬也。(《韩非子·显学》)

韩非对先秦诸子两大显学的分认应该说是有权威性的。这里的推论也不无道理：孔墨之后，一为八家，一为三家，都自称正宗，但孔子、墨子不在了，没人可以确定其地位。同样道理，儒、墨两家都祖述尧、舜，但其时间更为遥远，更不可能确定其真。不能参照验证却还要说一定是怎样的，愚钝；确定不了还要以此为根据，则是诬妄。

形象性的描述肯定解决不了这样的问题。

> 楚王谓田鸠曰："墨子者，显学也。其身体则可，其言多而不辩何也？"曰："……今世之谈也，皆道辩说文辞之言，人主览其文而忘有用。墨子之说，传先王之道，论圣人之言以宣告人，若辩其辞，则恐人怀其文忘其直，以文害用也。此与楚人鬻珠，秦伯嫁女同类，故其言多不辩。"(《韩非子·外储说左上》)

楚王所说的墨子"言多而不辩"，其"辩"，并非论辩之辩，而是指文采、形象性的表述方法而言的。田鸠的回答即将其义给拧过来了。在文与质的关系，孔子虽然主张"文质统一"说，但似乎他有意无意地倾向于要有文采，甚至要多一些文采，故有"言之无文，行之不远"(《左传·襄公二十年》)的表述。而墨子则主张"先质而后文"，显然是将内容的表述放到了第一位。他一再申明的就是："守道不笃，遍物不博，辩是非不察者，不足与游。""言无务为多而务为智，无务为文而务为察。"(《墨子·修身》)也正因为如此，他的行文相对其他诸子，形象比喻的运用也是最少的；即便是用，也多是换用成了对比的手法。且《墨经》内容多为自然科学、逻辑学的内容，特别像《经》上、下,《经说》上、下的文字，基本上都是词典释义的形式，当然要求简约严谨。可对于习惯了形象生动表述方法的人们来说，不免枯燥灰色之感。看《经上》中的例子：

> 圆，一中同长也。
>
> 方，柱隅四讙也。
>
> 久，弥异时也。
>
> 宇，弥异所也。
>
> 端，体之无序而最前者也。

而篇章的表述形式，也多就事论事，干净朴实，明白晓畅。如：

> 子墨子曰：天下从事者，不可以无法仪。无法仪而其事能成者，无有也。虽至士之为将相者皆有法，虽至百工从事者亦皆有法。百工

为方以矩，为圆以规，直以绳，正以县。无巧工不巧工，皆以此五者为法。巧者能中之，不巧者虽不能中，放依以从事，犹逾已。故百工从事，皆有法所度。今大者治天下，其次治大国，而无法所度，此不若百工辩也。(《墨子·法仪》)

然我们细心分析的话就会发现：不管是墨子给出的定义也好，还是特定观点的论证也好，由于古人从简，这方面的内容从事的人不多，故难以在此基础上抽象出“属加种差”那样的判断形式，三段论那样的推证形式。告子、惠子、公孙龙等也往往是各有自己的关注对象，故不可能形成与形象思维相抗衡的另一种语言表现态势。

8.2.4 两极性的表达

虽然形象性的表达能够给人以最鲜活的画面感，直接刺激人的感官，进入快，接受快，让人一直处于一种愉悦的情感状态。但是，语言本来就是抽象概括的精神产品，而人们的思想认识的渐进过程终究是不会满足感官所得到的直接信息，到了一定的阶段则需要进一步的归纳凝聚，从而形成一个由不同范畴层次的观念意识系统，并通过特定的语言形式将它体现出来。就像孔子这样的推崇形象表达的，同样也离不开这种思想上再提炼的需要；且他还是将它看作是一种治学方法一再重申的：

不怨天，不尤人，下学而上达，知我者，其天乎！（《论语·宪问》）

子曰：“赐也，女以予为多学而识之者与？”对曰：“然。非与？”曰：“非也，予一以贯之。”(《论语·卫灵公》)

子曰：“参乎！吾道一以贯之。”曾子曰：“唯。”子出，门人问曰：“何谓也？”曾子曰：“夫子之道，忠恕而已矣。”(《论语·里仁》)

怨天尤人不解决任何问题，重要的在于自己能够理清楚所有的庞杂丰富的知识信息，并把它们变成一种井然有序的系统，且还能体现为最高效率的处理能力，那就是“下学而上达”“一以贯之”。《里仁》里体现得更为决绝，居然将其全部思想体系用一个关键词给统领了起来。这是真正的提纲挈领，纲举目张。

然而在这个观念体系里，毕竟需要一定的思路，一定的类别意识，才好将其形成一个有规则、分层次的系统。我们先拿《管子》里的有关内容来看：

正天下有分：则、象、法、化、决塞、心术、计数。根天地之气，寒暑之和，水土之性，人民、鸟兽、草木之生，物虽甚多，皆均有焉，而未尝变也，谓之则。义也、名也、时也、似也、类也、比也、状也，谓之象。尺寸也、绳墨也、规矩也、衡石也、斗斛也、角量也，谓之法。渐也、顺也、靡也、久也、服也、习也，谓之化。予夺也、险易也、利害也、难易也、开闭也、杀生也，谓之决塞。实也、诚也、厚也、施也、度也、恕也，谓之心术。刚柔也、轻重也、大小也、实虚也、远近也、多少也，谓之计数。(《管子·七法》)

请注意，这里即提供了古人有关于自己所处世界的一个范畴系统。三级层次：最高一级是“分”，中间层次是“则、象、法、化、决塞、心术、计数”，下位层次是中间层次七类单位的再划分。这三个层次之间存在着包含与被包含的关系，亦即属种关系。同时代的古希腊的亚里士多德也做过类似的区分。如在《范畴篇》里，即曾将客观世界的事物现象都置于自己的视野之下，用“实体、数量、性质、关系、地点、时间、姿态、状况、活动、遭受”等范畴来概括它们。[①] 由此我们可知，对世界的认知，相对领先的文化都有这方面的需求，即对万物统领把握的功夫，那就需要不断地抽象，使之成为一个知识的构置系统。这样的一个构置系统，反映了我们如

① 亚里士多德：《范畴篇、解释篇》，方书春译，商务印书馆 1986 年版，第 11—12 页。

何将立体的相互制衡的世界万物先拆解了，掰开了，揉碎了，再重新用语言的功夫组织成我们思维中的词汇系统的倒树形图。这种树形图是否能够反映出客观对象的本质，很大程度上要看我们的思维是否严密：划分的标准关系是关键，它决定了整个系统三大要素，即单位、层次和关系之间是否坚实、严密，而不会受我们情感的支配而出现重大的差错。如果我们对上述管子的和亚里士多德的两种系统进行对照，即可以发现它们之间不可能完全吻合，比较明显的就在于类别多少上不同，而根本在于严谨度的差别上。

为了说明这个问题，我们再看一个小的类别系统划分：

> 行有四仪，一曰志动不忘仁，二曰智用不忘义，三曰力事不忘忠，四曰口言不忘信。慎守四仪，以终其身，名功之从之也，犹形之有影，声之有响也。是故志不忘仁，则中能宽裕；智不忘义，则行有文理；力不忘忠，则动无废功；口不忘信，则言若符节。若中宽裕而行文理，动有功而言可信也，虽古之有厚功大名，见于四海之外，知于万世之后者，其行身也，无以加于此矣。(《尸子·四仪》)

毋庸讳言，尸佼这里所表达的社会道德及行为规范系统要比孔子的好。儒家学说中的伦理观念，就是人所共知的“仁、义、礼、智、信”。但很少有人问：这所谓五个方面的要素是怎样划归到一起的？它凭依的是什么样的标准？如果我们稍稍细心考究一下，即可知道，它们应该说不是同范畴不同种概念间的有效区分：“仁、义、信”，为道德观念上的；“礼”则为“仁”的表现形式（我们这里仅选取两者之间的一个方面）；“智”则属于认知能力。它们怎么能够在一个平面上铺开，平起平坐，作为道德上的准则供人们来操作应用？而尸佼所建立起来的道德行为准则，虽然简略但浑然一体，具有比较严整的逻辑结构：“心者，身之君也。”(《贵言》）思想指导行动，居于核心地位。“仁、义、忠、信”都属于道德情操，相对应的，“动、智、事、言”则都属于心智和行为；两两之间都能形成对应关系（这时候它的“智”侧重于“内在的思考活动”。两组体现的是“内和外”“隐和显”）和制约关系。

“物以类聚，方以群分。”（《周易·系辞上》）比上述讨论更早的时间里，我们的古人即已开始了对于事物人世的类别划分与概括，甚至还可以推至文字还未形成之前的“—”爻和“--”爻的建立。无论怎样的分类系统，这里有必要指出的是，类似《管子》那样的分类系统还是比较少的，即便是像孔子、尸佼那样的也不多见，也就是说，系统化的意识还没有成为人们的自觉意识；然而，将所有的东西放置到一块儿，将它们决然二分，却是很早就形成了的。无论《周易》还是《道德经》，整个的都是二分法的典型样板。看《周易·系辞》中的表述：

> 天尊地卑，乾坤定矣。卑高以陈，贵贱位矣。动静有常，刚柔断矣。
>
> 吉凶者，失得之象也。悔吝者，忧虞之象也。变化者，进退之象也。刚柔者，昼夜之象也。
>
> 《易》有太极，是生两仪，两仪生四象，四象生八卦，八卦定吉凶，吉凶生大业。阳卦多阴，阴卦多阳，其故何也？阳卦奇，阴卦耦。其德行何也？阳一君而二民，君子之道也。阴二君而一民，小人之道也。

这二分法也有个好处：如果有个别的字词其意义无法确认、颇难理解的情况下，可以试其反义，或许也可求得“柳暗花明”的效果。如“忧虞之象”中的“虞”，按正常的多个义项都试遍，于整个语句的表达都不通顺，反向试用，当“娱”讲，一通百通。

《道德经》更是如此，一上来就是一连串的二分铺摆：

> 道可道，非常道；名可名，非常名。无名，天地始；有名，万物母。常无，欲观其妙；常有，欲观其徼。
>
> 天下皆知美之为美，斯恶已；皆知善之为善，斯不善已。故有无

相生，难易相成，长短相形，高下相倾，音声相和，前后相随。

到最后也不要“逐渐向其反面转化”，干脆把话说绝了，还是二分来得过瘾：

信言不美，美言不信。善者不辩，辩者不善。知者不博，博者不知。

这种二分观念并逐渐地为更多的人所使用，直至成为相对固化了的思维方式。如《左传·昭公二十年》记述晏子的话说：

声亦如味，一气，二体，三类，四物，五声，六律，七音，八风，九歌，以相成也；清浊，小大，短长，疾徐，哀乐，刚柔，迟速，高下，出入，周疏，以相济也。

二分，是数术的具体表现形式，也是当时士人们喜欢的汇总性词语。接下来的一组就是反义的对应性词语，并成为后来汉语双音并列型构词提供了一种方法。

还是晏子的，看他的两段应答：

晏子聘于吴，吴王曰：“敢问长保威强勿失之道若何？”

晏子对曰：“先民而后身，先施而后诛；强不暴弱，贵不凌贱，富不傲贫。百姓并进，有司不侵，民和政平。不以威强退人之君，不以众强兼人之地。其用法，为时禁暴，故世不逆其志；其用兵，为众屏患，故民不疾其劳：此长保威强勿失之道也。失此者危矣！”吴王忿然作色，不说。(《晏子春秋·内篇问下》)

叔向问晏子曰：“君子之大义何若？”

晏子对曰：“君子之大义，和调而不缘，溪盎而不苛，庄敬而不狡，和柔而不铨，刻廉而不刿，行精而不以明污，齐尚而不以遗罢，富贵不傲物，贫穷不易行，尊贤而不退不肖。此君子之大义也。”(同上)

“先民而后身，先施而后诛；强不暴弱，贵不凌贱，富不傲贫”，对比强烈，容易辨识。至于晏子答叔向问，里面的主要部分：“和调而不缘”等，分别体现的意思是这样的：与人友好而不阿从，严厉而不苛刻，庄重而不狡诈，和顺温柔而不懦弱退缩，端庄清廉而不伤害别人，办事精明却不为精明所误，主张等齐却不抛弃软弱的人，富贵却不骄傲以示人，贫穷也不改变其德行志气，尊重贤能也能容忍有缺点的人。可以看到，每一肯定否定的形式里边，它们往往属于事物性质的统一方面，却在色彩上面又存在着量质的界限，可以说是二分之后的再二分。这种精细分辨的基础仍是二分的思维方式在起着作用。

这种二分模式到了孔子的思想学说里，就成了整个伦理道德之根基的人类社会两大群体划分：“君子”与“小人”。《论语》15900 字，光“君子”出现的次数即达 107 处，20 篇中可以说是篇篇有“君子”。而“小人”仅出现了 24 处。除却下面两者对举使用的多个用例外，两者单独出现的分别为：88 处和 5 处。说明《论语》是正面论述“君子”的，里面光“问君子”这样的直接话题就不下 4 处。显然这样的区分成了孔子及其弟子们对于“人以群分”的基本认定格局，道德伦理观念中的核心概念。看《论语》中对举出现的用例：

> 子曰：“君子周而不比，小人比而不周。”（《为政》）
>
> 子曰：“君子怀德，小人怀土；君子怀刑，小人怀惠。（《里仁》）
>
> 子谓子夏曰：“女为君子儒，无为小人儒。”（《雍也》）
>
> 子曰：“君子坦荡荡，小人长戚戚。”（《述而》）
>
> 子曰：“君子成人之美，不成人之恶；小人反是。”（《颜渊》）
>
> 子曰：“君子和而不同，小人同而不和。”（《子路》）
>
> 子曰：“君子而不仁者有矣夫！未有小人而仁者也！”（《宪问》）
>
> 子曰：“君子固穷，小人穷斯滥矣。”（《卫灵公》）

子曰："君子学道则爱人，小人学道则易使也。"(《阳货》)

除此之外，在其他的文献里边，只要是涉及孔子与其弟子就有关道德修养方面的认识交流，都必然有这样的两类指称：

颜回问于孔子曰："小人之言有同乎？君子者不可不察也。"孔子曰："君子以行言，小人以舌言，故君子为义之上相疾也，退而相爱；小人于为乱之上相爱也，退而相恶。"(《孔子家语·颜回》)

仲尼曰："君子中庸，小人反中庸。君子之中庸也，君子而时中。小人之反中庸也，小人而无忌惮也。"(《礼记·中庸》)

子曰："唯君子能好其正，小人毒其正。"(《礼记·缁衣》)

"君子""小人"之区分，实际上就是是非对错观念在人群之中的具体呈现。这种观念好的地方在于可以将纷纭复杂事物现象都给予清晰简约化，然而不好地方也在于此。但最起码比庄子那种混淆是非观要好。尽管庄子是齐万物、同是非，但他仍是二分思维定式的。最典型的就是"彼出于是，是亦因彼"的表述，有此才有彼，有彼才有此，不然的话就没有彼此之区分了。但由此得出结论说："是亦彼也，彼亦是也"，则就不对了，这就因为语言角度的唯一性！如果说我们的感官功能可能共时获得多种信息的话，可是用语言表述的时候却必须将它改造为符号的先后序列给予反映。对于言语主体来讲，他不管什么时候都处在"此"的位置上，不能是既在"此"又在"彼"。特别是庄子混淆时空观念，将相对性绝对化，进而得出"彼亦一是非，此亦一是非"的结论，就更是错上加错了。"黑白分明"，并不因时间空间的改变而改变。至于儒墨都称自己为是，对方为非，但并不能由此判断是非对错的不存在。如《墨子·非攻》开头的一段话：

今有一人，入人园圃，窃其桃李，众闻则非之，上为政者得则罚之。此何也？以亏人自利也。至攘人犬豕鸡豚者，其不义，又甚入人园圃窃桃李。是何故也？以亏人愈多。苟亏人愈多，其不仁兹甚，罪

> 益厚。至入人栏厩，取人马牛者，其不仁义又甚攘人犬豕鸡豚。此何故也？以其亏人愈多。苟亏人愈多，其不仁兹甚，罪益厚。至杀不辜人也，扡其衣裘、取戈剑者，其不义又甚入人栏厩、取人马牛。此何故也？以其亏人愈多。苟亏人愈多，其不仁兹甚矣，罪益厚。当此天下之君子皆知而非之，谓之不义。今至大为攻国，则弗知非，从而誉之，谓之义。此可谓知义与不义之别乎？

这里面的是非判断，特别是具体的偷窃，肯定为非。这恐怕是庄子也不能否认的。当然，我们明白，庄子重点不在这个，而是墨子所质疑的东西，也是他自己所批判的不合理社会现实："窃钩者诛，窃国者侯"。这一点他们应该是有着共识的。然而，庄子面对这种现实却选择了遁世逃避，为了给这一选择进行铺垫，于是在认识上采取了模糊是非的态度，实不足取。

孔子的核心理念就是要保障尊卑贵贱的等级制度。正是基于这一大前提，加之二分的认识方法，作出"君子""小人"两大类社会群体的区分就成为必然。同样，对这种区分的评价同样涉及这样的两个方面：客观事实与认识方法。如果做一下探究的话，我们可以进行这样的追问："君子""小人"是天生的吗？什么决定了这样的划分？实际上这种划分带有了相当程度的假设性：没有历史，只有当今；且还局限于成人阶段。划分的标准，如上《论语》中的对比：是否有公正之心，是否有仁德和法度，是否心胸坦荡而不骄傲，是否能成人之美，其品德能影响人还是被影响，能否与人友好相处又保持独立见解，是否能正确处理问题、对人量才使用，追求道还是追求器，是安贫乐道还是胡作非为，遇到问题是责己还是责人，是否有大的格局，等等，那么详尽。其实这还没完，如《孔子家语》《礼记》里有关言行侧重、对中庸方法的不同态度等。还有就是两者没有对举出现的，但也在具体地反映着某一方面的特征。因为这些标准都是描述性质的，我们可以想象，似乎是难以穷尽。尽管多为道德修养方面的内容，但隐含着尊贵与卑贱这种身份上的差别却是不容忽视的。这种区分，我们可以将它称之为“断崖式认定”。因为孔子是非常注重动态变化的，这由《周易・系辞》可以看得很清楚，然而唯有这“君子”“小人”之区分却似乎是固定不变的：“唯上知与下愚不移。”(《论语・阳货》)但另一方面，他虽少言“性与天道”，但他于情不自禁处还是有不少感慨，像“富与贵是人之所欲也”“贫与贱是人之所恶也”。(里仁)“善人，吾不得而见之矣；得见有恒者，斯可矣。”“吾未见好德如好色者也。”(述而)这些对于基本人性的认识与慨叹，显然是与“君子”“小人”的划分不能统一起来的。他一个方面说：“民可使由之，不可使知之。”(泰伯)另一个方面又说：仁者“爱人。”(颜渊)显然，这种矛盾对于机械性的二分思维模式也是具有嘲弄意味的。

8.2.5 联系性的表达

李约瑟在他的《中国科学技术史》中指出：

> 当希腊人和印度人很早就仔细地考虑形式逻辑的时候，中国人则一直倾向于发展辩证逻辑。与此相应，在希腊人和印度人发展机械原子论的时候，中国人则发展了有机宇宙的哲学。①

如果说李约瑟在严密论证方面还有诸多不足的话，比如，有关“科学”和“技术”各自的内涵上都认识得不够清晰，甚至还将它们认同化，上述的判断还是有见地的。中国人不喜欢孤立地看问题，认识特定对象的时候总是要联想到与之相关联的其他的方面，即便是没有内在联系的事物现象，也要将它们攀附在一起。如自然世界与人类社会，这可以说是相异性最大的两大领域，然而这在先秦的士人们看来，也是紧密相连的，体现为最鲜明的一种思想，就是庄子的“天人合一”，混同是非：“故其好之也一，其

---

① ［英］李约瑟：《中国科学技术史》第3卷，科学出版社2005年版，第338页。

弗好之也一。其一也一，其不一也一。其一，与天为徒，其不一，与人为徒。天与人不相胜也，是之谓真人。”（《大宗师》）“合一”的最高境界，就是所谓的“物化”：“昔者庄周梦为胡蝶，栩栩然胡蝶也。自喻适志与！不知周也。俄然觉，则蘧蘧然周也。不知周之梦为胡蝶与，胡蝶之梦为周与？周与胡蝶，则必有分矣。此之谓物化。”（《齐物论》）这是典型的心痴神迷的一种境界，如果作为艺术的境界，真可谓“美哉轮焉，美哉奂焉”，令人陶醉。然则，如果用严格意义上的科学理念来认定的话，恐怕就要大打折扣了。不过庄子就是要摒弃后者的这种意义：宁可抱瓮汲水也不用相对省力的桔槔。为什么？因为“有机械者必有机事，有机事者必有机心。机心存于胸中，则纯白不备”。

如果说庄子这种广泛联系的思想也过直过露的话，更多的人却已经将这种意识融汇为一种坚实的论证方法，一种自觉的思维方法。看下面的例子：

> 晏子曰：“婴对，则为罪，不对，则无以事君，敢不对乎！婴闻之，臣专其君，谓之不忠；子专其父，谓之不孝；妻专其夫，谓之嫉。事君之道，导亲于父兄，有礼于群臣，有惠于百姓，有信于诸侯，谓之忠；为子之道，以钟爱其兄弟，施行于诸父，慈惠于众子，诚信于朋友，谓之孝；为妻之道，使其众妾皆得欢忻于其夫，谓之不嫉。今四封之民，皆君之臣也，而维据尽力以爱君，何爱者之少邪？四封之货，皆君之有也，而维据也以其私财忠于君，何忠者之寡邪？据之防塞群臣，拥蔽君，无乃甚乎？”（《晏子春秋·内篇谏下》）

晏子这里所表达的思想即非常具有典型性：要忠君嘛，单一地忠于君主一个人还不行，还要把各个方面的关系都搞好，把自己不同时地的角色身份都做到位了，那才是真正的忠君。其他的，像子敬父，妻侍夫，都是同样的道理。晏子的这种观念，就相当于后来的人们所谓的：认识要全面，统筹兼顾，要将各个方面的关系都要处理好。

> 晋孙谈之子周适周，事单襄公，立无跛，视无还，听无耸，言无远；言敬必及天，言忠必及意，言信必及身，言仁必及人，言义必及利，言智必及事，言勇必及制，言教必及辩，言孝必及神，言惠必及和，言让必及敌；晋国有忧未尝不戚，有庆未尝不怡。（《国语·周语下》）

这是赞赏人的：说特定的话题则肯定涉及相关的对象内容，这样才能够算得上说话周全，没有遗漏。

当这种联系的思维方式成为习惯时，这思维也真够活跃的了：

> 齐宣王问匡倩曰："儒者博乎？"曰："不也。"王曰："何也？"匡倩对曰："博者贵枭，胜者必杀枭，杀枭者，是杀所贵也，儒者以为害义，故不博也。"又问曰："儒者弋乎？"曰："不也。弋者从下害于上者也，是从下伤君也，儒者以为害义，故不弋。"又问儒者鼓瑟乎？曰："不也。夫瑟以小弦为大声，以大弦为小声，是大小易序，贵贱易位，儒者以为害义，故不鼓也。"宣王曰："善。"仲尼曰："与其使民谄下也，宁使民谄上。"（《韩非子·外储说左下》）

这段对话说了三件事：博弈、射鸟和鼓瑟。齐宣王问得直，匡倩也回答得干脆，说儒者都不做。为什么呢？"博"是古代的一种游戏，跟后来的下棋差不多：枭是博中的核心、统帅，博弈以擒杀对方的枭为胜。杀枭者，是杀所贵也。儒者就以为这就有了"害义"的喻义，所以不博。其次，在匡倩看来，射鸟是从地下往空中射，同样有以下犯上的嫌疑，所以仍为"害义"。最后，匡倩又解释说：瑟，小弦大声，大弦小声，这是大小易序，相当于社会生活中的贵贱易位，也是"害义"，所以儒家也不鼓瑟。我们想韩非之所以记述这样的话语，体现了两个方面的意思：一是对儒家的讽刺，时时处处都遵循礼教，谨慎小心，不敢越雷池一步，虚伪过分。二是对简单比附思维的讽刺，将所有具体客观的事物现象都往道德礼制上靠，挨得上吗？如果都这样生活，是不是有些太累了？事实上汉民族生活与言语上的很多忌讳往往都与这种思维方式有关：看似聪明，实则害人害己。

其实这种联想大都超越不出三种类型：一是相近联想。由于空间距离接近或者由于话题内容上的紧密相关而自然发生联系，如上举《国语·周语下》的例子就属于这种情况。二是相似联想。利用特征上的一致性产生联系，通常情况都是以现实中的鲜明情景来喻比相对抽象的思想观念。如上述博弈、射鸟、鼓瑟来影射尊卑贵贱关系，再如：

> 心者，君主之官也，神明出焉；肺者，相傅之官，治节出焉；肝者，将军之官，谋虑出焉；胆者，中正之官，决断出焉；膻中者，臣使之官，喜乐出焉；脾胃者，仓禀之官，五味出焉；大肠者，传导之官，变化出焉；小肠者，受盛之官，化物出焉；肾者，作强之官，技巧出焉；三焦者，决渎之官，水道出焉；膀胱者，州都之官，津液藏焉，气化则能出矣。凡此十二官者，不得相失也。（《黄帝内经·素问·灵兰秘典论》）

这是以小喻大的例子：以人的身体各个方面的器官来喻比社会各种官职及其功能情形。其基本的思维模式往往近取诸身，远取诸物，以喻大的、抽象之事物现象。很大程度上选取的对象往往是具体的、微观的，相当于一个沙盘，以喻比其宏大景象世界和观念世界，形成一种映照关系。特别要注意的，上述例证中的比喻关系，本体和喻体则是一种更复杂的关系：各自都还可以形成自己的小系统。为了清晰之见，看它另一处相对简单清晰且更有影响的“五行”关系论述：

> 木得金而伐，火得水而灭，土得木而达，金得水而缺，水得土而绝，万物尽然，不可能竭。（《黄帝内经·素问·宝命全形论》）

这里明说的是自然界重要的五种代表物相互之间的相生相克关系，而隐喻的则是人体生理机能的阴阳平衡。每个小系统自身相互制约，从而形成有机整体，这是对的；这也在相当程度上反映着整体大于部分之相加的系统观，但是，如果将不同的系统进行比附，看作是等同关系，这就有了简单化和神秘化的倾向了。如《管子·四时》里说，夏季炎热之时，为了不抵御盛阳之气，人们要“禁扇去笠”。这显然过于拘泥所谓的顺时应势、“以平为期”了。

三是相反联想，这是两极思维模式的自然演化。如：

相剑者曰：“白所以为坚也，黄所以为牣也，黄白杂则坚且牣，良剑也。”难者曰：“白所以为不牣也，黄所以为不坚也，黄白杂则不坚且不牣也。又柔则锩，坚则折。剑折且锩，焉得为利剑？”剑之情未革，而或以为良，或以为恶，说使之也。故有以聪明听说则妄说者止，无以聪明听说则尧、桀无别矣。此忠臣之所患也，贤者之所以废也。（《吕氏春秋·别类》）

对立思维是不是人类所必然需要的思维？这倒是需要进一步探讨的课题。但有可能肯定的是：对立思维是人类认识事物现象所需要的思维。问题在于，如上面例子中的，说“白所以为坚”，就一定意味着“白所以为不牣”？“黄所以为牣”也就一定意味着“黄所以为不坚”？但固化了的绝对反义对立意识，使得停留在简单思维意识阶段的人们往往喜欢做出这方面的判断，且将这种思维方式惯性化。所谓讨论时的狡辩，也是人们调侃性的说的，争辩时的杠头：你让我往东我偏往西，你让我打狗我偏撵鸡。你说是事实，他偏要你拿出证据，你拿出证据，他又说这是个案，并不是普遍事实。这也是自然科学里边所谓的悖论：即便有一个特殊都需要有解释。即便是你解释得相当充分了，仍然会成为下一轮争辩的永无止境的话题。这也就成了永远不可能说服诡辩论者的铁的事实。其实持这种观念的人们不明白的是：大千世界，万事万物，除了绝对反义对立之外，更存在着多样化的相对反义对立，即除了“黑白分明”外，还存在着“红、橙、黄、绿、青、蓝、紫”基本七色，还有下位层次上的色彩更细分辨，如“红”里边即可再分为“大红、粉红、橘红、品红、杏红、殷红、紫红”等。即便是绝对反义对立的双方之间，也往往不是“小葱拌豆腐，一青二白”，也多是逐渐过渡的关系。比如“白天”和“黑夜”之间，我们就不容易划出一个明确的“点”的界限。于是人类社会对于很多类似事物行为的划分往往采取规定性标准，虽于理论上讲有些勉强，但其操作性体现得鲜明。《别类》中的感慨是对的：“有以聪明听说则妄说者止，无以聪明听说则尧、桀无别”。怎样才能达到“聪明听说”？《吕氏春秋》并没能据此再深入讨论，说明要实现这样的愿望并不容易。

虽然正面论证很不容易，然通过纠错手段可以在一定程度上达到预定的目的。跟这种联系性表达相关联的，就是类推心理以及类推的表达形式。看具体的例子：

> 孟子曰：“离娄之明，公输子之巧，不以规矩，不能成方员。师旷之聪，不以六律，不能正五音。尧、舜之道，不以仁政，不能平治天下。”（《孟子·离娄上》）

孟子喜欢类比法。可是他类比的对象往往是暗中迁移，不属同类。像这里的三项类比，规矩、六律，这都是明确的尺度，具有可操作性。这仁政有操作度吗？这尧、舜是孔子编造出来的，荀、韩都写有文章否定；然而这编撰出来的东西连孔孟自己都相信了。如前所述，孔孟两位都眼睁睁看着时人的道德日益沦丧，“春秋无义战”，战国就更是置仁义于不顾，以强凌弱，兼并大势已不可扼制，“知其不可而为之”又意味着什么呢？所以，孟子此时还鼓吹“仁政”，就不免显得荒唐可笑了！之所以如此，关键在于，所谓“仁政”，是不可能与规矩、六律放在一个平面，内涵里不具有统一性：一个是刚性的，一个是非刚性的，所以，这也是暗中偷换了概念。

孟子的不会论辩，时时处处都能表现出来。再如：

任人有问屋庐子曰："礼与食，孰重？"曰："礼重。""色与礼，孰重？"曰："礼重。"曰："以礼食则饥而死，不以礼食则得食，必以礼乎？亲迎则不得妻，不亲迎则得妻，必亲迎乎？"屋庐子不能对。明日之邹，以告孟子。孟子曰："於！答是也何有？不揣其本，而齐其末，方寸之木，可使高于岑楼；金重于羽者，岂谓一钩金与一舆羽之谓哉！取食之重者与礼之轻者而比之，奚翅食重？取色之重者与礼之轻者而比之，奚翅色重？往应之曰：'紾兄之臂而夺之食，则得食，不紾则不得食，则将紾之乎？逾东家墙而搂其处子，则得妻，不搂则不得妻，则将搂之乎？'"（《告子下》）

其实这一段话非常类似于《论语·颜渊》中记述的情形："子贡问政。子曰：'足食，足兵，民信之矣。'子贡曰：'必不得已而去，于斯三者何先？'曰：'去兵。'子贡曰：'必不得已而去，于斯二者何先？'曰：'去食。自古皆有死，民无信不立。'"不过一个强调的是"礼"，一个强调的是"信"而已。两下对比，我们即可知孟子其实都是在利用语言的隐性信息进行着诡辩：《论语》提供的信息很清楚，就是要将选取的对象都置于生死抉择的关键处，这样才能体现出它们的真正价值，结果就是非此即彼，非彼即此。而孟子的辩驳显然混淆的是对等性原则，他之所以指责任人对屋庐子的质疑，因为他明白"礼"于现实中不牵涉死不死的问题，而"食"的情况却相反。至于伯夷、叔齐不食周粟，那确实体现了义礼与饮食孰轻孰重选择的实例，毕竟是个案。于是他将这种客观存在移用到理论的假定推证之中，从而否定了双方都应该遵循的大前提。而接下来他的"往应之曰"，暗中换成了新的前提：（特定的时间里）扭拧兄长的胳膊抢夺食物，才能吃到东西，否则吃不到东西。你抢夺吗？此时的食与不食显然无关乎生命，又有谁会违背常礼做出匪夷所思的行为呢？孟子如果觉得这时候才是"齐其本"的话，那才真有点滑稽了：这样的比较还有什么意义呢？所以，在先秦诸子里边孟子通常被人们认为最擅长论辩的，但只要细心推究，用逻辑观念进行认识的话，即可以发现他往往是借助于语义上不易辨析、不易描写的特点，暗中转变为有利于自己的论题，或概念的内涵发生迁移，或预设条件已全然改变。他对自己的论述方法也曾有过说明：

古之人所以大过人者，无他焉，善推其所为而已矣。(《孟子·梁惠王上》)

这里他所谓的"古之人"，其实纯粹是一种障眼法，其实说的是他自己。但明说自己，又说"大过人"，不是显得不太谦虚了嘛。"善推其所为"，其实就是比照、类推的方法。这种方法不能说错，问题的关键就是要能保证所有的对象在实质上的一致性。这种方法墨子也多所采用，且从这种基本原则的坚守上讲坚持得是比较好的；相对应的，孟子就欠缺多了。孟子的这种类推法的应用有些时候看未免觉得有些荒唐可笑，如：

体有贵贱，有小大。无以小害大，无以贱害贵。养其小者为小人，养其大者为大人。……饮食之人，则人贱之矣，为其养小以失大也。(《孟子·告子上》)

这也有些类推得过分了：事情如果都简单到这样的份儿上，难道还需要他周游列国，苦口婆心地向各国的君主们推销他的"仁政"吗？《吕氏春秋·别类》及《有度》中的质疑或许送给孟子是最可适的：

义，小为之则小有福，大为之则大有福。于祸则不然，小有之不若其亡也。射招者欲其中小也，射兽者欲其中大也。物固不必，安可推也？

不知其说所以然而然，圣人因而兴制，不事心焉。

以凡人之知，不昏乎其所已知，而昏乎其所未知，则人之易欺矣，可惶矣，可恐矣，可喜矣，知之不审也。

吕不韦于此表达的思想很明确：只要关于义的，莫为祸小而为之！世事复杂，各不相同，类推须谨慎。不能仅仅凭心性就任意漫说，特别是对于未知的事物现象，更需要谨慎小心，所未知，最易被人异端邪说所迷惑；知也不能建立在大致了解的层面，要尽可能地达到知其所以然，认定必须有理有据，支撑观点的事实根据要典型：

以全举人固难，物之情也。……尺之木必有节目，寸之玉必有瑕璹。先王知物之不可全也，故择物而贵取一也。(《吕氏春秋·举难》)

诸子百家各有风格，很有一些就表现得沉静、严谨，没有凌厉之气，却多为诚恳言说。像晏子、墨子、韩非等，即便是相对流传下来文字著术相对比较少的关尹子、尸佼也是如此：

困天下之智者，不在智而在愚；穷天下之辩者，不在辩而在讷；伏天下之勇者，不在勇而在怯。(《关尹子·九药》)

狡胜贼，能捕贼；勇胜虎，能捕虎。能克己，乃能成己；能胜物，乃能利物；能忘道，乃能有道。(同上)

这两段话虽然也仅是在认定，并没有展开论证，但它并没有表现出强加于人的语气神态，反而它所体现的独特思想能给人比较多的启迪。比如第一段的表述，每一句话似乎都能让人联想到生活中很多真实的东西。孔子不喜欢辩，但又有谁会喜欢为辩而辩呢？消除诡辩的，首先并不是不说话；其次得遵从辩的规则，这样才可能达到理想的目的。第二段隐含的推理很好。如果前边的两个都赞同的话，那么很自然地就推出了后边的结论。且这种“兴”，透现出了内在本质性的东西。对的，人完全可以将“我”分成两个，也就是亚里士多德所谓的“思想思想”，一个是认识的主体，一个是认识的客体。而关尹子这里也表述了同样的意思，且非常合情合理。

再比如《吕氏春秋》，也都体现了相对比较理想的言辞作风。前面已有简单描述，再如：

> 凡物之然也，必有故。而不知其故，虽当，与不知同，其卒必困。先王、名士、达师之所以过俗者，以其知也。水出于山而走于海，水非恶山而欲海也，高下使之然也。稼生于野而藏于仓，稼非有欲也，人皆以之也。故子路揜雉而复释之。（《吕氏春秋·审己》）

这样的论述之所以值得肯定，就在于它言之有物，言之有序，而无慷慨浮躁之气。有认定，有立论，同样还有具体事例的支撑和论证，这样就形成了一个相对完整的观点陈述的篇章。最后一句话稍微让人们犯难，其实它源自《论语·乡党》："色斯举矣，翔而后集。曰：'山梁雌雉，时哉时哉！'子路共之，三嗅而作。"指的是子路不违时节，保护野禽的繁衍生息，同样体现了知故顺时的意义。

还要再提的仍是孟子。当然，这也是这一时期最为流行的一种句法表述形式，我们只是拿孟子的作为代表罢了，那就是人们所熟知的句子："天时不如地利，地利不如人和。"当这种串珠式的句法成为一种时尚时，即反映了特定时期人们惯常的一种思维方式，最典型的就是《礼记·大学》中的表述：

> 古之欲明明德于天下者，先治其国；欲治其国者，先齐其家；欲齐其家者，先修其身；欲修其身者，先正其心；欲正其心者，先诚其意；欲诚其意者，先致其知，致知在格物。物格而后知至，知至而后意诚，意诚而后心正，心正而后身修，身修而后家齐，家齐而后国治，国治而后天下平。自天子以至于庶人，壹是皆以修身为本。其本乱而末治者，否矣，其所厚者薄，而其所薄者厚，未之有也！此谓知本，此谓知之至也。

正因为这一段酣畅大气的儒家社会伦理道德思想体系的申述，从而形成了后来的"修齐治平"的熟语，并成为历朝历代志士文人孜孜以求的奋斗目标与远大抱负。但实践证明，这种理论上的串珠式的线性联系，于实际的操作似乎并没有明显的效用。之所以如此，每一层级的联络，似乎构不成实在的因果关系；特别是最初的源头，即“格物”，如果连它的内涵都不容易形成明确的认识并达不成共识的话，其他的恐怕就难讲了。所以，未来需要讨论的问题还很多。

余　论

行文至此，仍有必要就两个方面的问题做一点必要的论述说明。

9.1　关于“哲学”认定问题

9.1.1　“中国哲学”的“合法性”

“绪论”部分曾表明了一个重要观点：“语言哲学在中国”。事实上对它的认定强调，还足以澄清许多模糊的观念。以文艺复兴为例，世界文化都肯定的一点就是这项历史的大事件，带给西方人以全新的思想意识：人不再是上帝的羔羊，而是自己命运的主宰。由此开发了他们无限的能动性：不再固守中世纪那种封闭性的生活，古希腊所有的理性精神被唤醒，科学也不仅仅局限于理论的设想，而是开始真正进入现代文明；与此同时，则是向外的殖民开拓，由此带来新大陆的发现。直接造成的现实就是东西文化的碰撞与冲突，并形成迄今未能达成一致性的认识难题：是互补还是西方中心？

对该话题最早感兴趣的倒是西方人。从文字记载的情况看，早期的西方学者倒是肯定中国传统文化是有哲学的，从利马窦始，直到法国百科全书派的著名思想家，像狄德罗、伏尔泰等，甚至后者出于对当时社会制度的极度不满，对以孔子为代表的中国先秦文化表现出了明确的赞赏态度与推崇取向。接下来的时间甚至还有以此命名的专著问世，如卫方济的《中国哲学》和曼肯尼的《中国哲学史》等。值得注意的是，同样是认定中国哲学是道德哲学，其后不同时期的西方哲学家们却又大都倒向了否定。这主要是因为康德和黑格尔，这一是由于他们的哲学地位与声望，再一是他们的表述是那样的果断和直白。如后者曾这样评价孔子说："在他那里，思辨的哲学是一点也没有的——只是一些善良的、老练的、道德的教训，从里面我们不能获得什么特别的东西。"[①] 综观黑格尔有关哲学的种种论述，我们可以分明地感受到两个方面的价值选取：一个就是他从柏拉图、亚里士多德那里继承下来的对哲学思考的崇拜，亦即理想国里边的当政者，应该是哲学王。他认为："一个有文化的民族竟没有形而上学——就像一座庙，其他各方面都装饰得富丽堂皇，却没有至圣的神那样。"[②] 不难看出，在黑格尔的观念世界中，哲学相当于民族文化的精神灵魂，是文明的最高象征。一个就是思辨的表述方式。于此，黑格尔显然不知孔子与《易经》的关系，他也曾稍加辨析说："中国人也曾注意到抽象的思想和纯粹的范畴，古代的《易经》是这类思想的基础。"[③] 当然，如果还有延伸性的认可条件的话，就是该词最初的意义，亚里士多德将它的价值功能称为"爱智慧"，也就是所谓的非功利性。没有人对这诸多方面进行系统的梳理，但事实上它们有意无意地成了西方学者判断是否为哲学的关键性标准。当时以及其后各种各样的西方哲学史著作，于该学科几乎无例外的"言必称希腊"。黑格尔就是这样认定的："哲学实自希腊起始"[④]。文德尔班也说：哲学同所有的欧洲文化的发展一样，希腊人创造了它。[⑤] 就连罗素这样的对中国文化甚少偏见的

---

① ［德］黑格尔：《哲学史讲演录》，贺麟、王太庆译，商务印书馆 1983 年版，第 119 页。

② ［德］黑格尔：《逻辑学》上册，杨一之译，商务印书馆 1981 年版，第 2 页。

③ ［德］黑格尔：《哲学史讲演录》，贺麟、王太庆译，商务印书馆 1959 年版，第 119—120 页。

④ ［德］黑格尔：《哲学史讲演录》，贺麟、王太庆译，商务印书馆 1959 年版，第 95 页。

⑤ ［德］文德尔班：《哲学史教程》上卷，罗达仁译，商务印书馆 1987 年版，第 16 页。

思想家，仍继承了这种通常的观念："与神学相区别的哲学，开始于纪元前六世纪的希腊。"[①] 20世纪70年代，国际社会再度兴起了对中国哲学"合法性"的质疑，焦点集中在了中国的"道德哲学"与西方的"思辨哲学"如何认定。虽然是旧话重提，除却根深蒂固的西方中心论作祟的因素，所隐含的学术价值仍是不能否认的。

中国自己对哲学的认可度也经历了不同时期的变化。

我们可以将严复、王国维看作是"先进的中国人向西方学习"的早期代表。难能可贵的是，他们当时对西方的新生事物表现出特有的冷静，其认识判断即便是今天看来也足以让人敬佩。如前者，虽然将《天演论》翻译了进来，但始终强调的是中国传统的东西不能丢。后者，他应该没有读到过莱布尼茨的有关论述，然而在见识上面却是那样的相一致。莱布尼茨指出："就思辨的科学而言，欧洲较为优越；可是在实践哲学方面，换言之，即在生活与人类实际方面的伦理与政治，我们实不足与中国相比拟。"[②] 王国维认为，中西文化"各有所特长"，其学术思想自然有差异："西洋人之特质，思辨的也，科学的也，长于抽象而精于分类，对世界一切有形无形之事物，无往而不用综括及分析之二法。"但他又认为，其弊端也显而易见："夫抽象之过，往往泥于名而远于实，此欧洲中世学术之一大弊，而今世之学者犹或不免焉"。中学之所长"宁在于实践之方面"，其短在于"以具体的知识为满足"，故"抽象与分类"，"皆我国人之所不长"。(《论新学语之输入》) 他进而判断说："学无新旧也，无中西也，无有用无用也。""无论古今东西，其国民之文化苟达一定之程度者，无不有一种之哲学。""故中

---

① ［英］罗素：《西方哲学史》上卷，何兆武、李约瑟译，商务印书馆2013年版，第9页。

② 何兆武、柳御林：《中国印象——世界名人论中国文化》上册，广西师范大学出版社2001年版，第133页。

国之学，西国类皆有之。西国之学，我国亦类皆有之。所异者，广狭、疏密耳。即从俗说而姑存中学、西学之名，则夫虑西学之盛之妨中学，与虑中学之盛之妨西学者，均不根之说也。”(《国学丛刊序》)

第二个阶段可以胡适、冯友兰为代表。其特点可以这样概括：他们都真正撰写了中国哲学史的著作，但对哲学的真正内涵采取了模糊处理的方式。这由他们分别对“哲学”下的定义即可以看出：“凡研究人生切要的问题，从根本上着想，要寻一个根本的解决，这种学问叫哲学。”[①]“我所说的哲学，就是对人生有系统的反思的思想。”[②]后者毕竟是当时中国哲学界的巨擘，要建立体系，他就不可能回避这种多所关注且重大的敏感问题。然而，他的解释仍无超越人们所熟知的内容与形式间的关系，即不同民族文化都有其哲学的认识见解；所不同的，往往表现在形式上的差别：中国“术语”比较少，论证也往往很不详尽。[③]金岳霖给冯友兰《中国哲学史》写的审查报告，或许将这一阶段学者们的困境揭示得再清楚不过了。他分析说：“一是把中国哲学当作国学中之一种特别的学问，一是把中国哲学当作发现于中国的哲学。”[④]“自前者视之，所谓哲学（即所谓普遍哲学）并无一定之规，中国哲学与西方哲学分享哲学之名，但讨论的问题及讨论问题的方式，可以与西方哲学无涉。自后者视之，有普遍哲学（且以欧洲哲学为普遍哲学），中国也不例外，只不过中国哲学因为疏于逻辑分析而在形式上没有明确的系统。无论胡适，还是冯友兰都把中国哲学当作发现于中国的哲学。”简言之，其时的中国哲学成果，就是以西方哲学的标准来观照中国文化、阐释

---

① 胡适：《中国哲学大纲》，上海古籍出版社 1998 年版，第 1 页。

② 冯友兰：《中国哲学简史》，北京大学出版社 1996 年版，第 1 页。

③ 冯友兰：《三松堂自序》，见《冯友兰集》，群言出版社 1993 年版，第 497、498 页。

④ 冯友兰：《中国哲学史：审查报告二》，中华书局 1947 年版，第 5 页。

传统思想后的产物。但其中理论辨析认识的前提似乎有些扞格抵牾：内容和形式可以决然分离；不同文化的哲学思想内容可以相同，差异在于不同的表现形式上。这似乎并不能成立。

正因为上述关键问题没能得到解决，一旦遇到适当的时机，其中所体现的突出矛盾遇到反弹会显得更为激烈。我们可以将嗣后有关问题的种种表述看作第三阶段的认识，其中体现的主导思想就是以民族文化的鲜明立场进行新的界定认识，其落脚点放在了是否具有思辨的思想与方法上。美籍华人学者傅伟勋的表述将这种观念明晰化了："哲学思想的创造与新方法论的建立乃是一体两面，不可分离。这一点在西方哲学体现得特别明显，第一流的独创性哲学家如亚里士多德、笛卡尔、康德、黑格尔、维特根斯坦、罗素等等，都是如此。中国哲学理应如此，但是因我们过去缺少高层次的方法论反省，因此常常忽略哲学创造与方法论建立的不可分离性。"① 当然，这种意识并非新创。但两个方面的结合具体表现为怎样的面貌，就是西方人也并不见得能把握得准确。如谢林就认为：孔子不能归入哲学家的行列，而老子却不然，因为"老子的学说是真正思辨的"②。德国宗教思想家马丁·布伯也判断说：庄子的学说是哲学，因为庄子"像柏拉图那样是个理念诗人"。傅伟勋也遵从着这种思路，也不承认孔子是哲学家："孔子只告诉你结论，没有告诉你结论是怎么来的过程"③。持这种观念，有的学者的反应就显得激烈了一些。如葛兆光表述说："用哲学史（History of philosophy）来描述'中国历史上的各种学问'，如果不对西洋的哲学概念加以修改，严

---

①　傅伟勋：《从西方哲学到禅佛教》，台北三联书店 1989 年版，第 18 页。

②　何兆武、柳御林：《中国印象——世界名人论中国文化》，广西师范大学出版社 2001 年版，第 236 页。

③　王源：《人物专访：创造性的诠释学家——傅伟勋教授访问录》，《哲学与文化》，台北辅仁大学 1997 年版，第 112 页。

格沿用西洋哲学现成术语的内涵外延，多少会有些削足适履，如果不对中国的思想与知识进行一些误读和曲解，多少会有些圆凿方枘，所以，中国古代的知识和思想是否能够被‘哲学史’描述，实在很成问题……其实何止（没有‘哲学’这一）名称？没有哲学这种名称，意味着中国人也没有契合哲学这一名称的意义的知识、思想与学术……”[①] 而有的则是停留在一般意义的争辩上。如有的学者论辩说：“黑格尔等对孔子哲学、《易经》哲学的认识有其一定的合理性，因为它们的确不是思辨的哲学，这一点可以说他们并没有看错；如果整个中国哲学就是如此，那他们说中国没有哲学，或者以他们的标准和尺度说‘中国无哲学’，也应该是合乎客观实际的。然而，整个中国哲学的实际情形却并非如此。因为，你可以说孔子的哲学是一种道德哲学，它可能是抽象的，可能缺乏思辨的内容；但是，孔子哲学、《易经》哲学并非中国哲学的全部，老庄的道之思、《易传》的形上之思、魏晋的玄理之思、宋明的道器理气心性之思等，也缺乏思辨性吗？也是一种纯粹意义上的道德哲学吗？也没有逻辑的、必然的秩序吗？恐怕不能这样看。显然，黑格尔等人缺乏对中国哲学全面、系统、深入的了解。他们的中国哲学观乃至整个哲学史观是片面的。”[②] 不过这样的争辩不免让人觉得有几分滑稽：我们能将孔子与《易传》分割开来吗？

9.1.2 事实状貌的学理解读

自从近代西方列强凭借坚船利炮轰开我封闭保守国门之后，两种文化的冲突与融合，就成为管理阶层与学术领域永远不可能摆脱的重要话题。单就后者来说，哲学上的争议之所以显得恒久且突出，客观上在于它处在

---

① 葛兆光：《中国思想史》第 1 卷，复旦大学出版社 1998 年版，第 5—6 页。

② 苗润田：《西方思想界如何看待“中国有无哲学”的问题》，《河北学刊》2004 年第 5 期。

人类文化最高端的位置，往往体现了不同民族精神的魂灵；有没有这种思想理念，显然是民族文化成熟与否的一个明显标志，也是文明程度的一个重要鉴别标准。谁也不可否认的，西方的理性精神，东方的道统观念，正反映了各自不同的核心的文化思想，并由此延伸出或侧重分析或侧重综合的不同认识方法。如果我们都确认这是一个具体事实的话，这种体现民族文化传统核心理念的东西此时叫不叫哲学或者叫其他的名称，其实都不重要了。我们想，正是从这种认识观念出发，马克思才以形象化的话语对人类社会的早期文明进行了这样的描述判断："有粗野的儿童，有早熟的儿童。古代民族中有许多是属于这一类的。希腊人是正常的儿童。"①如果我们理解不错的话，粗野与否，显然指的是文明与否，自然也包括有无哲学思想。至于早熟与正常之间的差别，则属于认识方法论上的问题。马克思在《〈政治经济学批判〉导言》将科学上的正确认识方法总结为先后的两条道路：先由完整的表象上升为抽象的规定；然后再由抽象的规定在思维行程中导致具体的再现。第二条道路显然属于否定之否定，为认识的更高层次；如果越过第一条道路直接进入，分析不足而综合有余，达到黑格尔所追求的所谓美的境界"理念的感性显现"，类似于《易・系辞》里的"立象以尽意"，其早熟性当然就自不待言了。当然，还有一种情况则是就总体进行判断，一如黑格尔所表述的："在个别的国家里，确乎有这样的情形，即：它的文化、艺术、科学，简言之，它的整个理智的活动是停滞不前的；譬如中国人也许就是这样，他们两千年以前在各方面就已达到和现在一样的水平。"②

其实这种早熟性只是认识上有些超前而已，并不影响文明成熟的性质，

① 《马克思恩格斯选集》第 2 卷，人民出版社 1972 年版，第 114 页。

② ［德］黑格尔：《哲学史讲演录》第一卷，北京三联书店 1957 年版，第 8—9 页。

亦即思想的深刻性与哲学理念的建立。

但与此相对的另一面，也就是纯粹哲学发展到极致，即所谓的思辨哲学，也是我们开初即已指出过的，它往往变成了职业哲学家们自我封闭观念世界的神游，正像马克思所批评的那样："黑格尔陷入幻觉，把实在理解为自我综合、自我深化和自我运动的思维的结果"①，导致的结果只能是文字上的盘旋折绕，观念意象上的神秘主义，精神情绪上的躁动与偏执。如果说黑格尔所否定的形式逻辑还有系统性的术语及其操作规则的话，到他这里实在是无程序可言了。所以，国内的一些学者多所强调的西方哲学侧重认识论、成体系，这不免让人迷惘：如果说从笛卡尔到索绪尔这一条不怎么张扬的认识路线，其内在的规则性还可以有所凭依的话，倒是康德、黑格尔他们高头讲章式的思辨路线，从中很难梳理出思维运行可以遵循的轨迹来。这让人们遵从哪一家好呢？正因为后者的路子走不通，后来的哲学家才改弦更张，否定传统的思辨方式，走语言哲学的道路。其实，这种情况在有独到见解的哲学家那里老早就已经开始了。如费尔巴哈在《对莱布尼茨哲学的叙述、阐发和批判》一书中言道："人们关于感觉的欺骗谈得那么多，关于语言的欺骗谈得那么少，可是思维和语言是不可分割的！然而感觉的欺骗多么笨拙，语言的欺骗又多么精巧！理性的普遍性、费希特和黑格尔的自我的普遍性愚弄了我如此之久，直到我终于为拯救自己的灵魂，依靠我的五官懂得了，理性意义上的逻可斯的一切困难和秘密都会从词的含义中得到解决。这就是为什么海姆的话——'理性的批判应当转变为语言的批判'，在理论方面甚合我意。"②不过这种萌醒有些过早，当时并没有引发人们的普遍警觉。但它的预示价值是显而易见的：人类所有的认识与

① 《马克思恩格斯选集》第2卷，人民出版社1972年版，第103页。

② 《列宁全集》第55卷，人民出版社1990年版，第69页。

实践，无论是非对错，都不可能绕过语言这条途径。中国人在对待最终的存在问题与语言、思想、观念问题的时候，首先选择了后者，先知先觉地，借用金岳霖的话说，“大概是领悟到了不碰后者就无法解决前者”[①]。西方人于20世纪所形成的“语言学转向”就不免有些迟滞了。

西方语言哲学路子似乎是重演先秦思想家们各种各样的学说主张，甚至有些行文的风格都是不谋而合。如维特根斯坦，不管是他的《逻辑哲学论》还是《哲学研究》，西方所特有的长篇大论的思辨形式难得见着，倒是非常类似于东方《论语》，警句格言式的。他的经典性表述被人们所反复提及的“对于不可说的东西我们必须保持沉默”，我们似乎都能找到东方式的神韵。欧洲大陆倒是继承了传统的行文面貌，但主导性的话题改变了不少：那就是和语言哲学密切相关的解释学或曰诠释学成为亮点，即便是传统意义上的道德哲学也加重了语言事实的阐释。如Kar Wellman《伦理学的语言》中就“善”在不同语境下会有不同的维度列出了五种类型：叙述性意义、情绪性意义、评价性意义、引导性意义和批评性意义。这种类型的划分显然就介入了语言学研究的描写因素。再则就是打破了传统的规约性意义，而以伸缩性意义进行解析，且注重其条件的多面性。以海德格尔为代表的语言哲学研究，虽然表述风格与中国传统大相迥异，然其视角及取向都能找到相似的影子。如他认为：“解释学并非仅仅是对文本的解释，而是一种对体验的体验，以及对生命本身的一种理解。解释学所获得的直观乃是现象学的直观。”[②]这种看重主体体验的语言哲学恰与中国传统文化中的另一条路线，即少本体描写而多文论解析的特征相一致。伽达默尔的诠释学

① 金岳霖：《中国哲学》，《释中国》第二卷，上海文艺出版社1998年版，第647—648页。

② Axel Honneth and Hans Joas. *Social Action and Human Nature*, Trans by Raymond Meyer, Cambridge University Press. Cambridge New York, 1980.

中心是语言理解，特点是肯定语境的重要性。他认为语境的不同从而影响人们对文本的解读与解释；不仅如此，解释主体也具有历史性，随时空的不同也对文本有不同的解读。因此，在解释学中追求纯粹的客观性和唯一性是一种“乌托邦”式的幻想。[①]这不禁会让人联想到庄子于《天道》中所描写的寓言故事，于今有了西方的共鸣和回响。德里达解构主义的诠释学，比较多地借助了索绪尔结构主义语言学的观念，但努力的方向却又重在解构：从本体上讲，既然能指具有任意性，它与作者心目中的所指不可能存在着对应关系；从阅读者客体来讲，他与言语主体的语境不同，因此文本的意义在理解上就更不可能完全吻合。这种观点除了新的术语概念外，其核心的思想理念同样给人以似曾相识的感觉，那就是“言不尽意”。

对比之中，我们不难看到这样的一个事实：哲学理念，是任何人类社会成熟文化所必然体现出一种思想意识境界，仅仅表现为“和而不同”而已。从人类命运共同体的视野进行观照的话，相互之间显然是一种互补的关系。以其中任一表现形式作为拟想中的范本或标准来框限认定其他的文化中的有无，显然不具有学理的依据。至于下位层次上的特定学科，依据它们自身的特征以及在社会发展中所体现出的功能作用，本着实事求是的精神，当然可以给予客观的评价，以便于取长补短，共同提高进步。即便是一种民族文化内部，也可以就其发展状貌进行必要的历史总结，做摧陷廓清、匡谬正俗的工作，促进社会建构的健康与优化。比如我们先秦时期，那是汉民族文化创建奠定的辉煌时期；“百花齐放，百家争鸣”的结果，构建出了“人与语言”自觉的时代。“理论理性”和“实践理性”相互支撑，下学上达，浑然一体。即便是语言观上的相互对立，如“言以足志”和“言不尽意”，看似针锋相对、截然不同，但它们对于系统的语言哲学的建立显

① *Hermeneutics Reader*, Oxford: Black-well Ltd, 1985.

然具有外延完备的价值效用，足以启迪人们思想触及的范围不留空当。特别是由先秦即开始的训诂学，直接进入到了语言的意义分析，并有着独特的分析条理与方法，这比西方近些年来才成为独立学科的语义学要早得多。这都可以自豪地给予肯定。

就是一向被人们所认同的所谓逻辑不足的问题，也要给予符合实际的评判：诸子里边的论辩确实存在着推理不够严谨的地方，以辩著称的孟子其言辞这方面的不足尤显突出。毋庸讳言，比较明显的就是三段论这种推证方法在理论和应用这两个方面都有缺失。对此，可以说包含有主客观两个方面的原因，甚至于当时的书写条件受限都可以看作其中的一个因素。甚至，我们还可以说这种思维方式的不足甚至还影响到现今学者们的思维能力。比如，跟我们现时讨论的问题还密切相关，中国语言学界于 1953 年曾举办过一次词类问题大讨论，这次讨论是由高名凯先生的一篇论文引发的，他倒是遵循了三段论的基本步骤：词类是依照着形态划分出来的，汉语语法没有形态变化，所以汉语没有词类划分。形式上没有毛病。但问题的关键是：作为大前提，它是否具有普遍性或体现其本质属性？对于该观点，很多人持否定态度，但否定的方式又多种多样：有的可劲儿地找汉语中的形态，试图以形态的存在来说明该立论的不能成立。有的则以词与词的组合关系来证明词类的存在，为此甚至不惜对布龙菲尔德“向心结构”的定义都进行商榷并改动。但很少有人这样认识：语句里边的组合是有规则的。作为符号序列，不同类的词语入句之后往往体现为位置分布的稳定性，也就是说符号之间是组合关系而非排列关系，这种形式上的位序和关系上的职能即体现为词类。这其实索绪尔早已用“组合—聚合”这一对概念给予了说明，可是人们却有意无意地选择了忽略，或放弃了严谨思维方式的推证。一个不难理解的道理是：词类划分是语句组合有理据性的体现，至于这种理据性用不用形态这种显性的形式标记来体现，都不影响其性质。

语言中的语法规则是如此，逻辑作为思维规律的普遍表现方式，它又怎么可能在一种高度文明的民族语言中没有体现呢？看墨子《非攻上》中的一段简短表述：

> 今有人于此，少见黑曰黑，多见黑曰白，则以此人不知白黑之辩矣。少尝苦曰苦，多尝苦曰甘，则必以此人为不知甘苦之辩矣。今小为非，则知而非之。大为非攻国，则不知而非，从而誉之，谓之义。此可谓知义与不义之辩乎？是以知天下之君子也，辩义与不义之乱也。

其中所暗含的三段论推理应该说是不言而喻的。

让人觉得稍稍有些遗憾的是，这种已经展现出的良好的思维推证方式没能得到当时士人们比较充分的普遍的肯定。特别是名家这样相当纯正的语言哲学研究，出现的时间稍晚，很快就被裹挟在激荡的社会兼并潮流中。金岳霖曾有所感慨地评述道："这样一种大转变发生在先秦……凭借这些学说，哲学在某种意义上变成了锻炼精神的活动。一开始虽然美妙，毕竟过早地夭折了。"[①] 可能"夭折"这个词用得有些过，汉代的小学，魏晋时期的玄学，直至清代的乾嘉学派，可以说历朝历代，语言哲学这一传统并未丧失，甚至在特定的领域还得到了充实和完善，如训诂学，于学术可以说是真正的中国特色。但不能不说政治倾向的干预，对诸子百家学说有意识地筛选，没能将其健康的学术精神发扬光大。这一教训倒是需要吸取的。

9.2 关于诸子著述真伪问题

9.2.1 辨伪学的再认识

我们在论述诸子语言哲学的学说主张的时候，时不时地会涉及特定著作文字真伪的话题，这里再比较集中地说明一下。

---

① 金岳霖：《中国哲学》，上海文艺出版社 1998 年版，第 647—648 页。

传统的文献考据研究里，有关古书真伪的讨论也是一项重要的内容。这种现象突出地表现在宋之后的学术研究之中。如我们正文里边所用到的关尹子、尸子的材料，如果怀疑，甚至否定了它们的历史时间，确认它们是后来人们的伪作，显然整个研究的学术价值会大受影响，似乎整体的系统性也会大打折扣。所以，该问题的讨论是非常必要的。

应该看到，古书的考证本身体现了严谨的学术态度。时间既赋予存在以生命，又见证其衰败与消亡。文化在时间的长河中并非像自然界中的情况一样体现着自净能力，即使是有，也是一个相当长的工夫；能将很多的人和事淹没倒是不争的事实。正因为如此，史料的散佚缺失实属必然，人类又不可能割断历史，于是史实的证明工作便成了一个不可回避的特定学术门类。

没有文字记载的历史，只能成为永远之谜。比如所谓尧、舜、禹三代的禅让制度，存在与否？儒家和墨家都给予了肯定，但他们各有不同的侧重点：借助于传说中的事件给予渲染，一个重礼，一个尚贤。很有意思的是，儒家里的后圣荀子却决绝地否定这种制度存在的可能："夫曰'尧、舜擅让'，是虚言也，是浅者之传，陋者之说也。"（《荀子·正论篇》）之所以如此，在荀子看来是违背"性恶"天性的。韩非对此的判断更复杂：既认为不存在所谓的禅让，其性质应该是"舜逼尧，禹逼舜，汤放桀，武王伐纣。此四王者，人臣弑其君也，而天下誉之！"（《韩非子·说疑》）又认为存在禅让也是可以理解的，对此他还做了比较详细的分析，其思路还颇似当今人类学中采用的类似环境推证法，也类似现今语言学中的一种基本认识：一个人的语言习得与人类语言生成具有"共相性"，他认为，上古生活条件艰苦，即便是人们意识中的帝王，也不可能有怎样优厚的地位与待遇。他们的禅让，像去掉了看大门一样的待遇、脱离奴隶一样的劳苦，"人之于让也，轻辞古之天子，难去今之县令者，薄厚之实异也"（《韩非子·五蠹》）。

正因为他自己都有些把握不定，故判断说：“孔子、墨子俱道尧、舜，而取舍不同，皆自谓真尧、舜。尧、舜不复生，将谁使定儒、墨之诚乎？殷、周七百余岁，虞、夏二千余岁，而不能定儒、墨之真；今乃欲审尧、舜之道于三千岁之前……非愚则诬也。”（《韩非子·显学》）在韩非看来，儒也好，墨也好，都有些先入为主的功利性需求；时间愈久，愈是不容易确认，想得出唯一性结论，要么是愚钝，要么是歪曲。

文字是人类进入文明社会的标记。有了它，时空的局限被打破，人们的思想认识真正实现了穿越，历史事实的凭依性有了可靠的根据。但正像语言本身既可以传递思想情感信息，又能遮蔽人们的真实意图一样，文字扩大了语言效能的工具，但它所记录历史事实的真与假，作为认识主体的人的价值判断仍起着决定性的作用。先秦时期一方面有如上述对新旧石器时代事件真假推测的争辩，另一方面也开始了对有文字记载历史的考据。让人们感慨不已的是，商周时代不远，即便如此，春秋战国对其甲骨、金文的讨论几乎为零。《春秋》的记录对当时的士人们来说，似乎就像发生在眼前的事情一样，然而“三传”很有一些对同样题材的记录其解说多有出入，显然就存在着哪一个更为准确的问题。司马迁的《史记》，自然也少不了这项工作。汉代今古文之争就包含了这方面内容的争辩。如果说其后漫长的历史时期这一类的讨论还不至于过分激烈的话，到了宋明，“疑古”风似乎突然猛烈刮起，并逐渐形成潮流，并在清代乾嘉学派的研究中占据了不小的分量，甚至形成一门独立的学科，即“辨伪学”。这既体现了人们认识上的深化以及科学的严谨精神，走向成熟时还不断演化出系列性的辨伪方法，确实有助于人们更审慎地对待文献；但又不能不说，一如我们刚刚回顾的先秦时期对上古事实的争辩一样，主题先行，有意无意地进行选择性的认定，甚至走向极致——逢古必疑，全盘否定，显然也是不可取的。

宋学可以说是一个主体意识觉醒并且大发扬的时代，正是借助这种整体大势，疑古因此成为时尚。反映这种大势集大成的著作，要推元末明初之交治世能臣宋濂的《诸子辨》一书，似乎可以说它是中国历史上第一部比较系统辨识先前文献真伪的著述。他对先秦到宋代的40部著作一一进行了分析评价，最为难得的是，其分析主要侧重在了语言的特征表现上，故其评价判断从总体上说是有说服力的。不过有道是“成亦萧何，败亦萧何”，语言的本体研究应该说在诸多认识判断的标准上最具有权威性，但语言毕竟涉及的因素也太多了。比如它对《亢仓子》的否定性评判：

> 《亢仓子》五卷，凡九篇。相传周庚桑楚撰。予初苦求之不得，及得之，终夜疾读，读毕叹曰：“是伪书也！剿《老》《庄》《文》《列》及诸家言而成之也。”其言曰：“危代以文章取士，则剪巧绮襤益至，而正雅典实益藏。”夫文章取士，近代之制，战国之时无有也。其中又以“人”易“民”，以“代”易“世”。“世民”，太宗讳也，伪之者其唐士乎？予犹存疑而未决也。后读他书，果谓“天宝初，诏号《元桑子》为《洞灵真经》，求之不获。襄阳处士王士元，采诸子文义类者，撰而献之。”其说颇与予所见合。复取读之，益见其言词不类，因弃去不复省。

“文章取士”，整体属于制度，但又有词汇学的内容：因为“文章”一词虽见于先秦，但那个时期该词还没有“组辞成篇”的含义，宋濂此处的批点显然也没有更多顾及后者的意思。这一段话里的后一部分倒是真正涉及的是语用修辞，即避讳，认定该著作应该写于唐初之后。结论不错，只是这里挑出的语言本体的毛病有些太过明显，稍有些历史或语言学知识的人们只要留心，都是能认识到的。但总的应该看到，这种具体到对象的词汇用语上考察，其方法角度还是非常值得肯定的。1919年胡适出版《中国哲学史大纲》，该书赢得赞誉的很重要的一个因素，就是它方法上的重视：

很好地继承了之前古人于古籍辨伪上边所采用的种种手段，将辨伪证据分为内证和旁证两部分，特别是内证部分汇总了训诂上的实践，并将它们梳理成相对有条理、具有一定操作性的方法步骤。时到如今，我们不能不说，随着时代的发展进步与人们认识的深化，该项工作仍需要增添新的内容，融入更多的前沿性的理论因素。这里边最值得记取的，就是普通语言学里边的一项基本原理：基本词汇和语法构造决定了一种语言的基本面貌。两者同样具有最重要的一种属性就是稳定性，其他的各种因素都可以灵动活泼，千变万化，唯有它们是坚守着语言的基本特征。什么都可以仿照、作假，语言中的基本词汇和语法构造多不具有表现力，所以多为人们所忽视，多不容易作伪。

以基本词汇“先生”为例。最先出现的该语言单位肯定不是词，如：

诞弥厥月，先生如达。(《大雅·生民》)

其中的“先生”怎么讲？后来的人们有各种各样的解释。郑玄的注是：“终人道十月而生。”朱子集传：“先生，首生也。”《汉语大词典》遵从了后者，解作“始生子”。有人就依着这种解释直接翻译成“头胎”。根据语言词语的演化规律，特别是汉语词汇，一开始的词往往是单音节的，词与词之间的句法组合只有经过比较长历史时间的磨合，才逐渐地凝练固化为不容易拆解的双音节词。事实上这里的诸多解释都缺乏根据，无论是历史的还是语言学的。该诗句里边的“先生”比较确切的解释应该是“早先的那个人”，以加合的形式来指称后稷，同时期类似相对应的词语组合形式如：

寿考且宁，以保我后生。(《商颂·殷武》)

这里的“后生”，也应该理解为词组，跟今天同样形式的词意义肯定不相同。

“三礼”中，《周礼》没出现“先生”这一词语形式。这可能因为它所反映的内容属于更早的时间。《仪礼》里有，但不够显著。如：“遂以挚见于乡大夫、乡先生。(《士冠礼》) 郑玄注:“乡先生，乡中老人为卿大夫致仕者。”前边三处“先生”，贾公彦的疏都是遵从郑说，即乡中致仕者。到了这样的用例:“以告于先生、君子可也。”(《乡射礼》)贾公彦才自己解作“此先生，老人教学者”;“君子”为乡中有德而不仕者。还有一处:“其先生之脅，折胁一，肤一。”(《有司》)郑玄注:“先生，长兄弟。”贾公彦疏:“知‘先生’是‘长兄弟’者，以其文承长兄弟之下，故知‘先生’非‘老人教学者’。”如果说郑玄对《仪礼》中的“先生”不认作有“老师”义的话，于《礼记》就不一样了。如:“从于先生，不越路而与人言。”(《曲礼上》) 郑玄注:“尊不二也。先生，老人教学者。”孔颖达的疏进一步肯定说:“先生，师也。谓师为先生者，言彼先己而生，其德多厚也。自称为弟子者，言己自处如弟子，则尊师如父兄也。故公西华、子夏之徒答孔子，皆自称弟子也。雷次宗以为师如父兄，故自称弟子也。今明若从师行，不得辄往路傍与他人言也。”并辨析说:“《书传略说》云:‘大夫士七十而致仕，大夫为父师，士为少师，教于州里。’《仪礼·乡饮酒》注云:‘先生，乡大夫致仕者。’此云‘老人教学者’，则通凡老而教学者是，未必皆致仕者。”

我们再对照《论语》和《墨子》里的例子可知:前者弟子们称孔子，没有称“先生”的，而后者却有称:

> 子墨子有疾，跌鼻进而问曰:“先生以鬼神为明，能为祸福，为善者赏之，为不善者罚之。”(《墨子·公孟》)
>
> 有游于子墨子之门者，谓子墨子曰:“先生以鬼神为明知，能为祸人哉福，为善者福之，为暴者祸之。今吾事先生久矣，而福不至，意者先生之言有不善乎?鬼神不明乎?”(同上)

由此我们可知，“先生”的词汇化是在春秋战国之交，并很快成为当时的通用词汇，也就是基本词汇里边的一员。主要的意思含义，一为狭义的“老师”，再一为广义的对士人的敬称。后者则充分反映了士阶层在诸侯国竞争兼并中的作用地位得以提升，很多君主都是求贤若渴，礼贤下义的一种最鲜明的礼仪体现就是“先生”一词的广泛使用。

由此我们可知，《管子》一书的撰写，只能是在战国时期，因为它里边设有专篇《弟子职》，其内容集中反映了这一时期学校师生之间的作息制度安排，双方之间的互动，“先生”和“弟子”的称谓得以明确化。

至于句法，它似乎就更隐秘，因为隐含于特定的句法结构组合形式之中。这里不具体展开，留待后边的讨论中来说。但先期争辩一下宋濂否定性的论据倒是可以的，因为他的很多判断都是来源于句法及其内容的因素。如他对《关尹子》否定的理据是：“间读其书，多法释氏及神仙方技家，而藉吾儒言文之。如‘变识为智’，‘一息得道’，‘婴儿蕊女，金楼绛宫，青蛟白虎，宝鼎红炉’，‘诵咒土偶’之类，聃之时无是言也。其为假托，盖无疑者。”如果他是将词和语搅和到一块儿综合判断的话，另一位著名文献学家在他的基础上就更进一层，那就是明代胡应麟的《四部正讹》。他不但将《关尹子》九篇中似与佛学著述言语相近者一一摘出，甚至连曾为该书写有序言的刘向的文字也都给否定了，且论据多凭依的亦为词语，可谓针对性特强：“序称‘浑质崖戾、汪洋大肆、然有式则、使人泠泠轻轻、不使人狂’等语。盖晚唐人学昌黎声口，亡论西京即东汉至开元无有也。至篇中字句体法全仿释典成文，如若‘人有超生死心’‘厌生死心’等语，亡论《庄》《列》，即《鹖冠》至《亢仓》亡有也。”老实说，他这等对待《关尹子》，实在有点偏激之至，甚至连《汉书·艺文志》所不载《亢仓子》，他都认为好于它！不过这也难怪，连皇家都不审慎定夺。史载：天宝元年（742年），唐玄宗尊《庚桑子》为《洞灵真经》，《文子》为《通玄真经》，《列子》为《冲虚真经》，并于此年二月二十九日制：“其《洞灵》等三经，望付所司，各写千卷，校定讫，付诸道采访使颁行。”（《唐会要·卷50》）一切也就见怪不怪了。

不过宋濂、胡应麟他们的质疑还是有可取之处的。特别是宋濂，有针对性地以特定的词语相驳难，其说法也是有依据的，他有选择性地挑出的那些词确实是先秦时期多没有出现过。然而，接下来胡应麟也采取类似的方法，却多凭印象感觉进行直观的判断，却就不值得提倡了，因为它不是建立在语言事实基础上的，在相当程度上动摇了怀疑的本身。

9.2.2　代表性篇章认证

如上所述，如果我们真正观览先秦诸多著述的话即可以看到，有关庚桑楚的历史记载可以说少之又少，只有在《庄子》单列的篇章里边可以看到。即便是那一篇章，对该人物的描述也着墨不多，至于展示其思想的内容也非常有限。至于后边能够出现或叫作《庚桑子》或叫作《亢仓子》或叫作其他的名字，就其篇章目录：一曰全道，二曰用道，三曰政道，四曰君道，五曰臣道，六曰贤道，七曰训道，八曰农道，九曰兵道，即可知离道家绝圣弃智、远离世俗功利的基本理念相距甚远。宋濂对其成书献书的过程详述清楚，所以，唐玄宗居然还能将其列为道家“四经”，今天看来，就颇有些不可思议。

与此相对，《关尹子》和《列子》的遭遇似乎就有些不应该了。

相同的情况还有《老子》，它与《关尹子》几乎同时问世，然而它的命运却是大红大紫。从司马迁对其人其事已明确进行了质疑，但他本人却仍表示了坚定的支持。这大概反映了他的机巧：黄老学说是这个刘汉政权建立以来一直喜欢的，而独尊儒术又是大势所趋，所以，两者都肯定，想来不会有大错。

从时间上说，《论语》《墨子》《孟子》俱不言老子，《荀子》也不讲老子。这中间只有《庄子》将老子和关尹子隆重推出。连该书的作者自己都说其写作多用寓言和卮言这样的表现手法，那么司马迁也只能老老实实地承认：庄子“著书十余万言，大抵率寓言也”。既然是寓言，就可以理解为有一定的客观基础，同样还有一定的虚拟加工。连司马迁自己也说："《畏累虚》《亢桑子》之属，皆空语无事实。"（《史记·老子韩非列传》）但有意思的是，他自己似乎也不怎么坚守"信史"的底线，在质疑"老子"所指到底为谁的同时，仍不厌其烦地神话了老子的存在。当然，谁也不能否认孟子之后确实有《老子》这么一本书已经问世，因为《韩非子》有《解老》《喻老》两篇文章的存在。1993年，郭店战国楚墓出土了《老子》竹简节抄本。这一实物证据的发现，证明至迟公元前3世纪，《老子》已经广泛流传了。这说明，《老子》一书很有可能是战国中期或晚期才开始在学术界流行起来，而这一时期也正是稷下学宫的兴盛期。马端临《文献通考·经籍考》卷三十八引晁公武论庄子曰："自孔子殁，天下之道术日散。老聃始著书垂世，而虚无自然之论起。周又从而羽翼之，掊击百世之圣人，殚残天下之圣法而不忌，其言可谓反道矣。"对此，宋濂反驳说："老子著书，在孔子未没之先。"（《诸子辨》）显然宋濂仍然依托的是司马迁《史记》中的传言，而司马氏虽然不怎么信服《庄子》，但肯定的依据起因恐怕仍源于《庄子》。为什么？因为《庄子》里边引述老子的话语颇多。需要注意的是，《庄子》里所引述的，大多并非《道德经》中的言辞；且其用名，有老子、老聃、老莱子不同称谓，甚至一篇之中也混同用之，如《天运》《寓言》。我们想，司马迁也是基于这多种称谓所指而形成疑惑的。

从《老子》和《关尹子》两书的内容与写作风格讲，如果摒弃后者于漫长时间里道家敷衍添加的文字，前者更像集体合作的东西。对此，宋濂《诸子辨》中的分析还是十分中肯的：

> 由其所该者甚广，故后世多尊之行之。"视之不见名曰夷，听之不闻名曰希，抟之不得名曰微"，道家祖之。"谷神不死，是谓玄牝，玄牝之门，是谓天地根"，神仙家祖之。"吾不敢为主而为客……故抗兵相加，哀者胜矣"，兵家祖之。"道冲而用之或不盈，渊乎似万物之宗，

挫其锐，解其纷，和其光，同其尘，湛兮似若存，吾不知谁之子，象帝之先”，庄、列祖之。“将欲翕之，必固张之；将欲弱之，必固强之；将欲废之，必固兴之；将欲夺之，必固与之”，申、韩祖之。“以正治国，以奇用兵，以无事取天下”，张良祖之。“我无为而民自化，我好静而民自正，我无事而民自富，我无欲而民自朴”，曹参祖之。

如果将这些适应于不同领域的观念放置一起的时候就可以看到，它们与其“圣人处无为之事”的信念显然是不相容的。如果辨以“无为而无不为”，则就与权谋术非常接近了。

所体现的思想方法前后也颇不一致。单纯就“德经”来讲，前边的“祸兮福之所依，福兮祸之所伏”蕴含有动态的辩证观念的话，而其最后的“信言不美，美言不信。善者不辩，辩者不善”，则绝对化的倾向也就太过鲜明，前后之间显然不统一。

再则就是警句格言式的章法布局与语言表述与这一时期行文通则也颇不一致。自荀子始，先秦时期的文章格局已趋于成熟：题目与正文两分，正文内容已开始形成提出问题、分析问题和解决问题的基本进程步骤。而这种比较明晰的思维脉络却在《老子》里没有得到较好的体现。韩非的《解老》《喻老》在一定程度上就是对这种混乱内容的再梳理。

与此相对应的《关尹子》却是另一种景象。

正像我们已经分析过的，《关尹子》与《老子》相比，前者道家思想贯彻得更为纯正浑然。对此，《吕氏春秋·不二》汇总得好：“老聃贵柔，孔子贵仁，墨翟贵兼，关尹贵清，子列子贵虚，陈骈贵齐，阳生贵己，孙膑贵势，王廖贵先，儿良贵后。此十人者，皆天下之豪士也。”葛洪《抱朴子内篇·释滞》中的评价也比较中肯：“道书之出于黄老者，盖少许耳，率多后世之好事者，各以所知见而滋长，遂令篇卷至于山积。……五千文虽出老子，然皆泛论较略耳。其中了不肯首尾全举其事，有可承按者也。但暗诵此经，而不得要道，直为徒劳耳，又况不及者乎？至于文子、庄子、关令尹喜之徒，其属文笔，虽祖述黄老，宪章玄虚，但演其大旨，永无至言”。且《关尹子》回避了《老子》神秘主义的倾向，更易于现实的操作。其“一宇、二柱、三极、四符、五鉴、六匕、七釜、八筹、九药”的整体建制，体现了谋篇布局上的体系成熟性，与同时期韩非的著述可以相媲美。刘向的评价也是深中肯綮的：“篇皆寓名有章，章首皆有‘关尹子曰’四字，篇篇叙异，章章义异，其旨同。辞与《老》《列》《庄》异，其归同。浑质崖戾，汪洋大肆，然有式则，使人泠泠轻轻，不使人狂。”后人为否定《关尹子》，甚至怀疑到刘向的评述为假，实为偏执太过。这样的文辞样式，其实大家并不陌生，因为与《庄子》的用语风格极为相似。

另外还可以看到，当时士人们题材选取的一种整体大势，就是大家都要触及语言问题，只要是有系统观念并有著述的，莫不以语言话题体现其思想认识的细腻与深刻。著名的政治家、行人，即便是本人没有直接著书，也多以出色的言语实践与表达艺术而为世人称颂。《庚桑子》的实际执笔人不明白这一点，大格局上来就错。《关尹子》即便是后人往上边附加了怎样的笔墨，但是总的风貌仍不脱先秦士人之胸襟气度。

仅以《关尹子》的篇目命名来说，即可以说深得战国前中期士人们思想理念所追求的一种境界，那就是当时人们所说的“数度”，因为未成词的缘故，又可自由地调换为“度数”。连庄子这样放荡不羁、激情四射的人物，沉稳下来也还是很讲究它的。如：“配神明，醇天地，育万物，和天下，泽及百姓，明于本数，系于末度，六通四辟，小大精粗，其运无乎不在。其明而在数度者，旧法、世传之史尚多有之；其在于《诗》《书》《礼》《乐》者，邹鲁之士、搢绅先生多能明之。”（《庄子·天下》）这一段言语里“数”与“度”可分可合；即便是合，在其著述里还可以自由地调整位序。还是同一篇：“吾求之于度数，五年而未得也。”在先秦诸子里边，用该词语最多的也是庄子。其实在整个春秋战国时期，士人们较普遍地体现出的一种逻辑归纳的思路就是数量概括法。我们在讲《韩非子》一节的时候即已有所论述。再如《周礼·保氏》开头第二段："而养国子以道。乃教之六艺：一曰五礼，二曰六乐，三曰五射，四曰五驭，五曰六书，六曰九数。乃教之六仪：一曰祭祀之容，二曰宾客之容，三曰朝廷之容，四曰丧纪之容，五曰军旅之容，六曰车马之容。"这种方式在《逸周书》中表现得更充分，如卷一的《文酌解》就很有典型性，看它开头的一段文字："民生而有欲、有恶、有乐、有哀、有德、有则；则有九聚，德有五宝，哀有四忍，乐有三丰，恶有二咎，欲有一极；极有七事，咎有三尼，丰有三频，忍有四教，宝有五大，聚有九酌。"这一段话的表述方式很有意思：后边两分句的语序安排，分别是对应前边语句中的内容排列做有规则的逆序上溯。下边主体部分仍遵循了这种逆序步骤，对其内容一一进行具体分述："九酌……五大……四教……三频……三尼……七事……"。接下来又补充说明"一极：惟事昌道，开蓄伐"。接着再解释说："伐有三穆、七信、一幹、二御、三安、十二来。"由此进递到第二大项内容的具体分述。不过，这儿不再是逆序，而是正序的一一详解；末了再汇总强调其价值："伐道咸布，物无不落，落物取配，维有用究。急哉急哉，后失时。"这种结构和词语表现方式，让我们看到了当时人们难得的一种气象：大格局，间架的构建注重系统性；再一就是层级性，包含与被包含的关系展示得眉清目朗；还有就是有序性，常中有变。数字化的词语概括说明了当时的人们已经注意了思维的抽象，并注重量化的科学因素在其中的融含。

而这种表现方法并没有被后来的人们很好地继承。

而《关尹子》的大布局恰恰与先秦，特别是战国时期的文章趋向成熟，大家普遍有意识地注意严谨思维方式的历练，反映在文字上的表现就是数度的展示。这种气魄，即便后人伪作也是学不来的。所以，后人特别是宋明之时对它的否定，多为枝微末节，显然不足以撼动其根本。

即便是在具体的词语上，有些词语可以说是偏属特定时期、特定部分人物的。如果说“数度”还多所侧重当时人们的思维方式的话，也可以从词语本身上看：它的使用显示在有限的著述里边，如《周礼》《逸周书》《荀子》《庄子》《韩非子》《管子》《商君书》等，且没能显示集中统一明确的词义。后人的使用也较散漫，词形也没稳固下来；更没延至白话文里边作为一个词使用。有的词语就更是凤毛麟角，如“形物”，很可能仅出现下述两例：

在己无居，形物自著。其动若水，其静若镜，其应若响。芒乎若亡，寂乎若清。同焉者和，得焉者失。未尝先人，而常随人。(《关尹子·三极》)

均，天下之至理也，连于形物亦然。(《列子·汤问》)

正因为它的孤少，终没成词，所以，后人即便作伪也难顾及个别的词上。所以,《关尹子》《列子》的先秦著述价值应该得到肯定。

我们从这始终与民族文化历史相伴随的证伪质疑中能够获得的教益可能正反两个方面都有。正面的容易理解，不足的地方或许更能引人警惕，这样两个方面的东西是不是值得我们深思：一是像《老子》这样的著述从作者到作品可以说疑点甚多，为什么其后有那么多的人都会选择忽略，宁肯相信他和它的实际存在，并孜孜矻矻做着似乎永远解读不完的注疏或详解？二是行文通体明豁也是最能体现其道家清矍气质精神的《关尹子》，却多遭忽视并被质疑，这是一种怎样的文化心理在起着作用？

最早怀疑《关尹子》文本真实性的是宋人陈振孙的《直斋书录解题》：

周关令尹喜，盖与老子同时，启老子著书言道德者。案：《汉志》有《关尹子》九篇，而隋唐及国史志皆不著录，意其书亡久矣。徐蒇子礼得之于永嘉孙定，首载刘向校定序，篇末有葛洪后序，未知孙定从何传授，殆皆依托也。序亦不类向文。[①]

有人开头，其后的人接着是一连串地跟上；其实也没增加多少实质性内容，但足以混淆视听。确实这跟当时整体的社会文化因素与学术背景是分不开的：汉代的小学往往是“我注六经”，以文本为第一要则，侧重微观上的语言文字辨识；而宋代所兴起的“六经注我”，则体现了认识主体的第一性质，对经典性的著述持怀疑态度也就不难理解了。然而这里面所透出的更深层次的语言哲学意义是：在认知对象的方法上面，是整体俯视还是还原主义的上溯？整体是等于还是大于部分之和？迄今为止，在不同学科里似乎都涉及这一根本性的认识分歧。看来这是永恒的话题，把握准确了，显然于问题的解决有积极的推动作用。

---

① （南宋）陈振孙：《直斋书录解题》，上海古籍出版社 1987 年版，第 288 页。

诸子引证主要书目

白冶钢:《孔丛子译注》，上海三联书店 2018 年版。

陈奇猷:《吕氏春秋新校释》，上海古籍出版社 2002 年版。

陈桐生:《国语译注》，中华书局 2013 年版。

承载:《春秋穀梁传译注》，上海古籍出版社 2004 年版。

程俊英:《诗经译注》，上海古籍出版社 2004 年版。

方勇:《孟子译注》，中华书局 2015 年版。

方勇:《庄子译注》，中华书局 2015 年版。

方勇、李波:《荀子译注》，中华书局 2011 年版。

冯达甫:《老子译注》，上海古籍出版社 2006 年版。

高华平、王齐洲、张三夕:《韩非子译注》，中华书局 2010 年版。

高流水、林恒森:《慎子、尹文子、公孙龙子全译》，贵州人民出版社 2001 年版。

国学整理社编:《诸子集成》，中华书局 2010 年版。

黄克剑:《公孙龙子译注》，中华书局 2012 年版。

黄寿、张善文:《周易译注》，上海古籍出版社 2004 年版。

金良年:《论语译注》，上海古籍出版社 2004 年版。

金良年:《孟子译注》，上海古籍出版社 2004 年版。

黎翔凤:《管校校注》，中华书局 2004 年版。

李梦生:《左传译注》(上、下)，上海古籍出版社 2004 年版。

李民、王健:《尚书译注》，上海古籍出版社 2004 年版。

李山、轩新丽:《管子译注》，中华书局 2019 年版。

李学勤主编:《十三经注疏》,北京大学出版社1999年版。

卢守助:《晏子春秋译注》,上海古籍出版社2006年版。

陆玖:《吕氏春秋译注》,中华书局2011年版。

缪文远:《战国策译注》,中华书局2012年版。

阮元:《十三经注疏》,中华书局1980年版。

石磊:《商君书译注》,中华书局2011年版。

孙诒让:《墨子间诂》,中华书局2017年版。

汪受宽:《孝经译注》,上海古籍出版社2004年版。

王弼:《老子注本》,新兴书局1964年版。

王国轩:《孔子家语译注》,中华书局2011年版。

王国轩、王秀梅:《孔子家语》,中华书局2016年版。

王利器:《文子疏义》,中华书局2000年版。

王叔岷:《庄子校诠》,中华书局2007年版。

王维堤:《春秋公羊传译注》,上海古籍出版社2004年版。

王先谦:《荀子集解》,中华书局1988年版。

王先慎:《韩非子集解》,中华书局2013年版。

谢启昆:《小学考》,李文泽、霞绍晖、刘芳池校点,四川大学出版社2015年版。

严北溟:《列子译注》,上海古籍出版社2006年版。

严北溟、严捷:《列子译注》,上海古籍出版社2012年版。

杨伯峻:《孟子译注》,中华书局2008年版。

杨柳桥:《庄子译注》,上海古籍出版社2006年版。

杨天宇:《礼记译注》(上、下),上海古籍出版社2004年版。

杨天宇:《仪礼译注》,上海古籍出版社2004年版。

杨天宇:《周礼译注》,上海古籍出版社2004年版。

姚春鹏:《黄帝内经译注》,中华书局 2010 年版。

叶蓓卿:《列子译注》,中华书局 2011 年版。

张景、张松辉:《道德经译注》,中华书局 2021 年版。

张景、张松辉:《黄帝四经、关尹子、尸子译注》,中华书局 2020 年版。

朱海雷:《尸子译注》,上海古籍出版社 2006 年版。

朱海雷:《关尹子·慎子今译》,浙江大学出版社 2012 年版。

张觉等:《韩非子译注》,上海古籍出版社 2007 年版。

参考文献

白兆麟:《简明训诂学》，浙江教育出版社 1984 年版。

陈波:《言意之辩：诠释与评论》,《江海学刊》2005 年第 3 期。

曹峰:《先秦名学研究的新思路》,《学灯》2007 年第 1 期。

曹峰:《孔子“正名”新考》,《文史哲》2009 年第 2 期。

岑麒祥:《论词语的性质与概念的关系》,《中国语文》1961 年第 5 期。

岑麒祥:《语言学史概要》，科学出版社 1958 年版。

陈嘉映:《语言哲学》，北京大学出版社 2003 年版。

崔应贤:《修辞学讲义》，清华大学出版社 2012 年版。

崔应贤:《汉语构词的历史考察与阐释》，新华出版社 2019 年版。

崔应贤:《简论中国传统哲学思维形式和汉语语法修辞的基本特征》,《修辞与文化》，新疆大学出版社 2000 年版。

崔应贤:《论孔子的语言观》,《修辞学论文集》第七集，新华出版社 2005 年版。

崔应贤:《论墨子的语言观》,《郑州大学学报》2006 年第 6 期。

崔应贤:《柏拉图和亚里士多德：修辞学广狭之别及修辞理念建构》,《福建师范大学学报》2009 年第 4 期。

崔应贤:《从荀子的〈正名〉看中国的传统文化定位》,《当代中国话语研究》(第三辑)，2010 年刊。

崔应贤:《文章美质论辩——黑格尔美学思想批判》,《河南师范大学学报》2015 年第 3 期。

董艳:《先秦诸子和古希腊哲学家论语言》,《中北大学学报》2011 年第 1 期。

董志翘:《训诂学与汉语史研究》,《语言研究》2005 年第 6 期。

方一新:《训诂学概论》,江苏教育出版社 2008 年版。

方一新:《训诂学与词汇史异同谈》,《历史语言学研究》2013 年刊。

冯俊:《开启理性之门——笛卡尔哲学研究》,中国人民大学出版社 2005 年版。

冯契:《认识世界和认识自己》,华东师大出版社 1996 年版。

冯小龙:《先秦语言哲学流派探究》,《各界》2018 年第 9 期。

冯友兰:《中国哲学史》,商务印书馆 1976 年版。

符淮青:《汉语词汇学史》,外语教学与研究出版社 2012 年版。

傅闻捷:《古中国与古希腊语言哲学思想比较》,复旦大学 2014 年硕士学位论文。

宫媛:《"礼仁"思想观照下的孔子语言哲学观探微》,《新疆社科论坛》2010 年第 4 期。

关兴丽:《墨家语言哲学思想概论》,《毕节学院学报》2012 年第 7 期。

郭在贻:《训诂学》,湖南人民出版社 1986 年版。

郭宝育:《先秦时期语言学思想检视》,《陕西师范大学学报》2001 年第 5 期。

韩东晖:《先秦时期的语言哲学问题》,《中国社会科学》2001 年第 5 期。

韩振华:《"语言学转向"之后的汉语哲学建构——欧美汉学界对于先秦中国思想的不同解读》,《华文文学》2014 年第 1 期。

何凡:《先秦哲学中"名"的内涵及其分类探析》,《连云港师范高等专科学校学报》2011 年第 2 期。

何九盈:《先秦诸子的语言理论》,《北京大学学报》1982 年第 5 期。

何九盈:《中国古代语言学史》,广东教育出版社 2000 年版。

洪诚:《训诂学》,江苏古籍出版社 1984 年版。

洪成玉:《训诂学和语义学》,《古汉语研究》1997 年第 2 期。

胡适:《先秦名学史》, 上海学林出版社 1983 年版, 安徽教育出版社 1999 年版。

胡适:《中国哲学史》(上), 新世界出版社 2015 年版。

胡继明:《寻言得意, 得意忘言——王弼语言哲学探微》,《社会科学研究》2004 年第 5 期。

胡朴安:《中国训估学史》, 商务印书馆 1939、1998 年版。

胡奇光:《中国小学史》, 上海出版社 1987 年版。

黄侃述, 黄焯编:《文字声韵训诂笔记》, 上海古籍出版社 1983 年版。

黄奕霖:《先秦的"言意之辩"》,《华侨大学学报》2004 年第 1 期。

贾丽娟:《中国古代哲学对语言问题的探讨》,《牡丹江大学学报》2010 年第 3 期。

景海峰:《从训诂学走向诠释学——中国哲学经典诠释方法的现代转化》,《天津社会科学》2004 年第 5 期。

康宇:《天人之思与五经系统的建立——兼论先秦及两汉哲学的创造性与创新性发展》,《学术交流》2018 年第 1 期。

李晗佶:《欧阳建语言哲学思想探究》,《佛山科学技术学院学报》2016 年第 2 期。

李瑾:《先秦诸子的名实论与符号学》,《山东教育学院学报》2008 年第 2 期。

李建国:《郭在贻先生与训诂学》,《汉语史学报》2003 年刊。

李建国:《汉语训诂学史》(修订版), 上海辞书出版社 2002 年版。

李雷东:《先秦墨家语言实践及〈墨子〉文学意义考论》, 西北大学 2009 年博士学位论文。

李先焜:《公孙龙〈名实论〉中的符号学理论》,《哲学研究》1993 年第 6 期。

李贤中:《先秦逻辑史中带有思想内涵的推理律动》,《湖北大学学报》2018 年第 1 期。

李艳红:《历代训诂学简介》,《光明日报》2018 年 11 月 4 日。

梁燕华:《论先秦诸子语用观》,《语文建设》2014 年第 5 期。

林光华:《魏晋玄学“言意之辩”的诗学研究》,首都师范大学 2007 年博士学位论文。

刘精盛:《王念孙之训诂学研究》,吉林大学出版社 2011 年版。

刘利民:《论先秦名家“诡辩”的语言哲学意义》,《四川大学学报》2005 年第 6 期。

刘利民:《纯语言性反思与分析理性思想的端倪——先秦哲学的语言关涉与名家思想取向》,《外语学刊》2007 年第 1 期。

刘利民:《公孙龙三大“诡辩”命题的语言哲学意义》,《首都外语论坛》2006 年刊。

刘利民:《在语言中盘旋——先秦名家“诡辩”命题的纯语言思辨理性研究》,四川大学出版社 2007 年版。

刘利民:《先秦“辩者二十一事”的语言哲学解读》,《哲学研究》2009 年第 9 期。

刘利民:《先秦语言哲学流派问题再探》,《外语学刊》2012 年第 1 期。

刘利民:《“公孙龙子”重释与重译》,四川大学出版社 2015 年版。

刘湘平:《从墨家“名”论看其语言哲学思想》,《武汉大学学报》2008 年第 6 期。

刘又辛:《汉语词汇史和文字训诂学》,《语言教学与研究》1990 年第 3 期。

刘元青:《方以智的语言哲学思想》,《武汉大学学报》2008 年第 6 期。

陆宗达、王宁:《训诂方法论》,中国社会科学出版社 1983 年版。

陆宗达:《训诂研究》,北京师大出版社 1981 年版。

陆宗达:《训诂与训诂学》,山西教育出版社 1994 年版。

陆宗达:《训诂简论》,北京出版社 2002 年版。

罗植琳:《从语言哲学视角看荀子〈正名篇〉四大思想》,《大众文艺(理论)》2009 年第 20 期。

吕晶晶:《"名学"与"语言符号"观》,《华北水利水电学院学报》2010 年第 3 期。

罗宇新、张晓书:《能被理解的存在就是语言——伽达默尔语言哲学思想初探》,《黑龙江教育(理论与实践)》2015 年第 3 期。

马中:《中国哲人的大思路》,陕西人民出版社 1995 年版。

潘文国:《从"格义"到"正名"——翻译传播中华文化的必要一环》,《华东师大学报》2017 年第 5 期。

庞慧:《诸子言意观的学派差异》,《南京大学学报》2017 年第 5 期。

彭传华、宋喻:《孔子语言哲学思想探微》,《武汉大学学报》2008 年第 1 期。

彭公璞:《简论汉唐经学中的语言哲学思想》,《武汉大学学报》2008 年第 2 期。

濮之珍:《中国语言学史》,上海古籍出版社 2002 年版。

齐佩瑢:《训诂学概论》,中华书局 1943、2004 年版。

钱冠连:《语言哲学》,《外语学刊》2006 年第 3 期。

任爱珠:《论先秦名辩思潮中的语言功能观》,《北方论丛》2018 年第 2 期。

申小龙:《宋代语言学的汉学批判与其历史性超越》,《江苏社会科学》1997 年第 2 期。

石安石:《语义论》,商务印书馆 1993 年版。

石安石:《语义研究》, 语文出版社 1994 年版。

宋永培:《当代中国新训诂学》, 广东教育出版社 2000 年版。

苏宝荣、武建宇:《训诂学》, 语文出版社 2005 年版。

苏章海:《先秦时期中国语言哲学遗产论要》,《苏州科技大学学报》2015 年第 6 期。

孙中原:《中国逻辑史(先秦)》, 中国人民大学出版社 1987 年版。

谭慧颖:《从现代语义三角理论看先秦与古希腊名实论的异同》,《外语学刊》2011 年第 2 期。

涂纪亮:《现代西方语言哲学比较研究》, 中国社会科学出版社 1996 年版。

汪奠基:《先秦逻辑思想的重要贡献》,《哲学研究》1962 年第 1 期。

汪维辉:《训诂基本原则例说》,《汉字汉语研究》2018 年第 1 期。

王瀚东:《先秦语言哲学与美学的关系初探》,《华中科技大学学报》2001 年第 3 期。

王力:《汉语史稿》, 科学出版社 1958 年版。

王力:《中国语言学史》, 山西人民出版社 1981 年版。

王路:《弗雷格思想研究》, 商务印书馆 2008 年版。

王宁:《训诂学原理》, 中国国际广播出版社 1996 年版。

王金苗:《先秦儒墨哲学中数的思想影响》, 山东大学 2008 年硕士学位论文。

王小林:《日本"新训诂学"及其潜在价值》,《南国学术》2016 年第 3 期。

王寅:《语言哲学研究——21 世纪中国后语言哲学沉思录》(上、下), 北京大学出版社 2014 年版。

王永、冯浩:《从〈指物论〉和〈名实论〉看公孙龙的语言哲学思想》,《燕山大学学报》2015 年第 2 期。

王云路：《词汇训诂论稿》，北京语言文化大学出版社 2002 年版。

魏义霞：《先秦语言哲学的流派分野与共同特征》，《外语学刊》2010 年第 2 期。

魏义霞：《中西语言哲学的不同特征——兼论先秦语言哲学的盛行》，《北京大学学报》2006 年第 5 期。

吴福友、吴根友：《论老庄道家的语言哲学思想》，《安徽大学学报》2009 年第 4 期。

吴根友：《乾嘉时代之前的中国语言哲学思想片论》，《武汉大学学报》2008 年第 6 期。

杨庆云：《先秦诸子的社会语言学思想》，《西北民族大学学报》2010 年第 5 期。

向熹：《简明汉语史》，高等教育出版社 1993 年版。

徐婷：《先秦诸子语言思想综述及其与同时代语言思想的比较研究》，湖北大学 2010 年硕士学位论文。

徐德清：《谈庄子的"言""意"对立》，《探索与争鸣》1986 年第 4 期。

徐友渔：《语言与哲学》，生活 · 新知 · 读书三联书店 1996 年版。

许国璋：《论语言和语言学》，商务印书馆 2001 年版。

许嘉璐：《关于训诂学方法的思考》，《北京师范大学学报》1988 年第 3 期。

许嘉璐：《于根元等〈语言哲学对话〉序》，《语文建设》1998 年第 9 期。

许运斐：《语言哲学视角下先秦"名实之辩"分析》，《武汉大学学报》2014 年第 3 期。

杨琳：《训诂方法新探》，商务印书馆 2011 年版。

杨端志：《训诂学与现代词汇学在词汇词义研究方面的差异与互补》，《文史哲》2003 年第 6 期。

杨永林：《从名实之争到言无定论——语言与思维关系的研究》，《北京林业大学学报》2004 年第 1 期。

叶南：《〈尔雅〉与先秦语言研究》，《西南民族大学学报》1996 年（专辑）。

殷孟伦：《训诂学的回顾与前瞻》，《文史哲》1982 年第 3 期。

尹喜艳：《论先秦语言哲学思想的现代性》，《重庆科技学院学报》2014 年第 12 期。

余卫国：《〈易传〉"立象以尽意" 思想发微》，《周易研究》2006 年第 6 期。

张辉：《〈五经正义〉的解经体例及其语言哲学思想》，《青年与社会》（中）2014 年第 4 期。

张慧：《"言意之辩" 的探析》，四川大学 2007 年硕士学位论文。

张青松：《试论训诂学在现代汉语词汇学中的价值》，《安徽大学学报》2007 年第 4 期。

张若琳：《从哲学到语言学：对〈公孙龙子〉思想的解读》，陕西师范大学 2015 年硕士学位论文。

张馨月：《先秦语言学内涵探微》，《中华文化论坛》2015 年第 7 期。

张永言、汪维辉：《关于汉语词汇史研究的一点思考》，《中国语文》1995 年第 6 期。

张永言：《训诂学简论》，华中工学院出版社 1985 年版。

张志扬、陈有琪：《形而上学的巴别塔》，同济大学出版社 2004 年版。

赵平：《〈公孙龙子·名实论〉的指称观》，《逻辑研究》1996 年（专辑）。

赵炎峰：《先秦名家哲学研究》，中国社会出版社 2013 年版。

赵映香、杨正华：《先秦名家公孙龙 "名实论" 考辩》，《大理大学学报》2018 年第 3 期。

赵振铎：《训诂学史略》，中州古籍出版社 1988 年版。

赵振铎：《中国语言学史》，河北教育出版社 2000 年版。

周昌忠:《先秦名辩学及其科学思想》,科学出版社 2005 年版。

周德波:《"意"范畴衍生中的三个角度》,辽宁大学 2009 年博士学位论文。

周光庆:《公孙龙名实关系理论发微》,《江汉学术》2013 年第 1 期。

周光庆:《先秦"名实论"的源流、旨趣、内容及定位——先秦人文主义语言哲学思想发微》,《宝鸡文理学院学报》2013 年第 6 期。

周建设:《中国逻辑语义论》,岳麓书社 1996 年版。

周建设:《先秦语义经典论著〈指物论〉》,《湘潭大学学报》1996 年第 6 期。

周建设:《先秦指称理论研究》,《中国语文》2002 年第 6 期。

周建设:《语言研究的哲学视野》,《首都师大学报》2008 年第 2 期。

周建设:《先秦语义来源理论》,《首都师大学报》2008 年第 2 期。

周建设:《先秦名辨之学的语言哲学蕴涵 》,《首都师大学报》2011 年第 6 期。

周建设:《先秦语言哲学思想探索》,《中国社会科学》2017 年第 4 期。

周云之:《中国正名学说中的意义理论》,《哲学研究》1996 年第 4 期。

朱炳祥:《名实关系论》,《上海大学学报》2000 年第 2 期。

朱银花:《中外古典时期的"名实"观比较》,《湖南工程学院学报》2007 年第 3 期。

朱喆:《道言论——先秦道家语言哲学研究》,《哲学与文化》2001 年刊。

朱立元、王文英:《试论〈吕氏春秋〉的言意观》,《学术季刊》1996 年第 2 期。

朱小健:《文化索义——训诂学解释语义的重要方法》,《民俗典籍文字研究》(第四辑)2007 年刊。

庄耀郎:《言意之辩与玄学》,《哲学与文化》2003 年刊。

宗福邦等:《故训汇纂》，商务印书馆 2003 年版。

[美] 爱因斯坦:《爱因斯坦自述》，崔金英、姬君译，华中科技大学出版社 2013 年版。

柏拉图:《文艺对话集》，朱光潜译，人民文学出版社 2008 年版。

柏拉图:《柏拉图全集》，王晓朝译，人民出版社 2001 年版。

[美] 陈汉生:《中国古代的逻辑和语言》，周云之、张清宇、崔清田等译，李先焜校，社会科学文献出版社 1998 年版。

[瑞] 冬玛轲:《从学术对立面来了解研究对象》，《光明日报》2010 年 7 月 2 日。

[德] 海德格尔:《海德格尔文集·路标》，商务印书馆 2000 年版。

[德] 黑格尔:《逻辑学》，杨一之译，商务印书馆 2001 年版。

[德] 黑格尔:《哲学史讲演录》，贺麟、王太庆译，商务印书馆 1959 年版。

[德] 黑格尔:《黑格尔哲学讲演集，上海人民出版社 1986 年版。

[德] 黑格尔:《小逻辑》，贺麟译，商务印书馆 1997 年版。

《列宁全集》，人民出版社 1990 年版。

列宁:《哲学笔记》，人民出版社 1993 年版。

[英] 罗素:《西方哲学史》(上、下卷)，何兆武、李约瑟译，商务印书馆 2013 年版。

[美] 马蒂尼奇主编:《语言哲学》，牟博等译，商务印书馆 1999 年版。

《马克思恩格斯选集》，人民出版社 1972 年版。

[苏] 米·贝京:《艺术与科学——问题·悖论·探索》，任光宣译，文化艺术出版社 1987 年版。

[瑞] 索绪尔:《普通语言学教程》，高名凯译，商务印书馆 1980 年版。

[奥] 维特根斯坦:《逻辑学讲义》，涂纪亮译，北京大学出版社 2012

年版。

［奥］维特根斯坦：《哲学研究》，贺绍甲译，商务印书馆 2013 年版。

［古希腊］亚里士多德：《范畴篇·解释篇》，方书春译，商务印书馆 1986 年版。

［古希腊］亚里士多德：《工具论》，余纪元等译，中国人民大学出版社 2003 年版。

［古希腊］亚里士多德：《形而上学》，苗力田译，中国人民大学出版社 2003 年版。

［古希腊］亚里士多德：《修辞术·亚历山大修辞学·论诗》，颜一、崔延强译，中国人民大学出版社 2003 年版。

跋 语

有了两位好友的热心赐序，终于到了可以写跋语的时候了！

实际上，写一本书，跟写一篇文章是一模一样的，一如苏轼所倡导的：“常行于所当行，常止于所不可不止，文理自然，姿态横生。”（《答谢民师推官书》）有话则长，无话则短，这不是很正常的现象吗？想当年吕叔湘先生主编《中国语文》，既有大块儿的长篇，又有几百字的补白，有严肃的，有轻松的，各取所需，兴味盎然。现在可是不一样了，短文似乎已经是上不得台面了，好像没有几千字上万字都不能叫作学术研究一样。来自域外的种种规范、标准化盛行之后，似乎所有的文章都需要板起面孔，郑重其事，一本正经，那才真正叫“经国之大业，不朽之盛事”一样。研究生的毕业论文，一定要多少多少字数，多少多少参考文献，不然就不符合规定要求！自己作为高校教师，清楚记得过去不是这样子的，那时候并不提倡以多取胜，还流行所谓的“一本书主义”；现在多少本书似乎都不足以证明学问的成就。有道是“萝卜快了不洗泥”，科研，特别是人文学科，成果太多了，似乎也就失去了它应有的庄严与神圣。话虽是这么说，轮到自己还得照样按着规矩做。为什么？因为自己还没有“跳出三界外，不在五行中”，还需要遵从社会潮流涌动之大势。本来一本书按着既定的议题说个差不多了，戛然而止，干脆利落，多好。不，流行什么就必须遵从什么。书本流行穿靴戴帽，通常序言是不能少的，少了连自己都觉得在唱独角戏一样，故不得不觍着面皮拉人写序以壮胆子。当然，这样做正面的需求也是有的，也想通过这种途径听听他们对书稿的意见。现在商榷性的文章少了，书评的发稿率似乎也更低（因为这种体裁的文章转载率低，刊物的影响因子也会随之降低）；虽然写序都有唱颂歌之嫌，但真正的好朋友应该是诤友。古人云：“同师曰朋，同志曰友。”写序的两位与我还真是这种互补完满的关系，而且他们依照着自己的认识见解还进行了一定程度的质疑。质疑本身就启发人做进一步的思考，所以，感谢是应该的，且是真诚的。

老实说，给拙作这样的书写序还真不是件容易的事。问题的关键在于选题本身。甭看“中国现代语言学之父”的赵元任曾经给西方语言哲学创始人之一的罗素当过翻译，而恰恰现今的汉语语言学界，真正将语言哲学当作研究方向的学者却少之又少！之所以如此，主要在于大家大都认准了索绪尔结构主义的描写路线，觉得本体的研究纯正，颇类似于自然科学那样的严密，其过程与结论都让人踏实。无论是论文撰写还是课题申报，人们多秉承了这么一种信念：选题要小，开掘要深；“雄狮搏兔”，当有建树。客观地讲，语言学本体研究所追求的这种初衷及精神，确实是不错的。当年自己毅然决然地选择语言学的路子，也是看重了这一点。直到现在，仍坚持这种理念并颇感欣慰。但是，什么东西走至极端，或者说认定达到目的的途径只有一条，恐怕事情的性质就起了变化。拿自己的学术追求来讲，肯定就不能单打一。为什么？因为自己的职业是教师，专业基础课也重在使学生打牢基础。任何一门课程都有其系统性，横跨很多具体的方向内容。偏重其一，其他的肯定会削弱；相应地，学生们肯定就不能获得均衡且扎实的知识理论。我从现代汉语语法研究入手，随着时间的推移，逐渐延伸至其他的门类，像修辞、词汇，包括探寻到更大的跨度空间，像古代汉语，都是从这种理念出发从而逐步扩充的。我想，即便是研究院所里的研究员，似乎也不应该将自己的视野兴趣框限得太过狭窄了。那样的话，不但会影响自己思维的活跃度，也会制约对研究对象本质性的认识。

一门学科，甚至整个人类的历史发展进程，往往会出现这样的一种情状：到了一定的阶段瓶颈效应就出现了，关键的问题解决不了，进展速度不得不放慢。汉语语法学的研究也是如此，整个结构体系建立起来之后，要想更进一步的追寻突破，就不容易了。为什么？遇到了语言研究的中心难题：语义描写。前一阶段大家都在做语法化、词汇化的研究，或者是方言类型学的研究，老实说这些选题在一定意义上具有讨巧的性质。为什么？正面进攻实属不易，于是乎便迂回着来；但这终究代替不了语义系统的本体描写。不开拓视野，不多方借鉴，不寻求新的理论方法，恐怕终难求得“柳暗花明又一村”的新境界。20 世纪，西方出现的语言学转向情景也与此大致相同：以康德、黑格尔等为代表的古典哲学既体现了这门学科的崇高感，同时也预示了它走向衰落的必然趋势：以理性思辨为其主导的表述方式愈到后来愈显得佶屈聱牙，向以方法论为其目的追求的学科内容遇到具体问题的时候却显得困顿不堪。罗素他们就注意到，作为自然科学坚实基础的数学，其术语概念的内涵却多是不明确的，而已往的哲学也解决不了这样的问题。不过此时的哲学家们并没有绕道走，而是毅然决然地开辟了语言哲学的道路，试图解决这样的难题。但从事语言哲学研究的人们却大都为专业性的哲学家，缺乏语言学认识描写的根基，只好仍凭依原有的思维模式进行着似乎永远难以终止的争辩。新世纪伊始，它已经显示出式微的迹象，其结局也在人们的意料之中。

良好的传统文化需要传承并发扬光大。2017 年 1 月 25 日，中共中央办公厅、国务院办公厅印发的《关于实施中华优秀文化传承发展工程的意见》中指出，在当前形势下，“迫切需要深入挖掘中华优秀传统文化价值内涵”。我们传统的历史文化里包含着许多宝贵的东西，可惜过去很多都没能被充分地认识到罢了。不能被认识到，就更不能谈到很好地继承和发扬的问题。我们之所以选择“先秦诸子语言哲学”这一命题，就在于先秦诸子确确实实为人类的早期文明作出了卓越不凡的贡献。丹麦语言学家威廉·汤姆逊说：“希腊人走上语言分析的道路，是由哲学家们研究思想同词的关系，研究事物同它的（希腊）名称的关系而最先推动的。”（《十九世纪末以前的语言学史》，黄振华译，世界图书出版公司 2009 年版，第 7 页）这位语言学家因为不懂中国的历史文化，才作出了如此的判断。事实上就是古希腊文明的本质精神，他的定位也不见得准确。古希腊的智者们最初的注意力在物不在人；只有到了苏格拉底，才将关注点转移到了主体认识论上面。当时人们重视语言也多是看重了它在论辩时的功能效用，如高尔吉亚、亚里士多德的修辞学说均是如此。柏拉图谈语言问题的时候也多是为了厘清哲学概念术语的内涵。与之相对的中国先秦，情况与之截然不同，中国先秦士人们的思想文化定位是：以人为本，民为邦本。那么最能体现人的本质力量的社会交际工具——语言，必然同时进入他们的认识视线之中。柏拉图所建的雅典学院，公开宣称的是“不懂数学者莫进来”；而中国先秦前后延续近 150 年之久的稷下学宫，却是真正意义上的官办高等学术殿堂，是语言哲学思想的荟萃之地，诸子百家众多著述大都在此成文。特别值得强调的是，先秦百家争鸣的大好学术局面，孔子于其中起到了统领和引导的作用，“正名”观念是那样的深入人心，《易经·系辞》应该说是最高意义上的语言哲学著作。不仅如此，孔子还特别善于就自己的学术方法进行归总；“下学而上达”，其中所寄寓蕴含的道器兼顾、具体和概括相统一的思想，迄今仍具有极大的启迪意义。有孔子的示范，当时的士人们也大都能将这两者很好地协调起来，就连具有纯正语言哲学风格的名家代表性人物公孙龙亦非书斋型学者，体现了既专又博的良好学术特色与风范。

其后历代以降，人才辈出，风骚代换，绘制着中华民族文化历史的浑厚画卷。但有这样的一个问题值得人们注意：在思想境界与学术价值上面，具体的历史阶段，似乎都难以与先秦相匹敌媲美；很多工作大都体现在对经学的解读、注释、丰富补充上面，却始终难以超越。这还是好的，不足的地方、教训性的东西似乎更需要汲取。汉代小学，语言文字上面有卓越的建树，但与此同时，也有沉溺文辞字句而不能解脱的窘态，于是就有了“章句小儒，败坏大道”的口实。宋明之际，思想解放，理学昌盛，但同时也形成了另外的一种极端：束书不观，游谈无根。到了清代再次回归朴学传统，然不免再次坠入文字本体之窠臼而无法超拔。事实告诉人们的是：即便是很好的榜样范本，也需要准确地认识和把握；一旦走偏走样或走至极端，也会必然地走向反面。孔子无论是理论还是实践应该说都做得非常到位：他要求子夏“汝为君子儒，无为小人儒”（《论语·雍也》）。那么子夏也就遵循其精神并有卓越之发挥：“虽小道必有可观者焉，致远恐泥，是以君子不为也。”（《论语·子张》）可惜的是，后来的人们要么单一看重“小道”，皓首穷经；要么专讲心性，唯内省体悟为要。两者虽为异途，却都违背孔子所倡导的“毋固”“不器”的学术态度与主张，作茧自缚，胶柱鼓瑟，所造成的负效应也显豁，足以使今天的人们警觉。

许嘉璐曾在为《“语言与文化”译丛》所作序言中指出：“我们的哲学家们对语言的关心太少了，而我们的语言学家对哲学的了解就更为可怜。”这放到我们现在所说的话题里也颇有针对性。鉴于已往的经验教训，现时也有很多呼唤综合性研究，发挥交叉学科优势的声音。当然，在信息大爆炸的今天，即便是小学科，新成果都在不断涌现，这就进一步增加了融通性科研工作的难度。在一些人的心目中，仍然会有影响学术研究纯净度的担心。为我们这本书写序难，原因多方；故诸多师友的婉拒非常容易理解，两位好友的拨冗写序更让人觉得难能可贵！同时我们也知道，探索新领域，也最容易出现不可预知的新困境，故也恳请学术同仁批评指正。科学就是在不断的纠错中前进进步的，唯有不断地质疑讨论，才会将我们的认识推至愈来愈接近真理的方向。

崔应贤

2022 年 6 月 23 日

责任编辑：宰艳红
封面设计：吴燕妮

图书在版编目（CIP）数据

先秦诸子语言哲学概观 / 崔应贤 著 .— 北京：人民出版社，2024.2
ISBN 978-7-01-026119-5

I. ①先…　II. ①崔…　III. ①先秦哲学—研究 ②语言哲学—研究
　IV. ① B220.5 ② H-05

中国国家版本馆 CIP 数据核字（2023）第 224300 号

先秦诸子语言哲学概观

XIANQIN ZHUZI YUYAN ZHEXUE GAIGUAN

崔应贤　著

人民出版社 出版发行
（100706　北京市东城区隆福寺街 99 号）

北京汇林印务有限公司印刷　新华书店经销

2024 年 2 月第 1 版　2024 年 2 月北京第 1 次印刷
开本：710 毫米 ×1000 毫米 1/16　印张：26.25
字数：330 千字

ISBN 978-7-01-026119-5　定价：89.00 元

邮购地址 100706　北京市东城区隆福寺街 99 号
人民东方图书销售中心　电话（010）65250042　65289539